事業再生読本

高橋 隆明

はじめに

　私が金融機関の回収責任者の職を辞し、事業再生専門のコンサルティングを始めたのは平成12年のことです。当時は金融再編の真っ只中で、ゼネコン向けの債権放棄が横行し、金融機関の破綻が相次いでいた時代でした。同時に民事再生法も施行されました。債権譲渡による不良債権の処理や、サービサーによる債権回収が本格的に始まったのもこの頃のことです。事業再生は緒に就いたばかりで、事業再生専門のコンサルティング業務は一般的ではありませんでした。そのような状況の中で、私は独立して中小企業専門の事業再生コンサルティングを始めました。
　回収責任者を務めていた頃は、支店の貸付担当者が扱う簡単なレベルの回収案件ではなく、こじれにこじれた全国に点在する不良債権の回収を扱っていたため、大概のケースを経験しました。債権者にしても債務者にしても、その行動は手に取るように分かっているつもりです。そこで、回収責任者時代に培った回収ノウハウを活かし、債務者の立場から事業再生を手掛けることにしたのです。
　初期の頃は新しく会社を設立して事業を移すという方法は普及しておらず、私は「新しい会社だから新会社」、「別の会社だから別会社」と呼び、新しい会社に事業を移転する形での事業再生を次々と成功させてきました。そのうち、新しい会社に事業を移すという方法は一般化し、いつの間にか世間では第二会社方式という言葉が使われるようになったのでした。

以来、様々な事業再生を実現してきました。実践してきたのは、債権者の立場に配慮しながら、債権者との協同による事業再生を行うことでした。現に、創業以来、一度も債権者と敵対したことはありません。「従来の経営者が経営を継続すること」「債権者と敵対せずに協力することで事業再生を成功させること」、この二点は一貫したコンセプトとして守っています。

　今では、自称専門家が乱立しており、事業再生の相談相手を見つけられないまま事態を悪化させている経営者も少なくありません。自称専門家が増えてきてしまい、一体、誰に相談したら良いか分からない状態なのです。中には、誤った対応をして話をこじれさせてしまったり、経営破綻に追い込まれた例もありました。偽の専門家に騙されて経営権を失う例は後を絶ちません。そのような事例に接する度に、「もっと早く相談してくれれば良かったのに」と思う次第です。

　商工会議所他の支援機関に相談しても柔軟な対応をしてもらえないし、まして、経営者が主導する形で新しく第二会社を設立して経営を身内に委譲したくても、杓子定規な対応しかしてもらえず、満足のいく形にならないばかりか、最悪の場合は協力してもらえない場合すらあるのです。そのような隙を突く形で自称専門家がいい加減な対応をして、私腹を肥やしていたのです。

満足できない支援機関や、自分勝手な偽専門家に対するには、経営者自らが独学することで知識を身に着けるべきなのですが、現実には事業再生に役立つ本が見当たらないという現状にあります。最近は事業再生に関する本も増えてきましたが、巷にあふれる事業再生の本は実用的でない物が少なくありません。
　実用的でない本は三つに大別できます。
　まず一つは「単に自分の経験を紹介したもの」です。たまたま成功した自分自身の事案を無理に当てはめるだけでは成功するわけがありません。単なる自慢話か思い出話に過ぎないのです。
　次は、「単に制度や聞きかじりの知識を羅列して解説したもの」です。こういう制度があります、ああいう方法がありますと、紹介されたり説明されたりしても、具体的な活用方法が分からないままでは対策のしようがないのです。
　最後は、「歴史や背景を整理して、あるべき論に終始するもの」です。事業再生の歴史や金融論、さらにはマクロ経済学を論じられても、「しからばどうすれば良いのか」が分からないのです。
　このような本を読んだところで、役に立つ知識を身に付けることはできません。知識を得られないのですから、いつまでたっても真の専門家を見極めることができないままになってしまいます。

　私は平成13年7月に事業再生の本の先駆け的存在となる「経営

再建計画書の作り方」(絶版)を執筆して以来、数多くの本を世に送り出してきました。改訂版や増補版も含め、その数は20冊以上になります。その間、数多くの中小零細企業の再生を実現するとともに、経済学と経営学の博士号を取得しました。常に理論と実務の融合を目指して努力してきたつもりです。

平成26年からは株式会社ミロク情報サービス(MJS)の客員研究員として活動しており、「中小企業の事業再生と会計事務所の役割」と題した「経営研究レポート」を毎月公表しています。既に3年(36回)を超えています。

本書は独立前の債権回収責任者として培った知識と、事業再生を専門とするコンサルティングを通して得た知識、さらには、不動産鑑定士、税理士としての専門知識も反映する形でまとめました。株式会社ミロク情報サービスでの「経営研究レポート」や会計事務所向けセミナーでの質疑応答の内容も加筆修正する形で盛り込みました。単に実務面だけではなく、経済学、経営学の視点から理論的面での論証も充実させました。

私の亡き父は事業に失敗して自己破産しています。零細企業を立ち上げたものの、やむを得ない事情で取引先の連帯保証を引き受けて連鎖倒産したのでした。私は自己破産者の子供として育てられま

した。闇金融に手を出した挙句に乱暴な取り立てに合い、ケガを負って帰宅した父の姿を見て、子供ながらに衝撃を受けました。今でも鮮明に覚えています。だからこそ、債権者としての回収ノウハウだけではなく、債務者の気持ちも分かるつもりでいます。

　事業再生は生々しい世界です。綺麗ごとや、精神論だけでは通用しないのです。「自分自身が事業再生をする立場だったら、どのような知識が欲しいだろうか」という点を自問自答しながら執筆したつもりです。「論点を漏らすよりは重複した方が良い」と考えて執筆を続けましたので重複する点もありますが、ご容赦願いたいところです。

　本書が中小零細企業の事業再生に役立つことを願ってやみません。読者の皆様の成功を、心よりお祈り申し上げます。

　　　　　　　　　　　　　　　　　　　　　著者　髙橋 隆明

使い方

　本書は、筆者がこれまでに上梓してきた全ての書籍（下表参照）を改めて精査し、全ての論点を抽出し、加筆修正してあります。その他にもセミナーや学会発表用の論点も加筆する形で、事業再生に必要となる全ての知識を網羅しました。

	書籍名	出版年月	総頁数
①	経営再建計画書の作り方	平成13年7月	293頁
②	債務免除読本	平成16年2月	177頁
③	不動産売買「得」本	平成16年10月	140頁
④	事業再生事件ファイル（事業譲渡編）	平成18年8月	275頁
⑤	事業再生事件ファイル（債権譲渡編）	平成19年2月	280頁
⑥	法的整理に頼らない事業再生のすすめ	平成19年3月	164頁
⑦	事業再生事件ファイル（会社譲渡編）	平成20年9月	258頁
⑧	改訂版・債務免除読本	平成21年7月	261頁
⑨	増補版・実録！債務免除読本	平成21年9月	285頁
⑩	民事再生は必要ない！打つべき手は他にある	平成22年2月	299頁
⑪	本物の事業再生はこれだ	平成22年3月	328頁
⑫	不良債権をめぐる債権者と債務者の対立と協調	平成23年6月	275頁
⑬	改訂版、法的整理に頼らない事業再生のすすめ	平成23年9月	182頁
⑭	どうしたら銀行に債権放棄をしてもらえるか	平成24年4月	165頁
⑮	事業再生に伴い残った借入金と会社の処理の仕方	平成25年1月	195頁
⑯	リスケ（返済猶予）に頼らない事業再生のすすめ	平成25年5月	228頁
⑰	銀行の合意が得にくい場合の事業再生の進め方	平成25年12月	119頁
⑱	貸倒引当金の多寡が債権放棄に及ぼす影響ならびに事業譲渡を伴う事業再生における課税の公平	平成27年3月	312頁

◇ 全ての論点を網羅しつつ、できるだけ体系的に整理するように努めましたが、内容が重複している部分も見受けられます。全体構成を次頁に整理しておきましたので、目次を利用して必要な論点を査読することは効果的です。

◇ 各テーマの冒頭には「要旨」、末尾には「チェックポイント」を設けましたので、概要を把握する際に活用してください。

◇ 網羅した論点が多岐に渡るため、索引を充実させました。索引を利用して必要な論点を横断的に理解することは効率的です。

全体の構成

序章
【1】二つの再生方法
【2】第二会社方式

第Ⅰ章　債権者の立場と特性
【1】金融機関の自己査定
【2】一括回収か分割回収か
【3】債権者の最終処分
【4】債権譲渡の利用
【5】金融機関の論理
【6】債権者のタイプを見極める
【7】債権者全体を把握することが重要
【8】債権放棄と債務免除の違いと貸倒引当金
【9】裁判所ではなく債権者に泣きつくべし

第Ⅱ章　計画に関連する全知識
【1】経営権を確保する事業再生
【2】経営者の決意が必要
【3】自己破産が不要な理由
【4】法的整理と私的整理
【5】再生できるか清算するか
【6】抵抗勢力の扱い方
【7】キャッシュフローと価値の把握
【8】事業デューデリと財務デューデリ
【9】返済猶予と事業再生
【10】事業計画と再生計画
【11】事業計画と返済計画
【12】計画書の中身
【13】有担保債権者と無担保債権者
【14】返済能力の把握
【15】無理な事業再生計画
【16】資産を譲渡する
【17】事業を譲渡する
【18】会社を分割する
【19】会社を譲渡する
【20】営業権
【21】資産譲渡、事業譲渡、会社分割、会社譲渡
【22】肩代わり融資と付け替え融資
【23】第二会社の資金手当
【24】銀行の合意を得る
【25】事業再生に成功する経営者

第Ⅲ章　会計・税務・不動産に関連する全知識
【1】経営成績と財政状態
【2】粉飾決算の兆候
【3】粉飾の修正
【4】納税義務
【5】会社の清算とみなし解散の制度
【6】不動産の価格
【7】不動産の鑑定評価
【8】不動産の競売制度
【9】競売制度の経済合理性と利用方法
【10】競売配当と他の担保権
【11】抵当権消滅請求制度
【12】企業価値評価

第Ⅳ章　会社法に関連する全知識
【1】株主
【2】株主総会
【3】取締役
【4】第二会社の取締役
【5】取締役会
【6】商号続用責任と法人格否認
【7】会社法の改正点（平成26年改正）

第Ⅴ章　債権者の攻勢と債務者の防衛
【1】債権回収のための手続
【2】債権回収のための訴訟
【3】債務者の防衛行動
【4】保証債務の免責
【5】特定調停の利用
【6】回収交渉の失敗（債権者側の失敗）
【7】返済交渉の失敗（債務者側の失敗）

第Ⅵ章　専門家の利用
【1】偽専門家の暗躍
【2】無料相談と無資格者
【3】敵と味方を見極める
【4】公的支援制度
【5】会計事務所の役割

第Ⅶ章　理論と実務の融合
【1】事業再生の経済学
【2】事業再生の交渉学

目次

── **はじめに**

── **使い方**

── **全体の構成**

序章

【1】二つの再生方法
1．再生への道 ……………………………………… 36
2．従来の会社を利用する方法 …………………… 37
3．第二会社を利用する方法 ……………………… 38
　（1）第二会社をスタートさせる、（2）従来の会社を清算する、（3）第二会社を本来の姿に戻す
4．第二ステージになすべきこと ………………… 39
　（1）第二次ロスは回避する、（2）飛躍を目指す

【2】第二会社方式
1．第二会社方式の方法 …………………………… 42
　（1）黒字部門を独立させる方法、（2）会社そのものを売却する方法、（3）他社と合併させる方法
2．必要な許認可の引き継ぎ ……………………… 44
3．主要資産に抵当権が設定されている場合 …… 44
4．第二会社の経営権 ……………………………… 45
　（1）経営権の形態、（2）経営者の交代を求められる理由
5．形式上の第三者 ………………………………… 47
　（1）客観性を確保する、（2）支配権と代表権、（3）第二会社の株主と取締役の選任例、（4）いつの時点で戻すか
6．第二会社の扱い方 ……………………………… 52
　（1）第二会社の倒産隔離、（2）本店所在地の選定
7．債権者次第であるということ ………………… 53

第Ⅰ章　債権者の立場と特性

【1】金融機関の自己査定
1．自己査定の概要 ……………………………………… 58
　（1）債務者区分、（2）債権分類、（3）貸倒引当金の計上、（4）金融機関の実情
2．実際の分類 …………………………………………… 62
　（1）担保による調整、（2）保証等による調整、（3）債権の分類基準、（4）分類の実例

【2】一括回収か分割回収か
1．一括回収と分割回収 ………………………………… 66
2．いつ、いくらの現金が期待できるか ……………… 67
　（1）預金、（2）不動産、（3）事業
3．一括回収額に運用利回りを乗じて導いた額 ……… 69
4．一括回収か分割回収かの選択基準 ………………… 70
5．タイミングにも左右される ………………………… 71
　（1）原債権者の場合、（2）新債権者の場合

【3】債権者の最終処分
1．最終処理 ……………………………………………… 74
　（1）間接償却と直接償却、（2）有税償却と無税償却
2．債権放棄 ……………………………………………… 76
　（1）寄付金認定、（2）回収不能額の確定要件
3．債権譲渡 ……………………………………………… 78
　（1）問題解決の先送り、（2）意思決定の基準
4．債権放棄が期待できない場合 ……………………… 81

【4】債権譲渡の利用
1．債権譲渡の基本 ……………………………………… 83
　（1）どのように債権譲渡が行われるのか、（2）債権譲渡価格、（3）バルクセール、（4）小額債権の特性
2．様々な債権譲渡を活用する ………………………… 87

（1）原債権者（銀行）から新債権者（サービサー等）への債権譲渡、（2）新債権者（サービサー等）から債務者指定先への債権譲渡、（3）債務者が有する債権の債権譲渡

【5】金融機関の論理
1．基本となる視点 ………………………………………… 92
（1）経営者が責任を取ったのか（責任論）、（2）自行だけが不利益を蒙っていないか（公平性・均衡性）、（3）計画の実行可能性は高いのか（実現可能性）
2．実現可能性 ……………………………………………… 93
3．清算との比較 …………………………………………… 95
4．返済の公平性 …………………………………………… 96
5．株主代表訴訟に耐えられるか ………………………… 96
6．不合理な意思決定 ……………………………………… 97

【6】債権者のタイプを見極める
1．原債権者（＝銀行等）の特徴 ………………………… 99
2．新債権者（＝サービサー等）の特徴 ………………… 101
3．新債権者の回収姿勢 …………………………………… 101
（1）新債権者は法的には満額の請求権を持っている、（2）新債権者の債権処理
4．債権放棄に対する姿勢の違い ………………………… 103
5．保証協会の代位弁済 …………………………………… 104
（1）保証協会の位置付け、（2）代位弁済

【7】債権者全体を把握することが重要
1．先順位抵当権と後順位抵当権の関係 ………………… 107
2．担保の中身まで登記では分からない ………………… 108
3．債権にも担保設定できる ……………………………… 109
4．担保評価一覧表（実務新案登録済） ………………… 109

【8】債権放棄と債務免除の違いと貸倒引当金
1．債権放棄と債務免除 …………………………………… 114

（1）債権放棄は債権者の損、（2）債務免除は債務者の益
　2．債権放棄と債務免除の違い ……………………………… 115
　3．貸倒引当金との関係 ……………………………………… 115
　　（1）貸倒引当金が及ぼす影響、（2）債権者の自己査定との関係

【9】裁判所ではなく債権者に泣きつくべし
　1．金額の決定権は債権者が持っている ……………………… 119
　2．嫌味な債権者でも我慢する ……………………………… 120
　3．金融機関の種類と位置付けによる違い …………………… 121
　　（1）金融機関の種類、（2）金融機関の位置付け
　4．裁判所ではなく債権者に泣きつく ………………………… 123

第Ⅱ章　計画に関連する全知識

【1】経営権を確保する事業再生
　1．経営を維持することが大切だということ ………………… 126
　　（1）自己破滅は無意味であること、（2）経営者が再生すること
　2．事業を移転する場合の注意点 …………………………… 128
　3．経営権を確保するためにどうすべきか …………………… 129
　　（1）借入金が少なければ事業が成り立つ、（2）究極の第二会社方式

【2】経営者の決意が必要
　1．経営者の固い決意が必要 ………………………………… 132
　2．経営者自身が計画を策定する …………………………… 133
　3．第三者を前面に出し過ぎてはならない …………………… 134
　　（1）弁護士の場合、（2）弁護士以外の場合、（3）どうすれば良いのか
　4．味方を確保するのも経営者次第 …………………………… 136

【3】自己破産が不要な理由
　1．破産が求められる理由 …………………………………… 138

2．保証人まで破産する必要はない ……………………… 139
　3．どういう場合に破産するのか？ ……………………… 140
　　（1）反社会的勢力から身を守る場合、（2）清算する場合、（3）債権者による破産の申し立て
　4．破産による影響 ………………………………………… 142
　5．自己破産は必要ない …………………………………… 143

【4】法的整理と私的整理
　1．法的整理と私的整理の特徴 …………………………… 146
　2．再生型と清算型 ………………………………………… 148
　　（1）再生型と清算型の違い、（2）民事再生における監督委員、（3）破産手続における破産管財人
　3．私的整理のメリットと法的整理のデメリット ……… 150
　　（1）私的整理のメリット、（2）法的整理のデメリット、（3）最初に私的整理をする
　4．私的整理は二種類ある（一括合意型と個別合意型） ……… 152
　5．私的整理が難しい場合 ………………………………… 153
　　（1）担保処分が可能な場合、（2）回収効果が見込めない場合、（3）不透明、不公平な再生計画である場合、（4）反社会的勢力や整理屋が介入している場合、（5）他の債権者が同意しない場合、（6）債権者が確定できない場合
　6．法的整理が無益な場合 ………………………………… 154
　　（1）経営権を奪われた例、（2）私的整理を避ける弁護士の例

【5】再生できるか清算するか
　1．清算ではなく再生を目指せるかどうかの判断 ……… 158
　　（1）営業利益の段階で黒字かどうか、（2）資金繰りが可能か、（3）債権者が納得できる額の返済ができるか、（4）得意先との取引は可能か、（5）仕入先は今後も品物を入れてくれるか、（6）債権者の同意が得られるか、（7）抵当権者が抵当権を実行しないか、（8）手続費用を用意できるか、（9）再生計画を立てられるか、（10）経営者に再生の情熱はあるか
　2．究極の判断基準 ………………………………………… 163

（1）経営者の決意、（2）営業利益を確保できるか、（3）キャッシュフローが回るか、（4）第三者との比較で遜色ないか、（5）抵抗勢力はいないか、（6）債権者の事情が許すか
　3．丁寧に再生型を進める ……………………………………… 165
　4．どうしてもダメなら清算する ……………………………… 166

【6】抵抗勢力の扱い方
　1．二つの抵抗勢力 ……………………………………………… 168
　　（1）株主の中の抵抗勢力、（2）債権者の中の抵抗勢力
　2．その他の抵抗勢力 …………………………………………… 169
　　（1）同業他社、（2）従業員
　3．抵抗勢力への対策 …………………………………………… 170
　　（1）対立しない、（2）抵抗勢力を増やさない、（3）味方を増やす
　4．第三者の介入による決着 …………………………………… 172

【7】キャッシュフローと価値の把握
　1．キャッシュフローがプラスであること ……………………… 174
　　（1）資金繰りが回ること、（2）キャッシュフローがマイナスの場合
　2．清算価値・競合価値との比較 ………………………………… 175
　　（1）一括回収と分割回収、（2）清算価値と競合価値、（3）競売価格の算出、（4）競合価格の算出
　3．負ける戦いはしない ………………………………………… 178

【8】事業デューデリと財務デューデリ
　1．事業計画におけるデューデリ ……………………………… 179
　2．事業デューデリ ……………………………………………… 179
　3．財務デューデリ ……………………………………………… 180
　　（1）多額の費用負担は不要、（2）実質債務超過の判定

【9】返済猶予と事業再生
　1．返済猶予の態様 ……………………………………………… 184

（1）返済猶予の種類、（2）返済猶予は問題の先送りに過ぎない、
　　（3）返済猶予しかない場合
　2．事業再生との関係 …………………………………………………… 188

【10】事業計画と再生計画
　1．事業計画と再生計画 ………………………………………………… 190
　　（1）どちらの計画を作成するか、（2）実現可能性の違い、（3）新
　　規事業の進め方、（4）リアル・オプション
　2．実抜計画・合実計画 ………………………………………………… 193
　　（1）「実現可能性の高い抜本的な経営再建計画（実抜計画）」、（2）
　　「合理的かつ実現可能性の高い経営改善計画（合実計画）」、（3）
　　中小企業の特例、（4）協議会スキーム、（5）要件に合わせた計
　　画を作るのではない
　3．債権者の合意 ………………………………………………………… 197

【11】事業計画と返済計画
　1．事業計画と返済計画 ………………………………………………… 199
　　（1）事業計画、（2）返済計画、（3）事業再生はB／Sではな
　　くP／Lが重要、（4）両者が相まって事業再生が成功する
　2．事業計画に関して …………………………………………………… 200
　　（1）事業主体は第二会社にする、（2）不良債権独特の事業計画、
　　（3）手堅い計画とする
　3．返済計画に関して …………………………………………………… 202
　　（1）返済実績確認、（2）金融機関別返済計画

【12】計画書の中身
　1．数値の計画 …………………………………………………………… 205
　　（1）明瞭性、（2）客観性、（3）実現可能性、（4）妥当性、（5）
　　具体性
　2．経営体制・組織の計画 ……………………………………………… 208
　　（1）経営体制、（2）組織計画
　3．資金計画 ……………………………………………………………… 210
　　（1）必要資金、（2）資金繰り

4．自分ではなく他人を納得させる ………………………… 211

【13】有担保債権者と無担保債権者
  1．有担保債権者の扱い方 ……………………………………… 212
    （1）売却額が債権額を超える場合、（2）売却額が債権額を超えない場合、（3）実際に売却をしない時点で配分
  2．一部返済額の配分事例 …………………………………… 213
    （1）残高シェアで按分するのか無担保シェアで按分するのか、（2）事業継続に必要な不動産の場合、（3）事業継続に必要でない不動産の場合
  3．いくつかの問題点 ………………………………………… 215
    （1）別除権の評価と配分額、（2）無剰余の場合は競売を申し立てない、（3）ハンコ代、（4）全債権者の関係を把握する
  4．債権者の回収方針による影響 …………………………… 218

【14】返済能力の把握
  1．情報の非対称性と交渉の決裂リスク …………………… 220
  2．短期返済能力と長期返済能力 …………………………… 221
    （1）短期返済能力、（2）長期返済能力、（3）予期した返済能力を上回る場合
  3．過去の実績と将来の計画 ………………………………… 222
  4．古典的手法であるがＳＷＯＴ分析が必要な理由 ……… 223
  5．返済能力の正確な把握 …………………………………… 224

【15】無理な再生計画
  1．達成できない再生計画 …………………………………… 226
    （1）なぜ、背伸びした計画が作られるのか、（2）達成できない計画は無意味、（3）言い訳が繰り返される
  2．無理な再生計画はなぜ問題なのか？ …………………… 230
    （1）返済猶予のための再生計画、（2）債務者ではなく債権者が判断すること

【16】資産を譲渡する
1．営業権を含むか資産だけか ……………………………………… 233
2．P／L（損益計算書）的視点で資産を譲渡する ……………… 234
3．資産をいくらで評価するか ……………………………………… 235
　（1）安い価格、（2）高い価格、（3）有利な価格、（4）費用は控除する
4．融資を確保する …………………………………………………… 237
5．金額の合意を得る ………………………………………………… 238

【17】事業を譲渡する
1．資産譲渡と事業譲渡の違い ……………………………………… 240
2．利害調整 …………………………………………………………… 241
3．事業に必要な資産と負債の譲渡 ………………………………… 242
　（1）資産の譲渡、（2）負債の譲渡
4．契約 ………………………………………………………………… 243
5．その他の留意点 …………………………………………………… 244
　（1）許認可を得ること、（2）融資を確保すること、（3）営業権、（4）商号続用者の責任

【18】会社を分割する
1．分割の態様 ………………………………………………………… 247
　（1）分社型と分割型、（2）分割会社と承継会社
2．会社分割のメリット ……………………………………………… 249
　（1）含み益の発生を抑える、（2）事業譲渡代金の調達が不要、（3）税金が優遇される
3．濫用的会社分割 …………………………………………………… 252
4．会社分割の留意点 ………………………………………………… 252
　（1）商号続用の責任、（2）許認可が必要な場合、（3）会社分割無効の訴え

【19】会社を譲渡する
1．事業再生における会社譲渡 ……………………………………… 255
　（1）実質と形式、（2）会社譲渡方式の特徴

2．株主と取締役 …………………………………………………… 257
　　（1）株主、（2）取締役
　3．会社の株主や取締役を第三者にしておく場合 ………… 258
　4．会社譲渡の応用 ………………………………………………… 259
　　（1）利益は株主のもの、（2）売主のメリット、（3）買主のメリット
　5．会社譲渡の留意点 ……………………………………………… 262
　　（1）攻める立場と守る立場、（2）簿外債務の排除、（3）悪質な仲介業者

【20】営業権
　1．営業権の評価 …………………………………………………… 265
　2．資産価格を超えた部分は営業権とする ………………… 266
　3．償却 ……………………………………………………………… 267
　4．返済源資としての営業権 …………………………………… 269
　5．営業権を分割払いとする …………………………………… 269

【21】資産譲渡、事業譲渡、会社分割、会社譲渡
　1．相違点 …………………………………………………………… 271
　　（1）資金の必要性、（2）株主総会決議、（3）債権者の承諾、（4）債権者保護、（5）必要な時間、（6）無効の訴え、（7）従業員の雇用、（8）評価方法
　2．どの方法を選択すべきか …………………………………… 275
　　（1）資産譲渡、（2）事業譲渡、（3）会社分割、（4）会社譲渡
　3．債権者への配慮 ………………………………………………… 276

【22】肩代わり融資と付け替え融資
　1．担保主義 ………………………………………………………… 278
　2．肩代わり融資 …………………………………………………… 279
　3．付け替え融資 …………………………………………………… 280
　4．肩代わり融資と付け替え融資の違い …………………… 282
　　（1）肩代わり融資の場合、（2）付け替え融資の場合
　5．金融機関はどのような選択をするか …………………… 283

（1）逃げ腰のケース、（2）黙認するケース、（3）積極的に支援するケース

【23】第二会社の資金手当
1．従来の会社で出金する方法 ……………………… 285
　（1）退職金として支給する、（2）役員からの借入金を返済する、（3）保険積立金を譲渡する、（4）資産を強化する
2．第二会社で入金する方法 ………………………… 287
　（1）債権者代位や詐害行為取消に気をつけて貸付ける、（2）収益獲得能力向上の効果発現

【24】債権者の合意を得る
1．合意を得るための努力をする ………………… 290
2．一括合意の困難性 ……………………………… 291
3．個別合意で解決する場合 ……………………… 291
4．事業再生業務の特殊性 ………………………… 292
　（1）一連の流れを繰り返す、（2）競合業者が出現するリスク
5．会計事務所の役割 ……………………………… 293
　（1）一括合意に向けて、（2）個別合意に向けて、（3）暫定リスケにあたって
6．経営者と会計事務所の協調 …………………… 295
　（1）事業計画は確実性を重視する、（2）金融機関交渉は会計事務所の支援が大切、（3）粉飾決算は排除する

【25】事業再生に成功する経営者
1．共通する点 ……………………………………… 297
　（1）再生させたいという強い意思、（2）真面目な態度、（3）積極的な姿勢
2．事業再生はできるということ ………………… 299
　（1）私的整理による事業再生、（2）中断するくらいなら始めないほうが無難、（3）結局は経営者次第である
3．経営者のタイプ ………………………………… 301
　（1）決断できないタイプ、（2）慎重過ぎるタイプ、（3）リー

ダーシップに欠けるタイプ、（4）偏屈過ぎるタイプ、（5）遠慮してしまうタイプ、（6）勇気ある撤退ができないタイプ、（7）言い訳を繰り返すタイプ
　4．第二ステージでの成功を目指す ……………………… 304

第Ⅲ章　会計・税務・不動産に関連する全知識

【1】経営成績と財政状態
　1．損益計算書と貸借対照表 ……………………………… 308
　　（1）経営成績、（2）財政状態
　2．経常利益と分配可能利益のいずれを重視するか ……… 311
　3．経営成績と財政状態のいずれを重視するか …………… 311
　　（1）正常債権の場合、（2）不良債権の場合

【2】粉飾決算の兆候
　1．企業倒産の過程 ………………………………………… 313
　2．財務諸表の粉飾 ………………………………………… 314
　　（1）粉飾の目的、（2）粉飾の方法
　3．問題企業の兆候 ………………………………………… 316
　4．経営者のチェックリスト ……………………………… 319

【3】粉飾の修正
　1．粉飾決算は見破られている …………………………… 321
　2．粉飾決算の修正 ………………………………………… 323
　　（1）放置していたらどうなるか、（2）修正のタイミング、（3）事業再生への影響
　3．粉飾決算に関する責任 ………………………………… 326
　　（1）民事責任、（2）刑事責任

【4】納税義務
　1．税金は優先的に支払う ………………………………… 329
　2．第二会社の税金対策 …………………………………… 330

3．第二次納税義務とは何か ……………………………………… 331
　　（1）成立要件、（2）具体的な規定

【5】会社の清算とみなし解散の制度
　1．解散から清算へ ………………………………………………… 335
　　（1）解散とは、（2）清算とは
　2．普通精算 ………………………………………………………… 336
　　（1）株主総会決議、（2）財産の確定と分配、（3）清算事務の終了
　3．特別清算 ………………………………………………………… 338
　4．損益法と財産法 ………………………………………………… 340
　　（1）債務免除益の相殺、（2）実在性の無い資産
　5．みなし解散の制度 ……………………………………………… 341
　　（1）休眠会社、（2）みなし解散
　6．事業再生における手続の流れ ………………………………… 345
　　（1）普通清算から特別清算、（2）廃業のための特定調停、（3）みなし解散

【6】不動産の価格
　1．様々な不動産価格 ……………………………………………… 348
　2．制度化された価格 ……………………………………………… 348
　　（1）時価（正常価格）、（2）公示価格、（3）基準地価、（4）路線価、（5）固定資産税評価額
　3．その他の価格概念 ……………………………………………… 349
　　（1）簿価（含み損を抱える）、（2）隣地価格（限定価格）、（3）担保評価額、（4）簿価（含み益を抱える）
　4．鑑定評価 ………………………………………………………… 350
　　（1）取引事例比較法の比準価格、（2）原価法の積算価格、（3）収益還元法の収益価格

【7】不動産の鑑定評価
　1．不動産の鑑定評価の方法 ……………………………………… 353
　2．鑑定評価の流れ ………………………………………………… 354

（1）鑑定評価の基本的事項、（2）価格形成要因
　3．鑑定評価の手法と評価額の変動 ……………………… 355
　　（1）原価法、（2）取引事例比較法、（3）収益還元法

【8】不動産の競売制度
　1．競売価格が低くなる理由 ……………………………… 359
　2．正常価格と競売価格の乖離 …………………………… 360
　3．競売の各段階 …………………………………………… 361
　　（1）競売開始時の情報、（2）競売開始後の情報、（3）開札後の情報

【9】競売制度の経済合理性と利用方法
　1．競売の経済合理性 ……………………………………… 365
　　（1）個別案件の経済合理性、（2）全体の経済合理性
　2．競売制度の利用 ………………………………………… 366
　　（1）二重入札、（2）競売制度を利用した価格交渉

【10】競売配当と他の担保権
　1．競売配当の流れ ………………………………………… 372
　2．無剰余による取消し制度 ……………………………… 372
　　（1）無剰余の判断時期、（2）債権者による競売継続手続、（3）無剰余になるなら競売しない、（4）ハンコ代
　3．他の担保権が守ってくれる …………………………… 375
　　（1）担保に差し出す、（2）抵当権ごと債権譲渡

【11】抵当権消滅請求制度
　1．抵当権消滅請求制度の概要 …………………………… 377
　2．抵当権消滅請求のハードル …………………………… 378
　　（1）資金手当て、（2）実務家の確保、（3）金融機関の論理、（4）全抵当権者に一括請求する
　3．消滅請求の肯定例と否定例 …………………………… 379
　　（1）競売が取り下げとなった例（個別案件の経済合理性を肯定した例）、（2）競売になった例（個別案件の経済合理性を否定し

た例）

【12】企業価値評価
1．企業価値の算出 …………………………………………… 382
　（1）費用性、（2）市場性、（3）収益性
2．営業権の把握 …………………………………………… 384
　（1）企業価値から資産価値を控除する、（2）営業権に資産価値を加算する
3．価格決定に影響を与える要因 …………………………… 386
　（1）中小企業の特性、（2）売価と買価

第Ⅳ章　会社法に関連する全知識

【1】株主
1．株主の権利 ……………………………………………… 390
　（1）株主の権利と多数決原理、（2）監督是正権、（3）その他
2．取締役との関係 ………………………………………… 393
3．議事録の必要性 ………………………………………… 393
4．事業再生との関連 ……………………………………… 394

【2】株主総会
1．特別決議 ………………………………………………… 396
2．決議取消しの訴え（831条1項）……………………… 398
　（1）招集手続が法令・定款違反の例（1号）、（2）決議方法が法令・定款違反の例（1号）、（3）招集手続・決議方法が著しく不公正の例（1号）、（4）決議内容が定款に違反の例（2号）、（5）特別利害関係株主による著しく不当な決議の例（3号）
3．決議無効確認の訴え（830条2項）…………………… 400
4．決議不存在確認の訴え（830条1項）………………… 400
5．問題となる例 …………………………………………… 400
　（1）招集通知の漏れ、（2）取締役会決議を経ない代表取締役による招集、（3）取締役会決議を経ない平取締役による招集、（4）

その他の瑕疵
　6．事業再生との関連 ……………………………………………… 402
　　（1）特別決議の可能性、（2）子会社を譲渡する場合

【3】取締役
　1．取締役の立場と責任 …………………………………………… 405
　　（1）立場、（2）責任
　2．会社に対する責任 ……………………………………………… 406
　3．第三者に対する責任 …………………………………………… 407
　4．取締役の責任の軽減 …………………………………………… 408
　　（1）株主総会での軽減、（2）取締役会決議等による軽減、（3）責任限定契約による軽減
　5．事業再生との関連 ……………………………………………… 410

【4】第二会社の取締役
　1．正式な取締役でない場合 ……………………………………… 411
　　（1）正式に選任されていない場合、（2）名目取締役の場合、（3）退任したのに代表取締役を名乗っている場合、（4）退任したのに退任登記が未済の場合
　2．競業避止義務 …………………………………………………… 414
　3．社外取締役制度の活用 ………………………………………… 415

【5】取締役会
　1．取締役会設置会社と非設置会社 ……………………………… 417
　　（1）取締役会設置会社、（2）取締役会非設置会社、
　2．取締役会の招集と議決 ………………………………………… 418
　　（1）招集、（2）議決
　3．取締役会の決議を欠く行為 …………………………………… 418
　4．取締役会から株主総会への権限移譲 ………………………… 419

【6】商号続用責任と法人格否認
　1．商号続用の責任 ………………………………………………… 421
　　（1）商号を続用する場合、（2）商号を続用しない場合、（3）

会社分割の場合の類推適用
　２．法人格否認の法理 ……………………………… 424
　　（１）法人格の濫用、（２）法人格の形骸化、（３）効果

【7】会社法の改正点（平成２６年改正）
　１．特別支配株主による株式等売渡請求 ……………… 426
　２．責任限定契約 …………………………………… 427
　３．事業譲渡等の承認 ……………………………… 427
　４．詐害的会社分割 ………………………………… 427
　　（１）詐害的会社分割、（２）法改正

第Ⅴ章　債権者の攻勢と債務者の防衛

【1】債権回収のための手続
　１．期限の利益の剥奪 ……………………………… 432
　２．仮差押え ………………………………………… 433
　３．競売 ……………………………………………… 435
　４．債権者の本気度を見極める …………………… 436

【2】債権回収のための訴訟
　１．詐害行為取消権（債権者取消権） …………… 438
　２．債権者代位権 …………………………………… 439
　３．各種無効の訴え ………………………………… 439
　４．取締役の第三者責任の追及 …………………… 440
　５．商号続用責任の追及 …………………………… 440
　６．法人格否認の法理の適用 ……………………… 440
　７．会社分割無効の訴え …………………………… 441
　８．債権者破産の申し立て ………………………… 442

【3】債務者の防衛行動
　１．銀行取引の方法 ………………………………… 444
　　（１）取引の現金決済、（２）決済口座の移転、（３）債務者区分

の下方誘導
　2．抵当権の扱い ……………………………………………… 446
　　（1）抵当権を消滅させる、（2）他の抵当権を設定する
　3．各種制度の利用 …………………………………………… 447
　　（1）中小企業再生支援協議会　、（2）特定調停、（3）私的整理ガイドライン、（4）裁判外紛争解決手続（ＡＤＲ）、（5）地域経済活性化支援機構
　4．組織の再編 ………………………………………………… 451
　　（1）資産譲渡で財産を保全する、（2）事業譲渡で経営を継続する、（3）会社分割で第二会社に移す
　5．違法性を問題にしない状況も大切 ………………………… 452

【4】保証債務の免責
　1．ガイドラインの位置付け ………………………………… 454
　2．ガイドラインの要旨 ……………………………………… 455
　　（1）経営者保証の減免内容、（2）保証人の説明責任、（3）支援専門家の役割
　3．ガイドラインの適用対象となり得る保証契約 ………… 456
　　（1）保証契約の主たる債務者が中小企業であること、（2）保証人が個人であり、主たる債務者である中小企業の経営者であること、（3）主たる債務者及び保証人の双方が弁済について誠実であり、対象債権者の請求に応じ、それぞれの財産状況等（負債の状況を含む。）について適時適切に開示していること、（4）主たる債務者及び保証人が反社会的勢力ではなく、そのおそれもないこと
　4．ガイドラインの対象となる債権者 ……………………… 457
　5．適切な保証金額の設定 …………………………………… 457
　6．既存の保証契約の適切な見直し ………………………… 458
　　（1）保証契約の見直しの申入れ時の対応、（2）既存の保証契約の適切な見直し
　7．整理の対象となる保証人 ………………………………… 460
　8．残存資産の範囲 …………………………………………… 461
　　（1）残存資産とは、（2）一定期間の生計費に相当する現預金、

（3）華美でない自宅、（4）主たる債務者の実質的な事業継続に
　最低限必要な資産、（5）その他の資産
　9．抵当権への影響 ……………………………………………… 464
　10．事業再生と保証債務 ………………………………………… 465
　（1）特定調停の利用、（2）保証人への課税軽減措置（所得税法
　64条2項）

【5】特定調停の利用
　1．「金融円滑化法終了への対応策としての特定調停スキームの利
　用の手引き」…………………………………………………… 468
　2．「経営者保証に関するガイドラインに基づく保証債務整理の手
　　法として特定調停スキーム利用の手引き」……………… 470
　3．「事業者の廃業・清算を支援する手法としての特定調停スキー
　ム利用の手引き」……………………………………………… 471
　　（1）債務者及び保証人のメリット、（2）金融機関のメリット
　4．特定調停の利用方法 ………………………………………… 472
　　（1）十分な根回しが必要、（2）民事調停法の17条決定、（3）
　　弁護士を介さない申し立て

【6】回収交渉の失敗（債権者側の失敗）
　1．任意売却を拒否した例 ……………………………………… 475
　2．配分交渉に手間取り買主を失った例 ……………………… 477
　3．担保漏れ ……………………………………………………… 479
　4．時効による債権消滅 ………………………………………… 480

【7】返済交渉の失敗（債務者側の失敗）
　1．債権者破産を申し立てられた例 …………………………… 482
　2．無担保不動産を資産譲渡して新債権者の要求に屈した例 … 484
　3．リスケではなく債権放棄を求めて話がこじれた例 ………… 486

第Ⅵ章　専門家の利用

【1】偽専門家の暗躍
1．偽専門家の基本姿勢 …………………………………………… 491
　（1）詐害的な事業再生を行う、（2）敵対的な交渉姿勢で臨む、（3）利益誘導型の誤った指導をする、（4）自費出版と、いい加減なセミナーで集客する
2．偽専門家の典型的な行動 ……………………………………… 493
　（1）自分の会社を再生した例を吹聴する、（2）回収経験がないのに金融機関勤務を強調する、（3）理論的裏付けのない話を展開する、（4）事業計画と再生計画の違いが分かっていない、（5）無理に第二会社を作って自らは逃げてしまう

【2】無料相談と無資格者
1．無料相談の限界 ………………………………………………… 497
2．有資格者と無資格者の違い …………………………………… 498
　（1）有資格者の優位性、（2）専門家の守秘義務、（3）経験だけでは不十分だということ
3．偽者に注意すること …………………………………………… 501
　（1）悪質なコンサルタントは出入り禁止、（2）不当利得として返還請求する

【3】敵と味方を見極める
1．敵と味方 ………………………………………………………… 503
2．味方になってくれないコンサルタント ……………………… 504
　（1）金融機関寄りのコンサルタント、（2）事なかれ主義、（3）債務者を育てて高く売る
3．債務者の主体性が必要 ………………………………………… 507
4．ゆでガエル現象に注意する …………………………………… 508
5．着手金と成功報酬に潜む問題 ………………………………… 509
6．敵と味方の区別もつかないようでは事業再生は困難 ……… 510

【4】公的支援制度

1. 認定支援機関の経営改善支援 ……………………………… 512
   （1）中小企業経営力強化支援法に基づく認定支援機関、（2）現状と限界
2. 中小企業再生支援協議会 …………………………………… 513
   （1）支援事業の内容、（2）現状と限界
3. 経営改善支援センター ……………………………………… 515
   （1）支援事業の内容、（2）現状と限界
4. よろず支援拠点 ……………………………………………… 517
   （1）支援事業の内容、（2）現状と限界
5. 公的支援制度の使い分け …………………………………… 518
   （1）規模の違い、（2）目的の違い、（3）補助金の申請、（4）専門家の紹介、（5）金融機関の協力
6. 事業再生との関連 …………………………………………… 520

【5】会計事務所の役割

1. 着実な取り組みの必要性 …………………………………… 521
2. 金融機関との協調の必要性 ………………………………… 522
   （1）ゼロサムではなくプラスサム、（2）敵対しないことが必要
3. 会計事務所の守備範囲 ……………………………………… 523
   （1）寄せられる期待、（2）中小零細企業の情報管理
4. 債権者訪問は会計事務所と同行すること ………………… 524
   （1）無資格のコンサルタントと同行するケース、（2）弁護士と同行するケース、（3）会計の専門家と同行するケース
5. 会計事務所の役割 …………………………………………… 526
   （1）会計事務所に期待されること、（2）正しい情報の提供、（3）独立した第三者としての関与、（4）攻める経営者と守る経営者

第VII章　理論と実務の融合

【1】事業再生の経済学

1. ミクロ理論経済学と事業再生 ……………………………… 532

（1）情報の非対称性、（2）期待効用仮説
 2．債権者と債務者の対立による交渉決裂のリスク ……………… 533
 3．債権者間の対立による不良債権解消の先送りリスク・ …… 534
 4．伝統的ミクロ経済学の限界 ……………………………………… 535
 5．プロスペクト理論 ………………………………………………… 536
　（1）参照点依存性、（2）損失回避性、（3）リスク態度の非対称性
 6．事業再生に関連する行動経済学 ………………………………… 538
 7．理論に裏付けられた実務 ………………………………………… 539

【2】事業再生の交渉学
 1．配分型交渉から統合型交渉へ …………………………………… 541
 2．事業再生における交渉 …………………………………………… 542
　（1）債権者と債務者、（2）債権者と債権者
 3．配分基準の客観性 ………………………………………………… 544
 4．第三者の介入 ……………………………………………………… 544
　（1）一方当事者側に立つ第三者、（2）独立した第三者、
 5．Ｗｉｎ／Ｗｉｎの解決を目指す ………………………………… 546
　（1）有期化による債権者と債務者の調整、（2）個別化による債権者と債権者の攻勢、（3）対立から協調へ、（4）結語

── **おわりに**

── **索引**

序章

【1】二つの再生方法

要 旨

借入金を減らして事業を再生させるには、二つの方法があります。従来の会社がそのまま借入金を削減して再生する方法と、第二会社を利用する方法です。いずれの方法にしても、第一ステージで借入金を削減した後、第二ステージとして飛躍することになります。借入金を削減することは第一ステージの終わりであり、第二ステージの始まりなのです。ここでは二つの方法の概要を紹介し、それぞれについて留意する点を整理しておきます。留意点の具体的内容については各章の該当箇所を参照してください。

1．再生への道

　諸般の事情で借入金が膨らんだ結果、返済能力を超えてしまったものの、借入金さえ適正水準であれば事業を継続できる会社は少なくありません。このような会社を再生させるためには、どうしても借入金を削減することが必要になります。

　このような場合に借入金を削減させて事業を再生するには、二つの方法があります。

　一つは「従来の会社を利用する方法」です。従来の会社がそのまま事業を継続して債権放棄を受けるため、この方法の場合には第二会社が必要になりません。

　もう一つは「第二会社を利用する方法」です。従来の会社から資産を譲渡したり、事業を譲渡したり、あるいは会社を分割するなどの方法で事業を第二会社に移転する方法です。さらには会社そのものを譲渡する方法もとられます。いずれも会社の借入金は削減され、適正な水準の借入金を有する会社として再生されることになります。資産譲渡については第Ⅱ章【16】、事業譲渡については第Ⅱ章【17】、

会社分割については第Ⅱ章【18】、会社譲渡については第Ⅱ章【19】を参照してください。

　どちらも同じく借入金を削減するのですから、わざわざ第二会社を経由しなくても良さそうなものですが、そこには金融機関の論理というものがあり、従来の会社に対して債権を放棄するのは困難な場合があるのです。金融機関の論理については第Ⅰ章【5】、債務免除と債権放棄については第Ⅰ章【8】を参照してください。

２．従来の会社を利用する方法

　従来の会社が、そのまま債権放棄を受ける方法があります。債務者である従来の会社に対して債権放棄を行うので、きわめて単純な図式となります。この場合は、そもそも第二会社が必要になりません。
　この方法は、単純ですが簡単ではありません。
　債務者には返済義務がありますので、債務者は債権放棄を求める立場にありません。債権放棄をするか否かは債権者が決めることなのです。その債権者には債権者の論理があります。
　たとえば金融機関は、預金者から集めた預金を運用するのですから、受託責任を負っています。債務者の返済が困難だからといって、簡単に債権を放棄するわけにはいかないのです。回収の最大化に努力しなければならず、他の債権者との整合性を図る必要もあります。
　債権者が債権放棄を余儀なくされ、貸倒損失という損失を被る以上、債務者には経営者責任を果たしてもらわないことには説明がつかないのです。このように、従来の会社がそのままの状態で債権の放棄を受けるには、相応の手続が求められることになります。実現可能な再生計画を作成し、返済可能な最大額を返済することを疎明する必要があるのです。その返済計画が認められて初めて債権放棄を受けることになります。
　この方法の場合、従来の会社を再生させますので「再生計画」が必要になります。同じ計画でも、第二会社を利用する場合には第二会社の「事業計画」を作成することになり、再生計画ではありません。事業計画と再生計画は異なることに注意が必要です。

3．第二会社を利用する方法

「経営者責任を果たすべし」という金融機関の論理を勘案する時、従来の会社が債権放棄を受けることが困難なこともあります。その場合は、新しい第二会社を利用して債権の放棄を受けることになります。従来の会社（たとえば父親が経営者）が、資産譲渡、事業譲渡、会社分割等の方法を利用して第二会社（たとえば子供が経営者）に経営を委譲するのです。この場合、父親が経営する従来の会社には残務処理を担ってもらいます。多くの場合は清算することで消滅することになります。一方、子供が経営する第二会社には更なる飛躍を期待することになります。

（1）第二会社をスタートさせる

従来の会社から、資産譲渡、事業譲渡、会社分割等の方法で第二会社に経営を引き継ぎ、第二会社がスタートすることになります。

多くの場合、この第二会社は融資を受けることになります。金融機関には事業計画を提出し、信用を得ることになるのですが、第二会社は新しくスタートした会社であり再生会社ではありません。したがって作成すべき計画は、再生計画ではなく事業計画ということになります。事業計画と再生計画を混同しないように注意が必要です。

ところで、この第二会社は、従来の会社が単純に債権放棄を受けられないための苦肉の策として利用するものです。債権者の同意が得られれば別ですが、債権者の論理に配慮して形式上の経営者（株主、代表取締役等）を擁立することが求められることもあります。このような場合は、信頼できる第三者に形式上の経営者を担ってもらうことになります。この場合でも、実質的に従来の経営者が経営権を確保しておかなければなりません。無策のまま悪意の第三者に乗っ取られるようなことがあってはならないのです。

（2）従来の会社を清算する

第二会社に経営を委譲した従来の会社は残務整理にあたります。

残務整理といっても借入金が残っています。なぜならば、第二会社には事業継続に見合う範囲の負債を移転しただけで、その余の部分、すなわち債務超過部分は従来の会社に残っているからです。

　借入金が残ったままでは会社の清算ができません。債権者から債権放棄を受けることができれば、清算手続を進めることができます。この場合は、債務免除益に対する対策を講じないと課税処分を受けるので注意が必要となります。清算の方法としては法的整理の他、みなし解散の制度なども考えられます。清算については第Ⅲ章【5】を参照してください。

（3）第二会社を本来の姿に戻す

　第二会社がスタートした後、その第二会社が諸般の事情から形式上の第三者に経営権を委ねている場合には、経営権を本来の姿に戻す必要があります。既述の理由で形式上の経営権は第三者のものになっていますが、この状態を放置するわけにはいきません。実質上の経営者に経営権を戻す手続を行うことが求められます。

　そもそも第二会社は借入金は圧縮され、利益が出る体質の会社です。時の経過とともに第二会社の資産価値は上昇していきます。第二会社株主を形式上の第三者にした場合に、これを放置しておくと、本来の株主に株式譲渡を行う時点で資産価値のあるものを譲渡することになってしまいます。この場合、贈与税が生じることになりますので、移転の時期を慎重に見極めることが必要です。

※一般に行われている第二会社方式は単に第二の会社に事業を移すだけなので、形式と実質が異なりません。本来の姿に戻すことが必要になるのは、究極の第二会社方式だということができます。会社の譲渡については第Ⅱ章【19】、第二会社の取締役については第Ⅳ章【4】を参照してください。

4．第二ステージになすべきこと

　借入金が削減され、再スタートするということは第一ステージの

終わりを意味するに過ぎません。換言すれば、借入金を削減することができても、新しい会社が実際に再生できるかどうかは第二ステージで決まります。事業再生とは、単に借入金を削減するだけではなく、借入金を削減して生まれ変わった新しい会社が飛躍することなのです。

借入金を削減するという第一ステージの終わりは、新たな飛躍をするという第二ステージの始まりなのです。

（１）第二次ロスは回避する

債権放棄を受けて再出発したものの経営が行き詰まり、返済が不可能になることを第二次ロスと呼ぶことがあります。

同じ第二次ロスでも、従来の会社が債権放棄を受けていた場合は問題です。債権者は既に債権放棄をしているのですが、その際に、従来の会社からは「再生計画」を提示されているはずです。再生計画が提示されたにもかかわらず再度の経営破綻を招来してしまったのであり、本来、実現可能性が高いものであるべき再生計画に不備があったことになります。このような場合には、再度の債権放棄は難しいと言わざるを得ません。

これに対し、従来の会社の借入金を減らすために第二会社方式を利用した場合に、その第二会社が経営破綻した場合は事情が異なります。第二会社の債権者と従来の会社の債権者が異なる場合は、第二会社の債権者にとっては初めての経営破綻になります。したがって、第二次ロスにはならないわけです。

ただし、実質的な経営者は同一ですので、経営能力が欠如しているという烙印が押されれば、第二次ロスが生じた場合と同様に、再度の債権放棄は困難になります。

（２）飛躍を目指す

借入金を削減した会社は順調に事業を展開できます。そもそも返済能力に見合った借入金しか負担していないのですから、当然と言えば当然です。順調に事業展開ができるため、多くの場合、節税に頭を悩ますことになります。

事業が軌道に乗ると、収益用不動産を取得して資産形成をするような例が多くみられます。自らの経験を活かし、同業他社の経営権を取得するケースも少なくありません。まさに自身の経験を活かし、不良債権として苦しんでいる同業他社の経営権を取得するわけです。当然ながら形式上の経営権ではなく、実質上の経営権を所得するのです。いわゆるM＆Aで同業他社の経営権を効率的に取得するような例が多くみられます。

※筆者がこれまでに扱った多くの例では、数年後には節税に頭を悩ませるようになりました。節税原資が尽き、経営が安定するタイミングにあたることが多いようです。本業の拡大や、さらなる第二会社（第三会社？）により収益用不動産の運営を行ったり、同業他社を買収したりする例が多くみられます。

> ▶ **チェックポイント**
> 借入金を削減するのは第一ステージの終わりに過ぎません。
> 第二ステージで新たな飛躍を実現することが真の事業再生なのです。

【2】第二会社方式

要旨

事業再生にあたって新たな会社に事業を移転する場合、第二の会社であるため第二会社方式と呼びます。この場合、従来の会社との倒産隔離をしておかなければなりません。中には債権者を出し抜く形で詐害的に第二会社方式を強行する例も見られますが、とんでもない誤策です。第二会社方式による再生は簡単なようで難しいということを理解しておくことが必要です。

　法的整理の弊害を回避して私的整理で事業再生を成功させるためにはどうしても債権者の協力が必要になります。端的にいえば債権放棄が考えられますが、中小企業のために銀行が債権放棄に応じることは滅多にありません。
　そこで、全くの第三者たる第二会社を利用して、資産譲渡、事業譲渡、会社分割等の組織再編を行うことで事実上の債権放棄を目指すことが有効な手段となります。これにより、事実上の債権放棄を受けるわけです。

1．第二会社方式の方法

　手形の不渡りによる銀行取引停止処分を受けていた場合には、第二会社にしないことには手形や小切手を発行できないことになります。また、再生に非協力的な債権者によって営業中の差押えなどを回避するためにも、別法人たる第二会社により事業を継続する道が選択されます。
　第二会社は従来の会社とは別の独立した法人です。従来の会社に対する債権者が、第二会社に対して従来の会社の債務を求めるわけにはいきません。このように、第二会社を利用して事業再生を実現

することを第二会社方式と呼びます。

（１）黒字部門を独立させる方法
　たとえば企業が経営危機に直面した場合に、業績の良い事業部門を業績不良の事業部門と切り離し、業績の悪い部門を潰してしまう方法が考えられます。この方法は業績の良い部門だけをつまみ食いするというもので、負債を残して業績の良い部門だけを第二会社で引き取るというわけです。
　収益用不動産のような資産のみを第二会社に譲渡する「資産譲渡」や、黒字の事業をまるごと第二会社に譲渡する「事業譲渡」といった方法があります。さらには黒字の事業部門を新しい会社に分割する「会社分割」といった方法もあります。これらの各方法については第Ⅱ章で詳しく紹介します。

（２）会社そのものを売却する方法
　株式譲渡方式は株式の移動という形ですので手続は比較的簡単です。
　ただし、事業譲渡と異なって資産のみならず負債も負担しなければならない点で、買収する側としては慎重にならざるを得ないという側面も有しています。譲渡価格の決定には、資産をどのように評価するかの問題も発生します。
　この方法は負債を引き継ぐことになりますので、負債を整理するためには、事業譲渡や会社分割で第二会社とし、その後、第二会社を売却する方法もあります。

（３）他社と合併させる方法
　企業の吸収合併は、合併される会社の債権債務を引受者である会社が引き継ぐことになります。従業員の雇用も引き継がれます。中小企業の場合には特別の魅力、たとえば高い技術力等を目的として合併が行われます。
　合併会社が存続して解散する会社を吸収する吸収合併の他、関係会社の全部が解散して第二会社を設立する新設合併があります。い

ずれの場合も、解散によって直ちに従来の会社は消滅し、清算手続をしなくても良いのが特徴といえます。

この方法は第三者の会社に吸収されてしまいますので、従来の経営者が経営を継続する形の事業再生の立場からは馴染まない方法ということになります。

２．必要な許認可の引き継ぎ

第二会社方式により事業を再編しても、第二会社がその事業を行うにあたって必要な許認可が引き継げるか否かが問題になります。せっかく事業を再編しても、改めて許認可が必要であるならば、その手続を行わなければ事業を継続できないことになるわけです。

大別すれば、「届出すら不要な事業」、「届出だけは必要な事業」、「改めて許認可を得る必要がある事業」となります。会社譲渡であれば許認可は引き継がれますが、事業譲渡の場合には新規に許認可が必要になります。会社分割の場合は許認可の内容により異なっています。

３．主要資産に抵当権が設定されている場合

抵当権が設定されている不動産であっても、第二会社に移転することは法律上の問題はありません。しかし、事実上は移転する意味がないといえます。なぜなら、不動産の所有者が誰であっても、債権者は担保権を行使することで回収が可能なのであり、むしろ、安易に不動産を第二会社に移転すると、それをきっかけとして債権者が抵当権を行使してくる可能性が高まるからです。

第二会社にしてみれば、わざわざ登録免許税を支払ってまで取得した不動産を競売の危機にさらされることになってしまいます。

第二会社がその不動産を自由に使用収益するためには、抵当権者が納得する形で取得する必要があります。具体的には、新規の融資を調達して資産譲渡の形あるいは事業譲渡の形で代金を支払って抵当権を抹消してもらうか、あるいは、第二会社への融資として約定

を巻き直してもらう必要があるのです。

　いずれにしても抵当権付の不動産の場合は、抵当権者を納得させること無しに第二会社に移すことは、事実上不可能と言わざるを得ません。融資先を調達した上で第二会社へ資産譲渡、事業譲渡、会社分割、会社譲渡等の方法で移転することになります。

4．第二会社の経営権

　経営権を他人に奪われるような場合に、経営者のヤル気を確保することが難しいことは自明の理です。債務者にとってのヤル気とは、自らの経営権を確保するということに他なりません。

　経営権を確保する方法として、現状の経営体制のままで継続できるなら、それはベストな状態といえます。あるいは債権放棄を受けられるなら、債務免除益の問題を解決さえすれば一件落着となります。

　しかし多くの場合には簡単にいきません。一部の債権者の合意が得られない場合などは、個別合意型の私的整理に取り組まざるを得ません。この場合には、第二会社に移転する等の外科的手術が必要になるのです。

（1）経営権の形態

「経営者」という言葉には曖昧さがあります。代表取締役のような会社の代表者を指すのか、それとも、株主のような支配者を指すのでしょうか。会社法の視点に立つと、株主（支配者）は取締役（代表者）より上位に置かれます。株主は取締役の任命権者だからです。中小企業の場合、この両者が同じであることが多いため、経営者の交代は次の三つのパターンに分けられることになります。

ⅰ．代表取締役は退任するが、株主でいるパターン。
ⅱ．代表取締役は退任しないが、株主ではなくなるパターン。
ⅲ．代表取締役を退任すると同時に、株主でもなくなるパターン。

ⅰの場合、支配権は有していますので、いつでも代表取締役に復帰できることになります。
　ⅱの場合、会社の実効支配権は持っていないものの、それまでの実績を買われて短期的に続投するケースです。いわゆる雇われ社長です。
　ⅲの場合、支配権も代表権も喪失し、法的には無関係の第三者となります。

（2）経営者の交代を求められる理由

　事業再生において「第二会社方式」が採用される理由の一つとして、「第三者に経営権が移転している」という外観上の問題を作出することができるという点があります。すなわち、従来の経営者A氏が経営責任を取った結果として、経営権をB氏に移転した形にすることができるわけです。
　この場合、金融機関としては「経営者A氏は経営責任を果たした結果、経営権も第三者であるB氏に移転し、さらには資産も処分した。よって、これ以上の回収はできない」ということで、無税直接償却という形で不良債権を最終処理するのです。
　経営者に経営責任を果たしてもらうという論理は、金融機関の独特な論理であるということもできます。経済合理性だけを考えるならば、経営権が第三者に移ろうが、従来の経営者一族に残ろうが、どちらでも良いのです。しかし、それでは「債権者は債権を放棄するという形で貸付責任を果たしたのに、経営者は責任を果たしていないのは不公平だ」ということになってしまうのです。
　このような考え方の是非は別として、現に「経営権は第三者にすること」が第二会社方式における債権者の条件になることは少なくありません。
　A氏には経営者責任を果たしてもらうので、第二会社の取締役に就任することは認められないというわけです。中には第二会社の株主になることも認めないという例もあります。たとえば、従来の経営者が父親である場合、第二会社の経営者が子供であることを認めないというようなケースです。まさにケースバイケースであり、債

権者の考え方次第で決まることになります。

5．形式上の第三者

（1）客観性を確保する
　たとえば他人に渡したくない不動産があり、これに抵当権がついているとします。このような場合、抵当権者に抵当権を抹消してもらうためには一定の金銭を支払うことになります。
　その金額は不動産の価格ということになりますが、その金額をどのように決めるのでしょうか。親族に譲渡するとなれば、一般的には低廉譲渡であるとの疑いを持たれていまいます。「身内に安く譲渡するのであろう」との疑いが払しょくできないので、債権者としても金額に納得しにくいというわけです。
　このとき、第三者が出現し購入するとなれば、身内ではない第三者が提示した金額なので一目置かざるを得ないということになります。このように、第三者が第二会社の経営者となることで交渉を有利に進めることができるのです。
　さらには、親族や従業員の場合は第二次納税義務を負うという問題もあります。第二次納税義務は「事業を移転した時点」を基準に判断されるため、その時点では第三者にしておく必要があるのです。

※この考え方は、相続問題でも同様です。たとえば親の名義の資産を分けるにしても、相続人間の仲が悪い場合には骨肉の争いとなり、まとまるものもまとまりません。結局は全くの他人に投げ売り、その金額を分け合うことになりかねません。被相続人の存命中に第二会社を設立し、第三者としての形式を備えた第二会社が買い支えることで他人に投げ売りをすることなく次代に残すことができるのです。

　そこで、当面の間、形式上の第三者の役割を演じる「味方」を確保することが有効です。この「味方」は、将来において経営権を戻してもらうという役割を演じるのであり、信頼できる者でなければ

なりません。一時的に味方になってくれたとしても、将来において裏切られたのでは経営を奪われてしまうということになりかねませんので注意が必要です。

　誰にどういう条件で「第三者」を演じてもらうのか、「取締役を演じてもらう」場合と、「株主を演じてもらう」場合のそれぞれについて明確にしておく必要があります。お互いに信頼関係がなければ成り立たない、究極の「第二会社方式」といえるでしょう。詳しくは第Ⅱ章【19】を参照してください。

（2）支配権と代表権
　株主としての支配権と、取締役としての代表権を分けて考える必要があります。

ⅰ．第二会社の支配権
　従来の会社の株主をA氏とします。
　第二会社の株主もA氏であると、第三者への事業譲渡になりません。よって、形式上の株主は他人（＝B氏）にしておく必要があります。形式上とは付属明細で開示される公開用の情報のことです。A氏とB氏の間の約定は別途手当てすることになります。この場合、遠い将来において株主を変更するとなると贈与税の問題が生じるので注意が必要です。

ⅱ．第二会社の代表権
　従来の会社の代表者をA氏とします。
　第二会社の代表者もA氏であると、第三者への事業譲渡になりません。よって、形式上の取締役は他人（＝B氏）にしておく必要があります。形式上とは登記簿で開示される公開用の情報のことです。A氏とB氏の間の約定は別途手当てすることになります。この場合、B氏は会社法423条、429条の責任を負うことになるので注意が必要です。
　ⅰとⅱのいずれの場合であっても、保証人を誰にするのかは第二会社が債権者との話し合いで決めれば良い問題であり、従来の会社

の債権者には無縁のことです。第二会社の債権者が、事業再生に対して積極的な債権者であれば、保証人をＢ氏ではなくＡ氏とすることを受け入れることが少なくありません。

　一口に第二会社方式といっても、様々な留意点があるのです。

　Ｍ＆Ａや資産譲渡で手数料を稼ぐだけが目的の新参業者や単なる仲介業者の中には、これらの重要なポイントを理解できていない者が少なくありませんので、十分な注意が必要です。

（３）第二会社の株主と取締役の選任例

　第二会社方式で事業再生を行うにあたって、実子に経営権を譲る場合などは、事業再生に加え相続対策も兼ねることになります。この場合、実子名義を望むのは当然です。しかし、それでは債務者一族間の移転であることが明らかになってしまいます。

　取締役の氏名は登記簿を見ればわかります。株主の氏名は登記事項ではありませんが定款に記載されています。しかし、債権者から定款の提出を求められることは一般的ではありません。したがって、定款から株主の氏名が明らかになることは少ないといえます。

※決算書には株主の記載欄があります。決算書は融資先から提出を求められるので、決算書から株主の氏名が判明することは少なくありません。もっとも、この場合の債権者は第二会社の債権者であって、従来の会社の債権者に第二会社の決算書を提出することは基本的にありません。したがって、旧債権者は第二会社の株主の氏名を知ることはないのです。

　そもそも債務者一族が役員に名を連ねることは得策なのでしょうか。

　たとえば、銀行がまったくの第三者に物件を売却することと引き換えに競売の取り下げを検討しているとき、債務者一族が第二会社の役員に就くと話は帳消しになってしまいます。帳消しにならないまでも、「一族が役員なのだから、もっと金額を高くしてくれ」などと言われ、金額交渉で不利になりかねません。この場合は債務者

一族より、まったくの第三者の方が適しているといえます。
　金融機関の立場からは、債務者がその所有する財産を「第三者」に売却して返済したからこそ、残余の部分の債権放棄を検討できることになりますので、譲渡先は「第三者」の形をとることが「落としどころ」ということになります。かかる観点から、既存の金融機関に対しては第二会社は第三者であるという形式を満たしておくべきでしょう。
　これに対し、たとえば、競売にかけられた物件を競売に応じる形で入札して落札するのであれば、債務者一族が役員でもなんら問題はありません。公の制度を利用して公明正大に取得したのであり、第三者を装う必要はないからです。
　このように、第二会社の役員を債務者一族にするのか、あるいは、まったくの第三者にするのかは、個々の事案により異なるのです。諸般の事情から、まったくの第三者が株主や役員になる場合、将来に禍根を残さないためにも、当事者間でしっかりと約定しておくことが肝心です。
　筆者はいくつもの会社の社長業務を引き受けていますが、これは適当な第三者が存在しないような場合の緊急避難です。いずれ経営権を本来の経営者に譲り渡すことになっています。このように経営権を譲り渡す場合、後日の争いがないように書類を整えておくことが大切です。たとえば、出資金を本来の経営者に譲り渡す旨の約定書、代表者を辞任する旨の書類、後任の代表者に就任する旨の書類等を用意しておきます。

※必要書類については、拙著「リスケに頼らない事業再生のすすめ」ファーストプレス刊で整理しておきました。必要に応じて参照してください。

ⅰ．株主を第三者にする場合
　株主を第三者名義にしておく場合、一定の条件で株式を本来の経営者に移転することになります。この場合、将来において株式を本来の経営者に移転する旨の約定が必要になります。

第二会社の経営は順調に推移するという仮定に立つと、残債の減少に合わせて株式価値が増加することになります。たとえば、第二会社を立ち上げたときの資産10億円に対して同額の負債があれば、純資産はゼロに近い価値しかありません。しかし、時間の経過とともに負債は減り、資本の部の剰余金は増えていきます。10億円の返済が完了した時点では純資産は10億円となってしまいます。

　額面上の資本金額で取引を行えば、受け取った側に贈与税が課されることになります。その意味で、長い間にわたり第三者名義にしておくのは得策ではないのです。

ⅱ．取締役を第三者にする場合

　取締役の場合は、後任を確保しておくことも重要な課題となります。後任者がいなければ、前任者の退陣に支障をきたすからです。こうした問題の発生を防ぐために、あらかじめ就任承諾書、改印届に捺印を受けておくことも必要になります。添付書類として必要になる印鑑証明書は、3ヶ月ごとに新しい印鑑証明書と差し替えておくことになります。

　登記に必要な書類を第三者に預けると、勝手に登記してしまうのではないかと心配になるでしょうが、こればかりは避けて通れません。第三者が株主や役員になる場合は、信頼関係が大変重要になるのです。もちろん、きちんとした約定も必要になります。安易な姿勢では将来に禍根を残すことになるので要注意です。

（4）いつの時点で戻すか

　形式上は第三者の会社にした場合、ある時点で本来の経営者に戻すことになります。形式上も、実質上も、本来の経営者に戻すわけです。その時期はいつにすべきでしょうか。

　この点について、筆者は「事業再生が完成した数年後」が目安になると考えています。というのも、「第三者への経営権の委譲があったので債権放棄を行った」「従来の経営者の保証債務を免責した」という場合、債権者の立場を考えなければならないからです。

　債権者には検査・監査が入ります。検査・監査では、債権放棄の

実態を精査されることになります。その時点で債権放棄をした事案の詳細を聞かれたとき、「はい、その件は息子さんが設立した会社に事業を譲渡したことを承認し、同時に〇億円を債権放棄しました」では通らないのです。たちまち寄付金認定となり、損金処理を否認されてしまいます。

　すなわち、検査・監査の時点では、債権者としては「債務者は第三者の会社に事業を移転した」という形にしておくことが、債権者に対する大人の対応というものです。換言すれば、債権者の為に、検査・監査の時までは、形式上の第三者でなければならないのであり、そのために数ヶ月では足りないといえるでしょう。

6．第二会社の扱い方

（1）第二会社の倒産隔離

　第二会社方式を行うには、単なる資産譲渡の他に、事業譲渡による方法、会社分割による方法、Ｍ＆Ａによる会社譲渡による方法があります。いずれにしても従来の会社と完全に倒産隔離をしておくことが求められます。

　倒産隔離とは文字通り、従来の会社の倒産の影響を受けないように隔離することです。せっかく第二会社を作っても、連鎖倒産したのでは意味がないからです。

　たとえば税金の未払いは、よく問題になります。未払いのまま事業譲渡や会社分割をしても、第二会社は第二次納税義務も負うため、未払い税金があると融資を確保できないこともあるのです。第二会社への融資にあたって、新たな金融機関が気にするのは無理もない話です。さらには、様々な詐害行為による影響がないかどうかも慎重に見極める必要があります。

※納税資金を金融機関への返済に充てるというのは大きな間違いです。日々接する金融機関から度重なる返済要求を受けることで、ついつい返済に回してしまうということがあります。しかしそれでは納税時期になって資金が不足してしまいます。資金不足ゆえに納税

できないとなれば、事業を承継する者が第二次納税義務を負うことになってしまいます。このような進め方は将来に禍根を残すことになるので絶対に避けなければなりません。

（2）本店所在地の選定
　金融機関によっては、本社または担保物件の所在地を管轄する支店がテリトリー分けされている場合も見られます。第二会社を設立し地方銀行から融資を受けるという事例において、第二会社の本社を別の都市に置こうとしたら抵抗されたという例もあります。新規融資を引き出す金融機関の管轄地域内に第二会社を設立することが多くなります。
　ところで以前は、他人が登記した商号は同市町村において同一の営業のためにこれを登記することはできませんでした（旧商法19条）。この類似商号規制は廃止され、今では同一の所在場所における同一の商号の登記だけは禁止されています。よって「同一の本店所在地に、同一商号の会社」は登記できないことになります。
　実際には、新しく設立した第二会社の本店所在地を従来の会社の本店所在地とし、従来の会社は商号を変更して他に移転することが多いようです。第二会社が商号を続用しても免責の登記をすれば債務は継承しませんし、従来の会社が商号を変更しておけば、類似商号の問題は回避できます。したがって、従来の会社が本店を移転する必要はないのですが、特に地方における風評被害を避けるため、従来の会社を別の地域に移転し、別の地域に所在する別の会社として清算するという方法をとることが少なくありません。

7．債権者次第であるということ

　経営に行き詰まり返済ができなくなったからといって、すぐに第二会社を設立して事業譲渡することで債権放棄を受けるというわけにはいきません。そのようなことを無条件に許していたのでは金融システムが崩壊してしまいます。
　債権者の認める範囲で、債権者の立場に配慮しながら落としどこ

ろを探ることが必要なのです。たとえば小売業の店舗、ホテル業のホテル、不動産業の収益用不動産など、拠点が複数ある場合に、すべての拠点を守ることができるかどうかは個々のケースによって異なります。

　第三者に一部を譲渡することを条件に、残余を残すことが認められる場合もあります。債権者にしても、一部でも第三者が高く引き取ってくれるならば回収の最大化が可能になりますので、全部を従来の経営者に残す必然性はありません。

　競売でなく任意売却であれば高値で購入するという第三者は少なくありません。換言すれば、競売を選ぶことで、せっかくの高値での取引を逃がしてしまうことになってしまいます。多くの回収を得るためには、債権者としては競売を避けなければならないのです。競売を申し立てるのは債権者の権利ですが、任意売却に応じるのは債務者の権利であり、債務者の自由です。債務者としては一部の任意売却に応じる代わりに、一部を残すという条件交渉に持ち込むことが得策になるのです。すなわち、全部を守れるのか、一部を守るのかは債権者との交渉次第といえます。

　もっとも第三者にしてみれば、任意売却で事業を引き継ぐことを望むことが一般的です。競売等の強制売却になると、確実に取得できるかが保証されず資金調達に不確実性が増加するだけでなく、スムーズな引き継ぎができないことになるからです。

　任意売却を実現するためには、債務者が納得して売買契約に押印することが必要になるため、債務者に一部を残すかわりに一部を第三者に譲渡するというような条件交渉となります。この点、債権者が複数である場合には、債権者間の調整という問題も生じてきます。最終的には債権者と債務者、さらには債権者と債権者の間での交渉を経て、合意点を探ることが必要になるのです。

▶**チェックポイント**
一時的に形式上の経営権を第三者としておき、最終的には真の経営者が実質的な経営権を取り戻すという方法は、究極の第二会社方式であるということができます。

第Ⅰ章
債権者の立場と特性

【1】金融機関の自己査定

要 旨

事業再生を推進するということは、不良債権が消滅するという点で金融機関の償却手続の問題でもあります。金融機関が行う自己査定では、まず債務者を区分し、次に債権を分類しています。ここでは自己査定の方法を具体的に紹介します。

　金融機関では返済の可能性が低い債権を的確に把握し、それらに対して早期の手当てをするために、定期的に貸出金等の資産の価値を自ら査定して分類しています。まず債務者を「区分」し、次に債権を「分類」します。

1．自己査定の概要

（1）債務者区分

　まず最初に、債権分類の前提となる債務者区分を行います。

　金融機関は独自に債務者の信用格付を実施しており、これに基づいて債務者を区分します。具体的には、個々の債務者を下の基準にあてはめて「正常先」「要注意先」「要管理先」「破綻懸念先」「実質破綻先」「破綻先」に区分する作業です。

・正常先	業績良好かつ財務内容にも特段の問題が無い債務者
・要注意先	金利減免・棚上げなど貸出条件に問題があり、あるいは、元本返済・利払いの延滞、業況が低調など財務内容に問題がある債務者
・要管理先	要注意先の中でも3ヶ月以上の延滞又は貸出条件緩和をした債務者
・破綻懸念先	経営難の状態にあり、経営改善計画などの進捗状況が芳しくなく、今後破綻に陥る可能性が大きい債務者
・実質破綻先	法的・形式的に破綻ではないが、深刻な経営難にあり債権の見通しがない状況の債務者
・破綻先	法的・形式的に経営破綻の事実にある債務者

　あくまで自主的な資産査定マニュアルが尊重されるため、一般の債務者について金融検査においては全金融機関で統一が図られていません。換言すれば、検査において債務者区分や債権分類が横並びになるように指導されるものではありません。

※金融機関から「お宅は来月で3ヶ月延滞になってしまう。このままでは格下げになってしまうので、どうしても今月は入金してもらいたい」と言われた経営者があるかもしれません。この例では、金融機関としては貸付先を「破綻懸念先」ではなく「要注意先」に留めておきたいというというわけです。

(2)債権分類
　債務者を区分した後、債務者に対する債権を次のⅠからⅣの四つに分類する作業を行います。それぞれの分類は次のように定義付けられています。

・非分類（Ⅰ分類）	回収の危険性または価値を損なう危険性について問題のない資産
・Ⅱ分類	債権確保上の諸条件が満足に充たされないため、あるいは、信用上疑義が存するなどの理由により、その回収について通常の度合いを超える危険を含むと認められる債権などの資産
・Ⅲ分類	最終の回収または価値について重大な疑念が存し、したがって損失の発生の可能性が高いが、その損失額について合理的な推計が困難な資産
・Ⅳ分類	回収不能または無価値と判定される資産

　このように債権を分類した後、次の表にあてはめて貸倒引当金を計上する作業を行います。

	非分類	Ⅱ分類	Ⅲ分類	Ⅳ分類	引当
正常債権	全額				実績率に基づく今後1年予想額を一般引当
要注意債権	優良担保	左記以外			非・Ⅱを実績率に基づく今後1年予想額を一般引当
要管理債権	優良担保	左記以外			非・Ⅱを実績率に基づく今後3年予想額を一般引当。大口はDCF法が望ましい
破綻懸念債権	優良担保	不動産等の担保	左記以外		Ⅲを実績率に基づく今後3年予想額を個別引当。大口はDCF法が望ましい
実質破綻債権	優良担保	不動産等の担保	担保評価額と処分見込額の差	左記以外	Ⅲ、Ⅳの全額を個別引当
破綻債権	優良担保	不動産等の担保	担保評価額と処分見込額の差	左記以外	Ⅲ、Ⅳの全額を個別引当

（3）貸倒引当金の計上

　債務者区分に着目すると、要注意先・要管理先と破綻懸念先の違い、さらに、破綻懸念先と実質破綻先・破綻先の違いが、貸倒引当金の額に大きな違いをもたらすことになります。具体的には、要注意先・要管理先は一般貸倒引当金として計上すれば良いのに対し、破綻懸念先は個別貸倒引当金として計上する点で大きく異なっています。したがって、債務者区分が破綻懸念先に区分されると引当率

が大きく上昇するため、貸倒引当金の額が上昇することになります。

　さらに、破綻懸念先は予想損失額を見積もるのに対し、実質破綻先・破綻先は債権全額を予想損失額とするため貸倒引当金の額が大きく上昇します。

（４）金融機関の実情

　債権者は債権放棄により貸倒損失が生じる前に費用を計上し、また、資産の過大評価を避けるという目的で貸倒引当金を計上するわけですが、金融機関の体力によっては巨額の貸倒引当金が計上できず、金融機関によって引当額が異なるという実態が生じることになります。いわば、同じ債務者の事業再生でも、債権者の貸倒引当金の多寡という事情で、債権放棄の可能性が左右されることになってしまうのです。

　Ⅲ分類はⅡ分類とは大きく異なり多額の引当が求められます。Ⅲ分類は「破綻懸念先」から生じますので、金融機関にとっては貸付先が「要管理先」なのか「破綻懸念先」なのかで大きく異なります。債務者区分を引き上げれば「要管理先」として少ない額の貸倒引当金で済みますが、債務者区分を引き下げ「破綻懸念先」とすれば多額の引当金が必要になります。

　債務者区分を「実質破綻先」に区分し債権をⅣ分類にすると、さらに多くの貸倒引当金を計上することになりますので、債務者の区分や担保評価を引き上げたりすることで、Ⅲ分類やⅣ分類の債権をできるだけ減らそうとする動きも否定できません。これではまるで粉飾決算ならぬ粉飾査定のようなものです。

※貸倒引当金が十分になれば二次損失の発生可能性が少なくなります。よって債権放棄がしやすくなるということになります。この点に関して筆者は「貸倒引当金の多寡が債権放棄に及ぼす影響」という論文で経営学の博士号を取得し、ファーストプレス社から出版しています。

2．実際の分類

実際の査定では、債務者の信用リスクと担保の設定状況に応じ、最終的には債権をⅠ～Ⅳに分類することになります。

（1）担保による調整

担保により保全措置が講じられているものについては、優良担保の処分可能見込額により保全されているものについては非分類とし、一般担保の処分可能見込額により保全されているものについてはⅡ分類とします。

ⅰ．優良担保

預金等（預金、掛け金、元本保証のある金銭の信託、満期返戻金のある保険）、国債等の信用度の高い有価証券及び決済確実な商業手形等。

ⅱ．一般担保

優良担保以外の担保で客観的な処分可能性があるもの。たとえば、不動産担保、工場財団担保等。

（2）保証等による調整

保証等により保全措置が講じられているものについては、優良保証等（公的信用保証機関、金融機関の保証、地方公共団体の損失補償契約等保証履行等）により保全されているものについては非分類とし、一般保証（十分な保証能力を有する一般事業会社、及び個人の保証等）により保全されているものについてはⅡ分類とします。

（3）債権の分類基準

債務者区分に応じて、当該債務者に対する債権について分類します。

ⅰ．正常先に対する債権

正常先に対する債権については原則として非分類とします。

ⅱ．要注意先・要管理先に対する債権
　要注意先に対する債権については、以下のイからホに該当する債権で、優良担保の処分可能見込額及び優良保証等により保全措置が講じられていない部分を原則としてⅡ分類とします。
イ．不渡手形・融通手形及び期日決済に懸念のある割引手形。
ロ．赤字・焦付債権等の補填資金、業況不良の関係会社に対する支援や旧債肩代わり資金等。
ハ．金利減免・棚上げ、あるいは、元本の返済猶予など貸出条件の大幅な軽減を行っている債権、極端に長期の返済契約がなされているもの等、貸出条件に問題のある債権。
ニ．元本の返済若しくは利息支払いが事実上延滞しているなど履行状況に問題のある債権及び今後問題を生ずる可能性が高いと認められる債権。
ホ．債務者の財務内容等の状況から回収について通常を上回る危険性があると認められる債権。

ⅲ．破綻懸念先に対する債権
　破綻懸念先に対する債権については、優良担保の処分可能見込額及び優良保証等により保全されている債権以外の全ての債権を分類することとし、一般担保の処分可能見込額、一般保証により回収が可能と認められる部分及び仮に経営破綻に陥った場合の清算配当等により回収が可能と認められる部分をⅡ分類とし、これ以外の部分をⅢ分類とします（なお、一般担保の評価額の精度が十分に高い場合は、担保評価額をⅡ分類とすることができます）。

ⅳ．実質破綻先及び破綻先に対する債権
　実質破綻先及び破綻先に対する債権については、優良担保の処分可能見込額及び優良保証等により保全されている債権以外の全ての債権を分類することとします。一般担保の処分可能見込額及び一般保証による回収が可能と認められる部分、清算配当等により回収が

可能と認められる部分をⅡ分類、優良担保及び一般担保の担保評価額と処分可能見込額との差額をⅢ分類、これ以外の回収の見込がない部分をⅣ分類とします。

(4) 分類の実例

たとえば、20億円の債務を負担する債務者が定期預金1億円と土地（評価額5億円、処分可能見込額3.5億円）を担保に供していた場合を設定し、次表に実数をあてはめて説明してみます。

この場合、債務者が正常先と区分されれば20億円全額がⅠ分類となります。債務者が要注意先・要管理先と区分されれば定期預金の1億円は優良担保としてⅠ分類ですが、残りの19億円はⅡ分類となります。債務者が破綻懸念先と区分されれば、定期預金の1億円はⅠ分類で、不動産担保部分の3.5億円がⅡ分類、残額の15.5億円がⅢ分類となります。債務者が実質破綻先（破綻先でも考え方は同じ）の場合は定期預金の1億円がⅠ分類、不動産担保の3.5億円がⅡ分類、評価額と処分可能見込額の差1.5億円がⅢ分類、残りの14億円がⅣ分類となります。

	Ⅰ分類	Ⅱ分類	Ⅲ分類	Ⅳ分類
正常先の場合	20	—	—	—
要注意先・要管理先の場合	1	19	—	—
破綻懸念先の場合	1	3.5	15.5	—
実質破綻先の場合	1	3.5	1.5	14
破綻先の場合	1	3.5	1.5	14

このように、債務者がどのように「区分」されるのかという点と、債務者がどのような担保を提供しているかという点は、資産査定における債権の「分類」結果を大きく左右することになります。

債務者としては金融機関からどのような評価を受けているかを把握することで、どの債務者区分にランク付けされているのかを推測し、さらには、適切な担保評価を行うことで、どの債権分類にいく

らの額が計上されているかを推測しなければなりません。金融機関の資産査定でどのような判定を受けているかを、債務者側において推測することは、事業再生を進めるために必要な作業なのです。

　たとえば正常先や、要注意先・要管理先であれば運転資金などの追加融資も可能ですし、事業再生に向けて金融機関の協力も得やすいといえます。しかし、破綻懸念先や実質破綻先、破綻先であれば返済猶予では再生は困難であり、債権放棄が求められるというわけです。

> **▶チェックポイント**
> 債務者区分が正常先や要注意先・要管理先の場合は債権放棄を求めるのは時期尚早であり、期待薄です。破綻懸念先や実質破綻先の場合には債権放棄による事業再生を行うことになります。

【2】一括回収か分割回収か

要 旨

債務不履行となり期限の利益を失った債務者から債権者が回収を進めるにあたって、一括返済を強要するのか、あるいは分割返済を容認するのか、債権者はどちらを選択するのでしょうか。ここでは債権者の種類や位置付けの違いから、債権者がどのような債権の回収行動をとるのかを検証します。

　債務者が期限の利益を喪失した場合、債務者は一括返済の義務を負うことになります。債権者が回収を極大化するにはどうすれば良いかを考えるのは当然のことです。銀行の場合は、「上席の決済を取るためにはこの金額では無理だ」とか、「本部の了解を取るために返済額を引き上げてくれ」とか要求してきます。サービサーの場合には「投資家の了解を取るためには担保を処分してもらうしかない」などと言ってきます。
　言い訳のしかたは様々ですが、要するに債権者は少しでも多くの回収をしたいということに変わりはありません。

1．一括回収と分割回収

　担保がある場合、一つの選択肢として担保を処分して現金に変えさせることで一括回収が可能になります。債権者が一括回収を選択した場合には、任意に売却するように債務者に迫ってきます。
　債務者が任意に売却することに応じるならば良し、これを拒むようであれば競売を余儀無くされてしまいます。
　債権者が一括回収の道を選択するということは、担保を処分しなければならないということを意味するのです。もちろん、債権者が一括回収の道を選んだからといって必ず競売になるわけではありま

せん。債権者との交渉を通して債権者が意図している一括回収の金額を把握し、この金額を支払うことで担保を他人に奪われないようにする道があるのです。一括回収といっても競売ではなく、少しでも高く処分できる任意売却の道を選ぶというわけです。

２．いつ、いくらの現金が期待できるか

担保を処分するといっても、いつ、いくらの現金が期待できるかという点が問題になります。

（１）預金

預金が担保に取られることがあります。よくあるのは景気が良かった頃に設定した定期預金です。この場合は、残念ながらあきらめざるを得ません。全額が返済に回されてしまいます。現金に変えることが容易な資産、すなわち貨幣性資産についてはほぼ100％あきらめるしかないでしょう。

（２）不動産

不動産の場合には家賃、地代という果実が発生します。この果実は他人に貸している場合の家賃、地代のみならず、自己使用の場合にもあてはまります。なぜならば賃貸を想定することで金額に表すことができるからです。この想定賃料は重要な概念です。

債務者にしてみれば、「自分の不動産を利用しているだけなのに、なんで賃料が問題になるんだ」との思いもあるでしょう。しかし、債権者にしてみれば、他人に貸せば「想定賃料」を受け取ることができるのです。債務者からの返済額が想定賃料を下回るのであれば他人に貸した方が良いということになります。

債務者が所有している限り想定賃料が受け取れないわけですから、このような場合には任意売却あるいは競売によって担保を処分するしかないというわけです。

以前、日本公認会計士協会から債権の適正評価に関するガイドラインが示されたことがあります。この中で、元本と利息の返済が停

止している不動産担保貸出金について担保処分による回収を行う場合の基準が示されました。それによると、債務不履行日に担保権行使手続を開始し、すべての権利と利用可能な手段を行使すると想定した上で、担保資産の権利関係が複雑に錯綜していない場合は、債務不履行日から競売申し立て日までの期間は3～6ヶ月と想定し、担保資産の権利関係が複雑に錯綜している場合は、債務不履行日から競売申し立て日までを9～12ヶ月、さらに、競売申し立てから落札までの期間は8～24ヶ月と想定していました。

すべてのケースに妥当するものではありませんが、一つの目安にはなると思われます。

(3) 事業

会社を自主再生するのではなく、会社を売却して事業内容そのものを生かすことがあります。いわゆるM＆A（企業の合併・買収）の一態様です。債権者にしてみれば、目標額以上の回収が第一目的であり、M＆Aは有効な選択肢となります。しかし現在の経営者が経営を継続することを目指す場合には、まったくの第三者に身売りするような形でのM＆Aは論外ということになります。

事業再生のために事業譲渡を活用する場合、第二会社を設立してここに経営権を移すという形で再生を進めることになります。自分自身あるいは世代交代の形で、今の経営者が事実上の事業継続を行うために第二会社を作るのです。

商品を安値で移すことができれば、事業を引き継いだ会社には利益が出ます。営業権代金や動産の代金を一括払いしなければならないという決まりはないので、分割払いも可能です。この場合には、譲渡した従来の会社は、分割代金を受け取るという事業が残ることになります。

一般に、再生に絡んだ事業譲渡の場合には譲受人が有利な条件となります。有利だからこそ事業を引き継ぐのです。みすみす第三者に経営権を奪われるくらいならば、第二会社を設立して親族を社長にすることで経営を維持することが有効な手段になるのです。

3．一括回収額に運用利回りを乗じて導いた額

　仮に不動産を処分することで1000の回収が可能であるとします。さらに、債権者は年間の運用利回りを5％と考えていると仮定します。

　この場合、債権者は担保処分をして1000の現金に変えれば年間50の経済的利益を得られるということになるのです。それにもかかわらず、債務者が50に満たない返済しか行わないのであれば、債権者側の経済合理性が成り立たないということになるのです。このような債務者に対しては返済を猶予するのではなく、一括回収するしかないということになります。

　不動産の場合を例にとって話を進めます。

　不動産を処分した場合に期待できる金額はいくらなのか、さらに、適用する運用利回りはどの程度なのかはケースバイケースであり、これといった基準はありません。債権者によってまちまちなのです。

　まず、金額についてですが、これは現地で実際に取引されている価格、いわゆる実勢価格、鑑定理論では取引事例比較法による比準価格あるいは収益還元法に基づく収益価格が参考になります。

　とりわけ、収益価格の場合には、まさに不動産が生み出す利益に着目した価格ですから、この価格と乖離することは債権者だけではなく債務者としても経済合理性が成り立たなくなってしまうのです。かかる観点から、収益不動産については特に収益価格が重視されるべきであるといえます。

　競売の場合の不動産鑑定評価は一般に正常価格の7割といわれています。これは競売減価として7割とすることに由来しています。しかし、実際には取引事例比較法の適用に限界があるなど、競売評価特有の方法が存在しますので常に7割というわけではありません。むしろ、正常価格よりも競売価格が高くなるケースも存在します。

※競売評価について、「なぜ競売評価は低価格になるのか」、「どのような場合に逆転するのか」等々の論点があります。これらについては第Ⅲ章【8】を参照してください。

次に、利回りですが、これについては債権者が異なれば違った利回りになるのは勿論、同じ債権者であっても違う利回りが設定されることさえあるのです。債権者が同じなのに利回りが違うのは、特にサービサー等が債権を購入した場合のように、その債権が組み入れられるファンドの運用実績が異なる利回り目標を持っている場合などが良い例でしょう。このような場合には同じ債権者でも利回りが異なるという訳です。

このように、金額と利回りは一概には確定できないものなのです。その都度、異なるという訳です。できれば個々のケースごとに債権者に教えてもらいたいところですが、それは無理な注文というものです。その都度、交渉を通して債権者の考えを探るしかないのです。まさに腹の探り合いというわけです。

4．一括回収か分割回収かの選択基準

債権者が分割回収を選択する基準は次の二つであるといえます。

一つは、債権者が想定した運用益を超える場合です。たとえば、担保処分をして得られる金額を想定した利回りで運用した金額と比べ、債務者の返済額が多ければ、あえて担保処分を急ぐ必要はないということになります。

もう一つは、とりあえず債務者に経営を委ねておく場合です。不動産運用の考え方に「ＤＣＦ（ディスカウント・キャッシュフロー）法」というのがあります。当初数年間は想定した収益を計上し、期間終了後に一気に換金するという考え方で、数年間の収益と数年後の換金額の合計で資産価値を求めます。この考え方と同様に、当初数年間の想定収益に比べ債務者の返済額が多ければ、債権者は文句を言わないというわけです。この場合、最終的には一括返済を求めることになります。

債権者は経済合理性を追求しているのであり、債務者をいじめているわけではありません。債務者が破綻してしまうことで、自らの回収額も少なくなるのですから、いたずらに破綻処理をすることはないのです。

債務者が破綻して貸付金の回収がなくなると、債権者には損失が生じてしまいます。いわゆる貸倒損失です。債権者としては巨額の貸倒損失が発生することに備え、あらかじめ貸倒引当金を計上することで事前準備をするわけですが、引き当て済みであるかどうかは別として、損失であることには変わりがなく、債権者にとっては歓迎できない損失だといえます。

　できるだけ多くの回収を期待し行動するのですが、時間をかけて債権を回収するのか、一定額の回収で打ち切るかについては、債権者が決めることです。

　債務者を「生かす」とは時間をかけて債権を回収することで、「殺す」とは破綻処理をすることに他なりません。債権者としては無駄なコストをかけて回収するよりも、ファイルクローズすることで決着を図りたいという考えもあるのです。

　ファイルクローズとは管理業務を終えることであり、直接償却により貸借対照表の資産から消去してしまうことです。不良債権を早くファイルクローズしたいのが本音であり、それは不良債権比率を改善することでもあるのです。

　分割回収で債務者を生かすか、一括回収で債務者を殺すか、いずれにしても債権者次第なのです。債務者としては債権者の動向を把握し、できるだけの準備をしておかなければならないのです。債権者のタイプについては第Ⅰ章【6】を参照してください。

5．タイミングにも左右される

　債権者の資金運用計画も一括回収か分割回収かの決定に大きな影響を及ぼします。たとえば「今期はいつ、いくらの資金が必要なのか」、「いくらの償却を行うのか」という資金運用計画を立て、この計画により粛々と回収が進められるのです。資金化のために分割回収ではなく一括回収が選択されることもあるのです。

　債権放棄は計画の一環として、一括回収のタイミングに合わせて行われます。一括回収するかわりに残余を放棄するというわけです。

　長年にわたり不良債権として細々と分割回収を行われていたなら

ば、一括回収に移行することも稀ではありません。長く分割回収を行っている間に貸倒引当金を計上し、十分な引き当てが完了した時点で一括回収に移行するという例です。このような例は少なくありません。この一括回収のタイミングにあわせて債権放棄を受けるというわけです。

　反対に、正常債権であったのに突然、債権放棄を受けるということはあり得ません。債権者としては貸倒引当金も十分でない状況で、貸倒損失を計上することに躊躇するからです。破綻懸念先以下の不良債権として区分され、時間をかけて貸倒引当金を計上し、その後に一括回収、すなわち債権放棄となるのです。

　このように債権放棄に至るまでにはプロセスが求められるのであり、債権者の資金計画に従う形で実施されるのです。そのためには、年単位の時間がかかる場合も少なくありません。債務者としては、債権者が決定しやすいように誘導するのです。

　一括回収か分割回収かの判断は、最初に融資を実行した原債権者の場合であっても、債権譲渡で出現した新債権者であっても問題になります。しかしそれぞれの債権者の違いによって若干の差が生じることになります。なお、原債権者と新債権者の違いについては第Ⅰ章【6】を参照してください。

（1）原債権者の場合
　自己査定で債権が不良債権と査定した場合、債権者区分と債権分類に応じて貸倒引当金を計上することになります。融資の金額や融資の期間も、貸倒引当金の計上に大きな影響を与えます。すなわち、単に一括回収が妥当するのか、分割回収が妥当するのかという判断だけではなく、貸倒引当金の準備ができているかという点も考慮することになります。

（2）新債権者の場合
　原債権者から安い金額で債権を取得した新債権者は、取得原価以上の回収を行うことで儲けることが最大の課題となります。たとえば一括回収したとしても、回収した金額を再投資できないならば、

あえて急ぐ必要はないということになります。この場合には、一括回収を先送りして、分割回収で利益を稼いだ方が得策であると判断することもあります。たとえば金融円滑化法が有効であった3年間は、国を挙げて不良債権のリスケが行われており、当時は債権譲渡が少なくなっていました。譲渡される債権が少なかった、すなわち、仕入れが少なかったため、一括回収を避けて分割回収を選択したサービサーも少なくなかったのです。まさにタイミングに回収方針が左右されたというわけです。

> ▶ **チェックポイント**
> 一括回収か分割回収かは債権者の事情に応じて、債権者が決めるのであり、債務者が口をはさむ余地はありません。債権放棄がしやすい環境を創出することで債務者主導の事業再生を実現することができるのです。

【3】債権者の最終処分

要 旨

債権者の行動がどのようになるか、拙著の中で折に触れて説明してきました。職業会計人にとって税務処理の部分は基本的知識であっても、経営者には必ずしも十分に理解されていないようです。ここでは債権者の最終処理に焦点をあてて、債権者の行動を整理します。

1. 最終処理

融資を行ったものの不良債権を抱えることになってしまった金融機関が不良債権を処理する方法としては、将来予想される損失に備えて引当金を計上するという「間接償却」と、貸倒れ損失を計上して貸借対照表から消し去るという「直接償却」があります。

さらに、金融機関が税務上も損金とできる償却方法として「無税償却」、損金とできない償却方法として「有税償却」とに分かれます。したがって、間接償却と直接償却、有税償却と無税償却の組合せにより、合計で4パターンの償却手続があるわけです。

※債権譲渡で出現した新債権者の場合は、債権の取得原価が低いため貸倒損失が生じる可能性が極めて低いことになります。よって償却の問題は生じないことになります。

(1) 間接償却と直接償却

償却とは、債権が回収不能となった場合にその回収不能額を債権金額から控除する、あるいは、回収不能見込額を貸倒引当金として計上することです。回収不能額を直接貸借対照表の資産項目から除いてしまう方法を直接償却といい、資産項目には残したまま回収不能見込額を貸倒引当金に繰り入れる方法を間接償却といって区別し

ます。

　債権の回収不能が生じることがほぼ確定していても、担保の処分が完了していない等の理由で損失額が最終的に確定しない場合に間接償却を行います。その後、競売で落札される等で回収が完了し、最終的な回収不能額が確定した段階で直接償却を行います。このように、間接償却を行ってから最後に直接償却を行うという２段階で処理を進めることになります。

　間接償却においては、「回収作業を行ったとしてもこの程度の回収不能額が見込まれる」ということを客観的に示すことになります。間接償却の場合は、債権総額から回収可能分として担保額を控除した残額について引当金を計上します。地価下落が続くと毎年担保価額が下がってきます。つまり債権総額から控除すべき担保価額が下がる分、毎年引当金を追加計上しなければならないことになります。

　一方、直接償却は回収不能額を確定することですので、最終的な不良債権の処理ということになります。

（２）有税償却と無税償却

　債権の償却は、回収不能額または回収不能見込額を債権額から控除するか、または貸倒引当金の繰入れを行うということですので、企業会計上は損失とされるものの、税務上の扱いとは別になります。税務上も損金とされる債権の償却を無税償却、損金とされないものを有税償却といって区別します。もっとも、有税償却であっても、その決算期において税務上の取り扱いが損金とはならないというだけで、翌期またはそれ以降の期では税務上も損金になることが普通です。したがって、当期の損金には不算入でも、翌期以降の損金には算入ということになります。

　間接償却と直接償却、有税償却と無税償却の組合せにより、合計で４パターンの償却手続となるのですが、不良債権の初期段階に行われる有税間接償却から最終処理段階に行われる無税直接償却まで、段階ごとに異なった手続が採用されています。不良債権の最終処理が大きな社会問題になる中、金融機関の償却実務は債務者にも重大な影響を及ぼすことになります。

一般的に、初期段階の有税間接償却は金融機関の各支店での管理下で行われていますが、最終段階の無税直接償却は、本部の管理部門の管理下で行われます。

２．債権放棄

　不良債権の最終処理のうち究極の処理は債権放棄です。債権者にとって回収予想額以上の回収が実現すれば、短期的には利得を認識することになります。
　債務の減免が生じると、債権者は貸倒損失を、債務者は債務免除益を計上します。すなわち、債権者の損失は債務者の利益となります。
　債権者の貸倒損失は、貸倒引当金を計上することで各期に見越し計上することができ、損失を平準化することになります。しかし、債務者の債務免除益は、利益の平準化を行うことはできず、免除を得た時点で臨時巨額の特別利益を計上することになります。
　どちらも同じ借金の棒引きですが、あらかじめ予測できる債権放棄と、突然に生じる債務免除では大きく異なるのです。

（１）寄付金認定

　金融機関が貸倒損失として損金処理をしても、債権放棄の額に客観性がないとして、当局から否認される可能性があります。債権者が貸倒損失を損金として計上すると、これが当期利益を圧迫し、その結果、納税額は減少することになります。納税額の減少に当局が関心を寄せるのは当たり前です。
　法人税法上の要件を満たさないものであれば、無税処理した後の税務調査において寄付金と認定される可能性があります。この場合、限度額を超える寄付金は損金算入できず、追加的な税負担を余儀なくされることがあるわけです。
　取引当事者の一方が通常の取引条件と比べて明らかに高い利益を得るのは、経済合理性が認められないという考えの下、寄付金と認定することによって損金算入の制限をしているわけです。不良債権における債権放棄においても、金融機関としては無税の要件を満た

しているとして損金処理したものであっても、後日の税務調査において寄付金と認定されることもあり得るわけです。寄付金と認定されると、延滞税、加算税、重加算税等が追徴され、多額の税負担になることも考えられます。

　債権を放棄したあげく税金まで負担しなければならないのでは、まさに踏んだり蹴ったりというわけです。それゆえに各金融機関は、寄付金と認定されることがないよう慎重にならざるを得ないのです。

　私的整理では、その債権放棄が合理的な基準によるものである場合に限って損金の額に算入することが認められています。合理的な基準が必要なのであり、正当な理由がなく一部の債権者に有利な返済がなされたり、あるいは、恣意的な債権放棄が行われる場合は、合理的な基準に該当しないことになってしまいます。

　合理的な判断基準は個々に判断されることになり、そのため、不透明な側面も否定できません。私的整理の場合は債権者の利害関係が対立するので、債権の発生原因や債権者と債務者の関係等を総合的に協議して債権放棄額を決定した場合等、同一の条件で債権放棄額が定められていなくても、合理的な基準と認められることもあります。

（２）回収不能額の確定要件

　有税償却する場合と異なり、無税償却の場合は損金として処理ができるため、金融機関としては極力無税で償却することが合理的です。

　無税償却の要件であるところの債権が全額回収不能かどうかは、最終的には税務当局の判断によることになるのですが、債務者の実態から最終不能額を判定するためには、個々の債務者の実態調査を行い、担保余力、債権回収見込額等を把握する必要があります。具体的には次のような調査をします。

ⅰ．債務者が事実上倒産しており会社実態がなく、所有資産や収入からの回収ができない
ⅱ．不動産・有価証券等の担保をすべて処分している

ⅲ．手形支払人からの回収ができない
ⅳ．保証人の支払能力がない
ⅴ．債務者の返済能力がない
ⅵ．その他回収の手段がない

　さらに、不動産等の担保処分をすべて行った後でなければ、直接償却はできないとされています。なぜならば、直接償却は貸出金全額が回収不能と認定されなければ実施できないからで、貸付金等の一部償却は認められていないためです。
　保証人がいる場合も同様で、保証人の資産・収入の両面を調査して、いずれからも回収ができないことを疎明する必要があります。
　このように、まず間接償却を実施し、将来担保物件が任意処分または競売により処分された時点で、債務者、保証人の資産、収入の現況から判断し、今後まったく回収ができないことを疎明して初めて直接償却を実施することができるのです。このような作業は実務上の大きな障害になっています。

3．債権譲渡

　融資を実施した原債権者の場合、法的な債権額と債権の簿価が一致しています。このため、債権は全額を回収するのが基本であり、安易な債権放棄は債務者に対しての寄付金と認定される可能性があります。寄付金か否かの判定は、国税検査が行われる時点で判定されることになり、実際に債権放棄を行う時点で判定を受ける道は用意されていません。私的整理に関するガイドラインに従ってなされた債権放棄の場合等、債権放棄の時点で寄付金認定を受けるおそれがないことが確定されるというメリットがあります。しかし、私的整理のガイドラインは手続規定に過ぎないため、実際にどのような額で放棄すれば寄付金とならないのかという具体的な基準はなく、放棄時点で寄付金でないとの確定的な認定を受けるのは難しいのが実情です。
　この点、債権譲渡は一定の客観性が確保されています。債権譲渡

にあたっては、複数の買い取り希望価格を募り、最も高値をつけた先に債権を譲渡するのが一般的ですので、債権譲渡価格イコール最も高い時価ということです。最も高い時価で譲渡した結果、発生した貸倒損失なので、損金として認められやすいのです。

市場価格という客観性ゆえに国税当局も直接償却を容認している状況にあり、原債権者は、将来、寄付金と認定される危険を回避するために債権譲渡の道を選択することになります。債権者が債権放棄より債権譲渡を選ぶ傾向が強いのは、この理由からです。

債権譲渡により出現した新債権者の場合、法的債権額と債権の簿価は一致していません。原債権者から時価で債権を取得しているため、債権の簿価と債権の時価は一致していることになります。したがって、債権の簿価以上の回収を容易に行うことができ、回収額が債権の簿価を上回れば経済合理性が認められるのであり、法的債権額との差を債権者が放棄しても寄付金と認定される余地がなくなるわけです。

（1）問題解決の先送り

原債権者は寄付金認定を受けるという危険を回避するために、債権放棄よりも債権譲渡を選択することになります。したがって債権放棄は新債権者によって初めて可能となります。一度、債権譲渡を迂回しないと債権放棄が行いにくい状況なのです。

このことは二つの問題を含んでいます。一つは新債権者は債権放棄を武器にして強硬な回収を行っているという事実であり、もう一つは、不良債権の最終的な整理が遅れるという事実です。

新債権者は、債権を取得した額以上の回収を実現すれば経済合理性が満たされるのであり、産業の育成・地域経済の発展等の観点から、債務者の実情に合わせた回収を行うといった配慮は行われません。法的手段を駆使した強硬な回収だけを推し進めてくるのです。このため、別の金融機関への返済が滞ったり、あるいは、必要な設備投資資金を債務の返済に回さざるを得ない例が散見されています。

(2) 意思決定の基準

債権譲渡を行う前の原債権者と、債権譲渡を行った後の新債権者に分けて、債権放棄と債権譲渡の関係を経済合理性の観点から検証してみます。これによれば債権譲渡は必然的であるということができます。簡単な論理式を利用します。数式が苦手な方は読み飛ばしてください。難解な計算式ではなく、単純な論理式ですので、少し考えれば数式が苦手な方にも理解できると思います。

ⅰ. 原債権者の選択

原債権者の法的債権額を x とし、簿価を x^* とすると、$x = x^*$ が成立しています。

債権の譲渡価格を y とします。債権放棄を行う場合、y の客観性を確保する道が存在しないため、簿価（＝法的債権額）と時価評価額との差額 $x^* - y$ を放棄すると寄付金認定をされる危険が出てきます。

その確率を p とすると、それは 1 にかなり近いと予想されます。債権放棄後の資産額の期待値は債権の対価との差であり、次のようになります。

$$y - p \times 税率 \times (x^* - y) < y$$

一方、債権譲渡を行う場合、譲渡価格 y はバルクセールにより市場価格としての客観性が認められるため、法的債権額との差額 $x - y$ は寄付金認定を回避できます。債権譲渡の期待値は y であり、この値は上で求めた債権放棄の期待値より大きく、よって原債権者は債権譲渡を選択するのです。

ⅱ. 新債権者の選択

新債権者の取得原価を y とします。y 以上の回収が実現すれば剰余が生じ、簿価 x^* はゼロとなります。y 以上の回収により $x^* < y$ が成立しており、法的債権額と簿価の差額 $x - y$ を債権放棄しても寄付金とはなりません。$(x^* - y)$ がゼロ以下となれば課税上はゼロとなりますので、資産額の期待値は次のようになります。

$$y - p \times 税率 \times ((x^* - y) = 0) = y$$

　この値は新債権者が債権譲渡を行う場合の資産額の期待値と同じです。よって他の条件が同一であるならば、新債権者にとっては債権放棄と債権譲渡は無差別（どちらも同じという意味）であるということになります。

4．債権放棄が期待できない場合

　債権放棄が寄付金と認められるのは、債権放棄の対象である債務者と金融機関との間に次のような事情がある場合とされています。

ⅰ．金融機関との間に特殊な関係があり、債務会社の監督援助をしている
ⅱ．他の債権者が債権放棄をしていない
ⅲ．債権放棄当時、債務会社が一部借入金の返済をしている
ⅳ．債権放棄後にも貸付を行っている
ⅴ．債権放棄の対象会社の事業に好転の兆しが見え始めている
ⅵ．債権回収の手段を特に講じていない

　このような場合には債権放棄は期待できません。しかし、これらの論理は債権譲渡の場合は問題になりません。最近は不良債権ではない正常債権を対象にした債権譲渡も行われていますので、債権譲渡の場合には、このような事情は無関係なのです。
　更に、債権者が「融資を実行した銀行などの元々の原債権者」なのか、あるいは、「サービサーなど債権譲渡を受けて出現した新債権者」なのかで話が異なることになります。「債権放棄の話なのか債権譲渡の話なのか」という点と、「元々の債権者なのか債権譲渡で出現した新しい債権者なのか」という点を見極めながら判断することが必要になるのです。
　なお、融資を実施した原債権者なのか、債権譲渡で出現した新債権者なのかについては第Ⅰ章【6】を、債権放棄と債権譲渡の違い

については第Ⅰ章【4】を参照してください。

> ▶ **チェックポイント**
> 債権者が最終処理を行う場合、同じ額の貸倒損失が生じるとしても、債権放棄より債権譲渡の方が債権者にとって無難なのです。

【4】債権譲渡の利用

要旨

債権放棄も債権譲渡も、「これ以上は回収（返済）をしない」というわけですから、金額に関する限り同じことです。実務上は様々な形の債権譲渡が行われています。ここでは債権譲渡に焦点をあて、その実態を明らかにします。

1．債権譲渡の基本

債務者にとっては債権放棄より債権譲渡の方が有利である場合が少なくありません。従来の典型的な債権譲渡にとどまらず、債務者が債権譲渡先を指定することも可能です。

（1）どのように債権譲渡が行われるのか

銀行が不良債権を完全に解消するのではなく、サービサーなどに債権譲渡することで不良債権を処理することが少なくありません。その結果、新たな債権者が出現し、債務者は新たな債権者と対峙することになるのです。

債権譲渡が行われると、既存の債権者から「どこどこに債権を譲渡した」との通知が届きます。いわゆる債権譲渡通知というもので、多くの場合には内容証明郵便で届きます。それ以降の返済は新債権者宛に行うことになります。従来の債権者は債権を譲渡した段階で法的権利を失いますので当事者ではなくなります。

不良債権処理の方法として債権譲渡が行われるようになったばかりの頃、すなわち1998年当時は、債権譲渡を行う前に債務者に断りの通知をするというようなことも見られました。債権譲渡に債務者の承諾は不要なのですが、トラブルを避ける目的でわざわざ通知していたのです。

その後、債権譲渡が一般的になってくるに従い事情は一変しました。わざわざ債務者に通知するどころか、抜け駆け的に債権譲渡が行われるようなことも散見されました。筆者の経験では、「一定の金額を受け取れるならば抵当権の抹消に応じる」との話を進めていながら、「実は、本部の指示により債権譲渡をすることになった」と突然の方針転換を通知してきたような金融機関も一つや二つではありません。

　不良債権の処理が進むにつれて債権譲渡の実態も変わってきたのです。

　認可を受けたサービサーの数が100社を超え、元々の融資を行った「原債権者」からサービサーのような「新債権者」への典型的な債権譲渡ではなく、さらに一歩進んで、「新債権者」から「債務者指定先」への債権譲渡も行われています。このような新たな債権譲渡の形を利用して事業の再生を図ることが有効な場合もあるのです。

（2）債権譲渡価格

　ここでは譲渡先の決定方法と債権譲渡価格の算出方法を整理しておきます。実際には個々の事情により異なりますが、考え方の基本は同じです。

　ⅰ．譲渡先の決定

　債権譲渡の取引形態は相対取引と入札取引に大別されます。相対取引とは、債権を購入する側を一社に絞り、個々の債務者ごとに過去の記録を入念に調査して価格を算出する方法です。この場合、競争相手がいないので購入価格が低く設定されるのではないかという売主側（原債権者）の懸念が考えられますが、購入側（新債権者）は過去の記録をじっくりと調査できるため、比較的安定した高値を提示できるという側面もあります。入念な調査ができない場合は回収の不確定要素が高いため、購入側としては低めの価格を提示せざるを得ないところですが、入念な調査ができる場合は不確定要素が少なくなりますので、その分、高値の価格提示ができるというわけです。

一方、入札取引とは複数の購入候補者に一定の情報を提示し、定められた期間内に購入価格を入札するという方法です。この場合、売主側としては個々の債権に関する多数の資料を用意する余裕がないため、提示する情報が少なくなる傾向があります。購入側としては不確定要素が払拭できないために低い価格を提示することも無いとはいえません。しかし、あくまで競争入札ですので、購入候補者としては高い価格を提示しないことには購入できず、一定の不確定要素を見込んだ上で可能な限り高い価格を提示することになるのです。

　債権譲渡の売買が入札方式によって行われる場合には、債権価格に一定の客観性が認められることになります。現実には、債務者の信用リスクと担保処分価額の関係を大きく外れた売買価格になることはありません。多少のバラツキがあるものの、入札価格が大きく異なるものではないのです。売主側としては複数の購入候補者から見積もりをとった結果、最高額の先に譲渡するということで価格の客観性を確保し、最終の手続たる直接償却に移行するわけです。

ⅱ．価格の算出

　債権譲渡にあたって譲渡価格はどのように算出されるのでしょうか。

　一つには担保の処分価値があります。担保を処分することを想定し、処分価格の現在価値を求めます。たとえば抵当権付不動産がある場合、債務者が任意売却に応じる場合は任意売却により、あるいは応じない場合には競売処分により換金することを想定します。仮に処分に1年を見込むならば、1年後に競売処分価格で換金する額の割引現在価値を求めることになります。

　さらに、返済実績を勘案します。過去の返済実績以上の返済が今後も継続することを想定し、総和の現在価値を加算します。

　すなわち担保処分価格と返済見込み額の現在価値の総和が譲渡価格ということになります。競売価格をどのように算出するか、返済額をどのように見込むか等々は各債権者によって異なりますので一概には断定できませんが、算出の考え方は同じです。

（３）バルクセール

　債権といっても様々な内容のものがあります。

　担保は無し、返済も無し、保証人も返済能力も無し・・・。こうなると、債権の価値はゼロとなります。いわば、返済が見込めない債権ということです。このような債権はポンカス債権と呼ばれます。

　ポンカス債権であって回収は無理でも、法的請求権の額は何億、何十億という例も数え切れません。債権者としては、このような債権も直接償却したいのだということは既に見てきた通りです。

　実際、実務の世界では、このようなポンカス債権についても債権譲渡の対象になるのです。ゼロ円での取引を回避するために、備忘価格として１円で取引されています。

　実務では、このようなポンカス債権は値がつきませんので、あくまでオマケとして処理されていきます。すなわち、いくらかの回収が可能な債権が目玉債権として取引の中心で値がつけられ、ポンカス債権はオマケとして他の価値ある債権とセットで取引対象にされているわけです。このようにして、不良債権の最終処理方法としてバルクセール（一括売却）が活用されるようになったのです。バルク（Bulk）とは大量の不良債権をひとまとめにして第三者に売却することです。

（４）少額債権の特性

　譲渡価格にはバラツキが全くないわけではありません。たとえばバルクセールの場合の少額債権は比較的バラツキが大きい債権であるといえます。たとえば、50億円の残高で30億円の担保を設定した甲という債務者と、10億円の残高で5億円の担保を設定した乙という債務者の2件を例にとって説明します。この場合、甲に対する債権をいくらに見積もるかが譲り渡し先決定の要素になります。A社は甲を25億円、乙を4億円の合計29億円で、B社は甲を28億円、乙を3億円の合計31億円で入札したならば、新債権者はB社となります。この場合、B社は乙を3億円と見ていますので乙は3億円以上の返済をすることで残額免除を受ける可能性が出てきます。仮にA社が新債権者になったならば、A社は乙を4億円と見て

いますので、乙は4億円以上の返済が必要になったはずです。いわば、乙は高額債務者たる甲の影に隠れて得をしたことになります。このように、バルクセールの場合の少額債権は、経済合理性がストレートに当てはまらない場合も生じるのです。

一度債権譲渡されたものを債務者が買い戻す場合のような特別の事情がある場合を除き、通常のバルクセールの場合は少額債権が単体で取引される例は少ないのが実情です。他の債権と併せて、何十億円といった単位でバルクセールを行うことになります。いわば多くの債権の一部として債権譲渡されるのであり、いつ、いくらで譲渡されるかといった債務者にとって大きな問題も、他の債権との関係があるために一概に断言できないわけです。

２．様々な債権譲渡を活用する

（１）原債権者（銀行等）から新債権者（サービサー等）への債権譲渡

債権者には二種類あります。融資を実行した銀行などの「原債権者」と、債権を購入することで出現した「新債権者」です。厳密にはサービサーは回収業者であり債権者とは同義ではありません。

原債権者から新債権者への債権譲渡は債務者が手を出せる性質のものではなく、債務者が銀行に「債権を譲渡してください」と頼んでも、銀行が「はいわかりました」とはなりません。これは債権放棄を頼んでも断られるのと同じ理屈です。

債権者としては不良債権を処理しなければならないという現実がある中で、不良債権の処理のためには直接償却を行うのですが、原債権者は債権放棄より債権譲渡を選ばざるを得ないのです。この場合、債権の譲渡先は経済合理性が認められる先、すなわち、最も高く譲渡できる先であり、債務者とは無関係な第三者でなければなりません。

このような中、債権者と喧嘩をしては損だということを強調したいと思います。百戦錬磨の債権者を出し抜こうとするよりも、債権者との交渉を通して債権者の立場に配慮しながら協力を求める方が、

結局は債務者にとって有利なのです。原債権者が不良債権の処理をしやすい環境を作ってあげれば良いのであり、具体的にはより多くの貸倒引当金を計上させることで、債権者は必然的に債権放棄を伴う最終処理に向かうことになるのです。

原債権者に債権譲渡をするように求めたところで、原債権者としては応じられないという事情があります。この点、サービサーのような新しく出現した債権者に対しては債権譲渡を求めやすいのと事情を異にします。

他の債務者との均衡も問題になるでしょうし、融資を実行した原債権者としての社会的責任、体面などから、債務者の求めに応じる形で債権譲渡をするわけにはいかないのです。

一方、いつまでも不良債権を抱えていられないという事情があります。この場合、やむを得ず不良債権を処理することになります。原債権者が不良債権を処理する方法、すなわち直接償却については既に説明をした通りですが、このように貸倒損失を出してまで直接償却することを、損を出してまで債権を切ってしまうということで、損切りと呼ぶことがあります。

そこで、債務者としては債権者が損切りをしやすいような環境を作ることが求められるのです。いつまでも無理をして返済をしていたのでは、債権者として損切りしてまで直接償却することはできません。損切りするには、不良債権でなければならないからです。

そこで、返済を止めることがどうしても必要です。さらには、担保を処分するという姿勢を示すことです。このように債務者が担保を処分する、すなわち、任意売却するというのならば債権者としては競売をしないのが一般的です。手間隙かけて競売に持ち込むより、任意に売却させる方が債権者にとっても好ましいからです。

この場合の任意売却による処分とは、まさに第二会社で買うことを意味しています。債権者にとっては任意売却で担保を売却したことになるのですが、債務者にとっては任意売却の形で第二会社で購入したことになるのです。

このように担保を処分した後は、債権者としては回収すべきものが無くなってしまいます。既に返済は停止されており、担保を任意

売却した以上、もう回収するものが無くなるわけです。こうなると、債権者としては真剣に損切りを覚悟することになります。

（２）新債権者（サービサー等）から債務者指定先への債権譲渡

　債権が原債権者から新債権者に移った後、新債権者から債務者が指定する債権者に債権譲渡をしてもらうことがあります。

　新債権者は債権を取得した価格以上を回収することで利益を確保することになるのですが、新債権者は原債権者と異なり、取得価格以上を回収した後は、その債権を放棄しようが譲渡しようが自由なのです。既に原債権の債権額と債権譲渡価格の差は原債権者が貸倒損失として負担していますので、新債権者に寄付金認定等の問題は生じないからです。

　この「債権をどのように処分しようが自由である」という点は、新債権者との交渉にあたっては債務者にメリットとなります。残った債権を債権放棄や債権譲渡してもらうことが容易になるからです。

　実際、新債権者に頼んで、債務者が指定するところに債権を譲渡してもらうという事例は少なくありません。債権者側も心得たもので、回収額さえ合意できれば債権譲渡に抵抗することはほとんどありません。債務者側にすれば債務免除益の発生を回避あるいは先送りするために債権を温存することができるのです。温存とは請求しないかわりに免除もしないというものです。

　債務者が指定する者が債権者になるということは、債務免除益の発生を回避するだけではなく、他にも大きなメリットが期待できます。それは、味方となる債権者を確保することができるということです。なぜそれがメリットになるかといえば、たとえ無担保であっても債権に変わりは無いので、債権者としての権利を行使できるからです。

　たとえば、民事再生法の手続を進めざるを得なくなった場合に、再生計画を債務者主導で策定できることになるわけです。債務者に有利な計画であっても、味方となってくれる債権者が債権の過半数を有していれば、再生計画が成立しやすくなるというわけです。新債権者にとっては、債権放棄であっても債権譲渡であっても同じで

すが、債務者にとっては、単に債権放棄を受けるよりも債権譲渡をしてもらうことで味方となってくれる債権者を作ることができるのです。多くの場合、味方になってくれる債権者とは債務者の別働隊が受け皿になることが多いようです。

債務者は債務者指定先への債権譲渡をしてもらうことで、自己の経営成績に応じた債権放棄を求めることができます。本来であれば債権者が一方的に決める債権放棄の時期、すなわち債務免除の時期を、債務者が左右できることになります。

（３）債務者が有する債権の債権譲渡

ここで紹介する債権譲渡の対象となる債権は、先に見てきた債権とは異なります。先の債権は金融機関が有する債権の話でしたが、ここでの債権は債務者が有する債権の話です。たとえば、社長や、親族、グループ会社への貸付等が考えられます。

債務者が債権を有する場合は、債権者代位権が問題になります。簡単に言えば債権者が債務者に代わって債務者の権利を行使することが認められるという制度です。債務者が債権を有している場合に、債務者が有する債権を、債務者の債権者が狙ってくる可能性があるわけです。これを防ぐために、債務者が有する債権を他に譲渡しておくことが有効な対策ということになります。債務者が債権を手放しておけば狙われる危険がなくなるからです。

債務者が有している債権を債権譲渡する場合には、債権債務の内容を確定する必要があります。具体的には債務の存在を合意し弁済方法を約定します。債務証人弁済約定証書を締結しておくことが望まれます。このとき、返済を先送りすることで劣後債権としてしまうのです。

そもそも債権を回収することが目的ではないのですから、たとえば元本は20年据え置きであっても良いわけです。20年据え置きで、利息は1％でも立派な債権です。いわゆる劣後債権です。このように超長期の債権とすることのメリットは二つです。一つは契約書を通して契約の存在を明確にすること、もう一つは、超長期の期限を付すことで債権の価値を引き下げることです。債権の価値が下がる

ことで安い金額で債権譲渡できるからです。

※債権者を害するような目的で乱用すると詐害行為になりかねません。ここでは回収不能あるいは不要な債権がある場合などに、それを放棄するのではなく先送りするための基本的な考え方を紹介しているに過ぎませんので誤解のないように願います。

　金銭の授受を明確に記録しておくことも重要です。債権譲渡による代金が発生するのですから金銭の授受を行うことが必要になります。金銭の授受がなされたことを明確にするためには、銀行振り込みにより記録を残すことが一般的です。

> ▶ **チェックポイント**
> 債権者間の債権譲渡の金額は、債務者の返済実績と担保価値で決まります。債務者が主導する形での債権譲渡も行われており、債務免除益の発生時期を左右することが可能になります。

【5】金融機関の論理

> **要旨**
> 金融機関が常に合理的な行動をしているわけではありません。金融機関独特の論理ゆえに、どうしても譲れないポイントがあるのです。このあたりを見落としたままでは金融機関と上手く付き合うことはできません。ここでは金融機関の論理について整理しておきます。

　金融機関が債権の回収を行うとき、債権者と債務者の対立構造だけではなく、債権者と債権者の間の対立構造も存在します。単純に債権者と債務者の間で「返せ」「返せない」という争いになるのではありません。金融機関の論理に配慮した事業再生が求められます。

1．基本となる視点

　事業再生にあたって、金融機関としては次のような点に関心を寄せるのが通例です。とりわけ、次の3点については絶対に外せないポイントです。

(1)経営者が責任を取ったのか(責任論)

　債権放棄を伴うような事業再生の場合には、より厳しい経営者責任が問われます。たとえば役員給与の大幅カットも引責の仕方として認められます。社長が引責退任し、親族に交代するのも一つの引責の形です。実質的には同じでも、形式的に引責を求められることもあります。ただし金融機関によっては一族への経営権譲渡は認めない場合もありますので注意が必要です。

(2)自行だけが不利益を蒙っていないか(公平性・均衡性)

　他行に多くの返済が為されていないかという初歩的な問題だけで

はなく、返済額を按分するのは残高なのか、担保を除いた非保全額なのかという争いも少なくありません。債務者と債権者の対立ではなく、債権者間の対立という問題を解決しなければならないわけです。

（３）計画の実行可能性は高いのか（実現可能性）

再生計画には実現可能性が高いことが求められます。奇抜なアイデアに基づいた売り上げのアップなどは求められていないことに留意すべきです。

※計画を実施することで自己査定の基準における債務者区分にプラスの影響を与えるか（上位遷移するか）という視点もありますが、これは今後も金融取引を継続する場合に限定された論理となります。

２．実現可能性

金融機関が債権放棄を行う場合、債権放棄の合理性が問われます。これは、債権放棄をする必要性、債権放棄をする経済合理性の他、債権放棄した後の回収可能性も判断すべきポイントになっています。すなわち、債権放棄後に再度、経営破綻に陥った場合、当時の債権放棄は間違った判断によるものだったということになるわけです。換言すれば、債権放棄をするからには、債権放棄後の企業が再生確実であるということが求められるわけです。それだけに、再生計画は将来の企業が健全経営の企業であることを明らかにするものでなければなりません。かかる観点からは、再生計画の中でも返済計画が極めて重要な要素となります。

※この論理は、従来の会社がそのまま債権放棄を受ける場合に妥当します。第二会社方式の場合には再生計画ではなく、事業計画が必要になります。とりわけ他の金融機関が肩代わり融資を行う場合には、そのまま妥当するものではありません。

この場合、返済計画には返済の確実性が求められます。返済の確実性とは返済財源を確保する確実性であり、財源確保の客観性が求められます。売上高の予測は恣意的ではないか、達成可能な数値であるのか、売上原価の低減は実現可能なのかを検証し、金額の極端な増減、さらには売上原価率のような指標の比較を行い、計画の実現可能性を検証します。

　再生計画が合理的であるためには、経営継続の利点を明らかにするだけではなく、不採算部門の分離、他社合併など抜本的な収益向上策がとられているか、バルーン返済（延滞分をまとめて返済すること）の場合によく見られるような単なる問題先送りではないのか、株主の責任も折り込んでいるか、経営者の責任はとられているか等が検証されます。

　金融機関をはじめとした債権者の側からすれば、法的整理並みの負担であるならば、あえて私的整理による債権放棄で不確定な再生を待つよりも、法的整理による確定的な債権放棄を選ぶべきと判断するでしょう。したがって、再生計画における経済合理性は多角的に見ておく必要があるわけです。

　債権放棄を受けるためには、債権者のメリットを明らかにしなければなりません。債権者としては債権放棄をした方が有利であるとの判断があって初めて債権放棄に応じてくれるわけです。たとえば、債務者が金融機関に対し、「債権放棄をしてくれないなら民事再生法を申し立てるしかない」と泣きついたところで、金融機関から債権放棄を引き出すことは無理だといえます。なぜならば、金融機関としては法的整理に従う形での不良債権の回収であれば、間接償却から直接償却へと事務的に行えるため、手間暇のかかる私的整理に応じるよりも確実な面もあるからです。したがって、債務者が民事再生法申し立てを引き合いに出したところで、金融機関は私的整理による債権放棄に応じるどころか、担保保全等の債権回収を強化するだけなのです。

3．清算との比較

　合理性があるからこそ金融機関は債権放棄を行うわけです。合理性の判断にあたっては、清算を想定した貸借対照表が一つの基準になります。なぜならば、債権放棄をしてでも企業を再生させることで、清算させるよりも経済的利益が多い場合に債権放棄の道が選択されるからです。債務者が金融機関に対してアピールするには、清算をする場合の配当との比較が最もふさわしいといえます。

　債権放棄をしてでも企業を再生させる場合とは、適切な再生計画にしたがって、企業経営がなされ、将来にわたって返済を受けることが確実である場合を意味します。再生させるか否かを判断するにあたっては、再生計画の内容を基に、将来の企業経営の可能性を探り、返済総額を把握します。この返済総額が清算により受け取る金額を超えているからこそ債権放棄を行うわけです。

　たとえば、駐車場として使用する土地は誰が駐車場を経営しても、ほぼ同じ収益を計上します。しかし、特殊技術を有する会社の工場や工作機械は、その技術を利用した生産活動を行うからこそ価値があるのであり、清算型手続の場合に換金するとしたら、工場は取り壊し更地にするとか、工作機械はスクラップにするとかの無駄が発生します。換金価格も二束三文になると予想されます。

　仕掛品も同様のことがいえます。すなわち、経営を継続し再生するからこそ仕掛品なのであり、近いうちに製品になる運命を持っているから価値があるのです。事務所で使われている什器備品などは、入札で売却するとか、業者に安売りするとかが考えられますが、通常の場合は二束三文で処分することになります。

　このように、企業を清算するということは、まさに無駄の山を築くことになるわけです。清算を想定した貸借対照表を作成するということは、最新の貸借対照表の資産からこれらの無駄となる金額を控除して、換金可能な資産状態を明らかにする作業であるともいえるでしょう。

4．返済の公平性

　返済額が検討される場合、債権者同士の利害が対立します。債務者が血のにじむような努力をした結果である返済原資を各債権者にどのように配分するかという点で、各債権者が対立するわけです。全くの無担保債権者と、十分な担保を持つ債権者を均等に扱うことはできません。なぜならば、十分な担保を持つ債権者は、無担保債権者への返済分を自分に返済すべしとの主張をすると予想されるからです。この要求が受け入れられなければ、おそらく担保実行による回収、すなわち清算の道を選択すると考えられます。同様に、後順位抵当権者に比べ、先順位抵当権者への返済を多くしておかないと合意を得るのは難しいと予想されます。

　担保付の優先債権と、無担保の一般債権では配分に差が生じてもやむを得ないところ、一律に返済しているような計画では金融機関の同意は得られないことになります。返済財源の分配は均一・平等であってはならず、公平でなければならないのです。

　このように、再生計画は、単に合計での返済額を算出し明記するだけでは不十分なのであり、担保の設定状況を勘案しつつ、各債権者への返済額を具体的に示す必要があります。すなわち、返済額の合理性も保証しなければならないのです。

5．株主代表訴訟に耐えられるか

　法律上、重要な会社財産の処分は取締役会の決議事項とされています。バルクセールで債権を譲渡する場合は、譲渡する債権の額面上の金額は数十億円から数百億円にのぼり、まさに重要な会社財産を処分するわけですので取締役会の決議が必要になります。

　株主代表訴訟は、会社整理にあたって債権放棄や債権譲渡を行った金融機関の経営者もそのリスクを背負っています。安易に債権を譲渡した場合、適正な価格との差額を金融機関に返還すべしとの株主代表訴訟が提起されないとも限りません。株主代表訴訟とまで行かなくとも、毎年の株主総会では総会の席上で質疑事項になる可能

性も高く、この時期になると各金融機関は想定問答を整理するのが通例です。当然、債権譲渡あるいは債権放棄も想定問答に折り込まれます。

　すなわち、金融機関をはじめとした債権者が債権譲渡を行うにしても、債権放棄を行うにしても、金融機関の経営者の責任が追求されないようしっかりした対策が求められます。したがって、債権放棄を狙う債務者、あるいは再生計画への協力を求める債務者としては、金融機関の経営者の責任が追求されないように配慮することも必要なのです。

※債権譲渡で出現した新債権者は債権の取得原価が安いため貸倒損失が生じにくいという特徴があります。よって、利益が多い、少ないの議論はあっても、損失の議論には発展しないので責任が問題になる可能性は低いといえます。

6．不合理な意思決定

　一括回収と分割回収の比較や競売を申し立てるか否かの判断等、これらは経済合理性の観点からの議論です。しかし、金融機関は常に経済合理性を満たす判断を行っているとは限りません。

　事業再生に対する金融機関の意思決定に及ぼす他の要因としては、たとえば融資期間が考えられます。融資を実行したばかりで返済猶予を債務者が申し立てた場合と、融資をしてから何年もたってから申し立てた場合とでは金融機関の判断が異なってもしかたがありません。「返済猶予を想定して融資を申し込んだのはとんでもない」というような感情論は別として、融資を実行したばかりでは満足に貸倒引当金も計上していませんし、いわば不良債権処理の準備ができていないという事情もあります。

　不良債権比率を下げるために、経済合理性には反する債権譲渡で早期処理することも考えられます。金融機関にしてみれば、不良債権比率を下げるために債権を売り急いだということになり、時間をかけて回収した方が回収額が高くなるというような例も見受けられ

ます。一方の債務者にしてみれば、債権者が売り急いだのかどうかは別として、債権譲渡により出現した新債権者と返済交渉を始めることになります。

> ▶ **チェックポイント**
> 金融機関が貸倒損失を計上する場合、金融機関の経営者としては責任を追及されるおそれがあります。金融機関としては債務者との関係のみならず、他の債権者との関係も見極めた上で意思決定を行うことになります。

【6】債権者のタイプを見極める

要 旨

一口に債権者といっても二つのタイプに分けることができます。一つは元々の融資を行った銀行のような「原債権者」で、もう一つは債権を購入することで出現したサービサーのような「新債権者」です。債務者の立場からしてみれば同じ債権者であっても、原債権者と新債権者では債権回収姿勢が全く異なります。ここでは両者の違いを整理することにします。

　融資を行ったという事実、返済が滞るに至った経緯を知っているという事実、これらは原債権者特有の特徴です。さらに原債権者には産業の育成というような金融機関としての役割任務も課されています。
　これに対し債権譲渡で出現した新債権者は、債権を取得した段階で支払った金額を回収すれば、最低限の責任は果たしたことになるのであり、それ以上の役割任務は課せられていません。目標額以上の回収が実現できればそれで良いというわけです。債権放棄をしようがどうしようが、新債権者の自由なのです。
　一方、原債権者には将来時点で課税されてしまうという危険があるために、安易に債権放棄をすることはできません。この点が同じ債権者でも大きく異なっているのです。

1．原債権者（＝銀行等）の特徴

　サービサーのような新債権者は貸し手責任とは無関係なのに対し、原債権者である銀行には貸し手責任がある場合が少なくないといえます。
　原債権者としては安易な債権放棄は許されないという立場にあり

ます。自己責任において融資を実行したこと、返済が滞るに至った経緯を知っていること、この二つの事実に照らして原債権者が安易な債権放棄を行うことは、金融機関に課された役割に反するともいえます。

そもそも金融機関が融資を行うのは、利息を取って金儲けをすることだけが目的ではありません。有用な技術を持っている企業に融資することで、産業を育成し国益を図るという大きな役割があるのです。

従業員を雇用し、取引先と仕事をしている債務者に対し、債権者にも貸し手としての責任があります。強硬な回収を行うことで経営破綻に追い込むことはできないし、すべきではないのです。

一方で、融資した金は預金者の金ですので、金融機関はきちんと運用し、預金者に利息として還元する義務があります。安易に債権放棄をすることで預金者の金を溝に捨てることはできないのです。

バブルの絶頂期に金を借りてくれと懇願したのも、バブル期でなくとも返済計画にOKの判断を下したのも、原債権者です。設備投資にしても、返済計画を確認したはずなのです。

たしかに、債務者の側にも責任はあります。しかし、地価下落といった経営者の責任以外の事柄について、「返済不能をすべて借り手の責任とすることには納得がいかない」と思った債務者は多いことでしょう。

しかし、債務者が貸し手責任を追及するのは難しいのです。なぜならば原債権者は貸付金の全額を回収する法的な権利を持っているからです。

ただし、原債権者側が責任を認めている場合は、道義的な観点から柔軟に対応してくれることもあります。一括回収の金額を示唆してくれたり、第二会社への資産の譲渡を黙認したりといった具合です。

このような原債権者の態度は、一朝一夕のつきあいでは生まれてこないといえます。融資実行時から今日に至るまでの関係によって決まるのです。金融機関の姿勢の違いについては第Ⅱ章【22】を参照してください。

２．新債権者（＝サービサー等）の特徴

　これに対し、やっかいなのはサービサー等の債権譲渡で出現した新債権者です。

　債権譲渡により出現した新債権者にとって唯一の責任ともいえるのが、「債権を取得したときに支払った金額以上の回収を実現すること」です。この最低目標さえクリアすれば、責任を問われることはありません。債権譲渡をしようが、債権放棄を行おうが、それは新債権者の自由なのです。彼らは貸し手責任がないわけですから、経済合理性だけを価値尺度に行動を選択します。いわばドライに回収をしてくるのです。

　ドライに回収するとは、一括回収額に運用利回りを乗じた額を下限として、少しでも下回った場合には、容赦なく競売などの手段を講じてくるというような姿勢です。

　産業を育成するだとか、雇用を守るだとか、金融機関に求められるような役割とは無縁です。回収額が高くなりさえすれば、極端な話、企業が倒産しようが、雇用が守られなくなろうが、関係ないというわけです。

　逆に言えば、回収金額さえ合意に至れば、残りの部分はさっさと債権放棄してくれたりするのです。そういう意味でもドライな姿勢を貫いてきます。

　このような立場の差があるゆえに、サービサーは冷淡に回収を迫ってきます。初期の頃のサービサーは外資系企業が多かったため、外資系企業は冷淡なイメージがあるから回収も冷淡だというわけではありません。余計な縛りにとらわれることなく淡々と回収に専念できるので、債務者の立場からはサービサーの回収姿勢が冷淡に感じられるというわけです。

３．新債権者の回収姿勢

（１）新債権者は法的には満額の請求権を持っている

　元々の融資を行った金融機関のような原債権者の場合、事情は

簡単です。1億円の債権を持っているのであれば請求権も1億円で、法的請求権の額と債権の額が一致しています。きわめて当たり前の話です。

　これに対し、債権を譲り受けることで出現したサービサーのような新債権者の場合、事情が少し異なります。新債権者は法的請求権の額と債権の額が一致していない点が大きく異なっています。

　たとえば、1億円の債権を1千万円で取得した場合を想定します。この場合、請求の権利は1億円ですので、債権者は1億円を請求する権利を有しています。債務者が返済を行ったとします。債務者の返済が1千万円になるまでは、債権者は貸付金を取り崩すことになります。この間は債権者には利益が発生しません。利息を受け取るのであれば利益が発生しますが、通常の場合には利息ではなく元金に充当することが多いと予想されます。

　利息として利益を計上すると、その分、元本の返済が先送りになるため、それだけ債権回収を先送りすることになってしまいます。債権者にしてみれば、債権を抱えるのではなく、さっさと消してしまい、以後は債権収入として利益を計上したほうが無難ということがいえます。

　1千万円の回収が終わった時点で帳簿上の債権は消えるわけですが、債権者は残り9千万円の請求権を持っていることになります。法的請求権の額は1億円でしたので、1千万円の返済を受けることで貸付金は消えても9千万円の法的請求権は残っているのです。

　このように、サービサーのような新債権者は法的請求権の額と会計上の債権額が違っている点が大きな特徴になっています。そこで、この特徴を生かした対策が有効になるのです。

（2）新債権者の債権処理

　ここで、サービサーのように突然出現した新債権者の立場から債権の処理を検討してみることにします。先の例で1億円の債権を1千万円で取得した場合、1千万円を超えた部分は債権収入というような名称の収益を計上することになります。この収益は、そのまま利益に直結します。

仮に債務者が1千5百万円の返済を行った場合であれば、債権者は1千万円を貸付金の回収として計上し、5百万円は債権収入として利益を計上するわけです。債務者が2千万円を返済した場合には、貸付金の回収は1千万円で変わりは無いのですが、債権収入が1千万円に増加することになります。

　債務者から、いくらの返済を受けようが債権者にとって取得原価としての債権額は1千万円ですので、返済が増えれば増えるだけ、債権者の利益がうなぎのぼりになるというわけです。

　このとき、利息を受け取ったらどうなるのでしょうか。当然、受取利息という収益が発生します。債権者にとって、債権額は取得価格の1千万円ですが、法的には1億円の請求権を持っているのですから、利息を計算する場合の元本は1億円となります。1億円に対し5％の利息を請求するとなれば年5百万円の利息が発生することになるわけです。

　債権者は、債権の取得額を超えた部分については、「元本の返済として受け取ったら債権収入という利益」となり、「利息として受け取った場合には受取利息という利益」になり、どちらも利益に変わらないということになります。

4．債権放棄に対する姿勢の違い

　原債権者と新債権者の違いは、債権放棄に対する姿勢の違いとして表れます。

　原債権者にしてみれば「なぜその金額で債権回収を終了するのか」「残債を放棄することは合理性があるのか」が問われます。合理性が疎明できなければ、貸倒損失として損金処理することが否認されかねないというリスクがあります。

　一方、新債権者にしてみれば債権の取得価格を回収できた後は、すべて利益になりますので貸倒損失という概念が発生しません。損金そのものが発生しないために債権放棄のリスクが存在しないことになります。よって新債権者は原債権者と比べて債権放棄がしやすい環境にあるということができるのです。

ただし債権放棄にあたっては、新債権者の要求する額を一括返済することが多く求められます。分割返済をしているようでは債権放棄を求めても応じてもらう可能性は極めて低いと言わざるを得ません。取得原価たる債権額を上回る額を一括返済するからこそ、新債権者は残債の放棄に応じやすくなるのです。
　原債権者が債権を放棄すると貸倒損失が発生しますが、新債権者は回収額に満足した時点で放棄しても損失は生じません。
　たとえば、１億円の債権を１千５百万円でサービサーに債権譲渡をした例では、８千５百万円の貸倒損失が原債権者に生じることになります。
　ところが、新債権者が１千万円で取得した債権について１千５百万円の回収を行った場合には、貸倒損失が生じるどころか、５百万円の利益が生じることになります。
　新債権者にとって貸倒損失が出ないのですから、債権放棄に制約はないということにもなります。買取額の回収ができてしまえば貸倒損失が生じないわけですから、後日の寄付金認定も発生する余地が無いということになり、その結果、安心して債権放棄ができるということになるのです。

５．保証協会の代位弁済

（１）保証協会の位置付け

　保証協会が有する債権は、多くの場合、担保で保全されていないため、回収が困難な債権であることが多いようです。このような債権をどうやって最終的に処理するかという問題が、日本中で曖昧なまま放置されているのです。
　返済が滞り不良債権化すると、金融機関は保証協会の保証が付いていない債権（いわゆるプロパー債権）を優先的に返済させる傾向があります。金融機関にしてみれば、保証が付いていない債権を放置しておいたのでは、将来において損害を被ることになってしまいますので、せっせと残高を減らそうとするわけです。
　そもそも、信用保証制度の効果としては、当面の中小企業の倒産

回避に一定の効果を果たすとともに、借入金の全額を保証する制度の場合には金融機関がリスクを負わないため中小企業の資金調達を容易にするという点を挙げることができます。一方で、金融機関による統制がとれない状況で、経営の合理化や売上高の増大に繋がる可能性が薄れるという問題も生じてきます。金融機関はリスクがゼロの貸出先に対して、十分な経営支援を行う用意があるのかという疑問も生じます。さらに、企業の業況が悪化した際、安易に不良債権処理を行うことにもなりかねませんし、回収業務を放棄するという危険も否定できません。

（２）代位弁済

　保証協会によって代位弁済がなされた場合は、どのように処理されるのでしょうか。信用保証協会は㈱日本政策金融公庫と保険契約を締結しており、代位弁済された融資資金のうち、融資先企業から回収が不能であった金額については、㈱日本政策金融公庫からの保険金支払によって賄う仕組みになっているのです。

　中小企業の大半が赤字であるという経済情勢の中で、日本全国で発生する代位弁済の金額は膨大なものとなっています。現行の信用保証制度自体を見直さなければならない時期にあるといえるでしょう。

　このような中で、中小企業経営力強化支援法が制定されることになったのですが、信用保証協会による現行の保証制度を改善するために、正しい会計と実現可能性の高い事業計画を推進していくという目的があるのです。

　保証協会に無価値のポンカス債権が集まるという実情を、いかにして解決していくかが、今後の大きな課題になると思います。現に、保証協会の一部では回収事務を停止するという形で事実上の債権放棄を行っていますが、保証協会が債権放棄をしやすくなるような制度を整備すべきだといえるでしょう。

▶ **チェックポイント**
債権譲渡先は債務者には決められません。原債権者が債権譲渡したことにより出現したサービサー等の新債権者の回収方針により、債務者の運命は左右されることになるのです。

【7】債権者全体を把握することが重要

要 旨

債権者である銀行が複数のときには債権者全体を把握することが大切です。一部の債権者だけ見ていては不十分なのであり、債権者対策を誤る危険が生じてしまいます。担保権者に対してどのように対応すべきであるか、具体的に「担保評価一覧表」を用いることで、債権者全体を管理する方法を明らかにします。

　債権者はまさに獲物を狙う狼です。債権者にしてみれば債務者だけがターゲットではなく、他の債権者もターゲットなのです。他の債権者の取り分が多ければ自分の取り分が少なくなるのですから、まさに食うか食われるかの関係が債権者間に成り立つのです。

1．先順位抵当権と後順位抵当権の関係

　たとえば先順位抵当権が消滅した結果、後順位の抵当権が繰り上がることがあります。具体的にいえば、先順位抵当権の債権が減少した結果、後順位抵当権の配当額が増加する場合です。このような場合には無担保債権者に担保を与えてしまうことになります。

※根抵当権の場合に極度額が確定していなければ、極度額の範囲で担保額は低減しません。普通抵当権なのか根抵当権なのかが重要な分かれ目になります。

　たとえば債権者であるサービサーＡが１億円の債権を持っており、担保物件の評価は３千万円であるとします。さらに別の債権者Ｂが２千万円の第二順位抵当権を設定しているとします。
　この場合はサービサーＡは３千万円の回収が可能ですが、債権者

Bは無剰余であり、第二順位抵当権は無価値であるというわけです。

この場合にサービサーAが3千万円の返済をすれば残りの債権7千万円は請求しないことで合意したとします。このとき、3千万円を返済して担保を抜き、債権放棄を受けるのではだめなのです。なぜならば、それでは債権者Bの第二順位抵当権が第一抵当権として無剰余ではなくなってしまうからです。まさに債権者Bに担保を与えてしまうようなものです。

このような場合に債権譲渡で阻止することができます。

すなわち、サービサーAには3千万円を支払うので、残りは債権放棄ではなく抵当権ごと債権譲渡することで第一順位抵当権は消滅することなく第二順位抵当権は無剰余のまま据え置かれるというわけです。

※第二順位抵当権が無剰余である間に、第二順位抵当権者に抵当権抹消料を支払うことで抹消してもらう交渉が必要です。第一順位抵当権者への返済を続けていると、債務が減少することで第二順位抵当権が無剰余でなくなってしまうからです。

2．担保の中身まで登記では分からない

抵当権は代表的な担保権です。

根抵当権の場合には極度額までは債権が保全されますので、登記に表示されている極度額一杯まで回収可能であると見るのが一般的です。

これに対し、普通抵当権の場合には残高が返済されるにしたがって、減っていくことになります。この残高がいくらなのかという点については公示されませんので、他の債権者は分からないということになります。まさに推測するしかないのです。

決算書の付属明細には、「○○銀行の借入残高はいくら」という具合に明細が記されていますので抵当権で配当を受ける金額を推定することができます。たとえばA銀行に5千万円の普通抵当権が設定されていたとしても、付属明細には残高が1千万円となっていれ

ば担保に剰余が生じていることが想像できるのであり、後順位の抵当権を設定する価値があるということになるわけです。

3．債権にも担保設定できる

　不動産を対象とした抵当権だけが担保ではありません。営業権の分割代金債権を担保に入れたという例もありました。営業権の分割代金請求権というような債権であっても立派な担保になるのです。そもそも営業権の代金は一括で支払う必要はありません。分割でも問題はないのです。もちろん資産の売却にあたっての代金も同様です。

　このような分割払いの場合、代金を請求する権利が生じます。これを担保に差し出したというものです。これも、他の債権者から守るために他なりません。守るというより倒産隔離するためです。

　何も対策を講じないでおくと、債権者としては債務者が売却した資産なり営業権なりの未収代金を狙って差押えをしてくる余地が生じます。このような差押えを回避するためには、その請求権という財産を担保として差し出せば良いわけです。この場合の担保とは、抵当権ではなく質権となります。債権質というものです（民法363条）。

　このように友好的な債権者の担保として債権を提供することで、他の債権者からの脅威を防ぐことができるのです。

4．担保評価一覧表（実用新案登録済）

　担保の管理を行うためには、担保となっている物件別に各債権者の抵当権設定状況ならびに配当額を表示することで、担保資産からの回収可能額を、物件別・債権者別に容易に把握できるように工夫した一覧表を作成すると便利です。

　縦軸に物件名・評価額・担保額を表し、横軸に債権者名とそれぞれの債権額を表し、縦軸と横軸の交点の欄に抵当権の順位と配当額を表示します。さらに各欄を配当額の有無により色分けすると一目

瞭然となります。
　たとえば、確実に配当がある有効な抵当権の欄は第１色とし、物件の価格が変われば配当される可能性があるものは第２色とし、さらに、配当が無いと予想される欄は無色とします。第１色を強調した色（たとえば赤やオレンジ）とし、第２色を控えめな色（たとえば黄色）とすることで、一目瞭然で管理することができます。
　担保評価一覧表によって、たとえば次の効果が期待できます。
ⅰ．物件別・債権者別の抵当権設定の有無が一目で把握できる。
ⅱ．物件別・債権者別の配当可能額を個別でも合計でも一目で把握できる。
　筆者は「担保評価一覧表」として実際に使用しており、担保の管理に役立てています。担保物件と債権者を同時に縦横の二次元管理とすることで効果が高まるのです。

　次頁の記入見本の例に従って説明します。
　駅前ビルと賃貸マンションはともに太陽銀行が第一順位の抵当権を設定しています。時価は駅前ビルが５億円で、賃貸マンションが１億５百万円ですので、この金額を基準に第二会社が融資を確保すれば資産譲渡が成立します。このとき、第二順位と第三順位は無剰余なので配当はなく、ハンコ代程度の支払で抵当権を抹消してもらいます。競売配当については第Ⅲ章【10】を参照してください。
　換言すれば、駅前ビルと賃貸マンションを第二会社に譲渡するには、太陽銀行と個別合意できれば良いことになります。
　駅前ビルと賃貸マンションは年収益が１億円ですので、時価評価の６億５百万円は妥当であり、融資も確保しやすいと予想されます。ただし、築年が比較的古いのが懸念されます。肩代わり融資と付け替え融資については第Ⅱ章【22】を参照してください。
　太陽銀行の期待利回り次第ですが、年収益が１億円に上る物件が担保ですので、数千万円程度の返済を行っていたのでは、分割回収ではなく一括回収の道へと回収方針がシフトすると予想されます。分割回収と一括回収については第Ⅰ章【２】を参照してください。ただし、太陽銀行の残債権額は10億５千万円なので、６億５百万

円での一括返済には慎重な態度で臨んでくると予想されます。

▶ **チェックポイント**
担保の設定状況等を債権者別に一覧表にまとめることで、債権者対策を効率的・効果的に行えます。

担保評価一覧表

	物件名称		所有者	面積 築年、階数	固定資産 評価額	時価	簿価	収益 (年額)
1	駅前ビル	土地	㈱甲野商事	500㎡	2億5000万	3億	4億2000万	8000万
		建物	㈱甲野商事	H1年築8階建 1600㎡	1億5000万	2億	3億1000万	
2	賃貸 マンション	土地	㈱甲野商事	1300㎡	1500万	2500万	5000万	2000万
		建物	㈱甲野商事	H3年築6階建 1500㎡	5000万	8000万	1億2000万	
3	アパート	土地	甲野太郎	150㎡	500万	800万	1000万	200万
		建物	㈱甲野商事	60年築木2階建 250㎡	300万	400万	500万	
4	本社	土地	㈱甲野商事	200㎡	1000万	1500万	3000万	ゼロ万
		建物	㈱甲野商事	61年築鉄2階建 150㎡	500万	500万	1000万	
5	自宅	土地	甲野太郎	250㎡	1000万	2000万		ゼロ万
		建物	甲野太郎	H5年築木2階建 200㎡	500万	1000万		
6		土地		㎡				
		建物		年築　　階建 ㎡				
7		土地		㎡				
		建物		年築　　階建 ㎡				
8		土地		㎡				
		建物		年築　　階建 ㎡				
9		土地		㎡				
		建物		年築　　階建 ㎡				
10		土地		㎡				
		建物		年築　　階建 ㎡				
	合計	土地				3億6800万	5億1000万	1億200万
		建物				2億9900万	4億4500万	

借入残高　⇒
元本返済額⇒
利息支払額⇒

①各物件ごとに空欄を埋めてください

②分かる範囲で空欄を埋めてください

③収益を得ている場合には収益(売上額)を年額で記入してください

【 記入見本 】

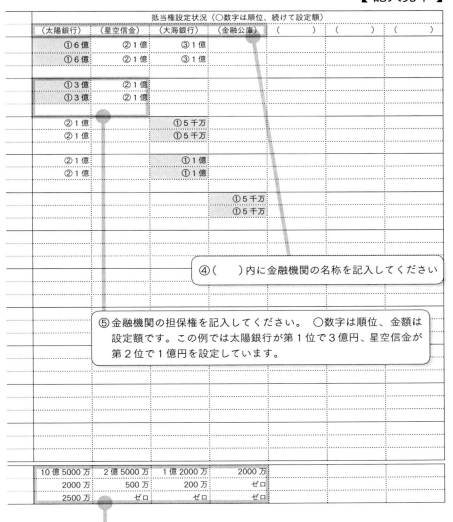

抵当権設定状況（○数字は順位、続けて設定額）							
（太陽銀行）	（星空信金）	（大海銀行）	（金融公庫）	（　　　）	（　　　）	（　　　）	（　　　）
①6億	②1億	③1億					
①6億	②1億	③1億					
①3億	②1億						
①3億	②1億						
②1億		①5千万					
②1億		①5千万					
②1億		①1億					
②1億		①1億					
		①5千万					
		①5千万					

④（　　）内に金融機関の名称を記入してください

⑤金融機関の担保権を記入してください。 ○数字は順位、金額は設定額です。この例では太陽銀行が第1位で3億円、星空信金が第2位で1億円を設定しています。

10億5000万	2億5000万	1億2000万	2000万				
2000万	500万	200万	ゼロ				
2500万	ゼロ	ゼロ	ゼロ				

⑥金融機関別に直近の「借入残高」と、過去一年間の「元本返済額」「利息支払額」を記入してください

【8】債権放棄と債務免除の違いと貸倒引当金

要旨

債権放棄は債権者の立場からの表現であり、債務者の立場からは債務免除となります。返済額がカットされるという点では同じですが、債権放棄は貸倒引当金という形で、事前に準備できる点で債務免除とは異なっています。債権者が債権放棄を行うか否かの判断にあたっては、貸倒引当金の多寡が影響を及ぼすことになるのです。本書における表現方法は債権放棄を用いることを基本とし、行為の主体が債務者である場合には債務免除を用いています。

1．債権放棄と債務免除

(1) 債権放棄は債権者の損

　借金を棒引きするのですから、当然、債権者にとっては大損になります。債権を放棄すると会計上は貸倒損失を計上しなければならず、この貸倒損失は当期の損失になってしまいます。

　悪化するといっても、現金の支出を伴わない悪化です。現金は貸し付けをしたときに支出済みであり、当期の損失といっても、「将来、返ってこない貸付金という資産を、当期において処分する」ための計算上の損失に過ぎません。

　このような計算上の損失は、実は事前に対策を講じておくことができます。それは貸倒引当金を計上することに他なりません。引当金とは、将来において予想される損失に備えてあらかじめ計上しておくもので、期間損益の平準化を行うことが目的です。いわば将来の損失のための蓄えのようなものです。

(2) 債務免除は債務者の益

　債務を免除してもらうのですから、債務者には債務免除益という

利益が生じます。利益といっても現金が入るわけではなく、将来、支払うべきものを支払わないで済むという意味での利益です。

現金が入らないのに課税されるので資金的には苦しい状況になります。税金倒産になってしまいかねません。そもそも、借りた金を返せないのですから税金が払えるわけがありません。

債権者からは、「税金を払う金があるなら返済しろ」と迫られてしまいます。税金支払いのための現金をとっておくことなどは期待できません。

たとえば融資を受けて、不動産を高い金額で買ってしまった場合のように、資産を処分することで売却損が発生することもあります。このような場合は、債務免除益と売却損を相殺することで、課税対象利益の発生を回避することが可能になります。しかし、キャッシュフローとしては不足していることに変わりはありません。

２．債権放棄と債務免除の違い

債務者の益は準備できないのに対し、債権者の損は事前に貸倒引当金という形で準備することができる点で大きな違いがあります。そもそも債務は支払うのが基本であり債務者には債権放棄を決定することはできません。債権を放棄するかどうかは債権者次第だからです。

見方を変えれば、債権者が貸倒引当金を計上したかどうかという点が、債権放棄を行うかどうかの大きな判断ポイントになるといえるのです。

３．貸倒引当金との関係

同一の債権者であっても、融資を実行したばかりで貸倒引当金を計上していない場合と、何年も前に融資を実行した後に当該債権が不良債権化し、十分な貸倒引当金を計上済みである場合とでは、債権者の価値判断が異なるのは当然です。

（1）貸倒引当金が及ぼす影響

　実際に債権の放棄を求められたとします。この場合、引当不足なら当期に貸倒損失が発生することになり、引当過剰なら貸倒引当金戻入益が発生することになります。

　貸倒損失にしても、貸倒引当金戻入益にしても、発生するのは当期の決算です。　言い換えれば、通年で見れば債権総額から回収額を控除した額の全額が貸倒損失であり、その額は、貸倒引当金の多寡とは無関係ということになります。

　それにもかかわらず、債権放棄に影響を与えるのは、当期の決算への影響があるからに他なりません。債権者は自らが判断する会計期間上の区分にしたがって、損失回避行動をとるために、貸倒損失を伴う債権放棄には慎重になるのです。

　会計期間を超えた視点でとらえれば同じ債権放棄ですが、当期だけをみて貸倒損失を伴うのであれば慎重になるし、戻入益を伴うのであれば寛容になるというわけです。

（2）債権者の自己査定との関係

　債権者にとって貸倒引当金の多寡は、債権放棄を考える上で重要な要素となります。よって、債務者としては、債権者が貸倒引当金を計上するように促すことで債権放棄を期待できます。

　そもそも、金融機関は自己査定により貸倒引当金を算出しています。まず、債務者を区分し、次に債権を分類し、債権分類に応じた引当率を乗じて引当金を算出しているのです。

　金融機関の資産査定で、債務者区分を引き下げ、債権分類を下方に誘導することで、多額の貸倒引当金を計上するように誘導することができます。債務者としては、債権者が自己査定で貸倒引当金を計上しやすくしてあげれば、債権者は債権放棄をしやすくなるというわけです。なにも、金融機関を欺くのではありません。債務者のありのままを示すことで、債務者区分を引き下げてもらうだけのことです。

　粉飾決算をして経営成績を良く見せることなどは、まさに逆行した考えなのであり、即刻、中止すべきです。

無理に返済をしたところで、完済までに何十年もかかるくらいなら、体力に見合った返済に引き下げるべきです。所詮、あらたな融資が期待できないのであれば、債務者区分が下がっても問題はありません。むしろ貸倒引当金を計上しやすくすることで債権放棄の可能性が高まる方が、債務者のメリットになるともいえるのです。

　無理しながらであっても返済をしてきたため、金融機関から昨日までは正常債権あるいは要注意債権として扱われていた債務者が、ある日突然、「はい、第二会社に事業譲渡をしましたので、これ以上の返済はできません」と言ったところで、それが通るはずがありません。

　そんな乱暴なやり方は、銀行にとっては晴天の霹靂であり、まとまる話もまとまらなくなってしまいます。このような事業再生がまかり通るならば、日本中の債務者が実行しているでしょう。なかには、こういった無茶苦茶な方法を吹聴している偽コンサルタントがいるので警戒しなければなりません。金融機関での回収経験もない素人の発想で、無責任な方法を勧める輩には注意が必要です。

> ▶ チェックポイント
> 借入金が減るという点で、債権放棄も債務免除も同じです。しかし、債権放棄は債権者が貸倒引当金を計上することで事前準備できるのに対し、債務免除は債務者にとって突然に行われる点で両者は異なります。

【9】裁判所ではなく債権者に泣きつくべし

> **要旨**
>
> 事業再生を成功させるためには債権者の理解と協力が不可欠です。そのためには十分な根回しが必要なのであり、債権者をないがしろにしたまま裁判所に泣きついたところで話は進みません。法的整理に持ち込んでも、計画に同意が得られなければ破産手続に移行することになってしまいますので危険です。泣きつくのであれば、金融機関の特徴を理解した上で、裁判所ではなく債権者に泣きつくべきなのです。

　最近は山手線や地下鉄などで「民事再生手続は○○円」という広告を見かけることがあります。随分と安い金額を掲げているようです。弁護士業界も大変な競争が始まっているのでしょうか。

　しかし、筆者は大いに疑問を感じています。「そんなに安い金額で事件を引き受けて債権者への根回しを十分に行うことができるのだろうか…」と心配してしまいます。格安な料金で引き受けた場合には、おそらく事務的な手続しか行わないのでしょう。「債権者が申し立ててきた競売を停止するため」とか、「債権者による破産手続の開始申し立てに対抗するため」等、緊急事態を回避するため申し立てを行うならまだしも、緊急でないなら個別の根回しを十分に行うべきです。

　このような事前の根回しは法的整理でなくても可能です。裁判所の力を借りることなく、すなわち、民事再生法に頼ることなく、私的整理として債権者との交渉を行うことは十分に可能なのです。十分に可能というよりも、むしろ、民事再生法に頼るのではなく債権者と交渉するほうが有効であるとさえいえるでしょう。

　法的整理が成立しない場合には破産手続に移行してしまいます。まずは私的整理で地ならしを行うことが必要なのであり、地ならし

を行わずに法的整理を安易に申し立てることは破産の危険を招来しかねないので注意が必要です。

１．金額の決定権は債権者が持っている

　事業の再生を行うにあたって、見失ってはならない点があります。それは「債権者が納得する金額を支払うことが必要である」という点です。債権者が担保権を持っている以上、債務者は債権者が納得している金額を返済せざるを得ないのです。このことは、民事再生法であっても、民事再生法でなくても変わりはありません。

　一般に債権者は自分から金額は言わないものです。なぜならば、少しでも多く回収するためには債務者から金額を言わせ、少しずつ吊り上げていく方が債権者には有利だからです。仮に債権者が金額を先に言ってしまえば、その金額が上限になってしまいます。

　債権者としては、散々、値を吊り上げておき、ここらが潮時かと判断した時点で、「実は、債権者としては〇円を要求したいところなのですが、債務者であるお宅様が〇円が限度ということですので、その中間値の〇円としましょう」などと言い出します。債権者は競売をちらつかせることで中間値の支払いを強要するわけです。

　このように、金額の決定権は債権者側にあるのです。まさに後出しジャンケンです。

　したがって、債権者との交渉の中で金額を探るのが本来の方法であり、単に金額を聞くのではなく、できるだけ安値での処分を懇願することが有効です。

　「そんなにうまく行くのか」と思う読者もいるでしょうが、実際に安値に誘導することは可能なのです。たとえば、不動産の場合であれば鑑定評価書を用意することも有用な手段です。動産の場合には評価証明や買取証明を用意することが考えられます。中には、そのような資料は全く不要という債権者もいますが、是非用意してくれと求めてくる債権者も少なくありません。

　一般に、債権譲渡で新たに出現した債権者は前者です。「そんな資料は要りません。用意する費用があるなら、返済に回してくださ

い」などと言われることすらあります。逆に、元々の貸し出しを行った銀行の場合、特に政府系の金融機関などの場合は後者です。「そういう資料があるならご提出ください。本部と検討します」と喜んで受け取ることが多いようです。稟議書をまとめる際の参考になるからです。

2．嫌味な債権者でも我慢する

　中には嫌味な債権者もいます。
　何を話すにも高飛車で偉そうな態度の債権者もいます。「借りたのは銀行からであって、あんたに借りたんじゃない。偉そうなことを言うな」と言いたくなるような担当者もいます。そんなときには本当に腹立たしくなるものです。
　筆者もクライアントと同行して債権者との話し合いに臨むことがよくあります。
　嫌味な債権者に遭遇すると、席を蹴って出てしまいたくなるようなことも少なくありません。「そんな計画や依頼に応じるつもりはない」「同行者とは話さない、話す義務もない」「民事再生でも破産でもいいから法的手続を進めればよい」「納得できる内容にして出直して来い」等々…。
　まさに言いたい放題、失礼千万です。
　最近でこそ少なくなりましたが、このような横柄な態度の債権者は困ったものです。どちらかというと、最初に融資を実行した金融機関よりも、債権を買い取ることで出現した新債権者に比較的多く見られるようです。
　債権回収という仕事柄、やむを得ない面も否定できません。筆者自身も回収業務に携わっていましたので理解できるつもりですが、中には度を超した担当者がいるのも事実です。
　しかし、こればかりは仕方ありません。レベルの低い人格の担当者に当たってしまったのは運が悪かったのです。運命だと思ってひたすら耐えるしかないのです。
　こういう横柄な担当者に限って、最終決着時には励ましの言葉を

かけてきたり、親しげな態度をとるものです。内心、「ふざけるな、馬鹿やろう！」と言いたいのですが、ぐっとこらえて少しでも有利な結果を勝ち取るべきなのです。我慢することで、何千万、何億の債権放棄と事業再生が実現するならしめたものです。

３．金融機関の種類と位置付けによる違い

（１）金融機関の種類

一口に金融機関といっても、都市銀行・地方銀行・信用金庫・信用組合の別により、次のような違いが見られます。

ⅰ．都市銀行

融資金額が大きく、比較的低利です。借入金の返済条件変更が必要な場合に審査が厳格になる傾向もあります。さらに、不良債権化した債権については、比較的早い時期で競売が行われたり、サービサーへの債権譲渡がなされたりする傾向にありますが、これは損切りをする体力があるからに他なりません。

ⅱ．地方銀行

都市銀行に次ぎ、比較的融資額が大きいといえます。都市銀行に比べ、金利が高くなる傾向があるようです。地域で積極的に融資活動を行っており、都市銀行が融資をしないような案件にも取り組む傾向があります。都市銀行に比べ保証協会の保証付き融資が多く、保証協会の保証が得られない場合には融資実行をしないといった例も少なくありません。財務状況の良くない会社に対しては金利を高く設定してきます。

ⅲ．信用金庫・信用組合

都市銀行や地方銀行と比べて資金量が少ないため、融資残高１億円を超えない程度が多く、金利は比較的高く設定されます。保証協会付融資が多く、高額融資の場合は担保、保証が厳格になる傾向があります。換言すれば、担保や保証を確保できればリスクのある融

資も行うということができます。比較的審査が早く、追加融資にも柔軟に対応する傾向があります。借入金返済条件の変更には柔軟に応じる反面、損切りを行う体力がないことから、債権放棄を伴う事業再生には応じにくいという側面もあります。

※金融機関の体力次第で事業再生が大きく影響を受けることになります。全く同じ債務者であっても、取引銀行が都市銀行であれば債権放棄を伴う事業再生が実現しやすいといえます。反対に信用金庫・信用組合であれば債権放棄を伴う事業再生は実現しにくい反面、長期的な支援を得られる可能性が高くなります。

（２）金融機関の位置付け
　担保を有しているのか、あるいは無担保なのかによって、金融機関の回収姿勢が大きく異なることは自明の理です。事業継続に必要な不動産に抵当権を設定している債権者を刺激したのでは、抵当権者による競売を誘発する危険があります。一方、不動産が事業継続に必要なものではなく処分しても良い場合（遊休不動産）であれば、競売処分をされても「事業継続に必要ではない」わけですから問題ないということになります。
　融資期間の長短も問題です。何年も前から不良債権となっている金融機関と、数ヶ月前に運転資金を借り入れた新規の金融機関では立場が違ってきます。多くの場合、何年も前からの取引がある金融機関は債権額が大きく、新規の金融機関は債権額が少ないという図式が成り立ちます。何年も前から貸倒引当金を計上することで債権放棄への準備を着々と進めてきた金融機関と、数ヶ月前に融資を実行し、貸倒引当金を計上していない金融機関とでは、債権放棄に対する対応が異なるのは当然です。このような場合に、単に債権額をもって按分したのでは新規の金融機関は黙っていないことが少なくありません。端的にいえば、騙されたようなものだからです。このような場合には、一定の傾斜配分（メイン寄せ）を検討する必要が生じてきます。

4．裁判所ではなく債権者に泣きつく

　全くの第三者に資産を奪われないようにするには、自分で購入するのがベストです。しかし、負債を抱えたままで資産を形成するのは困難ですので、実際には親族や第二会社への譲渡を行うことになります。このような譲渡先の指定も認めてもらう交渉が必要になります。

　債権者にしてみれば最大の回収ができ、なおかつ形式上は他人への売却であるのならば良いというわけです。債権者の立場に配慮しつつ、金額も買主も債務者が誘導すれば良いのです。

　このような交渉は法的整理には馴染みません。私的整理の中で債権者との交渉を行うからこそ、債務者が主導する形での資産保全を実現することができるのです。債務者が泣きつくべき相手は裁判所ではなく債権者だということを肝に銘じておかなければいけません。

　債権者に対して十分な根回しもせず、いきなり裁判所に持ち込むことはもってのほかの愚策なのです。

　どうしても一部の債権者の合意が得られない場合に、他の多数の債権者の合意を取り付けるべく十分な根回しを行い、合意の内諾を得る努力を行います。十分な根回しができた時点で、はじめて裁判所に持ち込むのです。既に多数の債権者の内諾を得ていますので、たとえ一部の債権者が反対しても多数決により否定されることになります。このような場合にはじめて、法的整理は少数債権者を抑え込むという機能を発揮できるのです。

▶ チェックポイント

債権者の回収方針に債務者の運命は左右されます。回収方針を正しく見極めた上で、裁判所ではなく債権者に泣きつくべきです。

第Ⅱ章
計画に関連する全知識

【1】経営権を確保する事業再生

要 旨

事業再生の成功とは何をもって成功というのでしょうか。競売や事業売却で経営権を手放し、従来の経営者が破滅の道を歩むことと引き換えに事業が存続すれば、それで事業再生が成功したといえるのでしょうか。従来の経営者の経営権を守る必要はないのでしょうか。ここでは経営権に着目し、事業再生のあるべき姿について検討を加えるとともに、破産の必要性について考察します。

　事業再生といっても様々な形があります。会社を再生するために経営者が経営権を泣く泣く手放すという事例は少なくありません。経営者が犠牲になり会社を再生するのです。このような形の事業再生が正しい姿なのでしょうか。

1．経営を維持することが大切だということ

（1）自己破滅は無意味であること

　経営をまったくの第三者に譲渡し、自らは破産するという最悪の方法を選択しなくても良かろうにとも思うのですが、中には債権者からの督促を受けることに疲れ果てた経営者が、なにもかも捨てるといった感覚で破滅の道を選ぶケースさえあります。

　「借金返済の苦労から解放されるならば経営は失っても良い」という現実逃避に陥ってしまうのです。まさに自己破産ではなく自己破滅という感じです。新経営者が経営することで自らは退陣するのですが、これによる経済的損失は馬鹿になりません。もったいない話です。

　経営者が退陣し、「自己破滅」したとしても、第三者のもとで会社が再生すれば、これにより民事再生は成功したということになっ

てしまいます。債権者の同意を得て再生が成立したのであり、「破産しなくてよかったね」というわけです。

　たしかに、新経営者のもと従業員の雇用は確保され、取引先も連鎖倒産はないかもしれません。債権者は裁判所のお墨付きにより不良債権を償却できるし、まさに債権者にとっては良いことばかりです。

　詰め腹を切らされるのは従来の経営者だけです。会社が再生しても経営者個人が破産したのでは何にもなりません。従来の経営者が経営を継続することができるのか、あるいはまったくの別人に経営権を奪われてしまうのか、その差はどのように決まるのでしょう。

　たとえば独自の技術を有する場合には、簡単に経営者を変えれば良いというわけではありません。

　誰が経営しても大差がないような、たとえば賃貸不動産などは経営者を変えても大きな問題にはならないでしょう。このような場合には比較的安易に経営者が交代することになります。

　債権者である金融機関が新債権者を探してくることも少なくありません。債権者が返済を迫る形で債務者を追い込み、一方では新経営者を探すという構図です。不良債権の回収を強めながら、経営に行き詰まった会社を別人に経営させることで新規融資を行うのです。

　このような場合、新しい融資先は正常債権になるので一方で不良債権を解消し、一方で正常債権を確保するという金融機関としては美味しい話なのです。もちろん、金融機関としてはまさか自分で新規の経営者を探してきたとは言えないので、「立候補してきた」という形をとるのですが、実際は金融機関の紹介に変わらないのです。金融機関にしてみれば、不良債権の償却と新規融資実行が一度に実現できるという、まさに一石二鳥の美味しい話です。

（２）経営者が再生すること

　経営者個人に犠牲を強いるのが再生といえるのでしょうか？
　会社が再生できたのだから再生は成功したと断じることが正しいのでしょうか？
　そうではないはずです。会社だけではなく、経営者も守るのが真

の再生ではないでしょうか？

　民事再生の申し立ては簡単です。難しいのは再生計画の立案なのです。再生計画が債権者によって同意されなければ再生は不成功となり破産に移行してしまいます。それでは元も子もありません。

　だからといって、再生計画を債権者任せにしていたのでは債権者の都合にあった再生になってしまいます。極端な話、債権者主導で経営権を奪われるような状況に追い込まれてしまうのです。このような債権者主導の債権者に都合が良い再生計画ではなく、債務者の立場に立った債務者のための再生には、根回しなどの準備も必要になります。

　債権者と対峙するのではなく、債権者の理解を得ながら、あくまでも債務者主導の再生を果たすことが真の事業再生です。そのためにはぎりぎりの判断を求められることがあります。それでも最後には目的を達成することも十分に可能です。最初からあきらめて債権者主導の計画に乗り、経営権を奪われるよりも債務者主導の計画にこだわるべきなのです。

※後継者がいない場合などには、M＆Aにより第三者に会社を譲り渡すことが有効な手段になる場合もあります。この場合にも、経営者の債務をどのように整理するのかという点は不可避の問題となります。

2．事業を移転する場合の注意点

　債権者にしてみれば少しでも高く処分するために、同業者をはじめ様々なルートで買主を探しています。自行の取引先に融資を行い、少しでも高値で買い取らせるようなことも少なくありません。第三者への任意売却で処分することに安易に応じると、他人に買い取られてしまうこともあるので注意が必要です。

　やみくもに動くのは危険です。中には資産の任意売却に乗じて自らの手数料を稼ごうとする輩もいます。そんな輩に引っかかってしまったのでは、事業再生どころか大切な資産を失うことになってし

まいます。

　実際に相談を受けた事例ですが、筆者のところに相談があった時には借金総額が3億円の会社を第三者に譲渡するという計画が進んでいました。仲介は某コンサルティング会社でした。筆者の見るところ、会社譲渡をしたところでせいぜい1千万円程度でしか譲渡できません。この点を経営者に明示したところ、本人曰く、「借金は事業譲受人が肩代わってくれると思っていた」とのことでした。直ちに仲介業者に残債務の扱いを確認したところ、銀行との交渉は一切行っていませんでした。

　某コンサルティング会社は譲渡価格を告げていなかったのです。なぜならば、たとえ1千万円でもM＆Aが成立すれば仲介手数料が稼げるからであり、経営者の再生などは考えてもいなかったのです。

　まったく酷い話です。ほとんど詐欺に近いと思います。そのまま進めていたら会社を失い借金が残るという最悪の結果を招いていたところだったのです。ちょっと考えれば気付くものの、切羽詰まると正常な判断ができなくなる経営者は少なくありません。

3．経営権を確保するためにどうすべきか

　様々な事情により借入金が増加してしまったとしても、それは単に債務者だけの責任ではないはずです。実際に融資を行った金融機関にも一定の責任が認められます。さらに、無策のまま政局に明け暮れる政府の経済政策にも、責任の一端があるといえるでしょう。

（1）借入金が少なければ事業が成り立つ

　業界の競争が激しいとき、事業再生に名を借りた同業他社による乗っ取りが行われることがあります。乗っ取る方にすれば、労せずして業容を拡大できるというわけです。これまで経営者が努力して築いてきた事業の基礎となるものを格安で入手できるのですから美味しい話です。まさに事業再生に名を借りた乗っ取りといえるでしょう。

　例を挙げるならば旅館業などは典型でしょう。現にいくつもの相

談が寄せられました。一番多いのは新館を建設したが客足が伸びず、借入金が膨らんで返済できないというものです。個人経営の旅館のみならず、ひと昔前の宮崎のシーガイアのように、銀行が主導して大々的に投資をしたものの客足が伸びず、結局は外資系企業に安く売ってしまったという話は枚挙にいとまがありません。銀行主導のプロジェクトでさえ失敗するのですから、個人経営企業が失敗しても無理ない話なのです。

　多くの場合、借入金が少なければ経営は成り立つのです。別に新規参入者の力を借りなくても、借入金を削減してくれれば良いのです。わざわざ新参者に安く売るなら、その金額まで借入金を圧縮してくれれば良いのです。

　スポンサーとなる企業は、従来の経営者の苦境に乗じ、経営権を奪い取るようなものであり、いわば漁夫の利を得るだけのことです。事業を安く取得できるから経営がうまくいくだけのことであり、経営能力が格段に優れているわけではありません。借入金さえ少なくなれば、なにもスポンサーに経営権を譲り渡さなくとも、現在の経営者による経営で十分に成り立つのです。

　事業再生の名のもとに金融機関と交渉し安く買いたたく新参者は、圧倒的に有利といえるでしょう。もともと借入金が少なければ成り立つ事業なのですから、従来の経営者が継続しても十分成り立つのです。あたかも経営手腕があるかのような言い方は、本質を歪めているとしかいいようがなく、乗っ取りを美化しているようなものです。

　こういう新参者は個人保証をしていない場合も少なくありません。もともとの経営者は苦労に苦労を重ね、さらには個人保証のリスクも背負い自己責任を果たしたのに比べ、金融機関から安く買いたたいた揚げ句、経営が暗礁に乗り上げても自己責任も果たさない新参者は不公平の極みであるともいえるでしょう。

　金融機関が債務者に対しスポンサーに経営権を譲渡することを迫るのは、貸付金の一括回収をしたいからです。自らの貸し手責任を忘れ、企業の育成、産業の振興という金融機関の本来の役割を放棄しているからに他なりません。

（２）究極の第二会社方式

　第二会社方式では経営権を第二の会社に移すことになります。第二会社が他人の資本であるならば、第三者に経営権を奪われてしまうことになります。従来の経営者が経営権を確保するためには、第二会社の経営権を身内に残しておかなければなりません。

　しかし第二会社の経営権を従来の経営者が確保することは、金融機関の論理があるために簡単にはいきません。そこで形式上の第三者を立てる必要がでてきます。まさに究極の第二会社方式です。

　無策のまま安易にM＆Aに応じてしまったのでは、経営責任を追及され、放り出されるのは従来の経営者ということになってしまいます。このような憂き目に合わないように「早め」の「正しい」対策が必要なのです。その具体的な方法として究極の第二会社方式による事業再生が有効な対策といえるでしょう。

▶ チェックポイント

無策のまま第三者に経営権を奪われたのでは経営者は路頭に迷うことになってしまいます。金融機関の論理に配慮しつつ、一時的に形式上の第三者に経営権を委ね、後で取り戻すという究極の第二会社方式が有効な防衛策となります。

【2】経営者の決意が必要

要　旨

当社に相談にみえる経営者の多くは、筆者の本に目を通してから来社されます。
多くの場合には事業再生に向けて一通りの方針や決意を持っています。しかし、まれに再生計画に確固たるポリシーを持たない経営者と出合うことがあります。このような経営者の場合は事業再生が難しいといえます。ここでは経営者の決意が必要であることを明らかにします。

１．経営者の固い決意が必要

　事業再生には経営者の固い決意が必要であることは、会計事務所向けのセミナーや拙著の中で何回も繰り返してきました。
　計画の詳細や具体的な進め方は、少しずつ決めていけば良いのですが、方向性は経営者自身が見い出すべきものなのです。経営者以外の第三者が方向性まで誘導するようでは、押し付けられた事業再生になってしまいます。
　事業再生に取り組む決意ができていないならば、せいぜい暫定的リスケでお茶を濁しておいた方が良いかもしれません。この場合は手遅れになるリスクにも注意しなければなりません。手術を嫌い、内服薬で治そうとしているうちに手遅れになる重症患者と同じです。
　百パーセント成功する手術がないのと同様に、事業再生という手術も百パーセント成功するとは限りません。事業再生に取り組むことによるリスクを理解した上で、事業再生という手術を受けるべきなのです。
　手術をしてでも治したいという気持ちにならないならば、手術を受けるべきではありません。自己責任で運命を決めるべきなのです。

２．経営者自身が計画を策定する

　事業再生にあたって再生計画を作る場合、経営者自身が計画を作成することが大切です。経営コンサルタントに頼り過ぎるのは必ずしも望ましいことではありません。もちろん専門的な知識をもっているコンサルタントの力を借りるということは効果的であり効率的ですが、作成の全てを丸投げするような姿勢は絶対に慎むべきです。

　再生計画においては実現可能性の高い計画が求められています。奇想天外な発想で無理に売り上げを伸ばす必要はありません。この点が事業計画と再生計画の違いなのです。両者を混同したまま計画を策定する間違いが散見されますので注意が必要です。

　たとえば、親から子供への世代交代を兼ねた事業再生が少なくありません。いわゆる第二会社の経営者を子供にするというわけです。このような場合には、事業を引き継いで次の時代の経営者となる子供が事業計画を作成することが最も望ましい形なのです。事業計画を作成する過程で、先代（親）の苦労を知るでしょうし、ノウハウを継承することもできるからです。自分で事業計画も作れないようであるならば、次代を担う経営者として失格であるといえるかもしれません。

　経営者の決意の態様として、「事業を継続しない」「廃業する」という選択肢もあります。勇気ある撤退というわけです。撤退をせず、従来の経営者一族に経営権を残すために究極の第二会社方式で事業再生を図るのであれば、将来において経営に従事する一族の当事者、たとえば子供や配偶者は自分自身の判断で引き継ぐべきです。間違っても、「現在の経営者が強く薦めるから引き受ける」ようであってはなりません。次代を担う後継者の決意が問われるのです

　これまで筆者が扱ってきた事例でも、次代を担う経営者がしっかりした事業計画を主導的に作成できるような場合には、事業再生が成功しやすいということがいえます。

3．第三者を前面に出し過ぎてはならない

　事業再生は経営者自身の意思で進めることが重要です。

　当社に相談にみえる経営者は、拙著を読むなり、他の支援専門家に相談するなりして、事業再生について自らの意思を持っている場合が大半です。

　もちろん、中には迷いを感じながら事業再生に臨むケースもあります。このような場合には、十分に計画の内容を理解し納得することが重要になります。

　中途半端な姿勢で事業再生に臨むと、債権者にすれば「誰かに入れ知恵されて計画を策定したのではないか」という疑念を感じてしまうこともあります。そうなると、利害が対立する債権者としては、「経営者本人の意思ではなく、第三者の入れ知恵ならば、経営者を説得して翻意させよう」ということになってしまいます。

　債権者として債務者の再生に協力するどころか、債務者の翻意を促すということになってしまうのです。これではスムーズに進むわけがありません。最悪の場合、矛先が支援専門家に向けられてしまいます。「債権者に不利な（＝債務者に有利な）入れ知恵をするような支援専門家や会計事務所には介入してもらいたくない」ということになりかねません。このような間違いを避けるため、事業再生は経営者自身の意思で進めることが重要なのです。

（1）弁護士の場合

　弁護士は本人の代理人となるため、前面に出て交渉にあたります。弁護士が交渉主体になるので経営者の意思が表面化しないことになります。債権者としては手強い弁護士だと思っても解任できないのです。一方、弁護士に恵まれなかった場合には、債務者が期待する成果が得られないことになります。弁護士に恵まれなかった債務者の失敗については第Ⅴ章【7】を参照してください。

　経営者自身は弁護士の後ろに隠れてしまいますので、債権者としては「経営者がそこまで真剣に決意を示し、誠意を見せるなら協力してあげよう」というような話の展開にならないのです。弁護士を

前面に出して自分は陰に隠れ、法的権利を振りかざしながら返済猶予や債権放棄を求めてくる債務者に、協力してあげる気になるはずがありません。ましてや、身内に経営権を残すための究極の第二会社方式を容認する等、積極的な協力が期待できるわけがありません。

　経営者自身が真摯な態度で臨むからこそ、債務者主導の再生が可能になることを見失ってはなりません。

（2）弁護士以外の場合

　弁護士以外の専門家の場合、本人の代理人ではないので支援者という立場になります。債権者にしてみれば、「手強い支援者は解任することを交渉の条件にしよう」と考えるのも無理はありません。

　筆者の関与先で実際にあった例ですが、コンサルティングを始めて半年程度で契約終了となり、その後、久しぶりに相談が寄せられたことがありました。面談して話を聞くと、「金融機関から強く迫られ、主要資産は売却をさせられた。今は本業に直接必要な資産だけが残っている。投資ファンドに債権が譲渡された。これからどうすれば良いのか不安で相談した」というものでした。

　調べてみると、めぼしい資産は売却させられ、挙句の果てには抵当権を設定していなかった先祖伝来の不動産も追加担保に取られていました。債権者のやりたい放題で、債務者の立場への配慮は全くされていないような状況に追い込まれていたのでした。

　メインバンクとして債務者の再生を支援するどころか、できるだけ回収をして、残った債権を譲渡するという露骨な行動でした。「できるだけの回収はした。最後に残った本業の資産は取り上げることはせず債権を譲渡した」という言い分なのでしょう。債権者の強い要求でコンサルティングの中止を求められたのでした。債権者が有利な形で回収を進めるのに、債務者を守ろうとする再生の専門家がいたのでは都合が悪いので、コンサルティング契約の解約を要求してきたのです。

　このように、弁護士以外の専門家の場合は本人の代理人ではないので、解任を求められかねないという特徴があります。

（3）どうすれば良いのか

債務者の再生支援をせず単に回収だけをするのであれば、債権者にしてみれば再生支援の専門家は邪魔で仕方がないということになります。債権者が回収するにあたって、債権者にとって不利な入れ知恵をされては迷惑だからです。

債権者が債務者の再生支援をしない場合には次の三通りが考えられます。

ⅰ．弁護士以外の「有能な」専門家は解任を求められる
ⅱ．弁護士以外の「無能な」専門家は解任を求められない
ⅲ．弁護士は「有能でも、無能でも」解任を求められない

債権者が債務者を支援する専門家の解任を求めてきたら、「回収に舵を切った」と警戒することが必要かもしれません。このような場合には「債権者の好きなようにされてしまう」危険を回避するために、表面上は解任したことにして、黒子に徹した「入れ知恵」を行うといった対策が必要になります。

本人の強い意思を前面に出し、第三者の入れ知恵ではなく本人の意思で再生するのだという姿勢を示すことが大切なのです。

4．味方を確保するのも経営者次第

「経営権は第三者にすること」が第二会社方式における債権者の条件になる場合、第三者に経営者や株主の役割を演じる「形式上の経営者」になってもらう必要があります。一時的に味方になってくれたとしても、将来において裏切られたのでは経営を奪われてしまうということになりかねませんので、信頼できる第三者でなければなりません。

信頼できるということは従来の経営者の立場から見ただけの話ではありません。第三者を演じる立場からしても同様です。

従来の経営者を信頼できるからこそ「第三者の役」を引き受けるのです。取締役を引き受けると、会社法429条の損害賠償責任等のリスクを伴います。リスクを認識した上で引き受けるということは、従来の経営者との間に信頼関係があるからにほかならないので

す。第二会社の取締役については第Ⅳ章【4】を参照してください。
　第三者が必要であるにもかかわらず信頼関係が築けないならば、第二会社方式による事業再生は困難になってしまいます。経営者一族を守るために協力してくれる第三者をいかにして確保するのかということは、第三者が信頼できるかどうかという話ではなく、まさに経営者自身が信頼に値する経営者なのかという話でもあるのです。

> ▶ チェックポイント
> 金融機関に対して経営者の決意が必要であるのは当然です。形式上の第三者を演じてくれるような「味方」を確保する場合も、経営者の決意がないと信頼を得られません。

【3】自己破産が不要な理由

> **要 旨**
>
> 事業再生にあたって「自称専門家」が滅茶苦茶なアドバイスをしたり、自己の報酬を確保するために無理に資産売却をさせる例が散見されます。必要のない自己破産を求める債権者もみられます。このような現状を踏まえ、ここでは自己破産の必要性に焦点をあてることにします。

　債権者に自己破産の道を迫られる債務者が少なくないので注意してもらいたいと思います。
　そもそも不良債権の償却には債権放棄、債権譲渡、そして法的整理の3種類があります。このうち債権放棄は債権者に問題が生じる可能性があるので敬遠されがちなのです。というのも、債権放棄の額に客観性がないとして税務当局から否認されるおそれがあるのです。
　債権者の立場からしてみれば、客観性を確保するには裁判所が関与する法的整理が望ましいのです。この場合の法的整理とは、債務者の民事再生あるいは破産です。清算型の代表である破産の場合にしても、再生型の代表である民事再生にしても、いずれも裁判所のお墨付きが得られますので客観性は限りなく高いということができます。後日、税務当局から文句を言われることもなく償却しやすいというわけです。よって、債権者の立場からは債務者の法的整理が最も望ましい安全な不良債権の償却方法であるといえるのです。

1．破産が求められる理由

　債権者は債務者の管理に必要以上の労力をかけたくないというのが本音です。債務者に自己破産してもらいたいのです。というのは、

どうせ回収ができないのであれば、債務者が破産してくれれば債権者としては債権の償却手続がしやすくなります。換言すれば、債権者は自分たちの償却手続をスムーズに進めるために、債務者に自己破産してもらいたいのです。

　債権者としては無税で償却することが合理的です。なぜなら、有税償却する場合と異なり無税償却の場合は、損金として処理ができるからです。無税償却の要件であるところの「債権が全額回収不能かどうか」の判断は、最終的には税務当局の判断によることになるのですが、債務者の実態から回収不能額を判定するためには、個々の債務者の実態調査を行い、担保余力、債権回収見込額等を把握する必要があります。

　将来担保物件が任意処分、または競売により処分された時点で、債務者・保証人の資産・収入の現況から判断し、今後まったく回収ができないことを疎明してはじめて直接償却を実施することができるのです。債権者にしてみれば、債務者が自己破産をしてくれれば「保証人の資産・収入の両面を調査して、いずれからも回収ができないことを疎明」という要件を満たすので、裁判所のお墨付きを得る形で直接償却を行うことができるというわけです。

２．保証人まで破産する必要はない

　企業が借入を行う場合に経営者は連帯保証を求められるのが一般的です。不幸にして事業の経営が暗礁に乗り上げた場合、経営者は連帯保証責任を追及されることになります。

　主債務者は法人です。この主たる債務者である法人が破産するのなら、保証人の破産も検討すべきかもしれません。なぜならば主債務者から回収ができないとなれば、債権者は保証人に請求せざるを得ないのであり、保証人に請求しないとなると回収の怠慢となってしまうからです。

　しかし、主たる債務者が破産しないのであれば保証人が破産する必要はないというべきです。

　そもそも、主たる債務者である企業が救われ、保証人が破産する

というのはおかしな話です。にもかかわらず、このような例は少なくありません。

主債務者である企業については、その経営を第三者に移譲することで「再生」を実現し、一方、連帯保証人である個人は破産することにより責任を免じてもらうわけです。保証人を犠牲にして主たる債務者だけが救われるというのはいかがなものでしょうか。経営者を破産させて事業の再生が成功したということはできないのです。

3．どういう場合に破産するのか？

破産が必要なのかという点について一般に誤解されていることが少なくありません。これまでに、筆者は著書の中で破産は必要ないと繰り返し指摘してきました。

これだけ強調しているのに未だに自己破産の危険にさらされている人が多いのが現状です。本来、味方になってくれるはずの弁護士までも無責任に自己破産を勧めるのですから困ったものです。

（1）反社会的勢力から身を守る場合

そもそも、破産はどういう時に行われるのでしょうか。

典型的な例の一つとしては、反社会的勢力のような債権者に苦しめられたり、たくさんの債権者がいて収集がつかないような時に、裁判所の力を借りて「債権者との関係を整理する」ために行われる場合が考えられます。

故人である筆者の父は中小企業を経営していましたが、他社の連帯保証を引き受けたがために街金に手を出し、激しい取り立てに責められました。やくざの暴行を受けて怪我をした父親の姿は、子供心に動揺を与えたものです。筆者が小学校5年生の時には一家で夜逃げをしました。家族で海水浴に行き、帰ってきたら「今日から、別の家に住む」と突然の引っ越しをしました。当時は、「なんで引っ越しをするのかなあ…」程度にしか思っていませんでしたが、今から思えば、典型的な夜逃げです。結局、筆者が大学生の頃、亡父は自己破産をしたのでした。

反社会的な債権者から身を守るために、亡父が自己破産をしたことは正しい選択であったと思います。

要するに、たちの悪い債権者や、手に負えない債権者に対抗するために裁判所の力を借りるのです。自己防衛のためにはやむを得ない選択といえるでしょう。しかし、債権者との関係を整理するための破産は、都市銀行や地銀、信金といった、金融機関にはあてはまらないといえます。彼らは、たちの悪い債権者ではないからです。

（2）清算する場合

他に会社を清算する場合が考えられます。個人であれば、人生をリセットしてスッキリしたいという場合も清算のケースに近いといえるでしょう。

会社を清算するのであれば、債務を消滅させなければならないのですが、債権者が債権放棄に応じないために、裁判所の力を借りて「負債を消す」ために行う場合等が考えられます。銀行は、たちの悪い債権者ではないとはいえ、ある日突然、「会社を清算するので債権を放棄してくれ」と申し出たところで、「はい分かりました」とはなりません。会社を清算するために債権を放棄するということは、通常の場合は実現しません。当たり前の話です。

債権者の協力が得られない場合に、無理をして「負債を消して会社を清算する必要」はありません。まして、わざわざ自己破産してまで、「負債を消す」必要はありません。債務が消せない場合には、債権者が満足する範囲で返済を進め、最終的に返済を停止した段階で、会社を休眠すれば良いのです。

休眠会社は法の規定により、最後の登記から12年以上経過すると解散したものとみなされます。その時点では消滅時効も完成しているでしょう。解散手続を粛々と進めれば良いのです。

（3）債権者による破産の申し立て

先の二つは債務者自身が申し立てる、いわゆる自己破産です。

これに対し、債権者が申し立てる破産もあります。たとえば、債務者が隠匿している資産がある場合や、債務者の詐害行為がある場

合に、これらのことを明らかにするとともに裁判所の力を借りて「債務者の財産を正しく分配する」ために行う場合です。

このような例は、債権者との関係が余程こじれている場合に取られる手段であり、債権者が破産を申し立てることは一般的ではありません。隠匿財産があるならばともかく、一般的には債権者が破産を申し立てるメリットがないからです。なぜならば、破産により微々たる回収に甘んじるよりも、事業を継続させて回収を図ることの方が総額において勝る場合が多いからです。

さらには、民事再生の申し立てや、特別清算などを行ったものの債権者との調整が不調に終わった場合も破産手続に移行します。下手に清算して破産に移行するくらいなら「みなし解散」を選ぶほうが賢明であるといえるでしょう。

4．破産による影響

破産したからといっても犯罪者扱いされるわけではありません。「破産者だからといって別に気にすることは無い」と嘯く人もいないわけではありません。ある意味では気楽なものです。

破産者となると、一定の期間は一定の職業はできなくなりますし、破産管財人が選任されるような事件の場合には、居住地や通信の制限も生じることがあります。

その他、官報に掲載されますし、破産者の本籍地の破産者名簿に記載されます。更に、市区町村発行の身分証明書に記載されます。

このように、破産するとなると様々な法的制限を受けるわけですが、制限の一つ一つは大したことはないと言えなくもありません。この程度の不利益ならさっさと破産してしまおうと考える人が現れてもおかしくはないでしょう。

このような法的な不利益よりも、むしろ問題になるのは、破産宣告を受けたということで生じる信用低下です。いわゆるブラックリストに載ることになりますので、当分の間は新規の借り入れやローンが組みにくくなるわけです。

このような信用低下に加え、実社会における世間の目も冷たくな

るのは致し方ありません。

　事業を再生するという目的のためには、このような信用低下という不利益が最大の問題になるわけです。言い換えれば、事業を再生するためには、再生の足かせになってしまうような「破産による信用低下」だけはどうしても避けておくべきなのです。信用低下は、破産による大きな影響だということができるでしょう。

　企業の場合、清算しない限り死ぬことはありません。会計学でいうところの企業継続の大原則です。しかし、個人の場合は、寿命とともに死んでしまいます。

　法人、個人のどちらにしても、負債を抱えたままにしておくという方法も多く採用されています。いわば、死ぬまで負債を抱えているというわけです。

5．自己破産は必要ない

　不謹慎な弁護士などは無意味な破産を勧めることがあります。その方が事務的で簡単だからです。中には、売らなくても良いのに債務者に資産を売らせ、破産手続の中で手数料を稼ごうとする輩もいます。本当に注意してもらいたいと思います。一体、誰が味方で、誰が敵なのか…、十分に見極めなければなりません。敵と味方については第Ⅵ章【3】を参照してください。

　一般的に弁護士は事業再生といえば民事再生法の適用申請を考える傾向が強いようです。裁判所を利用したがるのです。経営が苦しく返済不能になった債務者から相談を受けた弁護士が、債権者を飛び越して裁判所に駆け込んだ例がいくつもありました。本来、破産処理にあたっては、まず債権者と交渉するのが鉄則です。交渉を通じて、いくばくかの金額を支払うことで免責を取りつけるよう努力すべきなのです。しかし、こうした努力は時間と手間がかかるので、その弁護士は省略したのでしょう。

　債権者との交渉に比べると、適用申請の手続は楽でしょう。裁判所の力を借りて、債権者に「この内容で協力をお願いします。これがダメなら破産です。いいですね」と念を押すだけで済むからです。

債権者に頭を下げて回ることもありません。
「自己破産は避けられないか弁護士に相談したとき、私どもの言い分はほとんど聞いてもらえませんでした。そして『会社は第三者に譲渡することで再生させますが、連帯保証人である社長は自己破産するのが一番すっきりします』って、言われました。その後、自分のペースで破産手続を進められ、そのあげく『本体の会社を再生できたのだから成功です』と誇らしげに言われたのです…」こんな話を筆者は何回も聞かされています。

もちろん、すべての弁護士が手抜きをしているわけではありません。しかし、中には楽な進め方をする弁護士もいることに注意すべきです。自己破産を勧める輩がいたら、「なぜ自己破産をするのでしょうか？」と質問してみるのです。

この質問に対し、「そのほうがスッキリして良いでしょう」とか、「破産以外に道はないですよ」などと答えるようであれば、そういうレベルの人には二度と相談すべきではありません。分かっていない証拠です。相談相手として不適格だと思います。

ゼロから再起を図る場合は破産してスッキリするのも良いと思いますが、「今さら再起するよりも、親族に経営を譲ろう」と考えているのであれば、破産する必要はありません。まさに死ぬまで負債を抱えたままにしておけばよいのです。変な話ですが、死んだときに相続人が相続放棄をすれば良いというわけです。

破産をしない道、すなわち、再生の道を模索することで再生の方法を探ることが有効なのであって、破産をする必要がない状態を作り上げてしまえば良いのです。

債務者として守りたいものがあるはずです。「これだけは奪われたくない」というものがあるならば、それを他に移しておくのです。もちろん、合法的に移すことが必要です。だまって隠したのでは隠匿になりますし、債権者を騙して移したなら詐欺になる可能性もあります。あくまで、債権者の合意を前提に、知恵を絞って移すのです。

きちんと手続をすることで、債務者の破産という危険からはリスクを分離することができます。これが、まさに再生の技術なのです。

「自己破産は必要ない」ということを、今一度、強調しておきたいと思います。

> ▶ **チェックポイント**
> 破産の影響を理解し、納得した上で自発的に破産の道を選ぶのは本人の自由ですが、債権者から圧力をかけられるまま、不本意ながら自己破産する必要はありません。

【4】法的整理と私的整理

> **要 旨**
>
> 再生には民事再生法に代表されるような法的整理と、個々の債権者との話し合いで進められる私的整理があることは周知の通りです。まずは私的整理を目指すべきであり、法的整理は最後の手段にすべきです。ここでは私的整理を優先する理由とともに、私的整理には一括合意型と個別合意型があることを明らかにします。

1．法的整理と私的整理の特徴

　法的整理とは端的にいえば裁判所を通して会社整理を行うことです。一方、私的整理とは裁判所を通さずに行う手続をいいます。
　私的整理は債務者と債権者が債務の返済方法について話し合いを進め、個別的あるいは集団的な合意によって処理を進める手続ですので、法的整理のように多数決によって少数者の権利が変更または制限されることはありません。あくまで債権者の個別の同意がなければ債権者の権利内容が変更されるものではなく、合意するかしないかは個々の債権者の自由なのです。
　法的整理と私的整理のメリット・デメリットを整理すると次表のようになります。

	メリット	デメリット
私的整理	迅速に進められる 費用がかからない 外部に知られない 柔軟に対応することが可能	不正が起きやすい 履行が不確実
法的整理	不正が起こらない 履行が確実 担保実行を中止することが可能	時間がかかる 費用がかかる 外部に知られる

　私的整理は法的整理に比べて、迅速かつ低廉に進められる点がメリットです。法的整理の場合には手続終了まで時間がかかるのも珍しくなく、申し立てにあたっては裁判所に多額の予納金を納めなければなりません。私的整理ではこのような予納金は不要となります。法的整理においては裁判所の監督下で行われるのに対し、私的整理は債務者と債権者の間の話し合いで進められるため、取引先などの外部の第三者に知られないという大きなメリットがあります。さらに、私的整理では、債権者の取り扱いに差を設けるなどの柔軟な対応が可能でもあります。経営者一族に経営権を残すための第二会社方式にしても、私的整理であれば柔軟な対応が期待できます。債権放棄を行うにしてもメインバンクが多くを負担するというような再生計画であれば債権者の合意は得られやすくなるのであり、メインバンク寄せという対策が講じられることも少なくありません。

　一方、デメリットとしては私的整理の場合は不正が起きやすいということが挙げられます。裁判所を通さずに行われるために、強行な姿勢を貫く債権者からは合意を得られない場合には私的整理そのものが進められないこともあります。この場合は、一部債権者による内整理ということが選択されることになります。また、私的整理を規制する法律はないため、いつ何時、債権者の態度が変わり、競売などの法的手段を講じてくるかが不明であるという不安定要素も否定できません。さらには、債権者側としては債務者の履行が確実に行われるのかという懸念があるのもデメリットといえます。

2．再生型と清算型

（1）再生型と清算型の違い
会社整理の方法として再生型と清算型に大別されます。

ⅰ．再生型
再生型の会社整理の場合、法的強制を伴う形で企業を存続・再生させるというものです。このため、債権者の意向を無視して手続を進めることは許されず、その企業の再生が認められるためには債権者の一定の同意が必要とされることになります。

法的整理であれば最終的には債権者の多数決の同意を基に手続が進められますが、私的整理であれば個々の債権者の個別合意を基に進められることになります。換言すれば、再生型の私的整理の場合は債権者の同意があれば自由に進められるということになります。再生型の法的整理の場合は裁判所によって監督委員が選任され、裁判所の監督下において手続が進められます。

ⅱ．清算型
清算型の会社整理である破産の場合、債務者に代わって管財人の手により、裁判所の厳格な監督の下ですべての資産の換価処分や配当が行われることになります。したがって、個々の債権者の意向は原則として反映されず、一方的に手続が進んでしまうという点が一つの特色です。いわば会社を解体し、残った資産を分配するものであり、清算型の会社整理は企業の終焉を意味することになります。破産手続においては破産管財人が選任され、裁判所の監督下において手続が進められます。

（2）民事再生における監督委員
裁判所から保全処分の決定が出されると、債権者への借入金の返済等は一旦ストップできます。すぐに借入金の返済や買掛金の支払いをしなくても良くなるのです。これでかなりの資金繰りの立て直しがしやすくなります。

また同時に、会社の民事再生手続を監督する監督委員（弁護士）が裁判所によって選任されます（民事再生法54条1項）。実務上、ほとんど全ての場合に監督命令が発令されます。監督委員には特定の行為について否認権を行使する権限を付与することができます（同法56条1項）。

（3）破産手続における破産管財人

破産手続が開始されると所有していた財産は全て破産管財人が管理・処分することになります。好き勝手な財産移転を許してしまうと、財産隠しを容易にしてしまい破産手続への信頼を損なうことになるからです。破産法は破産管財人に否認権という権能を与えています。

破産管財人は否認権を行使して破産者のもとから流出してしまった財産を、再び破産財団に組み入れて破産財団を形成することになります。

破産管財人の否認権には、大きく分けると「詐害行為否認」と「偏頗行為否認」の二つの類型があります。

ⅰ．詐害行為否認

詐害行為否認とは、破産者による破産債権者を害する財産減少等の行為を否認するというものです。たとえば、財産を不当に安い値段で売却したり、贈与してしまったような行為を否認するものです。

ⅱ．偏頗行為否認

偏頗行為否認とは、破産者が債権者平等に反して特定債権者にのみ利益を与える行為を否認するというものです。典型的なものは他の債権者への弁済を停止しているにもかかわらず、親しい取引先や家族・親族等の特定債権者にだけ弁済をするような場合です。

ⅲ．否認権行使の方法

否認権を行使できるのは破産管財人だけです（破産法173条）。実際には裁判外における任意交渉によって行われています。任意交渉が上手くいかなかった場合には、否認請求または否認の訴えに

よって否認権を行使することになりますが、事実上は訴えの提起がある前に和解という形で解決することになります。

否認権の行使により破産手続開始前になされた破産者の行為や第三者の行為の効力を否定して、流出してしまった財産を破産財団に取り戻すことになります。

iv．否認権行使の期間

否認権は、破産手続開始の日から2年を経過したときは、行使することができないとされています（破産法176条）。破産手続開始日から2年以内であっても、否認権の対象とされている行為をした日から20年が経過してしまっている場合にも否認権行使はできなくなります。

3．私的整理のメリットと法的整理のデメリット

（1）私的整理のメリット

債務者の立場から事業再生を考えると、私的整理のメリットは魅力的です。外部に知られないことから風評被害にさらされる危険はないわけですし、また、債権者との合意を得ることで柔軟な対応が可能だからです。

たとえば、抵当権を有する債権者と個別に話し合い、債権者の合意が得られるのであれば、第二会社にサッサと移転してしまうことができるのです。いちいち裁判所の確認を得る必要はありませんし、全体計画に拘束されることもありません。不動産に限らず、債務者が主導する形で財産処分や計画立案を進めることができるのが大きなメリットなのです。

（2）法的整理のデメリット

民事再生手続では、担保を持つ債権者を別除権者とし、別格で扱います。担保から回収をすれば良いという発想です。

そして、この別除権者を除く一般債権者の過半数により再生計画が決定されます。再生計画案を可決するには、「議決権者の過半数

の同意（頭数要件）」と、「議決権者の議決権の総額の2分の1以上の議決権を有する者の同意（議決権数要件）」の二つの要件のいずれをも満たすことが必要とされています（民事再生法172条の3）。

再生計画案が可決された場合には、不認可の要件がある場合を除き、裁判所は原則として、再生計画の認可決定をすることになっています（174条）。すなわち、債権者が計画の可否を判断することになります。

債権者は同一の再生計画について一律に合意を求められるのであり、私的整理のように個別に合意がなされることはありません。換言すれば、民事再生法による申し立てを行ったところで、債権者による同意が得られなかった場合には、破産に移行してしまうという危険があるという点がデメリットといえます。

したがって、申し立てを行う前に十分な根回しをしなければなりません。別除権者を除く一般債権者の過半数が同意してくれるような根回しが必要なのです。過半数の同意を得る目処が立たないうちに、見切り発車のような形で申し立てを行うのは、破産の危険があるので注意が必要です。

（3）最初に私的整理をする

信用低下を心配することなく、しかも迅速かつ安い費用で再生計画を推進できるというメリットを考えると、私的整理の方が望ましいことは自明の理です。第一の選択肢は私的整理なのです。

私的整理は相対的に合意を取り付ければ柔軟に進められるのですから、債権者を小まめに回り、債務者主導の計画を進めるべきなのです。魅力的な私的整理を先行させるべきなのですが、往々にして弁護士は法的整理に誘導する傾向があります。個々の債権者を訪ねて合意を取り付けるよりも、裁判所の威光を借りて、法的、事務的に進めた方が楽だからです。

法的整理は抵当権の実行を停止させたり、多数決により少額債権者の抵抗を阻止したりする効果が期待されますが、反面、再生計画に債権者の合意が得られなければ破産手続に移行するという危険もあるのです。慎重な対応が必要なのであり、むやみに法的整理を進

めると逆効果にもなりかねません。

　私的整理を進める過程で、どうしても債権者の協力が得られず競売などの法的手段に備える必要が生じたときは、民事再生法で対抗するしかありません。債権者の協力が得られず債権者の法的攻勢を防ぐ必要が生じた場合には、債務者として法的整理に移行するという二段階作戦で対応すべきです。もっとも、債権者の協力が得られなければ、破産手続に移行するのであり、この場合は事業再生は困難になるかもしれません。

　事業再生の実務に慣れていない「偽」専門家に「法的整理ではなく私的整理が望ましい理由」を尋ねてみることをお勧めします。答えが、「風評被害を避けることができる」という点のみであり、「私的整理は柔軟な対応ができる」という点や、「法的整理が不成立だと破産に移行してしまう」という点が抜けているようであれば、その専門家？の技量を大いに疑うことをお勧めします。

4．私的整理は二種類ある（一括合意型と個別合意型）

　一口に私的整理といっても単純ではありません。一括合意型と個別合意型があるのです。このネーミングは筆者独自のものであり、世間一般では未だ普及していませんのでご注意ください。

　一括合意型とは全金融機関の合意を求めるものです。バンクミーティングを開催する等の交渉を重ねることにより、全ての金融機関の合意を一括して得るという意味で一括合意型の私的整理といえます。

　個別合意型とは、全ての金融機関の合意を得られない場合に、たとえば抵当権を有する債権者と個別に話し合って、先に合意を得て不動産を第二会社に移転する等が代表的な事例です。一括合意ができないから個別に合意をするというわけです。

　個別合意が成立するかどうかは個々のケースによって異なりますが、競売価格や競合第三者の提示価格よりも上回る金額であれば、抵当権者たる債権者の個別合意を得やすくなります。

５．私的整理が難しい場合

私的整理が困難な場合を例示すると次のようなものが挙げられます。見方を変えれば、法的整理になじむ場合ということになります。

（１）担保処分が可能な場合

この場合は担保処分により回収を図れば良いため、長期の再生計画に拘束されることを嫌う傾向があります。たとえば不動産の処分であれば、私的整理である任意売却で合意できないなら、法的整理である競売が選ばれることになります。

（２）回収効果が見込めない場合

長期の計画で回収できる部分、すなわち、再生計画による成果が少額である場合も費用対効果の観点から、長期にわたり回収することを嫌う傾向があります。したがって、少額債権については優先的に早期返済することが必要になります。このような場合、事業譲渡、会社分割、会社譲渡による一括回収が望まれるのであって、私的整理による長期分割は避けられることが少なくありません。

（３）不透明、不公平な再生計画である場合

再生計画に実行可能性がなく今後の売上増加が期待できない場合には、私的整理に協力してもらうのは難しいといえます。再生計画の見通しが不透明であったり、再生計画の内容が分かりにくかったり、さらには、債権者として納得できないような不公平な再生計画である場合には私的整理への協力は期待できません。

（４）反社会的勢力や整理屋が介入している場合

反社会的勢力や整理屋が積極的に介入しており、話し合いがスムーズに進まない場合があります。たとえば担保不動産を不法占有している場合などは、これを排除するために競売を申し立てて執行妨害を問うのが安全です。よって、私的整理ではなく法的整理の道が選ばれることがあります。

(5) 他の債権者が同意しない場合

　金融機関は横並びで動くことがよくあります。債務者を巡り、取引金融機関同志が連絡を取り合い、お互いの動きを探り合うのです。債務者の状況の他、競売するのかしないのか、他の金融機関はどう動いているのかとか、様々な情報交換をしています。債権放棄を行う場合も同様で、計画をどのように見るか、さらには免除に応じるかについても確認し合っています。したがって、一部に同意しない債権者がいる場合、他の金融機関が同意することには慎重になることが多いといえます。一部の少数債権者が不合意である場合には、法的整理の多数決原理で強制的な合意をするしかない場合もあるのです。

(6) 債権者が確定できない場合

　債権者が確定できない場合とは、債権者が多いなどの理由で特定できず、後日になって未知の債権者が出現するような場合です。とりわけ、債権者集会などを進める場合には、非協力的な債権者が出現することで再生計画が否定される危険をはらんでいます。金融機関としては不安定な計画であるとの判断から、同意には慎重になるわけです。

6. 法的整理が無益な場合

　法的整理が功を奏さなかった例を紹介します。

(1) 経営権を奪われた例

　筆者が以前、金融機関の回収責任者を務めていた時の事例に、次のようなものがありました。

　主たる債務者の経営が破綻し民事再生手続が開始されました。その中で、経営権を他人に譲渡するという再生計画が成立しました。経営権を他人に奪われた典型例です。

　民事再生法の適用を申請する前に、債務者から相談はありませんでした。突然、民事再生手続の開始を申し立てたのです。

筆者は「弁護士に恵まれなかったのだなあ」と感じました。「弁護士ではなく、債権者である我々に泣きついてくれば少しは協力したのに…」と思ったのです。もともと、「少し無理な返済を求めていたかな」と思っていました。「泣きついてくれば減額や事実上の一部免除の相談に乗ってやろう」と内心では考えていたのです。ところが何の連絡も無いまま、債務者は民事再生法にすがったのでした。

経営権を他人に奪われた経営者は自己破産しました。先にも指摘しましたが、他人に経営権を移譲することで主たる債務者は「再生が成功」したわけです。一方、連帯保証人でしかない経営者は自己破産したのです。まさに不幸な話です。

事前に相談しなかったのは本人の責任です。弁護士に相談するのも良いのですが、それよりも債権者に相談すべきだったのです。せめて、弁護士を通して債権者に相談すべきだったのです。債権者に相談せずに、事務的に民事再生法に頼ったという点では弁護士の怠慢かもしれません。

話はこれで終わりません。実は、経営者の親族も保証人だったのです。

債権回収の責任者として筆者は、「あ、この親族は破産手続をしていないな。とりあえず請求しておこう。回収額はせいぜい100万円程度かな」と思いつつ、返済するように書面を郵送しました。すると半月もしないうちに弁護士から手紙が送られてきました。いわく「自己破産を申し立てることになった」とのことでした。

その時も、一切の相談がありませんでした。

相談があれば100万円で解決できた事例なのです。たった100万円で破産しないで済んだのに弁護士が事務的に進めたために破産させられたという、無益な法的整理の典型例の一つです。

(2) 私的整理を避ける弁護士の例

筆者が地方都市に所在するクライアントとともに弁護士事務所を訪問した際の実例です。

そのクライアントは本業の見通しが暗く、このままでは事業の遂

行が困難であるとして、当社に相談してきたのでした。何回もの調査・面談の結果、事業譲渡による再生を進めることになり、計画の概要を策定しました。以前からクライアントの顧問であった地元の会計事務所と共同で、計画の客観性を確保しながら計画を策定したのでした。民事再生による再生も検討しましたが、信用不安に乗じて、同業他社からの攻勢が強まることは必至であり、民事再生を申し立てたのでは再生できないと判断し、私的整理による事業再生を進めることにしたのです。

　計画の内容を簡単に表すならば、既存の事業のうち、一定の部分を第二会社に事業譲渡し、経営者の個人保証責任を果たすべく自宅他の資産は第三者に売却するというものです。事業譲渡代金は分割払いとし、新規の融資は受けずに、第二会社で事業の再生を果たすという内容です。経済合理性を考えるならば、債権者にとってもメリットのある再生計画です。

　打ち合わせをする場合に地元の弁護士の方が何かと便利ですので、紹介を受けて地元の弁護士事務所を訪ねることにしました。弁護士には、法律上のアドバイザーとして参加し、私的整理による事業再生に関与する気があるかを打診しに行ったのでした。

　しかし、「民事再生が良い」「破産の方がすっきりする」「話は分かるし、気持も分かるが私的整理に協力するのは難しい」との後ろ向きの話に終始し、50分の面談で終わってしまいました。いわば、体よく断られてしまったというわけです。その上、「相談料は5000円。消費税は別枠でお願いします」とのことでした。

　事務的に進めやすい法的整理を指向する、典型的な従来型の弁護士でした。

　何も相談していないのに、「相談料」とは驚きましたが、クライアントは「何人も弁護士に相談したが、皆同じだ。民事再生をすれば、同業他社の攻勢にあう。信用を失い、破綻と同じなんだ」と、私的整理を進めるという固い決意に変わりはありませんでした。

　債務者であるクライアントのみならず、債権者たる銀行にとっても、メリットの高い計画であり、双方のために話し合いを行い、再生型の私的整理を行うことが経済合理性が優れるにもかかわらず、

法的整理により再生の芽を摘んでしまうことの怖さを改めて感じたのでした。

　このような経験をしている経営者は多いと思います。特に地方の場合、「典型的な従来型の弁護士」しかいないこともあり、私的整理を進めるのに苦労している経営者が多いようです。

　事業再生は経営面の課題であり、法律論では解決できないのです。安易な法的整理を行うことは得策ではないということに注意していただきたいと思います。

> ▶ **チェックポイント**
> まずは私的整理で一括合意を目指し、一括が困難な場合には私的整理で個別合意を目指すべきです。それでもまとまらない場合に、最後の手段として法的整理を行うべきです。

【5】再生できるか清算するか

要　旨

現実に再生できる可能性がないにもかかわらず再生にこだわっていては傷口を広げることにもなりかねません。手遅れにならないうちに清算すべき場合もあるのです。清算する場合には、清算後の経営者自身の生活に大きく影響が及びますので、かかる悪影響を最小限に食い止めるためにも早めの決断が必要になります。ここでは再生の可能性を判断するにあたって必要な点を整理しておくことにします。これらの各点を総合的に判断し、再生の可能性があるならば「自信をもって再生」に取り組むべきなのです。反対に、再生すべきではない場合には「勇気をもって清算」の道を選ぶべきなのです。

1．清算ではなく再生を目指せるかどうかの判断

　企業は経営を続けるということで実現可能な無形の財産を持っています。暖簾の価値をどのように把握するかというような学問的な話ではなく、地元あるいは取引先の事情に精通した現在の経営者こそ、実現可能なノウハウともいうべき資産を持っているという話です。さらには、従業員、取引先に対する責任もあるわけです。このような企業が過去の負債を理由として清算することは、社会的な損失であるといえます。

　たしかに企業を再生することは大変な努力を必要とします。経営者だけではなく従業員の再生への固い意志が必要になることは言うまでもありません。会社経営者として再生したいという意志があるのならば、企業の社会的責任を果たすためにも再生すべきなのです。

（1）営業利益の段階で黒字かどうか
　企業を経営するからには、利益を獲得することが目的になります。

その利益には、いくつかの種類があります。基本的な話ですが、最初に簡単に整理しておきます。

まずは営業利益です。この利益は、いわゆる本業の利益でもあります。次に経常利益です。この利益は、副業も含めた企業全体の利益となります。さらに当期純利益があります。この利益は、特別に生じた利益や損失も含めた最終の利益となり、当期純利益は税金を支払う前と後に区別され、特に、税金を支払った後の利益を税引後当期純利益と呼ぶことは、ご存じの通りです。

ところで、減価償却費に代表されるような償却費は費用になりますが、支出していないので、キャッシュフローでみれば手許に残り返済資金にあてることができます。現実には、償却費を返済原資にしていることが多いのですが、本来は、税引き後の当期純利益から返済するのが望ましいのです。なぜならば、とりわけ減価償却費などは、内部留保することで将来の取り替え費用まで留保できるのであり、減価償却費の積立により自己金融機能として機能するからです。

そうはいっても、現実には償却費を内部留保したままでは債権者からの協力は得られないため、事実上、返済原資に回るのはいたしかたないといえるでしょう。

このように見てくると、一番初めに求められる利益である営業利益は確保できているのかという点が重要です。まさに本業の利益であり、肝心要の利益だからです。本業の利益が出ないのに存在価値があるのかということにもなりかねません。

極論すれば、営業利益の段階で黒字になっていない企業を再生することは無理であるといえるでしょう。再生可能な企業の多くは、営業利益段階では黒字であるものの、支払利息などの借入金返済が原因で経常利益の段階で赤字に陥っている企業です。もし、営業利益の段階で赤字が続いているのであれば、徹底したリストラを行う可能性を再検討し、それでも改善できないのであれば再生ではなく清算を考える必要があるでしょう。

（２）資金繰りが可能か

　利益は、短期的能力として１年間の経営の結果として表されます。短期の返済能力×返済期間で長期の返済能力が決まるのです。経営者が真摯に努力した結果の返済能力は、返済期間によって決まるといえます。したがって計算の基になる短期の返済能力は重要なのです。しかし、この短期の返済能力は、経営が少なくとも１年間は継続できるからこそ成り立つ論理です。

　そもそも経営は１年持続するのでしょうか。ここで心配になるのは資金繰りです。どんなに明るい未来が待っているとしても、毎日の資金繰りが成り立たなければ黒字倒産になってしまいます。必要な支払いはできるのかという点が問題になるのです。

　会社が倒産状態になれば借入れはできません。したがって、仕入代金や給与など当面の運転資金を用意しておく必要があります。さもなければ、再生どころか資金ショートで結局は倒産することになってしまいます。

　収入が限られているのに支出するのは、無理というものです。業態にもよりますが、支払期限までに入金がなければ、経営は破綻してしまいます。この穴を埋めるために、やむを得ず高利の金融に走る例が時々見られますが、新たに借り入れをすれば、減らすべき借入金が増えるだけのことです。さらに、高利の金融は債権者間の協調に欠ける傾向があるので要注意です。債権者間の協調を乱すことで、ただでも警戒心の強い債権者が疑心暗鬼になり、まとまる話もまとまらなくなってしまうのです。

　経営破綻の状態にある場合はもちろん、第二会社で事業再生が成功した場合も運転資金融資が難しくなるのは事実であり、資金調達が課題となってくるのです。キャッシュフロー経営の管理の大切さが、いっそう浮き彫りになってくるというわけです。

（３）債権者が納得できる額の返済ができるか

　債務者が期限の利益を失っているのであれば、債権者は債権を一括回収することを考えます。

　たとえば、担保となっている資産を処分したり、事業そのものを

同業他社に売却することで回収できる金額を想定します。この金額を運用利回りで運用した金額と比べ、債務者の返済額が少ないならば、あえて分割返済を受けるより、一括回収を選択した方が得策ということになります。

　債務者としては単にキャッシュフローが回るだけでは不十分なのです。債権者が期待する分割返済ができないのであれば、自力再生は困難となります。。

（4）得意先との取引は可能か

　仕入先、販売先などの取引先が取引をしてくれなければ事業を継続することはできません。今後も同様な取引関係を継続していけるかどうかも再生にあたって見極めることが必要です。この場合、多額の保証金を要求してくる場合があることも考えておく必要があります。

（5）仕入先は今後も品物を入れてくれるか

　商品の供給や原材料の供給を継続してもらえるのかどうかは死活問題といえます。仕入先ばかりではなく、下請先などの協力も見極める必要があります。さらに、再生型とはいえ整理を進めるとなると、仕入先が現金決済を求めてくる場合が多いため、運転資金の確保も重要な課題となります。

（6）債権者の同意が得られるか

　再生型・清算型の法的整理においては、債権者から返済計画への同意を得ること、あるいは、同意と認められるための割合というものが定められています。

　たとえば、民事再生法では、債権者集会に出席した者の過半数であって、議決権を行使することができる再生債権者の債権総額の2分の1以上の賛成があってはじめて同意とみなされます。このように、同意が得られてこそ再生計画が進められるわけです。

　私的整理の場合は個々の債権者との相対的な同意を得ることになります。仮に全部の債権者の同意が得られず一部債権者の同意に留

まる場合でも、内整理として私的整理を進めることができます。ただし、全債権者が同一の再生計画に同意したという事実は再生計画の妥当性を間接的に疎明するという意味で、再生計画の合理性に対する事実上のお墨付きとして大きな意味を持つことになります。

このように、法的整理にしても私的整理にしても債権者の同意が前提になりますので、債権者の同意が得られない場合には清算型の整理を選ばざるを得ないことになります。

（7）抵当権者が抵当権を実行しないか

本社はともかく工場、店舗など商品を製造する場所、サービスを提供する場所、商品を販売する場所である不動産に対して抵当権者により競売が申し立てられるなど、事業を継続する場所がなくなってしまえば、再生は困難となってしまいます。

（8）手続費用を用意できるか

法的整理を行うとなると、裁判所に納める予納金と申立代理人に対する費用の二つの費用が必要になります。予納金とは、会社更生の場合は保全管理人（通常は弁護士）に支払う費用で、会社更生では1千万円以上、民事再生で数百万円以上かかります（負債総額が10億円程度の例）。民事再生法では開始決定の時期までに完納するのであれば分納が認められています。

※できるだけ資金を集めてから自己破産を申し立てるという卑劣なやり方も見られます。現金一括割引セールを行い、現金を手元に集めて突然に自己破産を申し立てるという詐欺的なやり方も見られます。離婚では調停前置主義が採用されていますが、事業再生においても、まずは再生の道を探るという再生前置主義を採用すべきではないでしょうか。

（9）再生計画を立てられるか

会社がどのような事業展開を行うのかという再生計画を立て、年間の売上と利益を予測し、さらに、債権者への返済計画を立てるこ

とが求められます。返済計画がなければ、再生に協力する金融機関はまずないといって良いでしょう。すなわち、返済条件を提示することが再生にあたって一番重要な点であると言っても過言ではありません。

（10）経営者に再生の情熱はあるか

　再生型手続を始めて、実際に再生が完了するまでには大変な時間がかかります。1年や2年では完了するものでなく、5年、10年の再生計画となることが一般的です。その間、経営者が先頭に立って再生に取り組むには後継者も含めた経営者の相当の情熱が必要となります。情熱とは、弱気な態度や姿勢を見せずに再生に取り組むこと、粘り強く交渉を継続すること、相手があきらめるまで徹底的に耐えること、一発逆転の幻想を抱かないで再生に着実に励むこと等の強い意志であるということができます。

　なお、債権者との関係において、現在の経営者が引責辞任しなければ収拾がつかない場合も想定されます。このような場合には後継者が必要であり、後継者の有無も再生が可能かの判断ポイントになる場合も出てくるわけです。

2．究極の判断基準

　再生できるのか清算すべきなのか、とりわけ債権放棄が必要になるような事案の場合、その判断基準は何でしょうか。

　これまで様々な経営者や債権者を見てきましたが、究極のところ、その判断基準は次の各点に集約されると思います。

（1）経営者の決意

　まずは経営者の固い決意が必要です。ヤル気を失ってしまっているような例では、再生は困難です。まして金融機関の債権放棄を要件とするような事業再生では粘り強い交渉が必要になるのであり、経営者のヤル気がないようでは再生は一層困難になります。

　これまでに扱った案件の中に、計画次第では十分に再生が可能で

あるにもかかわらず、代表者や筆頭株主といった実権を有する経営者がヤル気を失っているような場合、ほぼ100％再生はできませんでした。親族や経営補助者が心配したところで、実権を有する経営者自身のヤル気がないのでは話になりません。

（２）営業利益を確保できるか

本業の利益である営業利益が確保できない場合に再生が困難であることは先に述べた通りです。

（３）キャッシュフローが回るか

利益を確保できたところで、キャッシュフローが回らないのであれば、いわゆる黒字倒産になってしまいます。キャッシュフローについては第Ⅱ章【7】を参照してください。

（４）第三者との比較で遜色ないか

競売やＭ＆Ａが検討されるということは、事業そのものは再生できるが従来の経営者による経営は継続できないということになります。この場合、第三者との比較で遜色のない再生計画を策定することが求められます。

（５）抵抗勢力はいないか

株主の中に抵抗勢力がいた場合、組織再編にしても事業譲渡にしても機関決定をすることができません。株主総会における3分の2以上の特別決議ができないからです。特別決議ができない場合、重要な決議ができなくなるため、債務者主導の再生は困難になります。このような場合、債権者としては債権者破産の申し立てで回収を進めることになります。抵抗勢力に関しては、第Ⅱ章【6】を参照してください。

（６）債権者の事情が許すか

債権者の立場や特性によっても再生の行方が左右されます。債権放棄さえ受けられれば事業再生が可能であるところ、金融機関に体

力がないために貸倒損失の計上ができない場合が典型例です。
　他の債権者との協調を一切無視するような債権者が存在する場合も自力再生が困難になりかねません。
　既述の（１）から（５）は債務者側の事情ですが、（６）は債権者側の事情です。債権者の事情は債務者には如何ともし難い部分なので、まさに債務者の「運」によって左右されると言っても過言ではありません。

３．丁寧に再生型を進める

　債権者の同意が得られなければ破産に移行してしまうことを考えると、準備も不十分なままに再生型の法的整理に着手するのは極めて大きな賭けのようなものです。
　それだけではありません。
　うまい具合に資産も経営も確保することができたとしましょう。計画も認可され、再生に向けて歩き出したとします。この場合、次に待ち受けているのは、計画通りに行かない危険です。予想していた売上が得られないとか、予想以上の費用が発生したとか、様々な理由で業績不振に陥ることもありえます。さらに、信用低下による業績不振が追い討ちをかけることもあるでしょう。
　このように、計画通りに行かない事態がないとはいえません。このような場合に一体どうするのでしょうか。大会社ならばまだしも、一般に、中小企業が引き起こす二次ロスは許容されにくいでしょう。言い方が適切ではないかもしれませんが、所詮、同族企業である中小零細企業に、二度も三度も法が力を貸すということは認められにくいのです。
　計画を進めているうちに不幸にして計画が挫折した場合には、残念ながら、その時点で清算に移行するという可能性が高いといえます。現に、筆者が扱った事件の中にも例がありました。
　「民事再生法を利用して再生を進めているものの、どうしても計画通りに行かない。債権者は事業中止、清算を求めている。どうにか第二会社を作って再生したい」というものでした。

順序が逆なのです。まずは、第二会社を設立して再生を図るべきなのです。そして、万が一、その計画が挫折した場合に、民事再生法による再生を図るべきです。民事再生法は債務者にとって伝家の宝刀、最終兵器です。最終兵器は最終に使うからこそ威力があるのです。戦いの緒戦で最終兵器を使うようでは、戦いに勝利するのは難しいのです。

　誤解をして欲しくないのですが、筆者は「民事再生法はダメだ」とは言っていません。むしろ債務者のためには民事再生法の制度は有用な制度であると思っています。筆者としては「あくまで慎重に進めるべきだ」と指摘しているつもりです。債権者の同意を得るためには、債務者側が努力すべきであり、債権者を訪ね頭を下げて協力を求める姿勢が必要だと思います。

　法の力を借りて、事務的に、あるいは傲慢に、債権者に対峙するようでは再生は難しいといえるでしょう。

4．どうしてもダメなら清算する

　私的整理を進めても合意を得られない場合には、清算の道を選択することになります。この場合、通常は普通清算を行いますが、株式会社であって債務超過の疑いがある場合は特別清算を申し立てることになります。それでも合意が得られない場合には破産手続に移行することになります。会社の清算については、第Ⅲ章【5】を参照してください。

　法的整理ではなく私的整理による清算を行うことも可能です。

　たとえば、廃業のための特定調停も選択肢の一つです。これは日本弁護士連合会によりガイドラインが策定されています。特定調停については、第Ⅴ章【5】を参照してください。

　さらには、一切の取引を休止してそのまま放置することで、みなし解散に持ち込む方法も考えられます。みなし解散については第Ⅲ章【5】を参照してください。

▶ **チェックポイント**
再生を成功させるためには、それだけの実質を備えていることが求められます。単に経営者の希望ではなく、客観的にみて再生が可能か否かを判断すべきです。

【6】抵抗勢力の扱い方

要 旨

そもそも抵抗勢力が存在するから争いが生まれるのです。当事者次第によっては、グレーが白にもなれば黒にもなります。たとえば事業譲渡による事業再生を例にとれば、些細な手続上の瑕疵なども、ケチをつけようと思えばどのようにでも責めることができます。目を瞑れば問題にならないことを問題にするかどうかは当事者の関係次第です。法解釈論と事実は異なるものであるということができます。ここでは抵抗勢力の扱い方を整理しておきます。

1．二つの抵抗勢力

　事業再生を進めていく上で大きな抵抗勢力として二つの種類があります。一つは、株主の中の抵抗勢力で、もう一つは、債権者の中の抵抗勢力です。

（1）株主の中の抵抗勢力

　中小零細企業の事業再生にあたって株主の抵抗勢力が問題になるのは、多くの場合、親族間の骨肉の争いです。このような場合には、感情問題にまでこじれていることが多いので要注意です。感情的、敵対的な抵抗勢力が存在する場合には、後々のさらなる混乱を防ぐために、慎重な手続が求められます。

　事業譲渡にしても、重要な財産処分にしても、取締役会や株主総会の決定が求められることになります。最悪のケースは反目する二人の株主が50％ずつの株式を保有する場合です。このような場合は過半数が必要になる普通決議すらできなくなってしまいます。まして3分の2以上の賛成が求められる株主総会特別決議は望むべくもありません。何も決定できないことになり、再生も清算もできな

い、まさに死に体の会社になってしまうのです。

（2）債権者の中の抵抗勢力
　一部の債権者に強硬な者がいる場合も、事業再生を円滑に進めることが困難になる可能性が高まります。特に、取引先の一部の取り立てが執拗である場合などは要注意です。そのような先に対して、優先的に返済をすることを約定してしまった場合などは困難が一層増してきます。
　そもそも、私的整理にしても法的整理にしても、債権者は平等に扱わなければなりません。「うるさい債権者だから優先返済する」などということが認められるわけがありません。仮に個別に約定したとしても、その約定は破棄しなければならないことになるのです。そうなると、約定先は黙ってはいません。ただでもうるさい先ですので、約定を破棄するとなると一層の抵抗をしてくることが予想されます。
　このような場合に私的整理を進めるには、慎重かつ丁寧な説明がどうしても必要になります。「このままでは法的整理をしなければならない。そうなれば約定は破棄され、債権額に応じて、債権者集会で決議された再生計画で淡々と進められることになる。今ならまだ私的整理なので、より多くの返済ができるから相談に乗ってほしい」と、丁寧に説明します。それにより、うるさい債権者であっても諦めるしかないと理解させるのです。法的整理ではなく私的整理を進めることで、債権者にとっても有利な返済ができるということを説明し納得してもらわなければなりません。それでも納得を得られないのであれば、他の債権者と個別合意をするか、あるいは、法的整理により多数決で強制するしか道はありません。

2．その他の抵抗勢力

（1）同業他社
　同業他社が抵抗勢力であることは、事業再生の場面に限りません。通常の経済活動においても足の引っ張り合いは行われています。

事業再生の場面では、情報を聞きつけた同業他社による風評の流布だけではなく、金融機関にすり寄って融資を引き出し、事業再生を目指している会社の資産や事業を買い取るという動きに出ることがあります。そうなると、自力再生を目指す会社としては苦境に陥ります。多くの場合、資金力ではかなわないことが多いからです。
　銀行が同業他社に融資させて落札させた例もあります。再生を目指す企業のメインバンクが、一方で事業再生に協力する姿勢を見せつつ、他方で元気の良い同業他社に融資を行って資産を買い取らせた例は少なくありません。
　同業他社が金融機関と結託することで、さらに強力な抵抗勢力になりかねないのです。

（２）従業員
　組合が無かった会社の従業員が社外組合に駆け込んで組合員となり、労働争議が始まった例もあります。こうなるとスムーズな事業再生は困難になります。最悪の場合、金融機関の協力を得ることが困難になり、法的整理に移行することもあります。
　事業再生が行き詰まると、櫛の歯が抜けるように従業員が退職していくことが少なくありません。仕事のできる従業員が独立して従業員仲間を引き抜いたり、同業他社からのスカウトに応じて転職することも少なくありません。こうなると、事業再生を成功させるのは難しくなってきます。従業員が同業他社等の外部勢力と結託することで、さらに強力な抵抗勢力になりかねないのです。

３．抵抗勢力への対策

　必要以上に問題が大きくなり、話がこじれる前に、抵抗勢力の芽は摘み取っておかなければなりません。

（１）対立しない
　債権者との対話を怠り、対立するような関係では有利な解決は期待できません。債権者と対立したまま、債権者を出し抜くことばか

り考えているようではならないのです。第二会社で事業再生を行う場合、債権者から合意や黙認を得るということも大切になります。

　積極的な合意を得ずとも、せめて早いうちに反対する機会を作ることが大切です。後々になって大反対されるより、早い段階で問題を解決しておくほうが良い場合もあるからです。

　さらには、知らせない親切というものもあります。債権者として、知ってしまったら片付けなければならないこともあるからです。都合の悪いことを隠すとか、嘘偽りで騙すとかいう悪意の行動ではなく、事の本質ではないのであれば、わざわざ新しい問題や課題として持ち出すのではなく、最終解決に向けて前進しやすくさせてあげるという思いやりが求められることもあるのです。

（２）抵抗勢力を増やさない

　取引先からの協力も大切な要素になりますし、さらに税務当局を敵に回さないということも重要なポイントになります。

　民事再生法の再生計画でも税金は優先的に支払わなければなりません。第二会社に移行するという私的整理を進めるにしても、税金の支払いを避けては通れないのです。

　延滞税金がある場合には第二会社への融資ができない場合すらあります。というのも租税債権は様々な優先権を有している上に、国税の場合は第二次納税義務を負う可能性もあるため、せっかく第二会社を設立しても事業の継続が困難になる危険が残るからです。したがって、税金の延滞があると融資が受けにくくなるのです。

　債権者にしても税務当局にしても抵抗勢力にしないことが大切です。債権者取消権や債権者代位権を行使されたり、否認権を行使されたのでは後々面倒なことになりますし、せっかく再生した事業が頓挫するようなことがあってはなりません。

　将来に禍根を残さないようにすることがどうしても必要なのであり、そのためには延滞税は解消することが求められます。債権者に返済をするよりも税金を支払うことの方が、将来の事業再生のためには重要なのです。換言すれば、税金を未払いにすることで新たな抵抗勢力を作り出すようなことがあってはならないのです。

(3) 味方を増やす

　事業再生にあたってはできるだけ味方を増やしておくことが大切です。敵であれば問題視するようなグレーゾーンの問題であっても、敵でなく味方であれば問題にならないという例は数え切れません。味方が多いほど、事業再生は進めやすいといえます。

4．第三者の介入による決着

　抵抗勢力との関係を整理するためには、多くの場合に、第三者の介入が有効です。どちらか一方の当事者の代理人としての交渉ではありませんので、見ず知らずの弁護士よりも双方に顔がきく人の方が適任かもしれません。呼びつけたりするのではなく丁寧に回って話を重ねることが求められるからです。

　なお、弁護士法により弁護士以外は代理行為を行うことはできませんので注意が必要です。債務者の代理人として取引金融機関との間の調整を行うことは、非弁行為（弁護士法第72条）として弁護士法違反となる可能性があります。あくまで交渉は本人が行い、第三者は補佐役に徹する等の配慮が求められます。

※見方を変えれば、代理人となってしまうことで、中立的な第三者にはなれないことを意味します。債権者の立場から見ると、信頼できる専門家ではなく、警戒する相手となってしまいます。

　骨肉の争いにまで拗れた株主との関係にしても、うるさい債権者との関係にしても、債務者だけで解決することができないことが多いようです。損得勘定を抜きにして判断するような相手の場合は別ですが、そうではなく、単なる抵抗勢力であれば、丁寧に説明し、振り上げた拳を納めるための落とし所を用意することで歯車が回るようにすることは少なくありません。

▶ **チェックポイント**
白にもなれば黒にもなるグレーゾーンを、白とする味方を増やし、黒とする敵を減らすことが大切です。

【7】キャッシュフローと価値の把握

要 旨

事業再生にあたって計画の作成が重要であることは言うまでもありません。再生後の事業経営にあたっては資金繰りが大きな課題になります。特に債権放棄が伴うような事業再生では、再生後の追加融資は極めて困難な場合が少なくありません。キャッシュフローの重要性は極めて高くなるのです。また、資産価値の把握にあたっては競売やM&Aも視野に入れた検討が必要になります。ここでは価値の把握を念頭に置き、キャッシュフローの重要性を明らかにします。

再生計画が作成できたのに、債権者の合意が得られなかった場合には、一体どうすれば良いのでしょうか。ここでは基本的な考え方を示しておきます。

1．キャッシュフローがプラスであること

(1) 資金繰りが回ること

一括合意できないなら個別合意しかありません。たとえば、特定の資産を担保に持つ債権者と個別に合意することができるならば、他の債権者との合意を待たず、個別に債権者と合意して財産を移転することも考えられます。

このような個別合意型の事業再生は、資金繰りが回ることが前提になります。金融機関からの運転資金供給が止まるのですから、自己金融により事業を継続するしかないのです。たとえば、仕入れや原材料投入が制約されることになります。資金繰りが回らなければ黒字倒産となってしまうので、事業継続は困難と言わざるを得ません。

（2）キャッシュフローがマイナスの場合

　キャッシュフローがマイナスである場合、市場から退場する以外の策はないのでしょうか。たしかにキャッシュフローがマイナスであれば事業として存続価値はないといえますので、市場から退場するというのが経済合理性からの判断をした場合の結論となります。

　経済合理性の判断から離れて考えるならば、唯一の例外は私財投入による延命措置です。事業そのものから利益を生み出すことができないため、経営者が私財を投じて事業継続をするというものです。この場合、競売で得られる金額よりも低ければ競売になってしまいますし、同業者が提示する競業価値以上の投入がなければ競合業者に負けることになってしまいます。よって、競合業者が提示する金額以上を提示しなければならないことになります。

　このような方法がとられるケースとして、経営者の思い入れが強いというような非合理的な判断に基づく場合や、何らかの事情により暫定リスケを行うために時間を稼ぐ場合が考えられます。

2．清算価値・競合価値との比較

　事業を継続することで得られる利益とは、債権者の立場から見れば、多くの場合に分割回収になります。第二会社への事業譲渡の場合は一括回収になりますが、従来の経営主体が事業を継続する場合はそうはいきません。清算することによる一括回収、さらには、同業他社に事業譲渡することによる一括回収を超える金額を分割返済しなければ勝負にならないのです。

（1）一括回収と分割回収

　たとえば資産を処分することで100の一括回収が可能であり、債権者は年間の運用利回りを10％と考えているとします。この場合、債権者は担保処分をして100の現金に代えれば年間10の経済的利益を得られるということになるのです。それにもかかわらず、債務者から10に満たない分割回収しか期待できないのであれば、債権者側の経済合理性が成り立たないということになります。よって、

このような債務者からは分割回収ではなく、一括回収するしかないということになります。
　資産を処分した場合に期待できる金額はいくらなのか、さらに、適用する運用利回りはどの程度なのかはケースバイケースであり、個々の債権者によって異なります。一括回収か分割回収かについては第Ⅰ章【2】を参照してください。

（2）清算価値と競合価値
　キャッシュフローがプラスだから良いというわけではありません。清算価値、競合価値との比較が必要なのです。

ⅰ．清算価値
　清算価値とは、全ての資産を換金することを想定した価値です。現存する動産は専門業者に引き取ってもらい、実在性のない資産はゼロ評価となります。不動産の場合には、売主の協力が得られない場合を想定して競売価格で評価します。
　このように、「処分して得られる一括回収金額を債権者が想定する利回りで運用して得られる金額」と、「事業継続をする場合に返済可能な金額」を比較することになります。返済可能な金額が清算価値を下回るようであれば、残念ながら清算が選択されることになります。

ⅱ．競合価値
　競合価値とは、同業者が事業を拡大する目的で買い上げる場合の金額です。通常の取引ではなく特別の取引であり、たとえば隣の土地を購入する場合のように、価値の増加分が認められます。したがって、競売価格よりは高くなるのが多いようです。不動産鑑定にあてはめれば限定価格の概念といえます。
　新型設備を導入した町工場のような場合、不動産業者が宅地開発やマンション開発をするならば、せっかくの新型設備は邪魔になってしまいます。撤去して処分するにも費用がかかるのであり、評価額を求める際にはマイナス要素になってしまいます。しかし、同業

他社にしてみれば新型機械をそのまま入手できるので、マイナスどころかプラス評価になるという理屈です。

（３）競売価格の算出

　不動産の競売市場については特別の事情があります。売主の協力のない売買であること、事前に物件に立入ることができず引き渡しの保証等の安全性が確保されていないこと、保証金を必要とし代金も即納しなければならないこと、同時履行の関係になく引き渡しまでの期間が必ずしも保証されていないこと、さらに土地境界は原則として確定したものでなく地積も原則は公簿渡しであること等の特殊性です。これらの特殊性が売却基準価額に反映され、任意売却と比べて安い金額になるのです。実際には正常価格の３割程度減額した価格が売却基準価額として設定される例が多いようです。

　債権者にしてみれば、少しでも高く処分するために、同業者をはじめ、様々なルートで買主を探しているのです。中には、自行の取引先に融資を行い、少しでも高値で買い取らせるようなことも少なくありません。取引銀行が裏で競合相手を探しているような例も少なくありません。第二会社で資産を買い支えるということは、独特の交渉術が必要だということを肝に銘じておくべきです。

（４）競合価格の算出

　競合価格が問題になる典型的な例としては、同業他社に会社を乗っ取られる場合が考えられます。債務者が新しく設備投資をしたものの採算割れで経営が行き詰まってしまうなど、過度の設備投資で返済が不能となった場合、金融機関としては一括回収を考えるのは至極当然です。一方の同業他社にしてみれば、新しい設備を安い金額で入手できるのですから、両者の利害は一致しているというわけです。

　近隣地域で元気な同業者が存在する場合は、取引金融機関を調べるなどの対策が必要になります。業種によっては全国から同業者が集まりますので厄介な話となります。現に、不動産の開発業者が近隣地域ごと買い取り、大規模開発を行った例とか、新工場を手に入

れて業績拡大を実現した例は少なくありません。経営破綻に陥った旅館やホテルを安く購入する宿泊業の全国展開が盛んに行われたこともあります。

3．負ける戦いはしない

　清算価格にしても、競合価格にしても、自身の事業継続による返済可能額よりも高値の提示が予想される場合には抜本的な方向転換も必要かもしれません。負けることが見えてきたら条件闘争に持ち込むのです。

　撤退はやむを得ないと判断し、営業譲渡代金を増やして一部を返済に回さずに留保したり、経営に参画することで生きていく道を確保したりというような事業継続をあきらめた上での条件闘争です。この場合、保証債務の免責も条件にすることを忘れてはなりません。

　競売を妨害しても、一時的に遅らせることはできても抜本的な解決にはなりません。妨害したところで経済合理性は成り立たないのであり、債権者と話し合うことで、有利な撤退方法を探るのもやむを得ない場合もあるのです。負ける戦いはしないことが得策です。

▶ **チェックポイント**
単にキャッシュフローがプラスであれば良いのではなく、債権者が期待する一括回収額以上の分割回収額を提示することが必要になります。

【8】事業デューデリと財務デューデリ

要 旨

事業計画は実現可能性が高いことが求められます。実現性を高めるために現状維持をすれば良いというものではなく、売上を伸ばし利益を確保する必要もあります。事業計画の実態やリスクを適正に把握するために、事前に行う評価手続のことをデューデリと呼びます。このデューデリは、事業デューデリと財務デューデリに大別できます。

１．事業計画におけるデューデリ

　事業計画を作成するにあたっては、適切なデューデリを行うことが求められることがあります。このデューデリは「事業デューデリ」と「財務デューデリ」に分けられます。

※デューデリとは、投資を行う場合に投資対象の価値を把握するために、リスクの所在等を詳細に調査する作業で、デューデリジェンス（Due Diligence）と呼ばれます。近年はＭ＆Ａにあたって対象の価値やリスクを査定する作業の時に使われています。

２．事業デューデリ

「売上を伸ばし、費用を抑えることで利益を伸ばす」という事業計画の可能性を確かめるために、事業計画そのもののデューデリを行います。事業計画の実態を把握し、問題点を洗い出して改善することで確実性の高い事業計画を作成することが期待されます。
　とりわけ不良債権に区分された企業の場合、再生計画を作成するために奇抜なアイデアは必要ありません。むしろ保守的な内容であ

るほうが実現可能性は高くなるのです。再生計画には曖昧な要素を折り込むべきではなく、ハイリスク・ハイリターンの新規事業を行うのであれば第二会社で行うべきです。

　第二会社にしておけば、仮にハイリターンが得られた場合に第二会社の利益となるため、従来の会社の返済に回す必要はありません。すなわち、利益の外部流出を防止できるというわけです。第二会社の事業計画が失敗しても本体の再生計画には影響を及ぼすものではなく、保守的な計画に変更は生じないことになります。事業計画と再生計画の違いについては第Ⅱ章【10】を参照してください。

3．財務デューデリ

　財務デューデリは損益計算書と貸借対照表の実態を洗い出し、改善することを目的として行われます。資産状況の把握という観点から、必要に応じて不動産の鑑定評価も行います。特に有担保債権者との間で不動産の争いに見解の相違がある場合には有用です。

　過去と現在の決算情報に基づいて将来の計画を作成しますので、粉飾決算があると正しい事業計画が作成できません。簿外債務の不存在を明らかにするという観点からも財務デューデリは重要となります。

※M＆Aにあたっては簿外債務が無いことが重要であり、この点は売主が財務デューデリを正しく行うことで疎明することになります。買主としては事業デューデリを行うことで将来の可能性を明らかにすることができます。いずれの場合も、職業会計人としての高い信頼性は情報の非対称性を解消することに有効となります。

（1）多額の費用負担は不要

　中小企業再生支援協議会を利用すると、協議会がコンサルタントを選任することが少なくありません。その場合、コンサルタントに数百万円から1千万円もの高額な費用を支払うこともあります。中には、金融機関が選任したコンサルタントに数百万円を支払った直

後に、今度は協議会が紹介したコンサルタントにも数百万円を支払わされた例もあるくらいです。高額な費用をかけて出来上がるのは明るい未来が広がる楽観的な計画、金融機関が合意しやすいような内容の計画となることもあります。このような明るい未来を描いた計画は往々にして実現可能性が低く、現実的では無いことが少なくありません。

　無理な計画を作成しても、いずれは破綻してしまうのです。見てくれは劣っても確実な計画が望まれるのであり、正しい決算書に基づいた着実な将来計画であれば良いのであって、立派な計画書としてまとめる必要はないのです。

※着実で実現可能性が高い計画であっても、債務者の身内に資産を移転するというような露骨な第二会社方式は期待できないことが多いといえます。

　事業計画の作成のために、外部の経営コンサルタントに多額の費用を支払う必要はありません。事業計画の作成は、日頃から関与先の経営状態を把握している会計事務所の守備範囲なのであり、支援機関の中心である会計事務所こそ十分な対応ができるものなのです。

（２）実質債務超過の判定

　所有と経営が必ずしも分離されていないという中小企業の特性を勘案し、中小企業独特の形で実質的な債務超過の判定を行うことになります。この点については第Ⅱ章【10】でも取り上げます。

ⅰ．中小企業の特性

　大企業と異なり、中小企業の場合には、所有と経営が一体化している場合も少なくありません。このような状況において、法人について機械的・画一的に判断したのでは債務超過であっても、経営者が十分な資産を有している場合には、法人と個人を一体化して判断すれば債務超過の状況にないということもあり得ます。

　債務超過の判定は金融機関の自己査定においても重大な判断ポイ

ントになります。また、事業計画の作成にあたっても債務超過の解消にかかる年数が問題になります。

ⅱ．個人と法人の一体化
　法人の業績が悪化するなどの有事の際に、経営者が個人資産を提供する意思を示している場合には、個人資産も合わせて債務超過を判定します。これにより、法人単体について機械的・画一的に判断すると債務超過であり、破綻懸念先と区分されるとしても、個人と一体評価することで債務超過を脱却し、要注意先に区分されることが認められます。
　たとえば、既に一部の個人資産を処分することで法人の返済資金に充当しているなどの事実がある場合には、一体化はさらに顕著になります。
　一方、経営者が他の法人を経営している等の状況において、そちらに私財を投入する可能性がある場合や、経営者に多額の借入金がある場合などは、一体化による判定をしても債務超過を脱却するとはいえないことも予想されます。法人の債務超過の判定を機械的・画一的に行わないのと同様に、個人資産の判定にあたっても機械的・画一的に行うものではありません。

ⅲ．資本性借入金（ＤＤＳ）
　借入金の全部または一部を資本的性質の劣後ローンに転換することで債務超過の判定を有利に導くことができます。いわゆる、何年も借入金として残る部分であり「根雪」とも表現されることがあります。資本性借入金については金融検査マニュアルにおいても、十分な資本的性質が認められる場合には資本とみなすことができる旨を明らかにしています。

▶ チェックポイント

デューデリにあたり背伸びをする必要はありません。顧問の会計事務所と行えば十分なのです。あえて外部第三者のデューデリを求められるのは信頼を失っているからかもしれません。

【9】返済猶予と事業再生

> **要旨**
>
> 不良債権に対するリスケ（返済猶予）は何種類かの方法があります。もちろん、返済猶予の究極の形は債権の放棄ですが、そこまでいかなくとも、いろいろな返済猶予の形があるのです。暫定的に返済猶予に頼らざるを得ない場合もありますが、所詮、返済猶予は問題の先送りに過ぎず、最終的には適正な債務残高に圧縮する等の抜本的解決が必要になる場合も少なくありません。

　しばらくの間、リスケ（返済猶予）を前提とした返済を行い、その後は経営状況を見極めて改めて協議する方法を暫定リスケと呼びます。

　この暫定リスケが実行されている間にまとめられる計画書を「経営改善計画書」と呼び、「再生計画」と区別することもあります。

　暫定リスケは、読んで字のごとく、合意ができない場合の暫定的な時間稼ぎの面は否定できず、抜本的な解決にはなりません。暫定リスケで時間を稼いでいる間に経営状況を改善し、改めて協再生計画を推進するか、あるいは第二会社方式で本格的な事業再生を進めることになります。

1．返済猶予の態様

（1）返済猶予の種類

　リスケ（返済猶予）の究極の形は三つに大別することができます。

ⅰ．返済の猶予

　最も単純な猶予の方法です。金融機関と交渉して約定の返済を猶予してもらう方法です。返済の猶予を受けた分については、そっく

りそのまま将来において返済することになります。

　返済の猶予は大きく二つに分けられます。一つは確実な方法であり、金融機関と合意した内容で金銭消費貸借計画の内容を変更する方法です。この場合は契約内容の変更であり、債務者としては期限の利益を喪失しないことになります。不良債権は皆、この状態からスタートすることが一般的だといえるでしょう。

　期限延期は支払期日を合意により先送りする方法です。あくまで期限延期であり、その間の利息負担は回避できませんが、期限の利益を確保しておくという面で債務者には有利となります。

※金融機関としては、せいぜい数ヶ月の猶予を与える程度ですが、場合によってはそれ以上の期間について猶予をする場合があります。約定の期間はせいぜい半年から１年であり、２年の猶予は期待できないでしょう。２年後の状況は予想できないからです。

　もう一つの方法は、いわば暗黙の了解のようなもので、金融機関の「返せ」、債務者の「返せない」、のやり取りを続ける方法です。やり取りが続いている間に期限を迎えてしまうとしても、弱いかたちではあるものの暗黙の了解があれば直ちに抵当実行という事態は回避されることになります。ただし、この方法によると、金融機関は債務者の期限の利益をはく奪することになりますので、債務者としては一括返済を求められることになります。この場合にも放置してはなりません。たとえ全額が無理であっても、内入れ返済を行うことで返済の意思があることを示しておくことも必要です。

ⅱ．利息のみ支払い

　約定返済が困難になった場合に、利息のみ支払いをすることがあります。この場合、貸付金残高が減らないことになります。経営破綻の初期あるいは中期によく見られる形態でもあります。

　金融機関にしてみれば、金利を稼ぐことができますので損失は生じません。一方、債務者は利息という金融機関の利益のためだけに経営を継続することになります。元本は減らないので、その場しの

ぎにはなっても、事業再生のためには抜本的な解決策とはならないといえるでしょう。

　残高が多額である場合、支払う利息も多いということになります。当然ながら残高に利子を適用して利息を算出するわけであり、残高が多ければ利息も多くなるという当たり前の構造になっているのです。抜本的な解決のためには、負債額そのものを圧縮すべきなのです。

　返済猶予を受けたことで支払いをしなかった元本部分については、将来の返済額を増加することになります。バルーンとは風船のことで、将来の返済額が風船のように膨らむことからバルーン返済と呼ばれています。

ⅲ．金利減免

　金利減免とは約定の金利を見直し、金銭消費貸借契約の内容を変更して低い金利を適用してもらうことです。この場合、書面による合意が前提になります。この方法は正常債権についても実施されるので、必ずしも不良債権が対象になるとは限りません。

　不良債権に分類されている場合、利息ゼロで元本のみを返済している例も少なくありません。とりわけ全額回収が無理であると金融機関が判断する場合に、「いずれ貸倒損失が生じるのであれば今のうちに残高を減らしておき将来の損失を回避しておこう」というわけです。利息で稼ぐより、残高を減らして損失を減らすという発想です。残高が減れば貸倒損失を減らすことができ、さらに、不良債権残高を減らすという効果も期待できるのです。このような場合、多くは債権譲渡等の最終処分へと発展していきます。債権譲渡を事実上の債権放棄を得られるチャンスと見る立場からは、リスクはあるものの望ましい事態であるということもできるでしょう。

※様々な見方があるにしても、追加融資が期待できないならば、そのような金融機関に対してはゼロ金利返済もやむを得ない場合もあります。不良債権化して全額回収が無理な場合には、いつか債権放棄を行う時点で貸倒損失が発生しますが、利息を免除して全額を元本に充当することで不良債権の元本を減らす効果があるのです。元

本が減れば貸倒損失を減らすことができ、さらに、不良債権残高を減らすという効果も期待できるのです。利息の全額免除は金融機関にもメリットをもたらすことがあるというわけです。

（２）返済猶予は問題の先送りに過ぎない

　返済猶予を進めることにメリットがあるのでしょうか。もちろん、債務者に有利な形で返済を猶予されるのですからデメリットではないかもしれません。筆者が指摘したいのは、いつまでも返済猶予に甘えていて良いのかということです。

　そもそも、なぜ金融機関は返済猶予に応じるのでしょうか。

　債務者が立ち直ってくれれば、それに越したことはありません。金融機関としても、返済猶予を行った結果として、債務者の事業再生が成功するならば経済合理性も成り立つのであり、最も望ましい結果ということになります。

　しかし、返済猶予を行うことで事業再生が成功することは、実際には難しいことが少なくありません。以前、金融円滑化法による返済猶予が行われましたが、一体、何社が再生できたのか、筆者としては極めて疑問に思っています。

　債務者が立ち直るのを待つ一方で債権者も最終処理の準備をしているのです。将来において債務者が破綻することに備え、貸倒引当金を計上するわけです。貸倒引当金の計上を十分に行うことができたならば、債権者には二次損失が生じませんので、いつでも破綻処理ができるのです。

　金融円滑化法という法律があった３年間は、債務者にとって再生のための猶予期間であったと同時に、債権者にとっては破綻処理に向けての準備期間でもあったのです。金融円滑化法という隠れ蓑があったので、これまでは無条件に近い形で返済猶予に応じていたものの、同法の期限切れにより安易な対応ができなくなりました。金融機関は経済合理性が成り立つなら返済猶予に応じるし、そうでなければ応じないという当たり前の姿に戻ったのです。

（３）返済猶予しかない場合

　再生計画に対し、金融機関の合意が得られるのであれば良いのですが、一行でも反対すれば不成立となってしまいます。金融機関の足並みを揃えるために、メインバンクを中心にして協議が繰り返されるのであり、十分に根回しをした後でバンクミーティングを開催する等の対策も求められます。

　しかしながら、全ての金融機関の合意は得られない場合も少なくありません。このような場合、法的整理に移行することで強制的に合意してもらうことも可能性としては考えられます。たとえば、民事再生法の場合であれば無担保債権者の過半数が合意すれば成立するのですから、過半数に満たない一部の金融機関の合意が得られない場合に、法的整理に持ち込むことで強制的な合意を得ることもできるわけです。

　あるいは、暫定リスケという方法も考えられます。

　全ての金融機関が合意できるような再生計画ができるように債務者の業績が回復するのを待つために、暫定的に返済猶予を求めるという方法です。合意が得られないのであれば致し方ない方法であるということもできます。しかし、この方法をとる場合、すなわち、返済猶予を求める間は基本的には新規融資は期待できないことを覚悟する必要があります。資金的な制約ゆえに明らかに有利なビジネスチャンスも逃がしてしまう危険があるというわけです。

　このような返済猶予の弊害を避けるためには、一括合意ではなく個別合意による段階的事業再生や第二会社方式による個別再生も、必要な局面が生じることになります。

２．事業再生との関係

　銀行に言われるままに返済をしていると、いつの間にか金融機関によって返済額が異なってくる場合が出てきます。強く返済を迫る銀行に多く返済しているという例です。しかし、これは不合理です。担保付債権と無担保債権では債権の価値が異なるのであり、強く言ってくる金融機関に多く返済するという姿勢は誤りと言わ

ざるを得ません。さらに、各金融機関均等の返済も、同様の理由で正しい姿勢であるとはいえません。

　返済総額を算出し、その返済総額をなんらかの基準にしたがって按分して金融機関に返済することも行われており、この場合の基準が担保価値である場合が少なくありません。担保処分されてしまうとリースバックするための費用が発生してしまいますので、事業に必要な資産を担保に持つ債権者をないがしろにしてはならないのです。

※遊休不動産のように処分をしても良い不動産の場合は、無担保債権を基準に按分します。同じ担保でも、処分できる資産と処分できない資産では抵当権者の扱いが異なるのです。

　ただし、このように担保価値で按分する場合には、無担保債権者への返済分もいくらかを用意しなければならないという問題が生じます。さらには、担保評価の客観性を確保しておかないと、担保を有する金融機関同士の合意が得られないということにもなります。事業再生は債権者と債務者の対立に留まらず、債権者と債権者の間の対立でもあるわけです。有担保債権者と無担保債権者の扱いについては第Ⅱ章【13】を参照してください。

> ▶ チェックポイント
> 返済猶予という内科的治療が必要なのか、債権放棄という外科的治療が必要なのか、正しく見極めた上で事業再生を進めることが大切です。

【10】事業計画と再生計画

要 旨

正常債権に分類されている企業の「事業計画」と、不良債権に分類されている企業の「再生計画」は根本的に異なります。この点は極めて重要な違いなのですが、違いを見失ったままに一般の経営コンサルタントに相談して「事業計画」を作成してしまい、その計画を基に金融機関に「事業再生」の相談をし、話をこじらせてしまうという例が後を絶ちません。「事業計画」と「再生計画」が異なるということが分かっていない自称専門家が多いので注意が必要です。ここでは事業計画と再生計画の違いを明らかにします。

1．事業計画と再生計画

　金融機関に「事業再生」の協力を求めるならば、「事業計画」ではなく「再生計画」を作らなければなりません。

（1）どちらの計画を作成するのか

　借入金を減らして事業再生を行う場合、借入金を削減させるには二つの方法があることについては本書の冒頭、序章【1】で明らかにした通りです。

　一つは従来の会社がそのまま事業を継続して債権放棄を受ける方法です。この方法の場合には第二会社が必要になりませんが、従来の会社を再生させますので再生計画が必要になります。

　もう一つは従来の会社から事業を第二会社に移転する方法です。この場合は第二会社が必要になります。第二会社は新しくスタートした会社であり再生会社ではありません。したがって作成すべき計画は、再生計画ではなく事業計画ということになります。

　いずれの方法を採用するかによって、作成すべき計画が、事業計

画なのか再生計画なのかが決まります。両者を混同しないよう注意が必要です。

なお、金融機関の論理に配慮する等の事情で、形式的に第二会社を経由する場合が少なくありません。とりわけ、付け替え融資の場合が典型的です（付け替え融資については第Ⅱ章【22】を参照してください）。このような場合には、従来の会社と第二会社は形式的には別の会社であっても、実質的には同一ですので、双方を合わせる形で再生計画を作成するような例もみられます。

（２）実現可能性の違い

経営を進めるにはリスクがつきものですが、事業計画の場合はリスクの許容範囲が広がります。失敗する可能性があっても、あえてリスクを取ることで成功によるリターンを期待できるのです。

端的にいえば、正常債権による事業計画の場合は、多少のリスクを冒してでも利益の上振れを求めることが許されますが、再生計画の場合はリスクを取ることで計画の実現可能性が低くなるのは好ましくないということができます。

一方、再生計画はリスクの許容範囲が狭くなります。既に不良債権なのですから、これ以上の失敗は許されませんし、債権者にしても確実性の乏しい曖昧な再生計画よりも、たとえ収益性に劣っても安定性が高く確実な再生計画を求めるのです。このような債権者の姿勢は二次損失を避けるためにも合理的な選択だといえるでしょう。

（３）新規事業の進め方

事業計画に比べて再生計画は実現可能性が高いことが求められるという点から極論すれば、新規事業は既存の事業の再生計画ではなく新しい第二会社の事業計画として織り込むべきなのです。そうすることにより、新規事業の不安定性は再生計画と切り離すことができるだけでなく、成功した場合には利得を第二会社に内部留保することができるのです。

このような事業再生特有の考え方は、正常債権を対象とする一般の経営コンサルタントの守備範囲外であり、正しく理解していない

としても無理はないともいえるでしょう。それだけに一般の経営コンサルタントに事業再生の相談をする場合には注意が必要です。

（４）リアル・オプション
　事業計画を作成するにあたっては、どのような形で事業を進めるのか、そしてその事業はどのような戦略を採用するのか等を勘案することが求められます。その計画はできるだけ正確であり、実現可能性が高いことが求められますが、経営環境が不確実な状況において正確な計画の作成には限界が生じるのも事実です。たとえば、経営環境を保守的に見込めば評価が下回ってしまいますし、反対に楽観的に見込めば過度の評価になってしまいます。古典的な手法ですがＳＷＯＴ分析が求められるのは、経営環境の分析をできるだけ客観的に進めようとするからにほかなりません。

　不確実性の高い経営環境下での価値判断方法としてリアル・オプション（Real Option）という考え方があります。リアル・オプションは、金融工学のオプション理論を事業評価に応用した考え方で、将来になって経営環境が確定したときに、柔軟な意思決定が可能になるという特徴を有しています。現時点で将来の経営環境を仮定し価値判断を行うのではなく、段階的な経営戦略をとるというのが基本的な考え方です。当初は控えめな経営戦略をとることで、仮に経営環境が悪化した場合には撤退が容易となりますし、反対に、経営環境が良好であれば追加的な経営戦略をとることで事業の拡大を見込むことができます。

　このようなリアル・オプションの考え方は、不確実性下において事業戦略を展開するための意思決定ツールとしては有効です。反面、段階的な経営戦略をとるという考え方は、将来時点における経営環境が良化した場合と、悪化した場合に分けてとらえるため、現在価値も複数となり、上限額と下限額というような範囲評価になってしまうという問題点を有しています。これでは実現可能性に疑問が生じてしまいます。

　このように考えると、リアルオプションの考え方を事業再生にそのまま適用するのは困難なのです。ただし、第二会社で進めること

になる新しい事業に対する意思決定としては有効といえるでしょう。

２．実抜計画・合実計画

　ここでは債権者の自己査定に関連付けながら、債務者が作成する再生計画、とりわけ「実抜計画」と「合実計画」について整理します。

（１）「実現可能性の高い抜本的な経営再建計画（実抜計画）」

「実抜計画」の詳細は、「中小地域金融機関向け」および「主要行向け」の「総合的な監督指針」に次のように記載されています。
「（略）特に、実現可能性の高い抜本的な経営再建計画に沿った金融支援の実施により経営再建が開始されている場合には、当該経営再建計画に基づく貸出金は貸出条件緩和債権には該当しないものと判断して差し支えない。」

ⅰ．「実現可能性の高い」とは、以下の要件を全て満たす計画であることをいいます。
・計画の実現に必要な関係者との同意が得られていること。
・計画における債権放棄等の支援の額が確定しており、当該計画を超える追加支援が必要と見込まれる状況でないこと。
・計画における売上高、費用及び利益の予測等の想定が十分に厳しいものとなっていること。
　「実抜計画」は、暫定的なものではなく、実行するだけの状態になっていることが必要とされており、それは手堅い計画である必要があります。

ⅱ．「抜本的な」とは、概ね３年（債務者企業の規模または事業の特質を考慮した合理的な期間の延長を排除しない。）後の当該債務者の債務者区分が正常先となることをいいます。
　「３年で正常先」というのは、「３年後には債務超過を解消し、事業の規模に見合った必要な資金が借りられるような、通常の状態に戻っていること」という意味であり、「中小企業融資編」では、中

小企業の場合、大企業と比較して経営改善に時間がかかることが多いことから、「合理的かつ実現可能性の高い経営改善計画（以下「合実計画」という）」が作成されている場合には、これを「実抜計画」とみなして良い」とされています。

（２）「合理的かつ実現可能性の高い経営改善計画（合実計画）」

「合実計画」は、金融検査マニュアルに記載されており、「実抜計画」が、「要管理先」を対象としているのに対し、「合実計画」は、「破綻懸念先」を対象としています。「資産査定管理態勢の確認検査用チェックリスト」の「自己査定」によれば「ただし、金融機関等の支援を前提として経営改善計画等が作成されている債務者については、以下の全ての要件を充たしている場合には、経営改善計画等が合理的であり、その実現可能性が高いものと判断し、当該債務者は要注意先と判断して差し支えないものとする。」とされています。詳しくは次の通りです。

ⅰ．経営改善計画等の計画期間が原則として概ね５年以内であり、かつ、計画の実現可能性が高いこと。ただし、経営改善計画等の計画期間が５年を超え概ね10年以内となっている場合で、経営改善計画等の作成後、経営改善計画等の進捗状況が概ね計画どおり（売上高等及び当期利益が事業計画に比して概ね８割以上確保されること）であり、今後も概ね計画どおりに推移すると認められる場合を含む。

ⅱ．計画期間終了後の当該債務者の債務者区分が原則として正常先となる計画であること。ただし、計画期間終了後の当該債務者が金融機関の再建支援を要せず、自助努力により事業の継続性を確保することが可能な状態となる場合は、計画期間終了後の当該債務者の債務者区分が要注意先であっても差し支えない。

ⅲ．全ての取引金融機関等（被検査金融機関を含む）において、経営改善計画等に基づく支援を行うことについて、正式な内部手続

経て合意されていることが文書その他により確認できること。

ⅳ．金融機関等の支援の内容が、金利減免、融資残高維持等に止まり、債権放棄、現金贈与などの債務者に対する資金提供を伴うものではないこと。ただし、経営改善計画等の開始後、既に債権放棄、現金贈与などの債務者に対する資金提供を行い、今後はこれを行わないことが見込まれる場合、及び経営改善計画等に基づき今後債権放棄、現金贈与などの債務者に対する資金提供を計画的に行う必要があるが、既に支援による損失見込額を全額引当金として計上済で、今後は損失の発生が見込まれない場合を含む。

(3) 中小企業の特例

　債務者が中小企業ではなく、破綻懸念先相当の信用状況にあり（貸出条件緩和債権もある）、かつ、「合実計画」があった場合、「合実計画」が「実抜計画」の要件を満たしていなければ要管理先に区分され、「合実計画」が「実抜計画」の要件も満たしていればその他要注意先に区分されることとなります。このように、債務者が中小企業でない場合は、計画が「合実計画」と「実抜計画」の両方の要件を満たしている場合にのみ、その他要注意先に区分されます。

　これに対し、債務者が中小企業の場合は、金融検査マニュアル（中小企業融資編）において、「合実計画」が作成されている場合には、当該計画を「実抜計画とみなして差し支えない」とされており、「合実計画」と「実抜計画」の要件は異なるものの、「合実計画」の要件を満たしていれば「実抜計画」の要件も満たすこととなります。

　そのため、債務者が中小企業の場合で、「合実計画」の存在により破綻懸念先に該当しない場合は、要管理先に区分されることはなく、その他要注意先に区分されることとなります。「合実計画」では、計画期間が概ね5年以内で正常先となることとされているので、中小企業の場合、「3年で正常先」ではなく「5年で正常先」が許容されていることになります。

　中小企業の場合には「会社の資産」と「経営者の資産」が明確に区分されていないことも少なくありません。そこで、中小企業の特

性に合わせて会社の財務諸表を修正することが求められます。債務超過を判断するにあたっては、経営者からの借入金は会社にとっては負債であっても実質的には自己資本として考えることができ、経営者が会社に対して返済を求めていることが明らかでないのであれば純資産として考えることもできます。反対に会社に代表者への貸付金がある場合に、回収可能性が無いのであれば純資産から減じる必要があります。さらに、経営者の預金や有価証券等の流動資産及び不動産等の固定資産についても返済能力として考慮することができ、実質純資産の算定にあたっては加算することになります。

収益性を判断するにあたっては、役員に対する支払状況などを考慮します。たとえば、会社の決算は赤字であっても経営者への報酬や経営者への家賃等の支払が原因であるならば、会社の収益性を高く評価することも可能です。

（4）協議会スキーム

協議会スキームでは、再生計画の内容として、再生計画成立後最初に到来する事業年度開始の日から5年以内を目処に実質的な債務超過を解消する内容が求められています。また、協議会スキームでは、再生計画の内容として、再生計画の終了年度（原則として実質的な債務超過を解消する年度）における有利子負債の対キャッシュフロー比率が概ね10倍以下となる内容が求められています。

なお、協議会スキームでは、債権放棄等を要請する内容を含まない再生計画の場合には、上記の実質的債務超過解消年数や有利子負債の対キャッシュフロー比率の基準を満たさない再生計画の作成が許容されています。

金融検査マニュアル上、中小企業における合実計画は実抜計画とみなされています。合実計画により、破綻懸念先に該当しない場合は、要管理先に区分されることなく、その他要注意先に区分されることとなります。さらに中小企業の経営者の個人資産は法人と一体評価することで、法人の財政状態を判断することが認められていますので、法人単体では債務超過であっても一体評価によって債務超過ではないと判断することが認められています。

（５）要件に合わせた計画を作るのではない

　そもそも債務者の返済能力には限度があるのです。100の返済能力を120や150にするのは困難です。合実計画・実抜計画の要件に合わせて、120や150にしたりするのは言語道断のやり方です。実際に、そのようなインチキ計画を何度も目にしましたが、本当に困ったものです。まったく分かっていないのです。そういう「粉飾計画」を安易に作成する偽専門家もいますので注意してください。

　計画というものは、能力に合わせて作成するのです。もちろん経営努力を反映した計画であるべきですが、真摯に経営を行った結果として、先の要件を満たせれば良いのです。要件を満たさなければ、満たさないなりに暫定的なリスケをすることになります。

３．債権者の合意

　そもそも事業再生には、全ての債権者の合意が一律に得られる場合と、一部の債権者の合意しか得られない場合が考えられます。法的整理の場合には多数決の論理が働きますので、一部の債権者が反対していても数の論理で押し切られてしまいます。しかし私的整理の場合には多数決という考え方はありませんので、債権者の合意をどのようにして得るかが大きな課題となります。

　どんなに立派な合実計画・実抜計画でも債権者の合意を得られなければ事業再生は成功しません。

　債権者の合意が得られないような場合には、合意が得られる債権者と個別合意を行い、残る債権者とは暫定リスケに持ち込むという方法で難局を乗り切ることになります。このような例はきわめて多く見られます。

　金融機関の中には、「合実計画」や「実抜計画」の要件を満たしていなくても、経済的合理性が成り立つと判断して個別合意に応じる場合も少なくありません。

> **▶ チェックポイント**
> 実現可能性の高い再生計画により従来の会社が債権放棄を受けるのか、多少のリスクを冒してでも利益獲得を狙う事業計画により第二会社の飛躍を目指すのか、いずれの方法によるべきかを見極めて、事業計画と再生計画を区別することが大切です。

【11】事業計画と返済計画

要旨

実現可能性が求められる「事業計画」と、均衡性・公平性が求められる「返済計画」とは異なります。両者が相まって「再生計画」が完成するのです。「事業計画」の作成は比較的容易であっても、金融機関の論理に配慮した「返済計画」の作成は困難な場合があるかもしれません。ここでは事業計画と返済計画を取り上げます。

1．事業計画と返済計画

事業計画と返済計画は異なるものです。両者が相まって再生計画になります。

（1）事業計画

事業計画は確実性が重要な要素です。とりわけ再生企業向けの再生計画である「実抜計画」、「合実計画」の作成にあたって、より強く実現可能性が求められています。実現可能性、実抜計画、合実計画については第Ⅱ章【10】を参照してください。

（2）返済計画

返済計画は均衡性や公平性が求められます。債務者と債権者の対立のみならず債権者と債権者の対立が存在するのであり、返済計画の作成に当たっては、債権者間の均衡性・公平性に配慮することが求められるのです。

（3）事業再生はB／SではなくP／Lが重要

キャッシュフローがプラスでなければ事業再生が成立しません。キャッシュフローがプラスか否かは、P／Lの世界の話に他なりま

せん。さらに、清算価値と競合価値との比較を行うことになります。この「清算価値より多くの返済が可能かどうか」については、資産評価という意味ではB／Sの世界の話ですが、競合価値との比較については、経営成績が良いから競合価値が生まれるという意味でP／Lの話となります。

　そもそも資金繰りができなければ経営継続は困難なのであり、やはりP／Lが重要ということになります。そもそも取得原価主義に基づくB／Sは、実態と乖離しているのであり、事業再生にあたってはB／SではなくP／Lが重要なのです。

（4）両者が相まって事業再生が成功する
　会計事務所は月次業務を通して、債務者の経営成績を把握する立場にあります。したがって、P／Lを重視する事業計画の作成は会計事務所で行うことが十分に可能です。

　債務者の事業が特殊な事業であるならば、当該分野を専門とするコンサルタントを利用することも有効ですが、一般の事業であれば、わざわざ頼ることはありません。会計事務所で十分に対応可能なのです。

　むしろ困難なのは、金融機関の論理に配慮した返済計画の作成です。債権者と債務者の間の情報の非対称性を埋めるだけではなく、均衡性・公平性に配慮した返済計画を作成しなければならず、事業計画と返済計画の両者が相まって再生計画が完成するのです。

　このようにして作成した再生計画を、会計事務所がモニタリング機能を発揮して見守っていくことになります。

２．事業計画に関して

　事業計画の作成に当たっては実現可能性が高いことが求められます。奇抜なアイデアを持ちだして売り上げを拡大させるような方法をとるべきではありません。新規事業がプラスにならないならば着手すべきではなく、プラスであっても、新規事業は第二会社で実施すべきです。

（1）事業主体は第二会社にする

　事業計画を作成するにあたり、新たな事業に取り組むことがあります。新たな事業がプラスの利益を生むならば行えば良し、マイナスならやらなければ良しという判断になるのは当然です。計画がプラスなら実施すれば良いとはいえ、事業主体はどこにするか検討すべきです。

　先に実抜計画や合実計画について触れましたが、いずれの場合も「実現可能性が高いこと」が求められています。奇抜なアイデアをもとにした実現可能性が低いような計画は再生計画に反映すべきではないのです。

　換言すれば、これまで実行してこなかったアイデアを突然持ち出されても説得力に欠けるというわけです。

　本当に新しい事業がプラスになるのであれば、第二会社を事業主体にすることで、既存会社の事業計画の実現性を高めるとともに、第二会社にしておくことで、仮に大成功したとしても、その利得は第二会社で享受し、これを既存会社の債権者の分配対象にしないで済むというメリットを狙うべきです。

（2）不良債権独特の事業計画

　そもそも不良債権に関する事業価値の評価に関し、正常債権としての事業評価を行って良いのかという問題があります。過去から現在までの不良債権としての事業を基礎として、将来の正常債権として再生すると考えるのであれば、この意味において過去の不良債権としての価値を引きずることになるからです。過去から現在までの事業とは全く別の新しい事業は、わざわざ不良債権と合体して進める必要はなく、独立して遂行すれば良いのです。

　ビジネスプランの如何によって評価額に差異が生じるのは当然ですが、過去を引きずるという意味で、不良債権に基礎を置く計画は純粋な形での正常債権としての評価とは異なるものとなるのです。純粋なベンチャービジネスとしてのビジネスプランを、そのまま採用することはできない場面も考えられるのです。

（3）手堅い計画とする

　融資獲得計画と事業計画は違うことにも留意すべきです。

　融資を引き出したいがために、背伸びする場合が考えられますが、これは典型的な融資獲得計画です。少しでも経営状態を良くみせることで新しい融資を引き出したり、返済のための融資を行うというものです。

　計画実施後のモニタリングも重視されており、いい加減な計画を実施しても時の経過とともに明らかになります。事業再生にあたっては実現可能性の高い計画を作成しなければならないのです。新規事業による将来への期待は、事業計画に織り込むべきではなく、第二会社で実施することが得策といえます。

　中には許認可が必要な事業もあります。従来の経営主体が許認可を有しているのであれば、その延長で行われる事業は新事業ではありませんが、この場合も実現可能性の高い計画でなければなりません。従来の経営主体が許認可を有していないのであれば、旧経営主体が許認可を取得するのではなく、新しい経営主体で許認可を取得すべきなのです。実抜計画・合実計画について解説を加えたとおり、計画の進捗状況として8割以上であることが求められています。最初から高望みした無理な計画を立案したところで、合意形成すら難しくなることに留意しなければなりません。

3．返済計画に関して

　再生計画を策定するためには客観的かつ合理的な返済計画を策定する必要があります。債権放棄を受ける場合には、当然のことながら、債権者が納得する返済計画があるからこそ、それを上回る債務についての債権放棄が実現するわけです。

（1）返済実績確認

　過去の返済実績を確認する一方で将来の計画に基づいた返済可能額を検証します。過去の返済は必ずしも計画的に行っていたとはいえない場合も多いので、過去の実績には必ずしもとらわれるもので

はありません。既に将来の事業計画が完成しているのであれば、いくらの返済が可能であるかを検証することから始めます。

（２）金融機関別返済計画

返済可能な額を各金融機関別に配分する必要があります。各金融機関へ過去の返済額が計画的でなければないほど、この作業は難航します。返済総額に限りがある中、各金融機関の担保設定状況が異なるため、まさに取り合いの状況になるわけです。単に債権額で按分すれば良いというものではありません。

たとえば各金融機関の残高を有担保・無担保に分けた場合、有担保分は債権放棄を受けるわけにはいきませんので優先的に返済するとし、無担保部分について一律の債権放棄を受けることが考えられます。債権者間の配分調整が返済計画を作成する上では最も難しいと言っても過言ではありません。

事業継続に必要な不動産に抵当権を設定している債権者がいる場合、「不動産で担保されている部分は債権額から控除して、無担保の債権額で按分する」という考え方は誤っています。なぜならば、無担保の債権額で按分したのでは抵当権者による競売を誘発する危険があるからです。このような場合は、無担保債権額ではなく債権総額で按分することが基本的な考え方であるということになります。

一方、不動産が事業継続に必要なものではなく処分しても良い場合（遊休不動産）、「不動産で担保されている部分は債権額から控除して、無担保の債権額で按分する」という考え方を採用することも可能です。抵当権者が競売処分をしても「事業継続に必要ではない」ので問題ないということになります。有担保債権者と無担保債権者の調整に関しては第Ⅱ章【13】を参照してください。

このように、返済計画の作成は複数の債権者間の対立を、いかにして調整するかという問題に他なりません。債務者と債権者の対立ではなく、債権者と債権者（債権者間）の対立であるということを理解することが必要なのです。

▶ **チェックポイント**
借りた金は返さなければなりません。換言すれば、返せる範囲で借りなければならないのです。返済計画が不十分な事業計画は成立しないことに留意すべきです。

【12】計画書の中身

要 旨

再生計画とは企業を再生させるための計画です。したがって、企業が再生を必要とする状況にあることが前提になっています。これに対し、事業計画は企業を経営するための計画であり、たとえ経営状況が順調であっても、さらに発展させるという観点から必要でもあります。両者に内容の違いはありますが、計画書としての中身には最低限押さえておかなければならないポイントがあります。ここでは計画書の中身について整理しておきます。

1．数値の計画

　計画書に表れた数値からは経済合理性があると判断されたとしても、その数値が信頼するに足るものであるか否かは別の問題です。金融機関の信頼を得るためには、事業計画にしても再生計画にしても理解しやすく明瞭なものであると共に、客観性、実現可能性、妥当性があるものでなければなりません。

(1) 明瞭性
　明瞭性の部分では、要点を単純明快に示すことが必要になります。すなわち、現時点を含めたこれまでの状況を明らかにした上で、将来の計画をしっかりと説明するものでなければなりません。

(2) 客観性
　なぜその計画数値になるのかを客観的に示す必要があります。たしかに経営者であれば長年の経験から、将来の数値を予想することは可能でしょう。しかし、自分自身を納得させる事業計画と異なり、再生計画は他人を納得させるものですので、誰が見ても納得するよ

うな客観的な根拠のある数値でなければなりません。たとえば、業務部門別、店舗別等々に数値を示し、その積算値をもって再生計画とする等の配慮が必要です。さらに、数値の算出にあたっては、原価率などの比率も検証することで異常データを排除することが必要です。

（3）実現可能性

　数値算出の過程が客観的なものであっても、その予測結果が実現可能でなければなりません。これまで、売上高が微増であった企業が、急に売上を倍増させるような再生計画を策定しても、実現可能性が乏しいと言わざるを得ないでしょう。

　将来の予測については次のような手法がありますので、できるだけ客観的に実現可能な数値を導出する必要があります。たとえば売上の予測を行うにあたり、各手法を併用して三通りの予測を行い、それぞれの差が生じた理由を分析することで客観性を高めることができることになります。

ⅰ．販売実績に基づく予測

　過去の実績を基に、平均法、最小自乗法、移動平均法等々の統計手法により予測する方法です。この方法はあくまで過去の実績の延長線上で判断するものですので、営業拠点の変更・増減等、過去の事情が変更される場合にはあてはまらないという問題があります。

ⅱ．市場占有率に基づく予測

　市場全体の予測を行い、その予測結果に自社の占有率を乗じて求める方法です。たとえば、旅館の宿泊売上を予測するにあたって、まず温泉地全体の観光客数を予測し、その結果に現在の占有率を乗じて宿泊客を予測する場合などが挙げられます。自社の市場占有率を楽観的に見ないように注意する必要があります。

ⅲ．担当者の経験に基づく予測

　日頃から市場の事情に精通している担当者の経験により予測する

方法です。あくまで、これまでの経験、すなわち過去の実績に基づく予測ですので、将来の事情変更に留意して予測することが求められます。

（4）妥当性

　再生計画は客観的、実現可能なものであることが必要ですが、計画全体としての妥当性がなければなりません。計画の妥当性は時間の経過とともに明らかになるということができます。無理のない計画であれば、1年後、2年後になって達成状況を検証するときになっても大きな乖離が生じないはずです。反対に計画が妥当なものでなかった場合には、計画と実績との間に大きな乖離が生じ、その時点で見直しを余儀なくされます。換言すれば、妥当性とは将来時点で起きる問題を回避することであるともいえます。先に明らかにした通り、再生計画においては返済計画が重要であるとの観点から、返済額を確保する目的で無理な売上を見込んだり、無理な経費節減効果を見込んだりすることは誤っていると言わざるを得ません。

（5）具体性

　債権放棄を受けてまでも会社を再生するのは、事業を継続することで収益計上が期待できるからに他なりません。したがって、再生計画における収益計画は再生の前提になる重要な位置付けにあります。

　予測数値は客観的であり実現可能なものでなければなりません。従来は売上高が横ばいに推移していたにもかかわらず、急に売上を倍増させるような再生計画を策定しても、実現可能性が乏しいと言わざるを得ないでしょう。売上を伸ばすという再生計画であるならば、その根拠を示さなければなりません。「従業員が一丸になって売上を倍増させる」等の単なる決意表明では話になりません。

　将来の予測手法は過去の販売実績や市場占有率に基づく予測、担当者の経験に基づく予測等を組み合わせて客観的に作成しなければならず、営業拠点の変更・増減や事業の統廃合等、過去の事情が変更される場合には変更が及ぼす影響も明示すべきです。

増収・増益が理想ではあるものの、当初から無理な計画を立てて、後日になって下方修正することは避けるべきです。
　再生計画は単に企業の現状を明らかにするのではなく、これまでの状況を示しながら現状を明らかにし、次に今後の計画を示すことになります。すなわち、現在という一点を明らかにするのみならず、過去からの時間の流れの中で現状を分析することで、将来の計画へとつなぐわけです。
　このようにして明らかになった会社の実情を踏まえ、将来どのように再生していくのかという計画を作成します。具体的には経営者は交代するのかしないのか、組織は縮小するのかしないのかといった経営体制・組織に関する計画、どのような事業展開を進めるのかといった事業の計画、必要な資金をどのように手当てするのかといった資金の計画、債権者にはいつ、いくら返済するのかといった返済の計画を明らかにしなければなりません。
　当然ながら、業種毎に異なる事業特性を反映した形での再生計画であることが求められますが、共通して押さえるべきポイントには大差がありません。仮に私的整理が不調に終わり、民事再生法などの法的整理に移行した場合にも、きちんとした再生計画であれば流用することが可能です。

２．経営体制・組織の計画

（１）経営体制

　ここで明らかにしなければならない問題として経営者の責任があります。私的整理により再生を目指すメリットの一つに、経営者が交代しないで済むことという面があるのは事実ですが、だからといって経営者が一切の責任をとらないのでは債権者としては合意できない場合が多いといえます。
　経営者が引責する形で、たとえば代表取締役から会長職や相談役に退くとか、取締役の人数を減少させるとかの形をとることが無難でしょう。もちろん、計画終了後、あるいは計画途中において、一度離職した経営者が復職することが許されないわけではありません。

あくまで、再生計画の中だけの形式的なものであるにしても、何らかの形で従来の経営者が引責を表明しておくことが望ましいといえるでしょう。

なお、経営者責任が特に問題になるのは、従来の会社がそのまま債権放棄を受ける再生計画の場合です。従来の会社が債権放棄を受けるのではなく、第二会社方式により第二会社が事業計画を作成する場合には、そもそも第二会社と従来の会社は別法人ですので経営者の責任は無関係ということになります。

※ただし、旧経営者が引責することを条件に第二会社への事業移転を認めることもありますので注意してください。特に付け替え融資の場合に見られます。肩代わり融資と付け替え融資については第Ⅱ章【22】を参照してください。

(2)組織計画

組織計画の中では部門や事業所の統廃合を明示します。一般に遊休資産の処分、業務の効率化のために拠点が廃止される場合が多く見られます。勿論、統廃合だけが良いわけではなく、事業展開において確実に必要な積極策であるならば新しい組織を作ることも検討されるべきです。しかし、資金計画とも絡んできますので、再生計画における組織の積極展開は極めて慎重であることが求められます。安易な計画に基づいた積極展開をする余裕があるならば、多くを返済すべしとの金融機関側の思惑もありますので、積極展開は難しいと理解しておくべきです。

組織計画において部門や事業に変更がなされる場合には、新体制に合わせた表示を行うことになります。部門別、事業所別の数値を表示するにあたって、従来の組織における表示と新体制での表示とでは乖離が生じるわけですので、きちんと説明できるようにしなければなりません。

さらに、関連会社の整理を行う場合も想定されます。関連会社は繰越欠損を抱えている場合が多く見られますが、この場合には関連会社整理損のように一時的な特別損失を計上することになりますの

で、決算に与える影響を見極めつつ、損失が生じる整理を実施する時期を計画的に決定しなければなりません。

3．資金計画

(1) 必要資金

　事業継続をする以上、必要な運転資金を捻出しなければなりません。債務の免除を要請する状況においては、多くの場合に提供する担保はなくなっています。したがって、新規の融資を受けることは極めて困難な状況にあります。この場合には、手持ちの流動資産を現金化して回転させるか、経営者個人が調達するしか道はありません。

　主力銀行が積極支援してくれる場合には、設備資金は別としても運転資金の供給を続けてくれる可能性があります。この場合は、将来収益を担保として借入調達を行うことになります。

　主力銀行が運転資金の供給に踏み切ってくれれば、他の金融機関も比較的安心して再生に協力してくれることが多く見られます。したがって、再生計画を策定するにあたっては主力銀行との十分な調整を行っておく必要があります。

(2) 資金繰り

　どのように立派な再生計画であっても、日々の資金繰りがしっかりしていないと資金ショートという事態に陥りかねません。資金ショートにならないように収入と支出を対比させて資金の動きを管理するために資金繰り表を作成します。

　経常収支と財務収支に分ける他、再生計画では特別損益の金額が大きいので、特別損益も別に表示することが必要です。これにより経営活動と財務活動を区別することができ、再生計画が一層明瞭に示されることになります。

4．自分ではなく他人を納得させる

　事業計画においてよく用いられる指標として各種の経営指標があります。経営指標は、いわば健全な企業の経営のための目安になるものの再生計画の役には立たないこともあります。というのは、公表された決算書が実体を正しく示していない場合があるからです。
　借入金を例にとれば、再生を必要とするような企業の場合は期限の利益を喪失している場合が多く見られます。財務諸表上では固定負債に計上されていても、実際は流動負債たる負債になっているのです。したがって、たとえば流動負債の比率を公表された財務諸表から判断したところで、実際の不安程度を把握できないわけです。このような観点から、再生を必要とするような企業の場合は経営指標をそのまま判断材料にすることはできないのです。
　経営指標の改善を目的にする事業計画は、いわば経営者が自分を納得させるための計画ですが、事業計画であれ再生計画であれ、対外的に示される計画の場合は、自分のみならず債権者たる他人を満足させる内容でなければならないのです。
　債権放棄を受けて再生を目指す場合は、不良債権化した企業が再生を目指すのであり、それは再生計画に他なりません。しかし、第二会社方式で再生を目指す場合の事業計画は再生計画ではないという側面も有しています。なぜならば正常債権として、いわば新しく出直すわけですから、創業にあたっての事業計画としての性質が強いというわけです。もっとも、母体が従来の会社なのですから、再生計画としての側面も払拭できないところに第二会社方式の特徴があるということもできます。

▶ **チェックポイント**
どんな計画書であっても自己満足のための計画ではなく、他人を納得させられる内容の計画であることが求められます。

【13】有担保債権者と無担保債権者

要旨

同じ債権者でも担保を有している債権者と、無担保の債権者では回収行動に差が生じます。担保を有する債権者は「債務者が返済を怠った場合に担保から回収すればよい」というだけの話ではないのです。ここでは事例を設定して担保の有無による回収行動の違いを考察します。

1．有担保債権者の扱い方

　担保を持つ債権者（有担保債権者）と、担保を持たない債権者（無担保債権者）がいる場合を想定します。この場合、債務不履行に陥った債務者から回収を行う場合、どのように配分するのでしょうか。
　不動産を売却して回収した部分は有担保債権者に配分し、余った部分、あるいは不動産に無縁の部分は全ての債権者に配分します。全ての債権者とは、無担保債権者だけではなく、不動産からの回収ができなかった（売却額が少なかった）債権者も含まれます。すなわち、不動産の売却額が有担保債権者の債権額を超えるか否かで配分方法は変わってきます。

（1）売却額が債権額を超える場合

　この場合は、売却代金が有担保債権者の債権に優先的に配分されます。これにより、有担保債権者は回収を終えることになります。売却代金の残余の部分と不動産に無関係の部分は、残っている無担保債権者に配分されることになります。具体的には、無担保債権者の債権残高の比率に応じて配分します。

（２）売却額が債権額を超えない場合

　この場合も、売却代金が有担保債権者の債権に優先的に配分されます。有担保債権者も債権残高が残り、以後は無担保債権者と同列に扱われます。売却代金の残余はありませんので、不動産に無関係の部分を残っている無担保債権者に配分されることになります。具体的には、無担保債権者の債権残高の比率に応じて配分します。

（３）実際に売却をしない時点で配分

　不動産がすぐに売れるとは限りません。不動産の売却前に、不動産に無関係の部分を配分する場合が少なくありません。このような場合は、将来における不動産の売却額を想定し、この金額を基にして、前（１）と（２）を判断して配分します。

２．一部返済額の配分事例

　債務者が一部返済を行った場合の配分額を事例に基づいて考察します。ここでは下表のような事例を想定します。

	残高	残高シェア	抵当権設定額	担保評価額	無担保	無担保シェア
債権者Ａ	１億円	66.7%	①１億円	８千万円	２千万円	28.6%
債権者Ｂ	４千万円	26.7%	②５千万円	ゼロ	４千万円	57.1%
債権者Ｃ	１千万円	6.6%	ゼロ	-	１千万円	14.3%

　債権者Ａの残高は１億円で、第一順位の抵当権で全額が保全されています。担保評価額（回収見込額）を８千万円と仮定します。１億円の残高のうち８千万円が有担保債権となり、残額２千万円は無担保債権になります。

　債権者Ｂの残高は４千万円で、第二順位の抵当権で全額が保全されています。担保評価額（回収見込額）は８千万円ですので、全額が第一順位抵当権者Ａに配分されますので、債権者Ｂへの配当はなく、残高４千万円全額が無担保債権となります。

債権者Cの残高は1千万円で、抵当権はありません。残高1千万円全額が無担保債権となります。
　各債権者の債権残高を残高総額で按分した比率である残高シェアは、債権者Aが66.7％、債権者Bが26.7％、債権者Cが6.6％となります。
　さらに、各債権者の無担保債権残高を無担保債権総額で按分した比率である無担保シェアは、債権者Aが28.6％、債権者Bが57.1％、債権者Cが14.3％となります。
　債権者Aは残高総額は最高額の1億円ですので、残高シェアは66.7％と過半数となりますが、担保8千万円を回収した後は2千万円となり、無担保残高シェアは28.6％へと低下します。

（1）残高シェアで按分するのか無担保シェアで按分するのか
　返済を延滞しており、既に期限の利益を喪失している債務者が、1年分の弁済額として総額100万円を提示した場合、各債権者にどのように配分するのでしょうか。この時、100万円を残高シェアで按分するのか、無担保シェアで按分するのかという点が問題になります。
　残高シェアで按分するならば、債権者Aは66.7万円、債権者Bは26.7万円、債権者Cは6.6万円になります。無担保シェアで按分するならば債権者Aが28.6万円、債権者Bが57.1万円、債権者Cが14.3万円となります。
　残高シェアで按分すると、債権者Bと債権者Cは、「債権者Aは担保から回収できるのだから無担保シェアで按分すべきだ」と主張するかもしれません。一方、無担保シェアで按分すると、債権者Aは「それなら担保不動産を処分する」と主張するかもしれません。

（2）事業継続に必要な不動産の場合
　担保不動産が事業に必要なものである場合、たとえば製造業の工場、小売業の店舗を想定します。事業継続に必要であるわけですから、不動産を処分することは回避しなければなりません。無担保シェアで按分すると、債権者Aは「28.6万円を受け取るより、競売処分

で8千万円を一挙に回収しよう」と判断し、競売を申し立てるかもしれません。

　すなわち、債権者Bと債権者Cが事業を継続させるべきと判断しているのであれば、債権者Aが反対するような無担保シェアでの按分は採用できず、残高シェアによることになります。残高シェアで按分すると、債権者Aは66.7万円を受け取ることになりますので、債権者Aはこの金額を受け入れるか、あるいは担保を処分するかを比較考量することになります。

（3）事業継続に必要でない不動産の場合

　担保不動産が事業に必要でないものである場合、たとえば遊休不動産の場合を想定します。事業継続には必要ないのですから、不動産を処分しても大きな問題になりません。よって債権者Aが競売するリスクは問題になりませんので、無担保シェアで按分することも選択肢としてあり得ます。債権者Aが「28.6万円を受け取るより、競売処分で8千万円を一挙に回収しよう」と判断した場合は担保処分の道が選択されることになります。

3．いくつかの問題点

（1）別除権の評価と配分額

　抵当権等の担保物件を有している債権者は、担保の対象を処分した額を他の債権者に優先して受け取ることができます。現実に処分したのであれば、担保権者に優先するだけです。

　問題は、別除権の対象を予想額で把握する場合です。たとえば、抵当権が設定されている不動産を市場で売却する場合、売却金額を予想することになります。予想した売却金額を債権額から除いて別扱いにするのです。その上で、残った額を他の債権者と平等に按分するのです。

　ⅰ．評価が高い場合

　予想した売却額が高過ぎた場合、たとえば8千万円と予想した

のに、7千万円でしか売れなかった場合です。このような場合、結果的に無担保の配分が多くなってしまいます。既出の表にあてはめれば、担保回収額を8千万円で無担保債権を2千万円としたものの、実際は担保回収額が7千万円ですので、無担保債権は3千万円で評価すべきだったということになります。

　無担保債権が3千万円であれば37.5％となりますが、既に無担保債権は2千万として配分額28.6万円を受け取っていますので、有担保債権者としては、別除権の対象となる不動産の評価額を高く評価することは不利だったということになります。

ⅱ．評価が低い場合
　予想した売却額が低過ぎた場合、すなわち8千万円と予想したのに、9千万円で売れた場合です。このような場合、結果的に無担保の配分が少なくなってしまいます。既出の表にあてはめれば、担保回収額を8千万円で無担保債権を2千万円としたものの、実際は担保回収額が9千万円ですので、無担保債権は1千万円で評価すべきだったということになります。

　無担保債権が1千万円であれば16.7％となりますが、既に無担保債権は2千万円として配分額28.6万円を受け取っていますので、有担保債権者としては、別除権の対象となる不動産の評価額を高く評価することは有利だったということになります。

（2）無剰余の場合は競売を申し立てない
　無剰余とは抵当権の対象から回収が得られない場合です。既出の表の場合、第二順位抵当権者である債権者Bの抵当権は無剰余となります。抵当権が無剰余の場合、その抵当権者が競売を申し立てても裁判所の職権で競売は取消されてしまいます。競売には100万円近くの費用がかかるのですが、無剰余で競売が取消されたら費用が無駄になってしまいます。無剰余取消については第Ⅲ章【10】を参照してください。

　したがって、既出の債権者Bは事実上、競売を申し立てることができないことになります。

（3）ハンコ代

　抵当権抹消料のことを俗語でハンコ代と呼びます。100万円とも10万円ともいわれていますが、金額に算出根拠はなく、話し合いで決定することになります。債権残高の数％を求めてきた例がありますが、この例は多額に過ぎる例といえるでしょう。

　そもそもハンコ代は、無剰余であって配分が期待できないような抵当権を抹消するためのものです。先順位抵当権者の債権が全額回収できないから無剰余抵当権が出現することになります。というのは、仮に先順位抵当権が全額回収できるのであれば、後順位抵当権にも剰余が出ますので、もはや無剰余ではないからです。無剰余とは剰余がないことであり、すなわち先順位抵当権が全額回収できない場合に他なりません。

　そもそも先順位抵当権者は全額回収ができないのですから、ハンコ代を事実上負担するのは先順位抵当権者ということになります。不動産の売却代金の中から、ハンコ代を後順位抵当権者に支払い、残りを先順位抵当権者が受け取ることになります。

　競売になれば無価値に過ぎない抵当権を、競売ではなく任意売却で処分するにあたり、後順位抵当権者に抹消をしてもらうのです。換言すれば、任意売却を競売と比較した場合の価値の増加分が抹消料の上限ということができます。その任意売却がどれだけ重要なのか、すなわち、競売に比べて許容可能なハンコ代の額を見極めて、全債権者の間で調整することが求められます。

（4）全債権者の関係を把握する

　担保の有無だけではなく、担保権の順位や設定額の多寡で全体を把握しておかないと、目的の担保物を巡る対策を立てられないことになります。この点、既述の「担保評価一覧表」を利用することで全体の把握が容易になります。「担保評価一覧表」については第Ⅰ章【7】を参照してください。

4．債権者の回収方針による影響

　一部返済をどのように配分するかという問題は、受け取る債権者の回収方針により影響を受けます。

　担保不動産を処分することで8千万円の一括回収が見込める場合、その債権者の期待利回りが1％であるならば、年間80万円の分割回収が求められます。期待利回りを下回るのであれば分割回収を受けるより、一括回収を指向することになります。

　既出の事例の場合、債権者Aは8千万円の一括回収が見込まれます。そこで、債権者Aの期待利回りが、1％であれば80万円の返済が求められます。この時、残高シェアで按分した額である66.7万円を提示しても話はまとまらない可能性が高いといえます。期待利回りで運用した額を下回るからです。

　この期待利回りは債権者によって異なります。債権回収を本業とする投資家やサービサーは比較的高利回りであることが一般的です。なぜならば、彼らは資金を調達して債権を購入し、運用することで利益を得ているからです。この点については第Ⅰ章【6】を参照してください。

　換言すれば、事業再生の成否は債権者次第で決まるのであり、債務者の自助努力では如何ともし難いのです。事業再生は、経営者の「運が左右する」側面があるのです。

▶ **チェックポイント**
担保物の評価額次第で各債権者への配当額が決まります。事業再生にあたって必要になる資産を確保するためには、担保権の有無だけではなく、順位や設定額等の全体像を把握しなければなりません。

【14】返済能力の把握

> **要 旨**
>
> 当事者の一方だけが情報を持ち、他の当事者が知らない場合、正しい判断に基づいた取引が難しくなります。これが情報の非対称性の問題です。債権者と債務者は、返済を巡って利益が相反する関係になりますが、たとえば債務者の返済能力をとれば、債権者としては「本当はもっと返済できるのではないか」という漠然とした疑問を感じているのは当然のことです。なぜならば、債務者は自分のことなので全てを知っているのに対し、債権者は外から推測することしかできないからです。両者の間には情報の非対称性が生じているため、返済能力に関する正しい情報を共有しないと事業再生を成功に導くのは困難なのです。

　英語で不良品のことをレモンと呼ぶことがあります。皮の薄い桃やチェリーと異なり、皮の厚いレモンは外から見ただけでは中味がわかりません。

　たとえば、古いレモンと新しいレモンがあるとします。買主は情報を知らないため、取引に際して良否を完全に判定できない状態になります。品質の異なるレモンが同一の価格で取引されるとすると、情報を持っている売手は、自分のレモンが市場価格よりも価値があり、市場価格が低いと思うならば、売らずに保有し続けることになってしまいます。したがって、市場に供給されるレモンは、その価格で売ってもよい程度の品質だけになってしまい、質の良いレモンは市場に供給されなくなってしまうのです。

　このように、情報の非対称性があるために中味がわからず、その結果、不良品が横行して市場が失敗してしまうという現象のことを「レモン市場の原理」と呼び、これは立派な経済用語です。このような不都合を防ぐために、第三者による内容保証制度などが用意さ

れているのです。

１．情報の非対称性と交渉の決裂リスク

　金融論の世界では、融資取引にあたって情報の非対称性が存在するのは常識です。情報の非対称性が存在することを前提として、メインバンクシステムとか、リレーションシップバンクシステムといって、金融機関が債務者の情報を少しでも多く把握することで、情報の非対称性を緩和するべしと説かれているのです。

　不良債権になると、話は一層深刻です。

　たとえば債務者が「当方の返済能力は年間で100が限度です」と主張したところで、債権者に「いや、年間で120は返済できるはずだ」と言われたのでは話がまとまらないというわけです。債権者が債務者の実際の返済能力を過信したがために、まとまる話もまとまらなくなってしまうのです。まさに、「情報の非対称性」ゆえの悲劇です。

　貸付金の返済にあたって、債権者が納得する返済額は債務者の返済能力内にあるとは限りません。債権者は債務者の返済能力の限度を知らず、債務者は債権者が受忍できる下限値を知らないからです。

　債権者は債務者の努力水準を把握できず、よって返済額を把握できないため、債権者の要求は、時として債務者の能力を超えたものとなり、交渉決裂を招くことになるのです。

　債権者が債務者の返済能力の上限値を超える要求をすると、債務者は返済できないので破綻してしまうというわけです。言い換えれば、破綻するかどうかは、債権者の要求如何にかかっているのです。債務者としては債権者が過大な要求をしないように、真の返済能力を債権者に理解してもらうことが大切なのです。

２．短期返済能力と長期返済能力

債務者の返済能力とは何でしょうか。この返済能力は、二つの返済能力に分けてとらえることができると思います。一つは、たとえば1年間でいくら返済できるかという短期的な返済能力です。もう一つは、〇年間でいくら返済できるという長期的な返済能力です。

（１）短期返済能力

一般的に、会社の会計期間は1年ですので、ここでも短期的な返済能力は1年としてとらえることにします。そうなると、長期的な返済能力は年間返済額×年数としてとらえることになります。

もし、債務者が1年に獲得できる利得の全部を債権者に返済するとしたら、債務者はヤル気が起きないかもしれません。債務者にも何らかの配分があるからこそ、ヤル気が起きるのです。だからといって、多くの配分を債務者に与えたのでは、債権者が黙っていません。そこで、どこで折り合うかという問題が生じることになります。

（２）長期返済能力

ところで、年間返済額×返済年数で求められる長期の返済能力は、まさしく返済期間の長短により左右されることになります。この返済期間を決めるのは債権者の自由なのです。なぜならば、債務者には返済義務があるのですから、全額を返済するまで継続しなければなりません。たとえ何十年かかろうが、債権者が受け入れる限り返済する義務を負うのです。

しかし、たとえば全額返済に100年以上かかるような場合に、100年間も債務者が返済に追われるようでは、債務者のヤル気が起きないのも無理のないところです。ヤル気が起きなければ、短期返済能力が下振れしてしまうため、結局は長期返済能力も下振れするというジレンマに陥ってしまうのです。

※債務者のヤル気を確保することを「インセンティブを与える」と

いうように表現します。債権者の事情を勘案しながら個別合意をすること（合意の個別化）と、債務者の利得を確保するために返済期間を有期化すること（返済の有期化）が解決策として有効になります。この点について筆者は『不良債権をめぐる債権者と債務者の対立と協調』と題してミクロ経済学の視点から論文をまとめ、2011年に経済学の博士号を取得しています。論文についてはファーストプレスから出版していますので、興味のある方は参考にしてください。

（3）予期した返済能力を上回る場合

　返済猶予が行われる条件として、予期した返済能力を上回った場合には超過分を返済に回すというケースもあります。一方、債権放棄を受ける場合には、予期した返済能力を上回った場合に超過分を返済に回すということはありません。債権放棄を受けた時点で債権額は確定しているからです。

　第二会社方式も同様です。そもそも別会社ですから返済義務もないわけです。仮に予期した返済能力を上回った場合には、超過分を繰り上げ返済することで早期に返済を終了させることも可能ですが、確定した債権額が増額されることはありません。

3．過去の実績と将来の計画

　一般に、「自己証明は証明にあらず」といわれます。債務者が「私の返済能力は100です」と「自己証明」したところで、債権者が、「はい、そうですか、わかりました」となるはずがありません。債権者を納得させる材料が必要なのです。提出した資料に粉飾がないことを明らかにすることが必要なのです。

　過去の決算数値が正しくないと現在の決算数値も疑わしいということになります。過去と現在の延長が将来であることから、将来の計画値の信憑性も疑わしくなるのです。粉飾決算をしているのであれば、直ちに訂正し、正直に事実を打ち明けるべきなのです。まさに会計事務所の活躍が期待されるところです。粉飾決算の修正については、第Ⅲ章【3】を参照してください。

4．古典的手法であるがＳＷＯＴ分析が必要な理由

　ＳＷＯＴ分析は、評価対象企業の強み（Strength）、弱み（Weakness）、機会（Opportunity）、脅威（Threat）について検討することで、それぞれの頭文字をとってＳＷＯＴ分析と呼ばれています。強みと弱みはその企業の内部環境を表し、機会と脅威は外部環境を表しており、ＳＷＯＴ分析により事業の優劣や特性を把握することで、見積られるキャッシュフローの合理性を検証することが可能になるというわけです。経営者にとっては、改めて経営環境を見直して経営戦略を立てられますし、債権者にとっては経営者が提示してきた計画書の背景を把握できることになります。いわば、債務者と債権者の双方にとってメリットがあるのです。

　ＳＷＯＴ分析を通じて事業計画の実行可能性を検討しても完全な将来予測は困難ですが、ＳＷＯＴ分析さえしないで計画を作成しても、説得力に欠ける我流と判断されても致し方ないでしょう。

　将来のキャッシュフローが合理的に見積られているかどうかを分析するためには、事業を取り巻く経営環境について正しく理解することが必要なのであり、そのためには古典的であるもののＳＷＯＴ分析が求められているということができるのです。現に認定支援機関向けのマニュアルに掲げられている事業計画の雛型においてもＳＷＯＴ分析が採用されています。

※一部の無資格者・無学者の中には、ＳＷＯＴ分析を否定する向きもあります。しからば、それに代わる手法は何なのかと問いかけたいところです。ＳＷＯＴ分析は古典的ですが、我流よりは遥かにマシであり、万人に受け入れられるものであるといえるのです。

　同様に、債務者が営む事業をＧＯＯＤ部門とＢＡＤ部門に区別し、ＢＡＤ部門を縮小・売却・清算する方法は、古典的とはいえ有意義な方法であるといえます。債務者の返済能力に関わる情報を債権者と債務者の間で共有し、事業を取り巻く経営環境を正しく理解した上で事業計画を作成することが求められます。

小難しい理論や複雑な方法が求められているのではありません。むしろ単純でわかりやすい事業計画が求められているのです。奇抜なアイデアに基づいた曖昧な計画よりも、手堅い計画が求められていることに留意すべきです。

5．返済能力の正確な把握

最近は債務者の事業再生に関する理解も深まってきました。

一昔前は「サービサーに債権が譲渡されたが、債権の10％程度で話がつくというようなことを聞いたが本当でしょうか」などという相談が少なくありませんでした。

全くの誤解です。結果的に、あるいは平均すると債権総額の10％程度になるというような情報を読みちがえたのでしょう。

一般的に債権の価値は次の二つのアプローチで決まります。すなわち、返済実績からみた返済予測と担保価値からみた回収額です。前者はＰ／Ｌ（損益計算書）的な観点であり、後者はＢ／Ｓ（貸借対照表）的な観点です。

この両者の合計で債権の価値は決まるのです。たとえば年間1千万円の返済が可能であれば、その何年分かがＰ／Ｌ的価値です。また、担保があり、時価が1億円ならばそれがＢ／Ｓ的価値です。この合計が債権の現在価値であるというわけです。

その債権総額が10億円であろうが20億円であろうが、債権の現在価値には関係ありません。債権総額と債権の現在価値は別次元の話なのです。債権の現在価値が、債権総額の何％になるかは無意味な議論というべきであり、むしろ、債務者の返済能力を正確に把握することが求められるのです。

> ▶ **チェックポイント**
> 債権者が債務者の返済能力を正しく把握できない点は、事業再生における合意形成の難しさの根本的な問題点です。債務者のヤル気を引き出し、返済能力を最大化する合意形成が求められます。

【15】無理な再生計画

> **要旨**
>
> 実際の数値ではなく偽りの数値を基に、無理な計画を作成する例が少なくありません。そのような計画を作成することの弊害は何なのでしょうか。ここでは無理な計画に焦点をあて、なぜ、そのような計画が作成されるのか、どのような計画を作成すべきなのかを整理することにします。

1．達成できない再生計画

（1）なぜ、背伸びした計画が作られるのか

　無理な再生計画を策定し、金融機関に提出する例が少なくありません。無理な再生計画を策定するケースは、二つに大別することができるでしょう。

ⅰ．債務者主導の無理な再生計画

　一つは、銀行には詳細を伏せる形で背伸びした再生計画を作成する場合です。これは新しい融資を引き出すために、無理な計画を策定する場合が典型的な例です。少しでも経営状態を良くみせることで新しい融資を引き出したり、他行への返済のための融資を求めるというものです。

　実際には新しい事業への融資が行われるわけでもなく、下手をすれば「偽の決算書により融資を引き出した」という詐害行為により詐欺罪が成立するおそれすらあります。きわめて危険な行為だと思います。

　新規の融資ならともかく、「借りて返す」ということの繰り返しをしていたのでは、いつまでたっても残高は減りません。新たな事業を進めるわけでもないのに、背伸びした計画書を提出するのは、

無駄な抵抗をしているようなものです。

ⅱ．債権者主導の無理な再生計画
　もう一つは、銀行の指導により背伸びをした計画に誘導された場合です。これは一昔前、不良債権の処理が急がれていた時代には散見されました。本来ならば、もう少し悪い査定をしなければならないのですが、そうなると貸倒引当金を多額に計上しなければならなくなります。そこで、銀行が主導する形で背伸びした再生計画を策定し、債務者を少しでも良く見せて、程度の軽い不良債権を装っていたのです。
「銀行主導で計画を作らされた」「銀行が紹介したコンサルタントが作成した」「バブル期の計画と大差ない計画を出さされた」等々、およそ達成不能な内容の計画が見られます。なかには、「銀行が勝手に計画を作ってきて判だけ押した」という中小企業もあります。
　共通しているのは、「無理な内容だが、再生できることになっている」というところです。そのような計画の内容を見ると、再生のためには超長期の返済期間が必要であり、「とてもでないが提出した計画の達成は無理」というものです。「そんな計画が実現するならば、今のような状況には至らなかっただろう」というような内容です。笑い話にもなりません。
　このような銀行主導の背伸びした再生計画が、金融円滑化法のもと「再生可能な債務者を救うため」に返済猶予に応じたという形で復活していました。返済猶予をするために明るい未来像を描く必要があったのです。金融円滑化法は債務者の再生に名を借りた、債権者の不良債権処理のための準備期間という側面を持っていたのです。この点については、拙著『どうしたら銀行に債権放棄をしてもらえるか』（ファーストプレス刊）に詳述してあります。

（２）達成できない計画は無意味
　債権者主導で無理な計画を作ったのか、債務者主導で作ったのかは別として、無理な計画は期間の経過とともに達成できないことが発覚してしまいます。

背伸びしたところで不良債権化した先に新たな融資は行われません。そうであれば、早いうちに事実を告知することで不良債権化していることを公表し、貸倒引当金を多く計上するように誘導すべきです。貸倒引当金が多ければ債権放棄がしやすくなるからです。偽りの計画を基に「債務者区分を要管理先に留める」のではなく、真の計画を基に区分を「破綻懸念先に格下げする」ことで貸倒引当金を正しく計上するように誘導し、債権放棄に向けて準備を進めるというわけです。

　債権者に対して事実を正しく伝えることから不良債権の解消に向けて、金融機関との交渉が始まると言っても過言ではないでしょう。無理な計画を提示するなどということは、事実を正しく伝えていないという点でまったく無意味なのです。

　このことは過去において粉飾決算を行った場合も同じです。

　在庫で調整して売上を伸ばしたり、あるいは、評価損を立てずに資産のままにしておいたりと、粉飾の仕方は様々でしょうが、金融機関としては薄々気づいている場合が多いのです。経営者の定性評価は下がりますが、それを正直に告白することは、過去は事実ではなかったが現在と将来は正しく処理していることを裏付けることにもなります。だからこそ、過去の過ちは正直に告げるべきなのです。ただし、正直に告白すれば常に免罪符を得られるわけではありませんので誤解のないように注意してください。

（3）言い訳が繰り返される

　一番初めに求められる利益である営業利益は、本業の利益であり基本となる利益です。極論すれば、本業の利益が出ないのに存在価値があるのかということにもなります。だからといって、収益を高く、費用を少なく計画したところで偽りの利益でしかありません。偽りの利益、希望的計画では再生は無理なのです。以前、筆者が金融機関で回収責任者として接してきた計画の中には、このような計画が少なくありませんでした。

　無理な計画を策定した経営者は「来年は少し下がりますが、再来年は今年の水準に戻り、さらに再来年は今年を上回ります」と説明

します。ところが翌年になるとまた同じ説明をします。これを何年か繰り返すと、グラフのような形になります。まるで鳥の羽根のように見えます。そこで、筆者は鳥の羽根計画と呼んでいます。あくまで筆者の造語ですから、世間一般では通用しませんのでご注意ください。

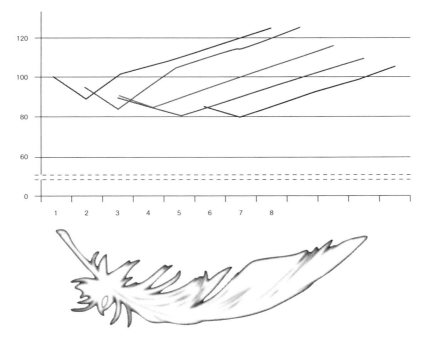

折れ線グラフを重ねると、
まるで鳥の羽根のように見えます。

　無理な計画は、時の経過とともに破綻してしまいます。毎年、言い訳を聞かされる金融機関としては、「ああ、またか…」ということになります。このような計画を提示され、「はいそうですか。では返済を猶予しましょう」などということにはならないのです。
　ときどき見受けられる例ですが、金融機関への返済のために他の金融機関からの借り入れを進める経営者がいます。新規の借入を行って、その資金を他の金融機関の返済に回すのです。このとき、

資金使途を偽ったり、粉飾決算を行っていたりすることも少なくありません。まさに自転車操業であり、行き着く先は破綻です。

　他の金融機関から借り入れを繰り返し、言い訳を繰り返さなければならないような経営者が、金融機関の債権放棄を取り付けるのは困難を伴います。なぜならば新たな金融機関にしてみれば、他の金融機関の肩代わりをさせられた上に、債権放棄を求められるのでは踏んだり蹴ったりということになるからです。他から借りて返すというような中途半端な金融機関対策は、次代に禍根を残すことになるという典型例です。

２．無理な再生計画はなぜ問題なのか？

（１）返済猶予のための再生計画

　たとえば売り上げを大きく伸ばしてみたり、あるいは、経費を大きく減らしてみたり、なかには、その両方で超健全企業になる計画すらみられます。

　このような達成不能な計画をそのまま提出して良いのでしょうか。融資を引き出すためとか、返済猶予を認めてもらうためといった理由で、達成不能な計画を作成し提出することがみられます。このような取り組みについて筆者は否定的であります。

　新規の融資を受けられるならばともかく、達成不能な計画でお茶を濁したところで単なる時間稼ぎにしかなりません。新たな融資をしてもらえるわけでもないのですから、むしろ達成可能な範囲で計画を作成し提出することで、真の返済能力を提示するべきなのです。

　たとえば返済能力を偽り達成不可能な多めの返済をすることで10年で完済するとの計画を策定したとしましょう。しかし、実際は10年どころか50年以上かかるというような事例です。

　このような場合、背伸びをして10年で返済するとしたところで、1年後には化けの皮が剥がれて、再計画の策定となるのは目に見えています。1年の時間稼ぎに過ぎないのです。時間稼ぎをしている間に債務者が再生できるならば、まだ良いかもしれません。しかし、債務者の再生が目的ではなく、その間に債権者がせっせと貸倒引当

金を計上し、債務者の破綻に備えているとしたら本末転倒です。債務者としては実際に達成可能な計画を提出し、完済には50年以上かかることを提示すべきなのです。

（２）債務者ではなく債権者が判断すること

計画が実態を正しく表しているならば、債権者としては、完済まで50年を待つか、あるいは一括回収を目指すかの判断をすることになります。この場合の一括回収とは、たとえば10年分の融資を行う別の金融機関を利用して10年分の回収を行い、残余を放棄するというものです。

前例に当てはめるならば、債務者から「このままでは全額返済に50年かかる。10年分の返済をするから残余を放棄してくれ」と求めたり、あるいは、「全額返済に50年かかることを隠して10年で完済する」との偽の計画書を提示してはなりません。「このままでは全額回収に50年かかる。しからば、10年分の一括回収で満足することとし、残余は債権放棄をするか……」これは、債務者ではなく債権者が判断することなのです。

最近は、このあたりを見失っている事例が増えています。債権回収の何たるかを知らない偽専門家が、場当たり的な対応をしている例が多いのは困ったものです。

債務者が努力しないとなると債権者のためにもなりません。債務者の利得の一定部分を債権者が取り上げるとすると、債務者は努力水準を減らしてしまい、努力を減らした結果、望ましい返済能力が実現できなくなってしまうのです。感覚的に、わかりやすく言い換えるならば、「せっせと努力しても、どうせ債権者に持っていかれるのなら、馬鹿馬鹿しいから努力するのはやめよう……」ということになってしまうのです。この、「債務者のヤル気」の問題については第Ⅱ章【14】を参照してください。

※ミクロ理論経済学において、債務者のヤル気に関する論点は「ホールドアップ問題」として議論されます。専門的になりますのでここでは省略しますが、興味のある方は、拙著『不良債権を巡る債権者

と債務者の対立と協調』(ファーストプレス刊)の第4章の2.2. を参照してください。

　何らかの形で、債務者のヤル気を確保しなければならないのであり、たとえば債権者が納得した債務者の返済能力による利得の全額を、債権者が納得した期間に渡って債権者に全額を与えるという方法が考えられます。永久に返済を続けるとなれば債務者のヤル気が失われてしまいます。このように、「回収期間の有期化」が、債権者と債務者の双方の利得を最大にするために望ましい方法となる場合もあるのです。

> ▶ チェックポイント
> 債権放棄を伴う事業再生を行うのであれば、背伸びした無理な計画を作ることは逆効果です。

【16】資産を譲渡する

要 旨

第二会社方式による事業再生にあたっては、資産だけを移転する資産譲渡、資産と営業権を移転する事業譲渡、業績が順調な部門を独立させる会社分割、会社の経営権自体を移転させる会社譲渡などが行われます。ここでは第二会社方式のうち資産譲渡による方法を紹介します。事業を継続するために必要な資産のみを譲渡する方法で、最も単純な方法であるといえます。収益用不動産を第二会社に移す場合が典型例です。

1．営業権を含むか資産だけか

　全く別の会社を新設し、その会社が新規融資先を探し出し、資産を買い受けるということは、あくまで「第三者たる別法人」に売却することになります。その第三者たる別法人から当該資産を将来時点で買い戻す、あるいは当該法人自体の経営権を取り戻す等の方法で事実上、資産が外部へ流出することを防止することが可能になるわけです。

　ところで、資産には営業権もあります。

　不動産のような資産だけではなく、営業権を含めて事業全体を第三者に譲渡するのであれば事業譲渡として位置付けられます。さらには、会社ごと売買することで事業再生を実現することもあります。

　資産譲渡にしても事業譲渡にしても、形式的には第三者たる別法人に一度売却し、売却代金で従来の会社の債務を返済する必要があります。そして第二会社で事業を継続し、将来時点で資産を買い戻すか、あるいは会社ごと経営権を取り戻すという戦略を立てることになります。

　両者はともに対価を支払い売買を行うという点で共通しています

が、異なる点は、売買の対象が個々の資産なのか、あるいは広く事業全体なのかという点です。

2．P／L（損益計算書）的視点で資産を譲渡する

　第二会社方式のうち資産譲渡による方法は、全くの第三者たる別法人が不動産のような純資産を譲り受けるものです。広い意味では事業譲渡も資産譲渡の一態様ですが、事業譲渡の場合は経営成績に着目し、P／L（損益計算書）的視点で営業権を含んだ事業全体の譲渡であるということができます。

　資産を譲渡するという手法を採用する場合、現金融機関に対しては、「第三者に資産を売却し債務を返済した結果、売却すべき資産もなければ返済する原資もない」ということで残余の債務をサービサー等に無価値債権として債権譲渡をしてもらい、そのサービサー等から債権放棄を取り付けることになります。第三者たる別法人は、そのまま第二会社を経営することで事実上の債権放棄を達成することになります。

　典型的な例としては事業資産の買い支えを挙げることができます。

　多額の借入を行って建設したものの、その後の家賃下落で返済不能になってしまったような事例です。このような場合に、建設当時の借入額全額を返済するのは不可能という例は数え切れません。完済までに50年以上もかかってしまうのも珍しくありません。そのような超長期の返済を避けるため、第二会社で資産を買い受けるのです。

　自用の建物も同じです。

　収益を生まないというマイナスがありますが、そのまま貸家にしたり、あるいは取り壊して再開発もあり得るのです。いわば賃貸を想定することで収益に基づいた価格を試算することができることになります。

　自用の建物を第二会社で買い支える場合、社宅という形にしてしまいます。従来どおり住み続けるのですが、不動産の所有者が法人になりますので、住民は賃借人という立場に変わることになります。

もっとも、現実に収益を生まない以上、自用を目的として不動産を第二会社で買い支えるという場合の優先順位は劣ると言わざるを得ません。
　このような場合には、生前相続を兼ねて実子が買い支える例も多く見られます。もちろん、実子といっても成人し融資を受けられることが前提です。いわば、親の資産を子が安く買い受けるというものです。このような場合、住宅ローンのような低金利のローンを利用することが多いようです。

3．資産をいくらで評価するか

　資産を譲渡するとして、いったいいくらで評価するのかが問題になります。債権者にしてみれば少しでも多くの金額を求めるでしょうし、反対に債務者にしてみれば少しでも少ない金額を求めるでしょう。まさに正反対です。

（1）安い価格
　そもそも資産の価格とは何でしょうか。他ではいくらいくらで取引されているから、この資産もいくらいくらだろうというのは必ずしも当てはまりません。転売目的で仕入れるのであればともかく、わざわざ第二会社を作ってまで資産を買い支えるのは、「他に比べて安いから」だけではないはずです。
　重要なのは収益価格と呼ばれる価格の概念なのです。
　すなわち、その資産が将来において獲得するであろう収益の価値を見極め、その金額を現在価値に割り引いた価格というわけです。いわば、将来収益獲得能力こそ資産の価値だということになります。
　収益不動産の場合を例に考えてみます。この場合、収益すなわち、家賃で返済できる範囲が適正な価値だといえるのです。家賃を返済に回す場合に借入可能な額が、その資産の価値となります。第二会社を作ってまで資産を確保するのは、他に比べて安い価格で買い支えることができるからだけでなく、将来収益の獲得が期待できるからに他なりません。

(2) 高い価格

ところで、たとえば隣接不動産を買いたい人は通常の価格よりも高い価格で購入したいと思う場合があります。これを不動産鑑定では限定価格といい、正常価格と区別しています。どうしてもその不動産が欲しい人にとっては、正常な価格よりも高く購入することもあるでしょう。このように、不動産の価格が高く設定される場合は少なくありません。

反対に、売主が売り急ぐ場合などには安い価格での取引が行われます。この場合に、あまりに安い価格で取引すると低廉譲渡と認定されて寄付金認定を受ける危険もありますので注意が必要です。このような危険を回避するためには、たとえば、固定資産評価額、路線価などを参考に安い価格を設定するのが無難でしょう。

(3) 有利な価格

このように、不動産売買の価格には高い価格と安い価格が存在するので、この差をうまく利用することで、第二会社により不動産を買い支え、利益を得られることもあるのです。

不良債権の処理にあたって資産を譲渡する場合には、ある意味で限定価格に近い状況にあるということができます。というのも、不動産の売買が従来の会社と第二会社の間で行われるという意味で市場が限定されているからです。かかる不動産取引が行われることを一般の人々が知らない間に、売買が進められるわけです。あたかもインサイダー取引を行うようなものです。

市場に出る前の取引であるので、買主には圧倒的に優位なはずです。有利な条件だからこそ買い支えるわけです。逆に言えば、有利な条件でなければ買い支える意味はないということになります。

(4) 費用は控除する

保証金が支払われている場合（所有者が受け取っている場合）は、その金額を不動産の価値から控除して価格を把握します。たとえば不動産の価値が1億円である場合に、保証金が1千万円であれば、不動産の価格は9千万円ということになります。

不動産を譲渡する場合に保証金を控除しないと、新所有者はリスクを抱えることになってしまいます。というのは、仮に新所有者に不動産が移った直後に入居者が退去することになれば、新所有者は1千万円を負担しなければならなくなるからです。これでは不動産を1億1千万円で購入したも同然となってしまいます。よって保証金の1千万円を控除した9千万円で取引を行うのです。

　修繕費も同様です。すぐにでも必要になる修繕費は取引価格から控除すべきです。そのためには過去の修繕実績が参考になります。実査を行い、必要となる修繕箇所を洗い出すことも大切です。

　違法建築も同様です。消防署の適マークが得られないような場合は、是正するための費用が掛かります。消防署から指摘事項を受けているような場合も、改善のための費用が必要になります。

　違法箇所を是正する費用を忘れてはなりません。建築確認書が取得できるかどうかという点も適法性を推測できます。さらに未登記不動産については登記も必要になります。未登記のままでは抵当権を設定できませんので融資確保ができないからです。

４．融資を確保する

　第二会社に資産を譲渡するということは資産を売却するという取引行為です。したがって、贈与でなく売却であれば金銭の授受は不可欠な要素になり、これに必要な資金を調達しなければなりません。

　抵当権が設定されている資産は多くの場合に事業継続に必要であるため、無担保部分の借り入れを棒引きにすることが目的であるならば、抵当権のついている資産だけは対価を支払って抵当権を抹消してもらわなければなりません。

　抵当権消滅請求制度を利用することにより抵当権を消滅する方法も考えられますが、債権者が納得する金額を支払うことや債権者に自発的に抵当権抹消を行ってもらうことが得策です。そのためには新しい債権者から融資を受けることが必要になります。最近は第二会社での再生が一般的になってきましたので、再生計画がきちんと策定できるのであれば融資を受けることは難しくありません。要は

キャッシュフローが回るかという点が重要になるのです。
　通常は、全く別の金融機関が第二会社に対する融資を行います。
　甲社がＡ銀行から借入を行っている場合に、その資産を第二会社である乙社に移す場合を想定します。この場合、乙社への融資はＡ銀行ではなくＢ銀行が行うのが一般的です。しかし、第二会社となる乙社は正常債権になりますので、Ａ銀行が融資することもあるのです。
　Ａ銀行にしてみれば、甲社への不良債権が消え、さらに乙社への正常債権が増えるわけですから一石二鳥というわけです。このような付け替え融資を行うか否かは、それぞれの金融機関の考え方次第です。必ずしも全ての場合に当てはまるものではなく、むしろ、当てはまらない場合の方が多いのが実態です。
　このようにＡ銀行自身が融資を行う場合には、比較的多額の付け替え融資が行われる傾向があります。もちろん、その場合には融資期間が長期になるので、債務者にとって毎年の返済額は大差ありませんが、長期の返済を余儀なくされるという意味では不利になるというべきでしょう。つまり債務者の立場からは、付け替え融資を当てにするのではなく、できるだけ新規融資を確保することを目指すのが賢明だということなのです。

5．金額の合意を得る

　第二会社に資産を移すにあたっては、現在の債権者に担保抹消の承諾を得る必要があります。合意額を債権者に支払うことで担保を抹消してもらうわけです。
　あくまでも債権者の合意を得ることが必要なのであり、債権者を欺くことは詐欺として違法行為になりかねません。詐害行為は厳に慎まなければなりません。
　たとえば、先にも触れたように、親族ではない第三者を形式上の代表者にすることで第二会社を全くの外部の会社であるようにしておく配慮が必要になる場合もあります。債権者を欺いているのではなく、形式上、無関係を装っているに過ぎないのです。

▶ **チェックポイント**
資産譲渡と事業譲渡は第二会社方式による事業再生の基本形となりますので、十分に理解しておく必要があります。

【17】事業を譲渡する

要旨

第二会社方式による事業再生にあたっては、資産だけを移転する資産譲渡、資産と営業権を移転する事業譲渡、業績が順調な部門を独立させる会社分割、会社の経営権自体を移転させる会社譲渡などが行われます。ここでは第二会社方式のうち事業譲渡による方法を紹介します。単なる資産のみならず事業全体を譲渡する方法で、資産価値との差額が営業権として評価されます。超過収益力が認められる事業の再生に採用される方法です。

1．資産譲渡と事業譲渡の違い

　資産譲渡とは全くの第三者たる別法人を設立し、この法人が資産を譲り受けるものですが、事業譲渡は「一定の事業目的のために組織化された有機的一体として機能する財産（事業財産）の譲渡であり、譲受人が事業活動を承継し、譲渡人が 21 条の競業避止義務を負う契約である」と定義されています。すなわち、個々の資産ではなく、資産と営業権を含めた事業全体（あるいは一部）を第三者たる別法人に譲渡するものです。

※会社法が制定される前は、一般の商人だけではなく会社についても「営業譲渡」という用語が使われていました。会社法制定後は、一般の商人が営業を譲渡する場合には「営業譲渡」、会社については「事業譲渡」として、両者を区別します。

　総資産がマイナスとなっていても、どこの仕入先や得意先と、どんな条件で取引していて、市場に発展性があるのか、銀行は協力的か、技術力があるか、生産設備能力は優れているか、等々の点で優

れていれば会社の価値は低くありません。このような会社の価値が営業権（暖簾ともいいます）といわれるものです。

会社を買う側からみれば、時間と労力、さらには危険を冒して新規事業や技術開発を行うよりも、技術力や営業ノウハウのある企業を買収して企業の支配権を獲得することは魅力ある方法であるといえます。

売る側としても、営業権、人材、開発投資を少しでも高く買い取ってもらうことで債務を解消できることが期待できます。

単に資産だけではなく、事業全体を譲渡することに資産譲渡と事業譲渡の違いがあります。事業全体を譲渡するということは関連する資産のみならず、関連する負債も移転することになります。換言すれば、譲渡する事業に無関係な資産と負債は従来の会社に残すことになるのです。これが本来の事業譲渡の姿です。事業譲渡の制度を活用することで、売る側には負債だけを残し、他の全てを買う側に移してしまおうというわけです。もちろん買う側の第二会社は自分で用意するわけです。

２．利害調整

事業譲渡は譲渡人と譲受人の間の取引行為により成立します。あえて債権者の合意を得る必要はありません。反対株主の株式買取請求を認めるなど株主保護の規定はありますが、債権者保護の規定は存在しないのです。債権者としては法人格否認の法理や詐害行為取消権といった一般条項を基に争うしか道はないのです。

しかし、現実には債権者を無視することはできません。なぜならば、多くの場合には抵当権付の不動産などが存在するからです。かかる抵当権を有する債権者を無視して事業譲渡を行ったとすれば、ただちに競売申し立てなどの法的整理に移行されるおそれが出てきます。したがって、事業譲渡には債権者保護規定がないとはいえ、事実上は債権者の意向を無視することはできないのです。

事業譲渡により会社の再建を図る場合に問題となるのは次の三つに大別することができます。

ⅰ．譲渡会社と譲受会社間の利害関係の調整

　譲渡会社と譲受会社間の利害関係の調整とは競業避止義務を課すかどうか等の形で問題になりますが、本書で想定している場合とは、第二会社を作り、事業譲渡の手続を利用して事業継続を図る場合です。よって、譲渡会社と譲受会社は事実上一体であり利害関係の調整は生じないということができます。

ⅱ．株主に対する利害関係の調整

　株主に対する利害関係の調整は、反対株主の株式買取請求、株主総会の決議の瑕疵等の形で問題になります。しかし、中小企業の場合は同族企業である場合が多く、株主総会にしても書面上で開催した記録だけ作っておくような場合が大半ですので大きな問題にはならないのが一般的です。

ⅲ．債権者に対する利害関係の調整

　最大の問題は、債権者に対する利害調整ということになります。会社法上、事業譲渡に関しては債権者保護規定が存在しませんが、法人格否認の法理、詐害行為取消権といった一般条項からの抵抗は十分に予想されますので、債権者の利害関係を全く無視した形での事業譲渡は得策ではないということになります。

３．事業に必要な資産と負債の譲渡

　事業譲渡にあたっては営業権だけではなく、事業に必要な資産と負債の譲渡も問題になります。

（１）資産の譲渡

　事業継続に必要な商品なども移すことが一般的で、実際の経営に必要なものをソックリ移すことになるのです。

　これは債権者による差押えを回避する効果を生むことにもなります。

　さらに、買掛金と売掛金も引き継ぐことが多く、商品は原価、そ

れも破格で移すことになります。商品を安値で移すことで事業を引き継いだ会社には利益が出るわけです。
　営業権代金や動産の代金を一括支払いしなければならないという決まりはありませんので、分割払いとすることも可能です。
　端的に言えば、商品を破格の条件で引き受け、代金は売れたら払うというわけです。再生に絡んだ事業譲渡の場合には譲受人が有利な条件となります。有利だから事業を引き継ぐのです。

（２）負債の譲渡

　不良債権と区分されてしまったような企業の場合、債務超過の状態に陥っています。このような状況で、事業に必要な資産と、これに対応する負債を第二会社に移転するということは、従来の会社は債務超過のまま残されることになります。
　すなわち第二会社は資産と負債が等しくなり正常債権化されますが、従来の会社は債務超過の状態が悪化することになります。従来の会社は清算の方向で整理することになります。会社の清算については、第Ⅲ章【５】を参照してください。

４．契約

　事業譲渡を行うにあたって、事業譲渡契約と資産譲渡契約を分けて契約します。
　たとえば事業譲渡にあたって不動産も移転するとします。この場合に、事業譲渡契約の中で不動産売買は別紙の通りとしておき、事業譲渡契約とは別に不動産譲渡契約を締結するのです。
　事業譲渡契約書からは不動産譲渡契約の存在を確認できますが、その内容は分かりません。内容を把握するためには不動産譲渡契約を確認することになります。
　一方、不動産譲渡契約書からは事業権譲渡がなされていることを把握できません。あえて把握する必要もありませんし、そもそも、不動産譲渡は事業譲渡の一部として事業譲渡に含めてしまうことができるのです。

この観点からは、不動産の担保権者である債権者には不動産譲渡契約書を元に担保の抹消を求めることになります。債権者としては納得する金額を受け取れれば良いわけです。当然ながら不動産譲渡が行われたことを明らかにすることになるのですが、このためには不動産譲渡契約書があれば良く、わざわざ事業譲渡契約書を提出する必要はないのです。

5．その他の留意点

（1）許認可を得ること

　事業を引き継ぐ第二会社は、事業を行うにあたって必要な許認可を得る必要があります。せっかく第二会社に事業を譲渡しても、許認可が得られなければ事業を継続できないことになります。会社分割の場合には許認可を継続できる場合がありますが、事業譲渡の場合には、新しい第二会社が改めて許認可を得ることになります。

（2）融資を確保すること

　事業譲渡に関わる債権者の意向としては、通常の場合、一括返済を求めると予想されます。端的には、新規融資先から第二会社が事業譲渡代金を調達し、従来の会社に事業の譲受け代金として支払い、従来の会社が旧融資先に一括返済するというシナリオです。新規融資先を調達できるのであれば、まさにベストシナリオということができるでしょう。

　このような新規融資先が確保できない場合はどうしたらよいのでしょうか。かかる場合には、旧融資先が事業譲渡代金を第二会社に融資することも考えられます。金融機関にしてみれば、融資の付け替えに過ぎませんが、不良債務者たる従来の会社への不良債権が、正常先たる第二会社の正常債権に生まれ変わるわけですので、金融機関にとっても美味しい話なのです。このような融資の付け替えは、残念ながら一般的ではありません。しかし、現実にこのような形での事業譲渡も行われていますので、きちんとした再生計画を金融機関に提示し、粘り強く交渉する価値はあるといえるでしょう。

ただし、同一金融機関での肩代わり融資の場合、従来の会社への融資額が多くなる傾向がありますので注意が必要です。その分、融資期間も延びますが、引き継ぐべき借入金の金額も多く誘導されるというわけです。多額の借入金を引き継ぐことが付け替え融資の条件にされることが少なくないのです。

　全く新しい金融機関から融資を受けて第二会社が独立することが望ましいところ、抵当権の抹消金額等に折り合いがつかないとなれば、今までの金融機関に付け替え融資を頼むことになります。

（３）営業権

　資産のみを譲渡するのではなく事業全体を譲渡する方法が事業譲渡です。金額でとらえるならば、事業価値と資産価値の差額が営業権となります。

　それぞれの価値をどのように把握するかが問題になります。この点、資産価値は不動産鑑定や第三者たる専門業者の見積もりなどが考えられます。製品、半製品は、未だ外部に売却できてはいませんので、売却価値ではなく原価で把握することになります。事業価値はデューデリを行い、客観価値を把握することになります。

　営業権は計算で求めた価値であり、実体があるわけではありません。擬制資産として、５年で償却することになります。償却による節税分は内部留保することが理想ですが、事業再生においては債権者への返済原資に回されることが一般的です。営業権については第Ⅱ章【20】を参照してください。

（４）商号続用者の責任

　第二会社に資産や事業を譲渡するのは自由ですが、債務の移転には債権者の個別的同意が必要となります。債務者が変更になるのは債権者にとって重要な問題なので個別の合意が求められているのです。個別合意が要件である以上、さらなる保護は不要なので債権者異議手続が置かれていないのです。

　ただし、野放しになっているわけではなく、商号を続用する場合、または、会社が債務引受けの広告をした場合は、債権者の利益保護

のため譲受会社にも請求ができるとされています（22条1項、23条1項）。これが商号続用者の責任です。詳しくは第Ⅳ章【6】を参照してください。

▶ **チェックポイント**
無担保債権者への配分原資を確保するために営業権を認識し、資産譲渡ではなく事業譲渡の形態をとる場合もあります。

【18】会社を分割する

要旨

第二会社方式による事業再生にあたっては、資産だけを移転する資産譲渡、資産と営業権を移転する事業譲渡、業績が順調な部門を独立させる会社分割、会社の経営権自体を移転させる会社譲渡などが行われます。ここでは第二会社方式のうち会社分割による方法を紹介します。資産譲渡や事業譲渡が「取引行為」であるのに対し、会社分割は「組織法上の行為」であるという違いがあります。含み損益がある場合、許認可問題により事業譲渡ができない場合などにおいて会社分割が採用されます。

　会社分割とは株式会社または有限会社が、事業内容の全部または一部を自社の事業内容から分割して別の会社とする方法です。事業再生における会社分割は、ある事業を他社に引き継がせて自らはその事業活動から手を引くというものであり、会社の分割というよりは事業の分割といったイメージです。

　会社分割は事業を他社に承継させるものですから、他社に対して事業用の資産や保有する権利をいくら譲渡しても、それが事業でなければ会社分割とはなりません。この事業とは、単なる資産や権利の集合ではなく、一定の事業目的により組織化された有機的一体としての機能的財産でなければなりません。それは単なる物または権利の集合体ではなく、それらのものが組織化されて、それ以上の価値を持つことになるのです。

１．分割の態様

（１）分社型と分割型

　分割の仕方としては、事業を承継する会社の株式を分割会社が所

有する形の分割を分社型（物的分割）と呼び、分割する会社の株主が事業を承継する会社の株式を取得する形の分割を分割型（人的分割）と呼び区別しています。さらに、事業を承継する会社を新設するのか、あるいは既存の会社に吸収させるのかの別により、新設分割と吸収分割に区別しています。つまり下表のように大きく4種類に区別されることになります。

種類	分割型（人的分割）	分社型（物的分割）
新設分割	分割会社から分割した事業を新設会社に移し、当該新設会社の株式を分割会社の株主に割り当てる	分割会社から分割した事業を新設会社に移し、当該新設会社の株式を分割会社が保有する（分割会社の子会社となる）
吸収分割	分割会社から分割した事業を吸収会社に移し、当該吸収会社はその株式を分割会社の株主が保有する	分割会社から分割した事業を吸収会社に移し、当該吸収会社はその株式を分割会社が保有する

　会社分割制度を利用して会社を再生するといっても、再生にあたって核となる事業部門があればこそ会社の分割に同意する債権者が出現するのであり、核となる事業部門がない場合や、あるいは、核となる事業部門があっても適切な再生計画を策定できない場合は会社分割の道を選ぶことはできないことになります。このような場合は、会社分割に限らず、そもそも第二会社方式による再生が困難であるということができるでしょう。

(2) 分割会社と承継会社
　会社を分割した場合に、事業を受け継いだ企業のことを「承継会社」と呼びます。一方、事業を譲った元の企業のことを「分割会社」と呼びます。不良債権に区分された企業が会社を分割し、再生すべき事業を承継会社に移して再生し、その他の非採算部門を分割会社に残して清算する場合が典型的な例となります。

ｉ．株主との関係
　会社分割により会社の事業が承継会社に引き継がれます。会社分

割は組織法上の行為として株主に重大な影響があるため、株主総会の特別決議事項とし（804条1項）、事前事後の情報開示を要求し、反対株主の株式買取請求権、新設分割無効の訴えを認めています。

ⅱ．債権者との関係

　会社債権者にとっては債務者の交替という重大な影響が生じます。とりわけ、分割後に分割会社に対して債務の履行を請求できない承継会社の債権者等については、債権者異議手続が合併等の場合と同様に認められ（810条）、会社分割無効の訴えを提起することもできるようになっています。一方、分割会社の債権者は分割会社が移転した純資産の対価を取得して責任財産は変動しないため、異議を述べることができません。平成26年の会社法改正で、一定の範囲で債権者の保護が強化されています。

2．会社分割のメリット

　会社分割は煩雑な手続を排除し、企業の組織再編に柔軟に対応するために創設されたものです。たとえば、分割にあたって債権者の同意は不要とされており、企業再編をスムーズにすることができます。

（1）含み益の発生を抑える

　会社分割においては課税上の軽減措置を享受することができます。たとえば、土地、建物等の資産を譲渡する場合に、古く取得した資産であれば譲渡益が生じることがあります。この場合、収入を伴わない利益ですので、これに課税されることで税金支払いという問題が出てしまいます。ところが、会社分割では帳簿価額での譲渡を認め、将来の資産売却時に譲渡益の計上を繰延べることを認めています。したがって、会社分割制度を利用することで課税上のメリットも追求することができるということになります。

　事業譲渡の場合を考えてみます。資産を譲渡することで仮に含み益が生じるとしたら、それは譲渡会社に発生します。この場合、含

み益に見合うだけの欠損金があれば相殺することで課税利益は生じませんが、かかる相殺ができない場合は譲渡会社が課税されることになってしまいます。「譲渡した従来の会社は清算するので税金は払えない」との立場を貫くのであれば問題は回避できますが、この場合でも第二会社が国税徴収法の第二次納税義務者にならないように配慮する必要が出てくるわけです。

　一方、事業再生に関する会社分割において含み損が生じる場合はあまり問題とはなりません。なぜならば、従来の会社の業績が不振だからこそ、良いとこ取りにより第二会社に事業譲渡するのですから、従来の会社が損失を膨らませたところで大きな問題にはならないからです。さらに、将来、金融機関からの債権放棄を受ける場合には、含み損を繰越しておくことにより債務免除益との相殺も期待できますので、かかる観点からも含み損が生じる例であれば大きな問題にはならないと考えられます。

　このように考えると、事業譲渡の場合に含み益が生じることが問題であるといえます。含み益が発生するような場合に、会社分割の制度を利用することで簿価で引継ぎができることは大きなメリットとなるわけです。

（2）事業譲渡代金の調達が不要

　事業譲渡は取引行為です。資産の譲渡と異なり単なる資産の売買ではなく、営業権を含んだ事業そのものを売買することになりますので、金銭の授受が必要になります。通常の場合、第二会社が新しい融資先から買受代金を調達することになります。

　代金を調達できない場合は、事業譲渡契約において買受代金を一時払いではなく分割払いにすることも考えられますが、その場合であっても分割払い時には代金を支払うことになりますので、新しい融資先が確保できなければ事業譲渡は難航するということになります。

　一方、会社分割は取引上の行為ではなく組織上の行為とされています。必ずしも代金の授受が要件になりません。会社分割に伴う登記代金等は支払う必要がありますが、会社分割時に分割料が発生す

るわけではなく、したがって新たな融資先を確保する必要もないということになります。

ただし、分割会社が承継会社に資産を移転し、その対価を受け取る場合は、承継会社で譲渡代金の調達が必要になります。

（３）税金が優遇される

会社分割にあたって移転する資産に対する支配が継続しており、かつ、分割に際して交付される財産が分割承継法人株式又は分割承継法人の100％親会社の株式のみである等、一定の要件を満たす分割を適格分割と呼びます。反対に、支配が継続していなければ実質的な資産の譲渡として非適格分割として扱います。金銭等が交付された場合も、実質的に分割対象資産負債の譲渡として非適格分割と扱います。

適格分割が行われた場合を中心に、次のような税金の優遇が図られています。

ⅰ．不動産評価損益
適格分割の場合には簿価で評価しますので評価損益が発生しません。非適格分割の場合には時価で評価しますので評価損益を認識します。

ⅱ．登録免許税
不動産移転登記の登録免許税率は 18/1000 と、通常の場合の 20/1000 に比べて軽減されています。

ⅲ．消費税
会社分割に伴う資産の移転は消費税はかからないものとされています。

ⅳ．不動産取得税
会社分割における不動産取得税は、次の全ての要件を満たす場合には、形式的な所有権の移転として、法人税法上の適格・非適格を問わず非課税とされます。

・分割法人の株主等に分割承継法人の株式以外の資産が交付されないこと（＝分社型分割の場合に分割法人に分割交付金が交付されな

い）
・分割法人の株主等が保有する株式等の数の割合に応じて株式が交付されること（＝非按分型の分割ではないこと）
・分割事業に係る主要な資産及び負債が分割承継法人に移転していること
・分割事業に係る従業員の80％以上に相当する者が分割後に分割承継法人の業務に従事することが見込まれること
・分割事業が分割承継法人において当該分割後に引き続き営まれることが見込まれること

3．濫用的会社分割

　経営破綻に陥った会社が不採算事業を分割会社に残し、優良事業のみを承継会社に移転して、その後、分割会社は倒産して承継会社で事業を継続する「濫用的会社分割」が行われることがあります。この場合、債権者にとって債権の回収が一層困難になってしまいます。

　会社分割においては、株主総会の特別決議が求められる他、反対株主には株式買取請求権が認められる等、株主に対する保護規制は充実しています。しかし分割会社に残る債権者に関しては、分割会社が承継会社から受け取る対価は承継会社に移転する事業の価値と同じであることが前提となっているため、債権者の保護規制は原則として存在しませんでした。

　従来、このような「濫用的会社分割」に対しては、判例では、法人格否認の法理、会社法22条1項類推適用による商号続用者責任、詐害行為取消権、によって債権者の保護を図っていましたが、平成26年の会社法改正で債権者保護が強化されました。

4．会社分割の留意点

（1）商号続用の責任

　この問題も事業譲渡との比較で考える必要があります。事業譲渡

のところで明らかにした通り、事業譲渡の場合は商号を続用する場合の債務引継ぎについて条文で規定があります（会社法22条）。すなわち、商号を続用する事業譲渡の場合は原則として譲渡人の債務を引き継ぐものとし、免責の登記をすることあるいは譲渡人と譲受人が連名で譲受人は債務を負わない旨を債権者に通知することで債務の引継ぎを行わないようにすることも可能とされています。

　会社分割の場合にはこのような規定がないのです。しかし、第三者を保護するという考え方は事業譲渡の場合であっても会社分割の場合であっても相違はありません。会社分割で商号が続用された場合に、仮に争いが起き裁判にでもなれば事業譲渡の規定の類推解釈により新設会社は分割会社の債務についての責任を負うことになると予想されます。

　このように考えると、会社分割の場合に安易に商号を続用するのは危険だと考えられます。会社分割の手続において必要な分割計画書や分割契約書に、分割した第二会社が債務を負担した場合の求償方法などを明記しておくことで第二会社は分割会社に求償する道を明らかにすることも考えられます。しかし、この場合も、第二会社が債務を逃れるわけではなく、実効性に乏しいということができるでしょう。かかる観点から、会社分割の場合には商号を続用しない計画にする、あるいは免責の登記を行っておくことが無難だと考えられます。

（2）許認可が必要な場合

　会社分割により事業を再編しても、第二会社がその事業を行うにあたって必要な許認可を受けるか否かが問題になります。改めて許認可が必要であるならば、その手続を行わなければ事業を継続できません。

　大別すれば、届出すら不要な事業、届出だけは必要な事業、改めて許認可を得る必要がある事業ということになります。さらには許認可がなければ会社分割すら認められない場合もあります。事業の形態には様々なものがありますので、個々のケースに応じ、主務官庁に照会することが必要になります。

(3) 会社分割無効の訴え

　会社分割が行われると、従来の会社は分割会社として残り、分割の結果できる新しい第二会社は承継会社となります。

　会社分割の手続に瑕疵があった場合などには、会社分割無効の訴えが提起される危険がありますので注意が必要です。この訴えは分割の日から6ヶ月以内に訴えを提起する方法によってのみ可能な制度で、株主、取締役、監査役、清算人、破産管財人の他、分割を承諾しない債権者すなわち債権者保護手続で異議を述べた債権者も訴えを提起することができます（会社法828条）。。

▶ チェックポイント
含み損益がある場合や許認可を引き継ぐ場合には、取引行為たる資産譲渡や事業譲渡ではなく、組織行為たる会社分割により事業再生を図ることになります。

【19】会社を譲渡する

要 旨

第二会社方式による事業再生にあたっては、資産だけを移転する資産譲渡、資産と営業権を移転する事業譲渡、業績が順調な部門を独立させる会社分割、会社の経営権自体を移転させる会社譲渡などが行われます。Ｍ＆Ａは後継者がいない場合に会社を第三者に譲渡する場合の他、資産を会社ごと譲り渡すことで節税を目指す場合等に採用される方法です。従来の経営者が経営権を確保する形で事業再生を目指す場合にも、会社を譲渡する方法をとることができますが、この場合は一般のＭ＆Ａとは異なる点が少なくありません。ここでは会社譲渡による事業再生の方法を紹介します。

1．事業再生における会社譲渡

　Ｍ＆ＡとはMergers（合併）and Acquisitions（買収）の略です。端的には複数の企業が一つになったり（合併）、他の会社を買ったりすること（買収）です。その方法は様々で、合併、事業譲渡、会社分割等もＭ＆Ａを実現するための手法の一つといえます。

　最近は企業の後継者不足でＭ＆Ａがクローズアップされていますが、本書の目的は従来の経営者が第二会社を利用して事業を再生するためのノウハウを開示することであり、他人の会社に合併（Mergers）されてしまうことではありません。よって、ここでは買収（Acquisitions）に焦点をあて、事業再生において会社譲渡をどのように扱うかを整理することにします。従来の経営者が経営権を確保する形で事業再生を目指す場合を想定しますので、一般のＭ＆Ａとは異なる点が少なくありません。

（1）実質と形式

　会社を譲渡した場合には経営権を失うことが一般的です。たとえば後継者がいないため全くの第三者に会社を譲渡するのであれば、実質上も所有者が変わるのであり第三者との真正売買です。この場合は、いわゆる一般のM＆Aであり、会社そのものを他人に売り渡してしまう話です。第二会社を利用した事業再生ではなく、本書で取り上げるまでもありません。

　金融機関の論理として「経営者責任を問う」という観点から、事業再生にあたっては「全くの第三者への譲渡が望ましい」という面があります。会社を第三者に譲渡することで経営者の責任を果たしたと判断するわけです。経営者責任を果たして他人に経営権を渡したという点を確かめるため、代表者を第三者にするだけではなく、株主も第三者にすることが求められる場合があります。

　このような場合には、信頼できる第三者に株主や取締役になってもらい、将来において株式を取り戻す約定をしておくことで、従来の経営者が経営権を取り戻す道を残すことが可能になります。この場合は形式上は所有者が変わりますが、実質上は従来の経営者が支配する会社ということになります。

　この場合、返済が進むと純資産が増加することで株式価値が高まれば、贈与の問題が生じるので注意が必要です。株式移転（取り戻し）のタイミングと方法を個別の状況に応じて慎重に判断することになります。

（2）会社譲渡方式の特徴

　会社を譲渡する形で事業再生を行う場合、事業譲渡や会社分割と比較すると、次のような特徴があります。

ⅰ．債権債務を引き継ぐ

　株主が変更になっても法人格は同一です。したがって、債権債務は変更されません。主たる債務者は法人のままです。保証人は債権者との交渉次第で変更することができます。形式的な経営者の立場からは、「他人の会社の保証人になることは望まない」のが当然です。

第二会社が融資を受ける場合には、融資を受ける金融機関に事情を理解してもらい、経営者保証を付けないか、あるいは本来の経営者一族が保証を行うことになります。

ⅱ．許認可を引き継ぐ
　法人格は同一ですので、許認可を受け直す必要はありません。諸般の事情から許認可を受け直すことが難しい場合には、事実上、会社譲渡による方法しかないということになります。

ⅲ．簿価を引き継ぐ
　法人格は同一ですので、法人の簿価に何の変更もありません。会社分割における適格分割と同じように、含み損益を具現化しないで済みます。法人格に何の変更もありませんので、適格要件すら問題になりません。

２．株主と取締役

　株主は会社に対して各自の有する株式の引受価格を限度とする有限責任を負うだけで、会社債権者に対して弁済義務を否定する制度が採用されています。いわゆる株主有限責任の原則です。

（１）株主
　株主は株主総会の構成員として、会社の基本的事項や株主にとって利害関係の大きな事項を決定するほか、取締役・監査役などの選任・解任等の決定を行うことになります。さらに、単独株主権や少数株主権として、会社経営を監督する権限も与えられています。
　株式会社制度は所有と経営が分離されており、株主は「金は出すが経営に直接的に口は出さない」のが基本ということになります。株主は、自らの出資金の範囲で責任を負うのであり、出資金の全額を失うことが最大の損害ということになります。

（２）取締役

　取締役と会社の関係は委任ですので、取締役は会社に対して善管注意義務を負うことになります（330条）。他方、取締役は会社に対して忠実義務を負うとされています（355条）。さらに取締役は、任務懈怠があり、損害が発生し、相当因果関係がある場合は、会社に対して損害を賠償する責任を負うこととされています（423条）。

　会社は独立した法人ですので、会社が行った取引行為について取締役個人が責任を負うことは原則としてないわけです。取締役個人が連帯保証をしている場合は別ですが、そうでない限り取締役であるというだけで、ただちに取締役個人の資産をもって返済しなければならないというわけではありません。しかし、会社法は「取締役が職務を行うにあたって悪意または重大なる過失があるときには、取締役は第三者に対してもまた連帯して損害賠償の責に任ずる」という規定を置いています。取締役の重要性に鑑み、第三者を保護する観点から特別に法定されたのが429条の取締役の第三者に対する損害賠償責任です。

　このように取締役は会社に対して責任を負うとともに、第三者に対しても責任を負うこととされています。取締役の責任の詳細については第Ⅳ章【3】を参照してください。

3．会社の株主や取締役を第三者にしておく場合

　株主は法人の所有者ですが、取締役は法人の機関であって所有者ではありません。株主総会で解任すれば、取締役は退任することになります。取締役が誰であれ、法人の所有関係には影響がないわけです。

　中小企業の場合には株主が取締役である場合が一般的ですが、様々な理由から株主が法人の取締役ではまずい場合もあります。たとえば、株主が表に出たくない場合などは端的な例であるといえます。

　このような場合には第三者を取締役として登記することになりますが、あらかじめきちんとした約定を結んでおくことが大切です。

とりわけ、取締役に就任する者の立場からは、取締役としての責任を追及されかねず、また、後任の取締役が確定できないと退任できなくなってしまいます。権利義務の関係をきちんと明確にしておくからこそ、安心して取締役に就任してもらうことができるのです。

仮に会社の資産が1億円で、借入も1億円であったとします。この場合、会社の価値は事実上ゼロですので、株主を変更しても問題にはなりません。しかし、返済が進み、仮に借入がゼロになったとします。この段階で資産が1億円あるならば、会社の価値は事実上1億円ということになります。株主を変更すれば、譲り受けた新株主には1億円の利益が生じたものと税務当局に判断されることになります。事実上、1億円の価値のあるものを譲渡したと見られるわけで、無償譲渡すなわち贈与となります。

このように考えると、株主を安易に第三者名義にしておくことは避けるべきです。このような問題を避けるためには、会社の事実上の価値がプラスと認定される以前に、本来の名義に変更しておくべきなのです。

4．会社譲渡の応用

抵当権付きの不動産を売却し、売却代金を金融機関に返済する場合、どんなに高く売れても金融機関にとられてしまうことになります。一般的に、売却代金よりも多い額の抵当権が設定されているからです。

たとえば、5千万円の不動産を売る場合を想定します。売主と買主が交渉した結果、6千万円で売却する合意に至ったとします。この場合、1千万円は高く売れたのですから、売主の儲けということになります。

しかし、仮に抵当権が1億円設定されており、残高は6千万円以上であったとします。この場合、6千万円で売れたとしても全額が抵当権者に渡ってしまいますので、せっかく高く売れた1千万円は売主の手元には残らないということになります。まさに、金融機関のためにただ働きをしているようなものです。

通常の場合、不動産を売買するときは売主と買主の間で契約を結び、代金決済を行い、目的となる不動産の所有権を移転します。すなわち、不動産の所有者が変わることになります。
　発想を変え、不動産を売買するのではなく、不動産を保有している会社ごと売買する方法が有効な手段となる場合があります。この場合、売主と買主の間で目的となる会社の所有権を移転することになります。売買の対象が不動産ではなく会社となるわけです。不動産の所有者が会社であるならば、その会社を売買の対象にすることで不動産も自動的に移転するというわけです。すなわち、不動産の所有者は、取引される会社のままで変化がないということになります。
　もし、5千万円の不動産を持っている会社を、1千万円で売ったとしたらどうでしょうか。この場合、1千万円は抵当権の対象物としての不動産の価格ではなくなります。1千万円は会社の持ち主の利益になるのです。そのために、金融機関に渡らずに済むのです。
　もっとも、会社の持ち主が経営者であり、経営者が個人保証をしているような場合は、保証人として返済義務がありますので、結局は金融機関にとられてしまいます。

（1）利益は株主のもの
　先の例で、会社は5千万円の不動産代金を受け取り、ただちに既存金融機関に返済します。これで、従来の経営者が設定した会社の負債は消えます。負債ゼロの会社として売られていくわけです。
　さらに、旧株主は1千万円の会社売却代金を受け取ります。これは会社が受け取るのではなく、あくまで株主が受け取るのです。既に株主は従来の経営者ではない第三者になっていますので、受け取った代金は従来の会社の負債とは何の関係もありません。従来の会社の負債とは何の関係もない第三者が、自己の株式売却益として申告し税金を支払えば良いのです。
　このように、不動産を単独で売却するのではなく、会社ごと売却することで、合法的に利益を確保することができることになります。
　たとえば5千万円の安値と6千万円の高値を例にとります。従来

の金融機関に5千万円を支払って抵当権を抹消してもらい、5千万円の不動産売却代金と、1千万円の会社売却代金を買い主から受け取ります。そして、従来の金融機関に5千万円を返済し、1千万円の会社売却代金は会社の所有者が株式売却益として自己の利益とします。

　会社を売却せずに1千万円を自己の利益にするのであれば、5千万円の不動産売却契約と、6千万円の不動産売却契約の、2種類の契約書を用意しなければなりません。これは詐害行為です。もし5千万円の不動産売却契約のほかに領収書のない1千万円を受け取ると、詐害行為だけではなく脱税問題に発展してしまいます。このような違法行為は決して認められるものではありません。それに対し、会社を売却するという方法であれば合法的に利益を確保できることになります。

（2）売主のメリット

　不動産を売買するのか、それとも、不動産を所有している会社を売買するのかで、経済的効果は大きく異なるのです。たとえば、1億8千万円で不動産を購入し、その不動産を2億円で売るとします。

　この場合、売主には2千万円の利益が出ることになります。このとき、単なる不動産の売却ではなく、不動産を所有している会社自体を売却することで節税が期待でき、諸費用も節約することができるので、手取りの儲けも多くなるというわけです。

　というのは、不動産の売る場合には様々な費用や税金が必要になります。これに比べ、対象となる不動産を所有している会社ごと売却した方が費用も税金も少なくすることが可能なのです。費用と税金が少なくなる分、手取りの利益が多くなるというわけです。なぜ税金が安くなるのかというと、不動産の譲渡益にかかる税率よりも、株式の譲渡益にかかる税率の方が低い場合があるからです。

　不動産を高く売って利益を出すのではなく、不動産の価格はそこそこの価格にしておき、利益は株式を譲渡することで捻出する方が得になるというわけです。

（3）買主のメリット

　一方、買主も費用と税金を少なくすることができます。売主から購入した会社を子会社としておき、将来時点で清算することで評価損を計上すれば節税効果が期待できます。買主の立場からも会社ごと購入した方が有利になるのです。

　さらに、売主から会社を購入することで負債をそのまま引き継ぐことも可能です。先の例で、仮に1億8千万円の負債を不動産にかかわる負債として引き継ぐのであれば、差額の2千万円が会社購入代金であり、この程度の額を調達すれば済むわけです。2億円の融資を引き出すのは容易ではありません。しかし、不動産を会社ごと購入する場合は、会社の購入代金のみを調達すればよいのであって、不動産の買取額全額について新規の融資先を探し出して融資を受けるという課題を克服できることになるのです。

　会社の実態には変化がないわけですから、経営に必要な各種の契約を引き継ぐことができます。スムーズに経営を引き継ぐことができるというのも大きなメリットになります。

5．会社譲渡の留意点

　会社譲渡が利用されるのは、単に「後継者がいないから会社を第三者に譲渡する」場合だけではありません。

（1）攻める立場と守る立場

　事業再生が必要な企業が再生を実現すると、新しいビジネスを展開する段階に移行します。そもそも利益が出る事業として再生したわけですから、時間の経過とともに事業拡大を目指すのは自然な話です。「自分の会社を再生することで経営を守る（守る立場）」から「他人の会社の事業再生を支援することで経営を伸ばす（攻める立場）」へ移行するのです。

　このようなケースでも会社譲渡が利用されており、今後、更に注目を集めると予想されます。

(2) 簿外債務の排除

　株式譲渡型のM&A、すなわち会社の譲渡をするのではなく、合併してしまえば良いのではないかという考え方もあります。A社の株式をB社が購入して子会社にするのではなく、A社をB社が吸収してしまえば良いではないかという考え方です。それはそれで結構な考え方です。

　しかし、吸収合併するのではなく、あえて子会社にするのには理由があるのです。というのも、吸収合併すると消滅会社の負債を包括承継することになりますので、消滅会社に簿外債務があった場合に、これを引き継ぐことになってしまいます。その点、株式譲渡型のM&Aで子会社にすると、あくまで別の会社ですので親会社が簿外債務を当然に引き継ぐわけではありません。

　あえて別の会社にしておくことで簿外債務の有無を見極める時間的余裕が生まれるのです。簿外債務がないことを見極めた後に吸収合併すればリスクを回避できるというわけです。

(3) 悪質な仲介業者

　仲介業者の中には悪質な業者も散見されます。不動産や事業の譲渡だけを目的として手数料を稼ぐ輩もいます。彼らにとっては譲渡契約さえ成就すれば良いのであり、残債務はどうなるのかといった論点には無関心というわけです。M&Aで資産の所有権、事業の経営権を譲渡した後、多大の負債（保証債務も含む）だけが残ってしまうという危険があるのです。

　そもそもM&Aに関わる業者を規制する法律が無い点も問題です。たとえば、次のような点が問題となります。

ⅰ．弁護士法に違反しないか
　弁護士以外の者が、一般の法律事件に関して鑑定、代理、仲裁もしくは和解その他法律事務を取り扱うことは禁止されていますが（弁護士法72条）、金融機関との交渉を代理することは弁護士法に違反することになります。

ⅱ．双方代理の禁止に違反しないか

同一の法律行為について当事者双方の代理人となることは禁止されていますが（民法108条）、事業の譲渡人と譲受人の双方を代理する形で譲渡契約をまとめるとなると双方代理として規制されることになります。

ⅲ．規制する特別法がない

　不動産取引には宅地建物取引業者に資格が必要であり、営業保証金を預託することで損害を与えた時の賠償の担保にもなっていますが、M＆Aの仲介業者やアドバイザリーに、特別の資格はありません。いわば野放し状態であり、様々な問題が生じた場合に、主導的に規制を加える監督官庁もないのです。

　いい加減な業者の場合、譲渡人と譲受人のマッチングだけで終わらせてしまいます。将来、何からの問題が生じたとしても、「それは譲渡人と譲受人の間の問題であり、仲介者には無関係です」と逃げられてしまいかねないので注意が必要です。信頼できる専門家に相談することが肝要です。。

▶ チェックポイント

形式上の経営者を立てる究極の第二会社方式は、一般のM＆A業者が扱うような仲介業務ではなく、難易度の高い専門的な事業再生業務として位置付けることができます。

【20】営業権

> **要旨**
>
> 総資産がマイナスとなっていても、どこの仕入先や得意先と、どんな条件で取引していて、市場に発展性があるのか、技術力があるか、生産設備能力はあるか等々の点で優れていれば会社の価値が認められます。単なる資産価値以上の価値を有していることになります。このような会社の価値が営業権といわれるものです。

　営業権は企業の社会的信用や立地条件、技術、特別な取引関係の存在など、他の企業を上回る超過収益力を有する場合におけるその収益力の源泉とされています。営業権は無形固定資産であり、償却資産として5年間の均等償却を行うことになります。
　営業権の算出に当たっては、主として将来の超過収益力を求めるのですが、これまでの実績も将来の収益力を判断をする上で重要な要素とされることになります。過去の実績を基に将来計画を作成するのですから、これまでの実績こそが重要ともいえるでしょう。

1．営業権の評価

　事業譲渡における大きな課題の一つとして、営業権の金額をどのように求めるかという点を挙げることができます。これは大きく二つの方法に分けられます。
　一つは、全体の事業価値を求め、そこから資産価値を控除した残額を営業権とする考え方です。代表的な評価方法としてDCF法があります。この方法は、まず将来に期待される収益の総和を求めます。最初に来年一年の見込みを出し、さらに2年目の部分を出します。3年目から5年目分は各年度別に算出します。その後、5年以降は予測不能として、5年目の値を基に将来の収益を利回りで割り戻す

こともすくありません。このようにして将来収益の現在価値を大きく把握することになります。そして、ここから不動産などの資産を控除することになります。すなわち、将来収益の現在価値から不動産などの資産を控除した残高が営業権の価値となるわけです。

　もう一つは、営業権を直接求める方法です。営業利益や経常利益等を基準に、その何年分かを営業権として捉えるという考え方です。どの利益を採用するのか、何年分とするのかにより金額が左右されることになります。企業価値評価に関しては第Ⅲ章【12】を参照してください。

　このようにして求めるべき営業権を、無償又は低廉な価格で譲渡した場合には問題となります。譲渡人に対しては低廉譲渡として寄附金認定がなされることになるでしょうし、譲受人には受贈益として課税対象にされることになりかねません。反対に、適正価格を超える金額で事業譲渡がなされた場合、譲受人に対して、寄附金として認定され、課税対象となる可能性があります。

2．資産価格を超えた部分は営業権とする

　金融機関との交渉との結果、合意した金額の全部を不動産などの固定資産の価格とするのではなく、資産の価値を超えた部分を営業権という繰延資産にするという方法があります。

　というのも、担保が土地であれば償却できませんし、建物であっても長期の償却を余儀なくされます。これに対し、営業権であれば短期での償却が可能であるというわけです。

　たとえば3億円の負債があり担保不動産が5千万円であるとします。この場合、新たな融資先から資金を調達した第三者たる別法人が5千万円で不動産を購入することに現債権者が承諾するのであれば、5千万円の資産譲渡で話は済みます。

　現債権者に5千万円を提供することで抵当権を抹消してもらい、第三者たる別法人は新規融資先に抵当権を設定すれば良いわけです。

　ところが、現債権者が5千万円に納得しない場合もあります。

仮に2億円にこだわる場合を想定します。

　資産の価格は5千万円です。これを2億円で取得するのは1億5千万円分の価値を認めたからであると考えます。すなわち、1億5千万円は超過収益力であり、営業権として認識するわけです。第二会社の貸借対照表上は、資産の部に不動産5千万円と営業権1億5千万円が計上され、負債の部に2億円の負債が計上されます。

　この営業権1億5千万円は償却しますので、事実上、節税原資となります。損金として計上することで課税対象となる利益が圧縮されるので税金が少なくなるというわけです。

　問題は、後日の税務調査で営業権としての計上が否認されないかということです。個々のケースによって様々であるものの、資産の部の不動産が5千万円であることについての客観的な資料として不動産鑑定評価書を用意することはもちろん、事業譲渡契約書を作成して譲渡されるべき営業の範囲を明確にすることが必要です。営業権を償却するには、その営業権に資産性が認められなければならないのであり、資産性とは将来の収益獲得能力に他なりません。単に、資産と負債の差額では償却が認められないのです。

　キチンと書類を整えて説明ができるようにしておくべきです。

3．償却

　営業権は実体のない資産です。長期に渡って収益獲得に貢献する権利ですので、考え方としては償却不要ということもできますが、実体のない資産を貸借対照表に未来永劫載せておくのも問題だという観点から会社法は償却を認めているのです。

　支出のない費用ですから、ちょうど減価償却費と同じく償却を行っている間は節税原資となるわけです。

　たとえばA社は収益が1億円、費用が7千万円、利益が3千万円だとします。この場合、税率を30％とすると、税引後当期純利益は2千1百万円です。ここで、借入金が3億円ありましたが、金融機関との話し合いで2億円の返済で済む目途がついたとします。この場合、2千1百万円を返済原資にするので、単純計算すれば2億

円÷2千1百万円＝9.5年となるため、2億円の返済には9年以上かかることになります（説明のために簡略化しているので、支払利息や償却等の詳細は無視します）。

ところで、金融機関や取引先との調整を行った上で、B社に事業を譲渡するとどうなるのでしょうか。

説明を単純にするためにA社の資産は5千万円だとします。A社の資産5千万円と営業権1億5千万円の合計2億円でA社を買うのです。

A社は受け取った2億円を返済します。

B社は支払った2億円のうち1億5千万円を営業権として償却します。この場合、5年にわたり均等償却することとされています。すなわち、毎年3千万円ずつ課税対象利益が減ります。先に例示したとおり、収益1億円、費用は7千万円だったのに対し、営業権償却費が3千万円増えるので費用は1億円となり、利益はゼロになります。したがって税金はゼロとなります。

もともと営業権は非支出の費用ですから3千万円はそのまま返済に回せます。

これが5年続けば、営業権取得分の1億5千万円が返済できてしまいます。6年目からは償却がなくなるので税金が発生し、税引後当期純利益は2千1百万円になります。

既にB社は1億5千万円を返済に充てているので、残りは5千万円です。2千1百万円の原資があるのですから、残りは3年で返済できることになります。より厳密には、5千万円÷2千1百万円＝2.4年なので、先の5年と合わせて7.4年となります。

ということは、同じ2億円でも、B社に営業権を譲り営業権償却をすれば8年弱でカタがつくことになります。9.5年が7.4年になるのですから有難い話です。もちろん、返済を早めるのではなく内部留保し、事業資金とすることも可能です。むしろ、これが本来の姿です。債権者との話し合いで決めれば良いことになります。

このように、債務者の資金事情が改善するだけではなく、債権者も早期回収ができるので、第二会社を利用した営業権の償却は、双方にとってメリットがある効果的な節税方法でもあるのです。

4．返済原資としての営業権

　この場合の事業譲渡の対価は、それが営業権であるならば、債権者が債権額に合わせて配分することが一般的です。不動産の場合には抵当権者が優先的に配分を受けるのですが、営業権の場合は担保を設定している債権者がいないことが通例です。したがって、対価は債務者の一般財産であり、これは債権者が平等に配分を受けるべきということになるのです。

　たとえば事業価値の総額を2億円と評価した場合を考えます。経営者はこの事業を2億円であれば取得したいと考えています。この時、総額2億円の内訳が資産が5千万円と営業権1億5千万円なのか、あるいは資産が8千万円で営業権が1億2千万円なのかで債権者の配分が異なることになります。なぜならば、資産に対応する金額は有担保債権者に配分され、営業権に対応する金額は無担保債権者に配分されるからです。

　経営者にとっては同じ2億円ですので、償却期間の差こそあれ、資産が5千万円であっても8千万円であっても大差はありませんが、債権者にしてみれば担保の有無によって大きな差となって現れるのです。

　本来、事業価値の総額から資産価値を控除した部分が営業権なのですが、実務上は、債権者との交渉の中で債権者の動向を把握しながら、資産と営業権の金額の割り振りを調整するという方法も考えられます。営業権は無担保債権者を含めて全債権者に配分されるので、営業権の評価が高まれば無担保債権者への配分額が高まることになります。

5．営業権を分割払いとする

　このように、営業権を認識・計上することで節税は可能になりますが、実際の代金支払いが問題になります。

　たとえば、1億5千万円の営業権を計上する場合、実際に営業権を1億5千万円で購入するのであり、金銭を支払わなければなりま

せん。ただでも返済に追われる中、1億5千万円もの営業権代金の調達は難しいという場合も少なくないでしょう。

そこで考えられるのが、営業権の代金を分割払いにする方法です。事業譲渡契約書では営業権の代価の支払いをたとえば5年分割とすることが考えられます。この場合、事業譲渡を受けた第二会社は未払金を計上し、事業譲渡を行った従来の会社は未収金を計上することになります。筆者の経験では20年分割にした例もあります。

この方法には別の問題が潜んでいます。従来の会社は新しく設立した第二会社に対し、営業権の受け取っていない部分に対する請求権を持つことになることが問題なのです。従来の会社が受け取るべき営業権の代金は債権者に支払うべきものでもあるからです。

会計的に見れば、従来の会社は未収金を計上することになります。未収金という資産を計上すると、どのような問題が生じるのでしょうか。それは、従来の会社の債権者が狙いをつけてくるという危険です。債権者は、ただでも債権回収に躍起になっているのですから、億単位の資産があれば当然に狙ってきます。場合によっては債権者代位権を行使して、従来の会社に代わって第二会社から取り立てるということも考えられます。

経営者が従来の会社への貸付金を有しているような場合や協力的な債権者が存在する場合には、その債権を根拠に未収金債権を譲り受けておくことも可能です。請求権に質権を設定しておくことも可能です。。

▶ チェックポイント

営業権は節税原資ともなり、無担保債権者への配当原資にもなります。資金の動きに重大な影響を与えるため、事業再生にあたって重要な役割を演じることになります。

【21】資産譲渡、事業譲渡、会社分割、会社譲渡

要 旨

事業再生の代表的な方法である資産譲渡、事業譲渡、会社分割、会社譲渡のいずれの方法によるべきかは個々のケースによって異なります。ここでは、それぞれの方法の特徴について整理します。

1．相違点

資産譲渡の他、事業譲渡、会社分割、会社譲渡について相違点を整理すると次のようになります。

	資産譲渡	事業譲渡	会社分割	会社譲渡
(1) 取引形態と資金の必要性	資産の売買となるため資金の授受が必要	資産と営業権を含めた事業全体の売買となるため資金の授受が必要	株式を発行することもあり、必ずしも資金の授受は必要ない	株式の売買の場合は資金の授受が必要
(2) 株主総会決議	重要な財産は取締役会決議（362条）	株主総会の特別決議（467条）	株主総会の特別決議（804条）	不要
(3) 債権者の承諾	不要	必要	不要	不要
(4) 債権者保護	なし	なし	規定あり	なし
(5) 必要な時間	即日実行できる	即日実行できる	公告などに時間がかかる	即日実行できる
(6) 無効の訴え	一般条項による	一般条項による	分割無効の訴えあり	一般条項による
(7) 従業員の雇用	無関係	個別に退職＆就職となる	包括承継される	包括承継される
(8) 評価方法	時価で売買する	時価で売買する	簿価で引き継ぐこともできる	時価で売買する

(1) 資金の必要性

　資産譲渡による場合は単に資産を売却するのであり、事業譲渡の場合は営業権を含めた事業全体を売買するという取引行為です。いずれの場合も金銭の授受は不可欠な要素になり、これに必要な資金を調達しなければなりません。

　資金を用意することなしに、抵当権が設定されたまま、実質無価値の資産を備忘価格1円で譲渡し抵当権消滅請求を行うという戦略もありますが、必要な対策を講じておかないと抵当権者の抵当権実行を誘発してしまいますので注意が必要です。抵当権消滅請求制度を利用する方法については第Ⅲ章【11】を参照してください。

　抵当権が設定されている資産は多くの場合に事業継続に必要なため、抵当権のついている資産だけは対価を支払って抵当権を抹消してもらわなければなりません。

　会社分割であれば、登録免許税・不動産取得税などの諸費用は必要になりますが、株式を発行することで会社の分割自体は可能です。また、会社分割の場合は登記に必要な登録免許税も軽減措置が講じられています。

(2) 株主総会決議

　些細な資産の譲渡と異なり、資産譲渡による事業再生は重要な財産の処分として取締役会の決議が求められます（362条）。さらに進んで、事業譲渡や会社分割の場合は株主に対する影響が重大となりますので、株主総会の特別決議が必要になります（467条、804条）。一方、会社譲渡による場合は、そもそも株式の譲渡は株主の基本的な権利ですので株主総会決議は不要です。

(3) 債権者の承諾

　資産の処分が特定の債権者を害する場合には詐害行為取消権が問題になることはありますが、基本的には資産譲渡は所有権の行使ですので、債権者の個別合意は必要ありません。ただし、質権が設定されている場合には承諾が不可欠ですし、抵当権が設定されている場合には抵当権を実行される危険を払拭できないままになってしま

います。

　事業譲渡の場合には、移転される事業の中には多数の債権債務が含まれているのが通常です。この場合、譲渡会社がその債務を免れて譲受会社のみがその債務を負担するという免責的債務引受を行うためには、債権者全員から個別的な承諾を得なければなりません。

　一方、会社分割の場合は分割会社の権利義務が第二会社に包括的に承継され、免責的債務引受について債権者の個別の承諾を得る必要はありません。

　たとえば、事業譲渡で金融機関からの借入金を返済せずに移転しようとすれば、必ず金融機関の同意が必要となります。しかし、会社分割では債権者の同意なしに移転することができます。すなわち、事業譲渡では引き継ぐべき債務を特定し個別に移転することができるのであり、偶発債務・簿外債務を遮断することができるわけです。

　このように、事業譲渡と会社分割では、債権者の承諾の要否で大きく異なるのですが、反面、次のような債権者保護の規定の有無にも大きな差が生じることになります。

　会社譲渡においては、そもそも株式譲渡は株主の基本的権利ですので債権者の承諾は不要です。この点に着目し、あらかじめ株券を発行して株券を担保として押さえておく債権者もいます。このような場合には債権者の承諾が必要になります。

（4）債権者保護

　事業譲渡の場合、債権者が債務の承継について承諾を与える機会があるために、あえて債権者保護手続をとる必要はありません。承諾したくなければ承諾しなければ良いのであり、それ以上に、わざわざ債権者保護をする必要がないわけです。したがって、事業譲渡の場合には債権者保護手続は規定されていません。

　一方、会社分割では、債務は債権者の同意を問題とすることなく移転してしまいますので、債権者保護手続が規定されているわけです。分割会社に残る債権者は対価を得ています。会社の責任財産に変更ありませんので異議手続は認められません。ただし分割後に分割会社に対して債務の履行を請求できない債権者等については、債

権者異議手続が認められています（789条、810条）。一方、承継会社の債権者は常に異議手続が認められています（799条）。
　会社譲渡の場合は、株主が変わっても会社の資産と負債は変動しませんので債権者保護は問題になりません。

（5）必要な時間
　資産譲渡、事業譲渡、会社譲渡を行うにあたって特別の手続規定はありませんので、すぐにでも実行可能です。是非は別として、会社譲渡契約は日付を操作して過去時点に譲渡されたことにすることもできますし、必要な取締役会決議や株主総会議事録などの作成日を操作することもできます。
　一方、会社分割の場合は、公告・催告、分割登記という一連の流れが定められています。分割計画書又は分割契約書を作成し、分割計画書等の事前開示、株主総会の承認、債権者保護手続の実施、そして分割の登記実行ということになります。
　つまり、会社分割の場合には、債務者主導で勝手に日付操作をすることはできず、分割登記までの手続は少なくとも月単位の時間が必要になります。

（6）無効の訴え
　資産譲渡、事業譲渡、会社譲渡を行うにあたって特別な無効の訴えの制度はありません。債権者が争うには、法人格否認の法理や詐害行為取消権といった一般条項によることになります。会社分割の場合は、会社分割無効の訴えが規定されています。

（7）従業員の雇用
　事業譲渡の場合に従業員の引継ぎを行うためには、個別の従業員の同意を必要とします。従業員は譲渡会社をいったん退職し、改めて譲受会社に就職することになります。したがって、仮に退職規定で退職金の定めがある場合には退職金を支払うことになり、臨時多額の費用負担が発生してしまいます。
　一方、会社分割や会社譲渡では、労働者の個別の同意がなくても

労働契約が承継されますので、このような問題は生じないことになります。

（8）評価方法

資産譲渡、事業譲渡、会社譲渡においては時価で取引するので評価が課題になりますが、会社分割の場合に適格分割であれば含み損益を計上せずに簿価で資産を引き継ぐことができます。

含み損益を表面に出したくない場合には資産譲渡や事業譲渡ではなく会社分割を採用することになります。会社譲渡の場合は株主間では株式の時価評価を行いますが、会社自体の含み損益は表面化しません。

2．どの方法を選択すべきか

資産譲渡や事業譲渡は資産や事業を売買するという取引行為ですが、会社分割は会社法に規定された組織再編行為です。会社譲渡は株主が変わるだけですので会社の権利関係に変更はありません。いずれも事業が第二会社に移転しますので結果は同じように見えますが、手続や効果に差が生じます。

（1）資産譲渡

収益用不動産の譲渡が典型的な例です。この場合、一般的には営業権は発生しませんので単純な資産譲渡となります。

（2）事業譲渡

超過収益力が認められる場合、資産価値プラスアルファすなわち、営業権を含めた取引が行われます。これが事業譲渡に他なりません。

なお、資産の価値を担保債権者に配分し、営業権の価値を無担保債権者に配分するための事業譲渡で債権者間の調整を行うこともあります。

(3) 会社分割

「債権者の個別合意がいらない」「労働者を承継するので退職・新規雇用が必要ない」「許認可を引き継げる余地がある」「税金や登記費用を節約できる場合もある」「資産を簿価で引き継げる」などを求める場合は会社分割が選ばれます。

なお、濫用的な会社分割を排除するため会社法が改正されています。会社法の改正点については第Ⅳ章【7】を参照してください。

(4) 会社譲渡

会社譲渡は株主の変更はありますが、会社の実態は同一のままですので債権債務の変更はありません。後継者が不在の場合に会社を他人に売却するのが本来の目的ですが、事業再生にあたって会社譲渡を行うのは、「第二会社での許認可が得られない」、「巨額の含み損益を回避する」、「形式的に第三者の経営とする」場合は会社譲渡によることになります。

3. 債権者への配慮

会社分割では従来の会社を分割して承継するため、株主構成を変更しないのであれば全くの第三者への譲渡という要素が薄らいでしまいます。債権放棄を伴う事業再生において、経営者責任を問うという債権者の観点からは「会社分割で債権債務を切り離すのではなく、全くの第三者への事業譲渡」の方が経営者が責任を果たしたことになると判断できます。同様の観点からは、「会社そのものを第三者に譲渡する」ことで経営者の責任を果たしたと判断しやすくなります。

すなわち、資産譲渡か事業譲渡か会社分割か、あるいは会社譲渡かを議論するにあたって、一方的に債務者の立場から、制度上のメリットだけを考えていたのでは不十分なのであり、債権者への配慮が求められるのです。

このあたりを見落としたまま、法的、制度的な面だけからメリット・デメリットを判断し、身勝手な対策を講じる専門家？が多いの

は困ったことです。

▶ **チェックポイント**
単に制度上の比較により再生方法を選ぶのではなく、債権者の立場や回収姿勢を横目で睨みながら判断することが大切です。

【22】肩代わり融資と付け替え融資

> **要 旨**
>
> 返済が行われなくなった場合に、担保を処分することで回収を行うという担保主義の融資ではなく、きちんとした事業計画に基づいた融資を行うことが本来の姿です。事業再生にあたっては、他行の返済を肩代わりするという肩代わり融資と、自行の返済を新しく行うという付け替え融資が利用されています。ここでは両者の違いを念頭に置き、第二会社への融資のあり方について整理することにします。

　第二会社方式は、新しく別の会社を設立し資産や経営の権利を移してしまうという方法です。この場合、融資が行われるとなると、従来の会社への融資は不良債権でも、第二会社に対して行う新しい融資は正常債権ということになります。

1．担保主義

　特にバブル期に顕著だったのですが、担保を重視した融資というものが行われていました。担保主義とも呼ばれるもので、融資を行った後の返済が行き詰ったとしても、担保を処分して回収すれば良いという考え方です。
　この考え方では事業計画があまり重視されない傾向にあります。万一の場合は担保を処分すれば良いのであり、事業が行き詰ることは大きな問題にはならないからです。
　とくに土地の価格が上がっているバブルの頃はそれで良かったのです。極端な話、融資実行時には大幅な担保割れであっても、土地の価格が値上がりするので自然と担保が十分な金額になったからです。しかし、反対に土地価格が値下がりすることで担保価値が減少

し不良債権になってしまいました。バブル崩壊がこの事態を引き起こしたのです。

　今では担保は補完的な位置付けになっています。あくまでキャッシュフローが回るかどうか、すなわち、きちんとした事業計画に基づいた返済計画が出来上がっているかどうかが判断されます。

　これまでも、たびたび紹介した第二会社で融資を受けて買い支える方法では、登場する第二会社は新設会社である場合が大半です。この場合の融資は、担保主義ではなく事業計画が成り立つかどうかを見極めるのですが、キャッシュフローが回るかどうかを把握し、この観点から見て十分なものであれば新設会社であっても大きな問題とはならないのです。

※実際には小規模金融機関等で新設会社への新規融資を敬遠する姿勢も見られます。これに反し、事業再生に関連するファンドや事業ローン会社にあっては、新設会社であってもキャッシュフローが回る計画であれば、積極的に融資を実行する姿勢が見られます。

２．肩代わり融資

　肩代わり融資とは、Ａ金融機関の債権をＢ金融機関に肩代わってもらう場合をいいます。たとえば、Ａ金融機関が10億円の債権に対し土地６億円の担保を有している場合、Ａ金融機関には６億円の返済をすることで残額を放棄してもらうことがあります。この場合、Ｂ金融機関から６億円の融資を受けるのです。すなわち、Ａ金融機関への債務をＢ金融機関に肩代わってもらうわけです。Ｂ金融機関としては担保付債権を融資するわけですが、担保の範囲であれば応諾しやすいことになります。ただし、Ａ金融機関が６億円を超える部分の免除を受け入れて初めて実現可能な方法ということになります。

　このように新しい金融機関が第二会社に融資を行い、その金額を従来の会社の金融機関に返済するわけですから、いわば新しい金融機関が従来の金融機関に対し融資の肩代わりをするということにな

るのです。

　この方法は金額が限られるという宿命を持っています。融資条件に見合うような少ない金額であるからこそ新しい金融機関は融資を行うのです。新しい金融機関としては「貸す義務」はないのであり、採算がとれるなら貸すというわけです。

　当然、期間も限られることになります。あまり長期は期待できません。業種業態にもよりますが、7、8年から10年、長くても15年といったところでしょう。それ以上の期間の融資には慎重になるところが大半です。

　とくに不動産に関しては耐用年数にこだわる金融機関が多いようです。木造アパートであれば〇年、鉄筋コンクリートマンションであれば〇年というように内規で定められており、この年数に縛られるのです。たとえば中古の収益用不動産であれば、残りの耐用年数が融資の最長期間となるわけです。どんなに収益力が勝り、管理が行き届いていても耐用年数を超えた物件に対する融資は困難ということになります。

※他行への返済を目的とした肩代わり融資には消極的である金融機関も少なくありません。たとえば十分な担保を提供することで担保比率を上昇させる場合など、何らかの条件が求められることもあります。

3．付け替え融資

　債務者の返済能力には限りがあります。金融機関から「売上を伸ばせ」とか、「経費を下げろ」と言われても、無理なものは無理なのです。

　売上を倍にすることは事実上無理ですし、経費を半分にすることも無理でしょう。しからばどうすべきなのでしょうか。返済総額を増やすには返済期間を延ばすのです。そうすることですなわち融資総額を上げるというわけです。

　従来の会社が不良債権である場合、金融機関としては不良債権の

残高を減らしたいと考えるでしょう。このような場合に、本来であれば別の金融機関が肩代わりするのがベストなのですが、新たに登場する金融機関は融資金額が少なくなるという傾向があります。その場合、従来の金融機関が回収できる金額も頭打ちになってしまいます。

そこで、従来の金融機関が新しく設立した第二会社に融資を行い、従来の会社の不良債権を減らすというような付け替え融資が行われることがあります。このとき、新しい第二会社の経営者を変える、従来の会社とは経営を隔離するなどの諸条件をつけることがあります。従来の経営者（たとえば実親）に対する債権を、従来の経営者一族（たとえば実子）が経営する第二会社に付け替えるのは、コンプライアンス上も問題でしょうし、税務当局から損金処理を否認される危険が高まります。形式上は第三者が経営することが強く求められるのです。この場合、将来において実質上も従来の経営者に経営権を戻すために会社の譲渡という形をとることになります。これにより第二会社への融資は正常債権とするわけです。金融機関としては不良債権が減るし、正常債権は増えるしと、一石二鳥というわけです。

ただし、総返済額が増加するという点に注意する必要があります。そもそも、債権者である金融機関が新しい金融機関からの融資額に満足できない場合に、苦肉の策として自らが融資することで返済額を増加させるのです。債務者の側からみれば、それだけ多くの返済を求められるということになります。

金融機関としては一括返済を受けるからこそ残債の債権放棄をするのであり、一括返済でないならば返済総額を増やすという選択肢があります。換言すれば低額の一括返済ではなく、時間をかけても高額の分割返済を選択するというわけです。

このような方策によれば、従来の金融機関は不良債権を処理でき、債務者は事実上の債権放棄を実現できるのです。両者にとって、付け替え融資は救いの神といえるでしょう。どうしても新しい金融機関が見つからないときは、従来の金融機関に頼み込んでみることも一策です。やはりここでも、金融機関と対立的な関係であってはな

らないのです。

4．肩代わり融資と付け替え融資の違い

　第二会社方式で事業再生を行う場合、債権者との関係をどのように理解すべきでしょうか。債務者Ａが第二会社Ｂを利用して事業再生を行う場合を例にとると、従来のＸ銀行が第二会社Ｂに融資する場合と、新しい銀行Ｙが第二会社Ｂに融資を行う場合とでは債権者との関係に大きな違いがあることに注意すべきです。

（１）肩代わり融資の場合

　新しい銀行Ｙが第二会社Ｂに融資を行う肩代わり融資の場合はどうでしょうか。この場合、Ｘ銀行は第二会社Ｂの事業計画には大きな関心は無いといえます。なぜならばＹ銀行に融資が移るのであって、極端な話、第二会社Ｂが破綻するか否かはＹ銀行の問題であってＸ銀行の問題ではないからです。

　Ｘ銀行にとっては第二会社Ｂの事業計画よりも、従来の会社Ａに対する債権放棄の妥当性の方が重要です。安易に債権放棄を行うと、後日、税務調査等で貸倒損失の損金計上が否認されかねないからです。

（２）付け替え融資の場合

　従来のＸ銀行が第二会社Ｂに融資を行う付け替え融資の場合はどうでしょうか。

　この場合、Ｘ銀行は第二会社Ｂの事業計画の妥当性を十分に把握する必要があります。なぜならば、事業再生が完了した後も第二会社Ｂとの取引が続くのであり、いい加減な計画を鵜呑みにしたために第二次破綻が生じるようでは管理能力すら問われかねないからです。また、債権放棄を伴う場合は、損金処理が否認されないようにしなければならないという問題もあります。安易に債権放棄を行うと、後日、税務調査等で貸倒損失の損金計上が否認されかねません。

　債権放棄の客観性を高めるため、何らかの形で第三者の関与を求

めるのは、再生計画の妥当性を高めるだけではなく、債権放棄の必要性、客観性を高めることで、貸倒損失の損金計上を否認されないようにする事前準備という側面を有しているのです。

　このように、付け替え融資に比べると肩代わり融資のケースでは、第二会社Bの事業計画の妥当性に銀行Xの関心が無いという点に大きな違いがあるといえるでしょう。その意味で、肩代わり融資の方が付け替え融資より事業再生を進めやすいということができます。第一の選択肢は肩代わり融資であるといえるでしょう。

5．金融機関はどのような選択をするか

　金融機関が肩代わり融資をするか、付け替え融資をするかという点は、金融機関の論理を背景とした融資実行姿勢、回収姿勢の問題であり一概に言うことはできません。これまでに筆者が扱った多くの例を整理すると、次のように大別することができます。いずれも、個々のケースにより事情が異なるので、同じ金融機関であれば常に同じ対応をするというものではないことに注意が必要です。

(1) 逃げ腰のケース

　債務者の事情に理解を示さず、担保処分を強行するケースです。このケースでは抵当権付きの物件の外部への売却を求めてきます。内部への売却は認めず、第三者への売却を要求します。「どうしても一族で買い支えたいならば競売に札を入れるべし」と競売を盾に強硬な交渉姿勢を崩そうとしません。全ての担保を換金し終え、無担保のポンカス債権になった段階でサービサー等に債権譲渡をしてしまいます。「後は知らない。ご自由にどうぞ」という逃げ腰のケースです。中には、めぼしい資産だけ換金を強要して回収し、処分しにくい残った資産は担保とし、担保付債権として債権譲渡することもあります。

　このケースは融資を実行した原債権者の場合に当てはまるケースであり、債権譲渡で出現した新債権者の場合には当てはまりません。なぜならば、新債権者は少しでも多くの回収をすることが業務であ

るからです。

(2) 黙認するケース

　第二会社が他の金融機関から肩代わり融資を調達し、一括返済することを原債権者が認めるケースもあります。この場合、第二会社の経営者は第三者であることを求めることがあります。このような場合には形式上の第三者を立てることになります。

　サービサー等の新債権者の場合には、第二会社の経営者が従来の経営者の一族であろうが、第三者であろうがどうでも良いということになります。少しでも多くの回収ができれば何でも良いというわけです。

(3) 積極的に支援するケース

　融資を行った原債権者が、第二会社方式に協力するケースです。金融機関としては最も踏み込んだ支援をすることになります。金融機関の本音としては、債務者が他行からの肩代わり融資を得て一括返済をしてくれることが望ましいものの、債務者が融資を確保できない場合に、より多くの回収と債権の正常化のために第二会社への付け替え融資を行うというものです。しかし、このケースはなかなか実現が難しいといえます。

　サービサー等の新債権者の場合には、短期に一括回収を行うことが目的であることが一般的ですので、わざわざ第二会社に融資をしてまで長期的な返済に甘んじるということはありません。

> ▶ チェックポイント
> 新たに融資を獲得できるか否かは第二会社方式による事業再生の成否を左右します。融資の可否は金融機関の考え方次第であり、債権者に恵まれるか否かが明暗を分けるということができます。

【23】第二会社の資金手当

要 旨

第二会社により再生ができても、直ちに潤沢な資金調達ができるとは限りません。運転資金が確保できなかったり、当座預金を確保できなかったりすることも少なくありません。このような場合には、従来の会社と第二会社の間での資金手当が必要になることもあります。ここでは従来の会社と、新しく設立した第二会社の間での資金手当を取り上げます。

1．従来の会社で出金する方法

第二会社での資金手当として考えられる方法に、従来の会社で出金してから第二会社に入金するということが考えられます。

（1）退職金として支給する

第二会社に事業を引継ぎ従来の会社を残す場合、一般的には従来の会社の代表者はそのまま留任します。従来の会社の経営者として残務整理にあたるわけです。この場合には退職金は発生しません。

しかし、取締役が複数であった場合には退職金を支給する余地が生まれます。代表者以外の取締役が退任するのです。以前は最低3名の取締役が求められていましたので、その余の人数について3人を残し、その他の取締役は退任できました。会社法により最低1名の取締役で良いことになりましたので、範囲が拡大されたことになります。代表者1名を残して退任してしまえば良いのです。

そもそも退職金を支給するのは第二会社への資金を確保するためです。創業者が退職する場合に認められる所得税の軽減措置適用が目的ではなく、あくまで資金を支出することが目的です。退任役員が受け取った資金は第二会社に還流するのであり、従業員に支給し

ても資金還流できないから無意味ということになります。経営者一族への退職金だからこそ価値があるのです。

（２）役員からの借入金を返済する

経営者個人が会社に資金を貸付けていることは少なくありません。この貸付金を他の金融機関に先駆けて返済してしまうことで資金を確保することも行われています。このような資金支出は金融機関にしてみれば不公平感が強く、債権者平等に反することから抵抗が大きいといえます。

さらに、法的にもグレーゾーンでもあることを理解しておく必要があります。

債権者としては、「そのような経営者への返済は詐害行為である」という主張のもと、詐害行為として取消権を行使することも可能となるでしょうが、実際の問題として訴訟を提起するかといえば微妙な問題です。時間と労力をかけて訴訟の道を選ぶ債権者は少ないかも知れません。

問題なのは裁判で争うかどうかということではなく、債権者の感情を害することで協力を得られなくなる可能性があるという点です。第二会社に事業を継承するにあたっては、債権者に合意を求めるべき点が多々あることは、これまで説明してきた通りです。

債権者と対立することは、様々な点でマイナスとなることに注意しなければなりません。

（３）保険積立金を譲渡する

生命保険の積立てを行うことで課税所得の繰り延べをするという方法も考えられます。

初年度は解約返戻金が少ない保険の場合、その保険を別人に譲渡する場合の時価が安くなるのです。この場合の時価とは解約返戻金の額ということになります。時価は安いので第二会社は安く購入できる、すなわち、従来の会社が高い保険料を負担するということになるわけです。

翌年以降は解約返戻金が高まるのであれば、第二会社は多額の返

戻金を受け取れるわけです。言い換えれば、従来の会社が多額の保険料を支払ってくれたおかげで、第二会社は多額の利益を計上できるということになるのです。

　解約返戻金という保険会社が公にしている金額は、あくまで客観的な時価ですので取引に問題はありません。時価の根拠は保険会社が明確にしてくれるからです。

　第二会社は有利な条件で解約することができますので、この方法が最も安全な方法といえるでしょう。ただし、年単位の時間がかかるという点がデメリットとなります。

（４）資産を強化する

　資金を移動するのではなく、資産の移動に着目することも大切です。そもそも資産とは将来収益獲得能力を有するからこそ価値があるのです。第二会社の収益獲得のために必要な資産の価値を高めておくことは、収益向上に直結するという考え方です。

　たとえば、従来の会社で機械を購入しておき、中古機械として第二会社に引き継ぐこと、従来の会社で商品を仕入れておき、第二会社に安く引き継ぐこと等が考えられます。これは従来の会社が費用を負担して価値を高め、あるいは強化した資産を第二会社が引き継ぐのであり、いわば、従来の会社の費用負担で、第二会社が価値の高まった資産を引き継ぐというわけです。

　貨幣性資産は移動しないものの、第二会社で支出すべき費用を支出しないで済むわけですから、結果的には第二会社が利益を受けることになるわけです。

２．第二会社で入金する方法

（１）債権者代位や詐害行為取消に気をつけて貸付ける

　資金を確保したならば、その資金を第二会社に提供する場合の端的な方法として、第二会社に貸付ける形が考えられます。

　気をつけるべき点の一つとして債権者代位の制度があります。これは債務者が自らの権利を行使しない場合に、債権者が債務者にか

わって債務者の権利を行使することが認められるという制度です。仮に、従来の会社が第二会社に貸付けた場合、従来の会社が第二会社に対して有する債権が債権者代位の対象になります。従来の会社が返済をしないのであれば、金融機関は従来の会社に代位して、第二会社に対して請求するというわけです。同じように民法の規定として詐害行為取消権（債権者取消権）にも注意が必要です。

　このような争いにならないように、従来の会社が第二会社に直接的に債権を持つような形は避ける必要があります。

　第二会社への貸付を行う場合には、長期で期限の利益を与えておくことが求められます。当然ながら金銭消費貸借契約書を作成し、確定日付を捺印しておくことで契約書の存在を明確にしておくべきでしょう。

　さらに、貸主を債権者から分離しておくことも有効な防衛策です。従来の会社の社長は多くの場合に連帯保証を行っており、それゆえに債権者代位の危険があるのです。しからば、代位の可能性がない人物、すなわち旧債権者に責任を追及されない立場の者が貸主になっておけば良いというわけです。具体的には、連帯保証を行っていない親族が候補になります。新しく事業を引き継ぐことになった第二会社の代表者が該当する場合が一般的です。

（２）収益獲得能力向上の効果発現

　従来の会社が資産を購入し、これを第二会社が引き継いだのであれば、第二会社は新品を中古価格で取得することができたことになります。従来の会社が修繕した資産を第二会社が安く取得できたならば、いわゆる資本的支出として耐用年数を延ばしたことになるわけです。これにより、第二会社は耐用年数を延ばした資産を安く取得できたことになります。

　同様に、従来の会社が商品を購入し、第二会社が安価に取得できたのであれば安い原価で仕入れたことになります。

　これらの対策は、従来の会社が行ってくれた将来収益獲得能力を引き上げるという数々の対策の効果が第二会社になってから発現するというわけです。当然ながら第二会社の収益が増加することにな

りますので税金対策が不可欠となってきます。再生の後には必ず節税対策という知恵を絞らなければならないのです。再生に成功した者の贅沢な悩みといえるでしょう。

> ▶ **チェックポイント**
> 第二会社がスタートした直後は資金調達能力が限られてしまいます。少しでも多くの運転資金を確保しておくため、許される範囲で資金移動をしておくことが望まれます。

【24】債権者の合意を得る

要旨

合意を得るべく努力をしても、全ての債権者から一括合意が得られない例は少なくありません。一括合意が得られないなら、合意できる債権者から個別合意でサッサと解決してしまうというのが得策です。個別合意が得られないのであれば、暫定リスケで時間を稼ぐことになります。ここでは債権者の合意を得るための対応策について、経営に関わる身近な専門家である会計事務所の果たすべき役割を念頭に置きながらまとめることにします。

　全債権者を対象に一律の再生計画を提示して合意を得ることは、時として困難を伴います。このような場合、全債権者を対象に一括合意を目指すのではなく、私的整理を進める過程で個々の債権者と個別合意を目指すことで再生計画を成立させるというのは、私的整理の大きなメリットと言っても過言ではありません。

1．合意を得るための努力をする

　債権者の合意を得るには債務者の真摯な努力が必要になります。事業計画を示し、各債権者への返済計画を示します。そのためには債権者を個別に回り、十分な説明を行います。この時、他の債権者の動向を明らかにします。各債権者の意見を反映する形で計画を修正していきます。

　その後、債権者会議を開催し、それまでに練ってきた計画を提示します。債権者にしてみれば、既に提示された計画に対する他行の反応を債権者会議で確認するのです。確認とは、債権者が他の債権者の意向や動向を確認しながら納得するということです。無策のままバンクミーティングと称する債権者会議を開催し、債務者が勝手

に作った計画を一方的に示すような愚行は絶対に行ってはなりません。

債権者の理解と協力を得るために、債務者としては債権者の合意を得るための努力をしなければならないのです。

2．一括合意の困難性

　民事再生法に代表される法的整理は一括合意が基本となります。一括合意といっても全員一致である必要はなく、頭数と債権額の過半数で成立します。全員一致でないので少しは合意しやすいということができますが、民事再生法で合意が得られなければ破産手続に移行してしまうことが問題です。

　一方、一括合意型の私的整理は全員の同意が必要になります。過半数というような決め方は認められません。反対する債権者を強制することはできませんので、私的整理で一括合意を得るのは簡単ではありません。

　債権者毎に回収方針が違うのは当然です。債権者と債務者の間の対立ではなく、債権者と債権者の間の対立も考えられますので、配分額を巡っての争いも想定されます。よって、全ての債権者から一括合意を得るのは困難なのです。

※私的整理において一括合意が困難である場合、補完する制度として特定調停という制度があります。強制力はありませんが、裁判所による決定（17条決定）を受けることで債権者としては受け入れやすくなるのです。この点については第Ⅴ章【5】を参照してください。

3．個別合意で解決する場合

　一括合意ができないのであれば、個々の債権者に合わせて個別合意を得ることになります。中には早期解決を目指す債権者もおり、個別合意で解決することになります。さらには、抵当権を設定して

いる債権者と合意して資産を譲渡することも少なくありません。その債権者と個別合意し、一括返済をすることで残債務の放棄を受けるのですが、換言すれば抵当権者が抵当権を納得した金額で処分するというわけです。

※一括合意ができない場合に個別合意に移行することは論理的に説明できます。早く合意を目指す債権者が、そうでない債権者の合意を待つまでもなく先に合意をするということは、各債権者の効用関数が異なるためだからです。これは経済学の視点から説明可能であり、拙著「事業再生をめぐる債権者と債務者の対立と協調」（ファーストプレス社）で詳述しています。

4．事業再生業務の特殊性

　事業再生業務は簡単ではありません。金融機関経験者であっても、一般の融資担当者としての経歴だけでは回収業務の実態は分からないことが多いのです。一般の経営コンサルタントには見栄えの良い事業計画は作成できても、返済計画や債権者との交渉は困難をきたします。

(1) 一連の流れを繰り返す

　債権者の一括合意が無理であっても諦める必要はありません。一括合意が期待できないならば、個々の債権者と個別に合意すれば良いのです。

　個別合意も無理ということは、合意する債権者はいないということを意味します。そうなると暫定リスケを目指すしか道がなくなります。暫定リスケで時を稼ぎ、頃合いを見て、改めて一括合意を模索するのです。このようにして、債権者の合意が得られるまで一連の流れを繰り返すことになります。そのうちに債権者の態度に変化が現れるのを待つのです。

　「貸倒引当金が不十分であったので合意しなかった債権者が、その後、貸倒引当金の計上が済んだので合意することになった」とか、「本

部の回収方針が変わったので合意することになった」というような例は数多くあります。金融機関は当年度の償却計画に合わせて貸倒損失を計上しますので、その計画にどのように合わせるかがポイントになります。

（２）競合業者が出現するリスク

暫定リスケを行っている間に競合業者が出現しないかどうかが気になるところです。競合業者とは多くの場合、商圏を狙う同業者です。

一括合意も得られず、個別合意も得られなかったので暫定リスケに持ち込んだものの、「近隣地域と一体開発することになったので急遽、売却を強いられた」とか、「競売価格を上回る分は営業権として上積みした金額で競合業者への売却を強いられた」というような例も見受けられます。

単に時間を稼ぐという守りの姿勢だけでは不十分なのであり、アンテナを張りながら債権者の動きを注視し、高値で買い取りを申し出てくるような競合業者に警戒しながら、一括合意あるいは個別合意を取り付ける機会を模索することが大切です。

５．会計事務所の役割

債権者との交渉にあたって、経営に関わる身近な専門家である会計事務所が果たすべき役割は大きなものがあります。事業再生の多くは法的に争うわけではなく、法律の分野というよりは会計、税務、経営の分野だからです。

（１）一括合意に向けて

まず最初に、資金繰りが回ることを確認します。資金繰りができなければ、残念ながら手当のしようがありません。次に、キャッシュフローがプラスであることを確認します。これがマイナスであれば市場から撤退を余儀なくされます。さらにキャッシュフローがプラスであっても、清算価値、競合価値との比較が必要になることは第Ⅱ章【7】で明らかにした通りです。

事業計画には確実性が求められます。さらには返済能力の把握には会計事務所が関与することで得られる正しい決算に基づいた情報が必要なのであり、情報の非対称性の解消にも会計事務所の関与が求められます。

（2）個別合意に向けて

　債権者の回収方針の差は債務者にはどうしようもありません。短期一括回収の方針を掲げる債権者に、どんな立派な計画を提示しても長期分割返済は受け入れられないのです。この場合は一括返済しかないというわけです。債権者には債権者なりの資金計画・回収計画があるのです。

　事業に必要な不動産に担保権を持つ債権者をないがしろにすることもできません。売却処分できない不動産ならば、売却を前提とした無担保額ではなく、担保額も含んだ債権残高で返済額を按分しなければなりません。有担保債権者と無担保債権者間の調整が必要になります。

　債権者毎に回収方針が異なるのですから、合意できるところから個別合意することで債務者が主導する形で事業再生が実現できるのです。返済計画は債権者と債務者の対立ではなく、債権者と債権者（債権者間）の対立問題であることは繰り返し指摘している通りです。

（3）暫定リスケにあたって

　貸倒引当金が少ないので債権放棄はできないという債権者の事情があるならば、貸倒引当金が十分になったなら債権放棄が可能になるということもあります。債権者の回収方針は変わりますので、合意の可能性を常に追いかけることが求められます。ただ漫然と暫定リスケをしていたのでは、競売やM＆Aで経営権を手に入れようとする競合業者が出現する可能性が高まるので要注意です。

6．経営者と会計事務所の協調

　事業再生を進めるにあたって、経営者と会計事務所がどのように協調すべきかについて整理しておきます。

（1）事業計画は確実性を重視する

　過去と現在の経営成績、財政状態を正しく表す財務諸表に基づいて将来の事業計画を作成します。

　この場合、経営者と会計事務所が協同で信頼性の高い計画を作成することが望まれます。無資格の自称専門家や、見せかけだけの経営コンサルタントが机上の空論を並べて作った計画書は、体裁の良い立派な計画書でも説得力がありません。その点、会計事務所と協同で作成した計画書は、たとえ質素であっても確実性・信頼性が高く内容に説得力があります。金融機関にとっては見せかけの立派さよりも、正しい情報に基づいた実現可能な計画であることが大切なのです。

（2）金融機関交渉は会計事務所の支援が大切

　金融機関との交渉を経営者が単独で行うのではなく、会計事務所の支援のもと、顧問の税理士に同席してもらうことは有効な方法です。細かい質問の答えに窮したときに、専門家である会計事務所の支援があれば経営者にとって頼もしいことですし、金融機関にとっても数値の正確性が期待できるからです。

　決算報告のみならず、期中の業況報告においても会計事務所の支援を受けることで、いざ金融機関と事業再生に関する合意交渉が必要な段階になった場合に、培ってきた人脈を有効に発揮できることになります。

　支援にあたっては、会計事務所に対する支払報酬が上積みされることになるかもしれませんが、経営者にとってそれだけの価値があるといえます。会計事務所にとっては大切な関与先を守るという意味で意義のある業務であり、正当な報酬を受ける新たなビジネスチャンスともなります。経営者、会計事務所の双方にとって、プラ

ス効果が期待されるのです。

（3）粉飾決算は排除する
　今、粉飾決算を行っているならば直ちに中止すべきです。粉飾の理由が、「経営成績を良く見せる」ためであれば、それは無意味なことです。粉飾を続けることで傷口が広がってしまいます。むしろ、ありのままの姿を金融機関に示すことで合意が得やすい環境を作ることが必要です。貸倒引当金を計上する環境を作ることが有効であることは拙著の中で繰り返し明らかにした通りです。粉飾決算の修正については、第Ⅲ章【3】を参照してください。

▶ **チェックポイント**
金融機関の合意を得る努力を行うにあたっては会計事務所の支援を受けることが有効です。それでも一括合意が困難であれば、個別合意で解決を目指すことが合理的です。

【25】事業再生に成功する経営者

要 旨

事業再生のコンサルティングを行っていると、様々な人々と出会います。再生を目指している経営者はもちろん、弁護士、税理士、会計士、銀行やサービサー、金融機関から債権を譲り受けた新債権者、さらには、利権に群がる不動産業者、コンサルタント等です。まさに十人十色ですが、再生に成功する経営者には、いくつかの共通点があるように思います。ここでは事業再生に成功する経営者に共通する点について明らかにします。

　事業再生に成功する経営者には少なくとも三つの共通点があると思います。それは、「再生させたいという強い意思」「真面目な態度」「積極的な姿勢」です。裏を返せば、これらの点に欠ける経営者は、事業再生を成功させるのは困難といえるかもしれません。
「再生させたいという強い意思」とは、「できれば再生したい」とか、「どうにかならないか」といった曖昧な意思ではなく、「どうにかして再生させたい」という堅固な意思です。迷いのない強い意思ということもできるでしょう。
「真面目な態度」とは、返済能力の中で返済するという誠意であり、正直な態度です。誤魔化さず、正面から取り組む意気込みでもあります。
「積極的な姿勢」とは、様々な知識を集め、再生に向けて邁進する気概です。広く勉強家であることが求められます。

1．共通する点

(1) 再生させたいという強い意思
　再生させたいという意思は、それなりに全ての経営者が持ってい

ます。

「もう、やめたい」というのであれば、論外です。さっさと、事業をたたんでしまえばいいだけの話です。廃業も立派な選択肢です。

経営者が迷っているようでは、事業再生は途中で挫折していまします。なぜならば、債権者は別の経営者に経営を譲渡させることで回収の極大化を図るからです。回収の極大化が実現できるのであれば、経営者が誰であろうと債権者には関係ないのです。

したがって、事業を再生させたいという「強い」意思がないならば、事業再生はあきらめた方が良いでしょう。M＆Aで経営権を譲渡するか、会社を清算する方が無難かもしれません。

（２）真面目な態度

粉飾決算をいつまでも続けたり、逆粉飾決算で利益を誤魔化したりするような経営者が、債権者の信頼を得られるわけがありません。真面目な態度に欠けるとは、誤魔化そうとする債務者のことだけではないのです。

返済が苦しいまま十分に努力もせずに、さっさと第二会社を作って事業を譲渡するような債務者も真面目な態度に欠けるというべきでしょう。このような経営者が、債権者の協力を得られるはずがありません。まずは経営努力を行うべきです。経営努力により返済能力を高めた上で、返済能力を超える部分について債権者の協力を求めるべきなのです。

これまでに、債権者の逆鱗に触れた債務者を何例も見てきました。

だからこそ筆者は、無理な事業譲渡計画には反対なのです。無理に事業譲渡をしても、債権者からの攻撃を受けてしまったのでは何にもならないからです。無理な事業譲渡に対して債権者が反撃を行う場合、反撃の程度は凄まじいものになります。いわば本気の戦いとなります。債務者は防戦一方となり、多くの場合、敗戦となってしまいます。

債務者は債権者の協力を得つつ、真面目に、正直に、正面から取り組む姿勢が絶対に必要なのです。

（３）積極的な姿勢

多くの場合、筆者の元に相談を寄せる経営者は積極的な経営者です。勉強家でもあります。

筆者の本にアンダーラインを引き、付箋紙を貼り、ポイントを押さえた質問をしてくる経営者が多いのです。本を読み、知識を得た上での相談なのですから、それだけで積極的なのはわかります。本を一読することで一通りの知識を得ており、効率的に事業再生が進められる場合が大半です。

しかし、中には、なんとなく相談を寄せてくる経営者もいます。

話を聞くと、ただ漠然と「困った」「どうしよう」という悩みを抱えているだけのことがあるのです。まさに「積極的な姿勢」に欠けているのです。このような場合は、大概「再生させたいという強い意思」にも欠けていることが多いといえます。

筆者の知る限り、こういう経営者は必ず途中で挫折します。事業再生を始めても、債権者との交渉の途中で力尽き第三者への譲渡に合意してしまうのです。

こういう経営者には「迷いがあるなら事業再生は困難だ」ということを知らせてあげることも大切でしょう。

２．事業再生はできるということ

（１）私的整理による事業再生

当然のことながら、事業再生が完了するまでに必要となる時間は個々のケースによって異なります。順調かつ簡単なケースでは数ヶ月で終わる場合もありますし、紆余曲折を経て数年かかるケースもあります。中には、一度中断した後、復活して決着する例もあります。

債権者という「相手」があることですから債務者側では決められません。民事再生のようにスケジュール化できるわけではなく、再生の事実を公表することなく債権者との交渉で進めるため、時間がかかる場合があることも覚悟した上で事業再生に取り組まなければなりません。

急いで進めたい、スケジュール化したいなどの場合は、風評被害

を覚悟した上で法的整理を選択すべきです。

（２）中断するくらいなら始めないほうが無難

　事業再生は一朝一夕には終わりません。債権放棄の額の大きさだけではなく、第二会社へのスムーズかつ安全な事業移転、少しでも多くの資産を守ることなどを考えれば、時間がかかっても経済的合理性が認められるケースが大半です。

　しかし、残念ですがコンサルティングを中断するケースもまれに生じます。

中断の原因は二つに大別されます。

　一つは資金繰りの失敗です。こればかりは事業再生コンサルティングの範疇を超えます。事業再生を実現する以上、キャッシュフローが回らないことには始まりません。キャッシュフローが回らなければ事業継続が困難であり、計画は中断せざるを得なくなってしまいます。

　もう一つは経営者の意欲喪失です。「事業再生を目指したものの債権者との交渉に疲れて意欲を失った」「債権者から揺さぶりをかけられて恐れをなした」等、理由は様々ですが、経営者自身の事業再生を目指す意欲が失せてしまうことで中断するケースです。

　これまでにコンサルティングを中断した何件かのケースは、その後、事業を中止あるいは廃業しているようです。資金繰りの失敗を理由とする中断は事業継続が困難なので廃業になるのもやむを得ませんが、経営者の意欲喪失を理由とする中断の場合でも同様です。中途半端に交渉を中断したことで、債権者の意向が強く反映された形で再生が進められたり、従来の経営者は一部の資産を与えられる程度で経営権を剥奪され、冷や飯を食わされるというケースが見られるようです。

　途中で中断するくらいなら、開始しないという選択が無難かもしれません。取り組んだならば、最後まで頑張ることで私的整理による事業再生が実現するのです。私的整理というのは、それだけ繊細なのです。

（３）結局は経営者次第である

　偶然、情報を得た経営者が再生できて、不幸にも、そのような機会に恵まれなかった経営者は再生できない・・・。こんな不公平はいささか疑問でもあります。しかし、それも一つの「運」かもしれません。ビジネスの世界では時として運が大きく左右することがあるのです。
「運」に恵まれノウハウを手にしたのなら、躊躇せずに事業再生を目指すべきだと思います。ただし、迷いがあるならば強行すべきではありません。強行したところで挫折する危険があるからです。
「再生させたいという強い意思」「真面目な態度」「積極的な姿勢」が揃ってこそ、成功が待っているのだと思います。
　事業再生にあたっては、他人に寄りかかるという「他力本願」ではなく、自らを頼りとする「自力本願」でなければなりません。それを可能にするのは、経営者自身の財産である「知識や知恵」、「情熱や勇気」にほかならないのです。

3．経営者のタイプ

　これまで様々なタイプの経営者に出会いました。ここではいくつかのタイプを紹介します。

（1）決断できないタイプ

　中には事業再生のために踏み出すことをためらい、いつまでもリスケを繰り返している経営者もいます。いわば手術をためらい、内服薬を飲み続ける患者のようなものです。
　まずは内服薬で済むのか、外科的手術が必要なのかを十分見極めることが必要です。仮に手術が必要であるとしても、決断ができていない以上、無理に手術を行うべきではありません。手術にはそれなりのリスクを伴うからです。ただし、手術が必要なのに見送る場合は手遅れになる可能性があることを自覚しなければなりません。再生に着手するには経営者本人の固い決意が必要なのです。

（2）慎重過ぎるタイプ

　事業再生に着手したのは良いものの、あまりに慎重になり過ぎて細かい点を気にして優柔不断になり、計画が遅々として先に進まないこともあります。

　さらには、人の良さ故なのか、不要なことや先走ったことを債権者に伝えたりすることで、落とし所を失ってしまったりすることもあります。言い換えれば、小細工をすることでかえって不利になってしまうというわけです。

　亡くなった父に将棋を習った時、「下手の考え休むに似たり」と言われたのを思い出します。

（3）リーダーシップに欠けるタイプ

　事業再生を進めると、資金繰り対策、金融機関対策、取引先対策等の様々な対策が必要になります。これらの対策を行うにあたり、経営者のリーダーシップが必要になるのですが、肝心の経営者が全く役に立たないことがあります。景気が良い頃に祭り上げられた形だけの社長や、経営能力のないまま先代の後を引き継いだ二世経営者などの場合です。

　経営者のリーダーシップに従う形で作業を進めるべきにもかかわらず、リーダーシップが欠如するままバラバラの対応を余儀なくされてしまいます。非力過ぎる経営者というのも困ったものです。

（4）偏屈過ぎるタイプ

　固い決意が必要とはいえ、経営者が偏屈過ぎるのもいかがなものでしょうか。強力過ぎるリーダーシップすなわちワンマン社長というのも問題が少なくありません。誤った知識や情報に基づいて誤った判断を行い、頑固なまでに態度を変えないようなタイプはワンマン経営者に多いようです。

　物まね知識で事業再生を進めようとする経営者がいますが、これも危険です。場合によっては債権者を追い詰め、敵対的にさせてしまうからです。このような場合には纏まる話も纏まりませんし、詐害行為取消権等の法廷闘争に持ち込まれてしまう危険すらあります。

このような中途半端な事業再生を行う経営者は、多くの場合に事業再生が挫折してしまうようです。
　偏屈過ぎたり、ワンマン社長であったりする場合には、謙虚かつ臨機応変な対応が必要であることを諭さなければなりません。

（５）遠慮してしまうタイプ

　事業再生を進めているにもかかわらず、債権者に遠慮し過ぎて自分の希望通りの再生ができない例も少なくありません。「○○を求めたら債権者の怒りを買ってしまうのではないか」「最後には寛大に処理してくれるだろうから、ここは債権者にしたがっておこう」「今まで通りに返済していれば、いつかは分かってくれるだろう」等、「根拠の無い期待」に過ぎません。
　問題は、ズルズルと時間をかけてしまうことで返済総額が膨らむだけではありません。債務者がノー天気な対応をしている間に、債権者は「回収額の最大化」のために様々な手を打っているのです。端的にいうならば、「従来の債権者に経営を任せること」と、「新たな経営者に経営権を譲渡すること」を比較して、最も回収効果が高い方を選択するのです。
　「債権者は分かってくれるだろう」と思っているのは債務者だけなのであり、債務者の片思いに過ぎないのです。いわば「負け組」の典型例といえるでしょう。
　このことに気付かずにダラダラと不良債権のまま経営を継続する経営者と、債権者と対立するのではなく協調しながら、自己の権利や期待を債権者にぶつけて戦う債務者とでは競争になりません。当然ながら、戦う債務者こそ事業再生に成功することで正常債権になり、次のステップを目指すことができるのです。いわば「勝ち組」ということができるでしょう。
　勝ち組の経営者と負け組の経営者では、同じ土俵に立てないことは言うまでもありません。

（６）勇気ある撤退ができないタイプ

　事業が順調に推移しているときには拡大路線で突っ走ることも良

いでしょう。しかし、停滞期を迎えた場合には縮小路線に舵を切ることも慎重に検討しなければなりません。

このように事業を縮小する決断、すなわち勇気ある撤退ができない経営者が少なくありません。その理由は、人の意見を聞かないというワンマン社長であったり、合理性を欠く拘りであったり、見栄や意地であったりと様々です。理由を明確に把握した結果、明らかに非合理的な理由であれば、成功が遠のくといえるかもしれません。

(7) 言い訳を繰り返すタイプ

言い訳を繰り返す経営者は、遅かれ早かれ金融機関からそっぽを向かれてしまいます。信頼が得られないからです。

筆者が金融機関の回収責任者であった頃、粉飾決算を繰り返した結果、破綻に追い込まれた企業が、無資格のコンサルタントを伴って再生計画の未達の言い訳にやって来た例もありました。何を言おうが全く説得力を感じられませんでした。

極めつけは、粉飾決算に手を貸していた会計事務所と同伴して言い訳にやって来た例です。インチキ決算書を作成していた当事者が二人そろって、今度は実現できないインチキ計画の言い訳をしに来たのです。

このような無責任、厚顔無恥な経営者に債権者が理解を示し、協力するはずがありません。「この経営者のために一肌脱いでやろう」という思いになるかどうか、ちょっと考えればわかるものです。

このような言い訳を繰り返す債務者については、債権者としては定性評価を大きく引き下げることになります。その結果、債権者区分を引き下げることになり、再生支援から債権回収に舵を切らざるを得ないことになるのです。こういうタイプの経営者は再生できない典型例というべきでしょう。

4. 第二ステージでの成功を目指す

筆者は事業再生コンサルティングを平成12年から行っています。既に20年近くが経過し、これまでにいくつもの再生事例を扱いま

した。

　初期の頃は『再生実績○件』『債権放棄累計○億円』等々の実績を公開していましたが、累計値が際限なく増加したため、カウントを中止したという経緯があります。再生に関与した取引先は既に数百社、債権放棄の累計額は百億円を超えています。

　ここで指摘したいのは実績の多寡ではありません。第二ステージで成功する取引先が増えてきているという事実です。

　第一ステージで「債権放棄を受ける」ことに成功し、第二ステージで「更なる飛躍に成功する」というわけです。自身が事業再生を成し遂げたという経験を活かし、M＆Aで他社を買い取ったり、投資用の収益不動産を取得したり、様々な方法で第二ステージを成功させている取引先が増えてきています。

　当然ながら、第二会社は利益が出るからこそ再生するのですから、節税を含めた事業計画が求められます。新規融資を確保し事業を拡大するのです。

　筆者は不動産鑑定士、税理士としての資格を生かし、取締役あるいは顧問に就任して第二会社をサポートしています。具体的には収益用不動産の価値評価や、M＆Aで他社を買い取る際のデューデリや、価格交渉を担っています。

　事業再生とは第一ステージで終わるわけではありません。第二ステージをいかに実現するかという点も大切なのです。時の流れとともに、第二ステージで成功する会社が増えてきているのは喜ばしいことだと思います。

> ▶ **チェックポイント**
> 様々なタイプの経営者がいますが、事業再生に成功する経営者には共通点があるように感じます。ここで紹介した各点、各ポイントを参考にして、自己分析することをお勧めします。

第Ⅲ章
会計・税務・不動産に関連する全知識

【1】経営成績と財政状態

要 旨

税務の基本となる会計理論に関する様々な考え方の違いは「経営成績を重視するのか」あるいは「分配可能利益を重視するのか」という根本的な考え方の違いに起因することが少なくありません。「それぞれの立場からどのような違いとなるのか」を考えると理解しやすいといえます。ここでは事業再生との関係でどのような違いが生じるのかを検証します。

1．損益計算書と貸借対照表

　会計の基本となる企業会計原則では、「損益計算書は、企業の経営成績を明らかにするため、一会計期間に属する全ての収益とこれに対応する全ての費用とを記載して経常利益を表示し、これに特別損益に属する項目を加減して当期純利益を表示しなければならない（損益計算書原則）」と規定されています。損益計算書は「企業の経営成績を明らかにする」ものであり、経営成績とは、利益の大きさと発生源泉を指しています。

　一方、「貸借対照表は、企業の財政状態を明らかにするため、貸借対照表日における全ての資産、負債及び資本を記載し、株主、債権者その他の利害関係者にこれを正しく表示するものでなければならない（貸借対照表原則）」と規定されています。貸借対照表とは「ある一定時点において企業に存在する全ての資産及び負債と、その差額としての資本を表示することで財政状態を明らかにする」ものであり、財政状態とは、資金の調達源泉と運用状況を明らかにするものです。

（1）経営成績

　商品を売り現金を受け取った場合は、商品が現金に代わっていますので収益を計上することができます。現金の動きに応じて収益を計上する考え方を現金主義と呼びます。しかしそれでは狭い考え方となってしまいます。商売でお互いの信用が生じると掛け売りが行われることになり、この場合は現金のやり取りがなされません。現金が動かないからといって収益として認めないのでは収益の範囲が狭くなってしまうというわけです。

　だからといって口約束を基準にしたのでは曖昧に過ぎ、収益の判断が広過ぎてしまいます。このような考え方を発生主義と呼びます。しかし、これでは正確な経営成績が把握できなくなってしまいます。そこで一定の基準が必要なのであり、収益の認識基準として実現主義という基準が採用されています。

　一方、費用については保守的な考え方から、少しでも早く認識することで健全な経営状態を維持しようとしています。すなわち収益の実現主義に対する認識基準として、費用は発生主義で認識します。

　収益は実現主義で、費用は発生主義で認識するとなると両者に期間的なズレが生じてしまいます。このズレを調整しようとする考え方が費用収益対応原則ということになります。

　収益から費用を控除して利益を求めるわけですが、求めた利益について、それが本業の利益なのか、投資活動を含んだ利益なのか、さらには分配可能な最終利益なのか等々を把握することで企業の経営成績を明らかにする書類が損益計算書です。

（2）財政状態

　設立したばかりの会社の財政状態はどのようなものでしょうか。たとえば、自己資金を100、他人から借りた資金を100とするならば、自己資本100＋他人資本100の合計で200が手許にあるわけですので、この現金200が資産ということになります。その後、様々な企業活動を行い、たとえば50で中古車を購入すれば、現金150、車両50と、資産内容が変化することになります。

　そもそも資産の価値とは何でしょうか。過去に支払った額という

考え方があります。この場合、先の例で車は 50 が基本となります。会社が過去に金を何に使ったのかが分かるため、会社資本の運用形態を示すものであるといえます。過去の支払額（＝購入市場）ではなく、現在において売却する場合の受取額（＝売却市場）という考え方もあります。あるいは、将来の利益を獲得するための犠牲的支出なのであり、将来獲得する利益の現在価値だという考え方もあります。

　このように価値判断一つをとってみても、様々な考え方がありますが、我が国では過去の取得額を基準とするという取得原価主義が採用されています。

　一方、負債とは金融機関からの借入金や仕入先に対する仕入債務などの法律上確定した債務や、法律上はまだ確定していないものの将来において負担が発生する可能性が高い引当金や、期間損益計算を適正にするために計上される未払費用などが含まれます。

　負債の評価にあたっては、そもそも誰の資金なのかという大きな区別がなされます。会社の資金であるならば自己資本であり、他人の金であるならば他人資本です。他人資本は返済しなければなりませんので、返済義務のない自己資本より不安定な資金であるということになります。

※一般に、価値に関する議論は資産が中心に行われています。負債の価値判断の議論は一般的ではありません。この点、法的な返済義務にかかわらず、債務者の返済能力をもって計測した額、すなわち負債の時価価値に着目すべきなのです。

　資産から負債を控除したものが純資産であり、株主からの出資や、経営活動により獲得した利益など、返済の必要がない会社の資本のことをいいます。純資産は自己資本とも呼ばれます。純資産（＝自己資本）と負債（＝他人資本）は、会社のお金を誰から集めたのかが分かるため、会社資本の調達源泉を示すものであるといえます。

　このように会社がどのように資金を調達し、どのように運用しているのかを明らかにする書類が貸借対照表であり、資産＝負債＋純

資産という貸借対照表等式が成り立っています。

２．経常利益と分配可能利益のいずれを重視するか

損益計算書では様々な利益が表示されますが、その中でも経常利益と当期純利益のどちらを重視するかという問題は、会計の目的に関連します。

「投資家等に有用な情報を提供するのが会計の目的」とする立場からは、企業の正常な収益力すなわち経営成績を重視し、経常利益が重要であると考えます。

一方、「株主に対する経営者の受託責任を明らかにするのが会計の目的」とする立場からは、企業の分配可能利益を重視し、当期純利益が重要であると考えます。

損益計算書に関して、経常利益を重視する立場からは「経営成績算定のために発生収益を客観性、確実性によって限定すること」が求められ、分配可能利益を重視する立場からは「分配可能利益算定のために、貨幣性資産の裏付けのある収益を認識すること」が求められることになります。

さらに貸借対照表の資産の評価を例にとれば、経常利益を重視する立場からは「物価変動がある場合は取得原価と時価は一致しなくなるので、取得原価主義は時価主義に比べて合理的ではない」と考えることになります。分配可能利益を重視する立場からは「株主から提供された貨幣をどの資産にいくら使用したかを明らかにすることが受託責任の解明に役立つので、資産を取得原価で評価し、販売などの実現時に利益を認識することで未実現利益を排除することができ、よって分配可能利益の算定に役立つ」と考えることになります。

３．経営成績と財政状態のいずれを重視するか

Ｐ／Ｌが表示する経営成績も、Ｂ／Ｓが表示する財政状態も共に重要であり、両者が相まって事業の業況を把握することができます。しかし、対象となる事業が正常債権の場合と、不良債権の場合とで

は微妙な違いが認められます。

（1）正常債権の場合

正常債権の場合は、直ちに清算することは想定されませんので、現在の分配価値よりも将来の可能性が重要になります。いわば、分配を念頭に置いた財政成績より、将来の収益獲得可能性が重要なのです。

すなわち、B／Sが表示する財政状態のみならず、P／Lが表示する経営成績に重点が置かれるといえます。

（2）不良債権の場合

不良債権の場合は単に将来の可能性ではなく、万一の場合の分配可能性も重要になります。実現可能性を重視した経営成績は保守的なものであり安定的となります。事業の将来性も大切ですが、万一の場合の分配可能性も視野に入れることが求められます。

すなわち、P／Lが表示する経営成績のみならず、B／Sが表示する財政状態にも重点が置かれるといえます。

▶ **チェックポイント**

簿価ではなく時価で把握した財政状態（B／S）を上回る経営成績（P／L）が期待できることが求められます。債権回収の立場からは、将来に目を向けた経常利益よりも、現在に目を向けた分配可能利益が重要になる側面もあるのです。

【2】粉飾決算の兆候

要 旨

金融機関は多くの融資先と接しており、中には粉飾決算を行っている先もあります。金融機関がどのようにして粉飾決算を見極めているのでしょうか。金融機関の回収責任者を務めていた経験を踏まえ、企業が破綻に至る過程や、問題企業の兆候を整理することにします。

1．企業倒産の過程

要因	現象	企業の兆候	銀行取引の兆候
売上の不振 不採算取引 回収の長期化 過大な投資 貸倒の発生 連鎖倒産 　　　etc	業績悪化 ↓		
	対策実施 ↓	新製品企画 合理化 人員整理	
	赤字累積 ↓	経理内容悪化 粉飾決算	財務指標の悪化
	資金繰りの逼迫 ↓	資金繰りの乱れ 資金繰り糊塗	当座取引の乱れ
	金融努力 ↓	融通手形の利用 街金融の利用 カードローンの利用 売掛金・在庫の架空計上 簿外負債の発生 売上と受手のアンバランス	手形銘柄の変更 かけ込み割引 銀行の取引 態度の変化
	過重負債 ↓	金利負担増	
	支払不能		不渡り 差押え

2．財務諸表の粉飾

　損益計算書の経常損益などを意図的に操作して企業の経営成績を隠蔽し、実態より良く見せることが典型的な粉飾決算です。貸借対照表の資産を過大計上したり、負債を簿外計上するなどして、企業の財政状態を実態より良く見せる場合もあります。反対に、脱税等の目的で、会社の決算を実態より悪いかのように偽装して決算書を作成することは「逆粉飾決算」と呼ばれ、これも粉飾決算に含まれます。

（1）粉飾の目的
ⅰ．対金融機関関係
　利益の過大計上により信用を高く見せる。
ⅱ．対従業員関係
　利益の過少計上により分配を回避する。
ⅲ．対株主関係
　利益の過少あるいは過大計上により配当を操作する。
ⅳ．対税務関係
　利益の過少計上により納税を回避する。

（2）粉飾の方法
ⅰ．収益、資産の過大計上
　・売上高を架空計上し売掛金を過大計上する。
　・売上高を繰り上げ計上し売掛金を計上する。
　・資産の評価を引上げ評価益を計上する。
　・棚卸資産、有価証券を水増し計上する。
ⅱ．収益の過大計上、負債の過少計上
　・借受金とすべきものを売上に計上する。
　・前受金を繰り上げ売上に計上する。
　・引当金を取り崩し収益を過大に計上する。
　・仮受金、預り金を売上計上する。
　・借入金を売上計上し簿外債務とする。

ⅲ．費用の過少計上、資産の過大計上
- 固定資産の減価償却費を減らし固定資産を過大に表示する。
- 期末棚卸資産を過大に評価計上し結果的に売上原価を減らす。
- 修繕費として計上すべきものを建設仮勘定や固定資産に計上する。
- 利息や支払保険料等を前払い費用として繰り延べる。
- 貸倒が発生しているのに貸倒損を計上せず売上債権が過大計上となる。
- 不良在庫があるのに廃棄損を計上せず棚卸資産が過大計上となる。
- 仮払金、立替金を不正計上する。

ⅳ．費用、負債の過少計上
- 費用を見積もって計上せず修繕引当金や負債を過少計上する。
- 確定未払費用を不計上とする。
- 買掛金による仕入を過少計上する。
- 費用計上基準を発生主義から現金主義に変更する。
- 借入金を過少計上する。

3．問題企業の兆候

項目	兆候
損益	ⅰ）売上が減少している。売上高が3期以上横這いである。 ⅱ）利益率が低下している。 ⅲ）金利負担比率が極めて高い。 ⅳ）損益分岐点が著しく高い。 ⅴ）次のような粉飾決算の兆候がみられる。 　・販売実績の増減がはなはだしく総利益率の変動が激しい。 　・リベートなどが慣習的でない業種なのに支払われている。 　・電力料、水道料などが殆ど変化していないのに生産が異常に高くなっている。 　・販売員が減少しているのに売上高が増加している。 　・支払利息、割引料が増加しているのに借入金割引高が増加していない。 ⅵ）タコ配当が行われている。
財務	ⅰ）売掛金の回収が悪化している。受手のサイトが長期化している。 ⅱ）棚卸資産が異常に増えている。 ⅲ）高利の借入（闇金融）が増大している。 ⅳ）経営収支比率が低下している。 ⅴ）次のような粉飾決算の兆候が見られる。 　・売上債権、棚卸資産、固定資産に異常な増減が見受けられる。 　・買掛債務、借入金に異常な増減がある。 　・借入金と預金の比率、すなわち預貸率に大きな変化がある。 　・会社の資産に抵当権の設定があるにもかかわらず、借入金の事実がない。 　・事業の性格上、当然考えられない前受金、仮受金が多額にある。 　・貸倒引当金、価格変動準備金、退職給与引当金などが計上されていない。 　・建設仮勘定が多額にのぼっている、あるいは減少している。 　・経常収支比率と経常損益比率の差が拡大している。 ⅵ）遊休資産、不稼働資産が多い。 ⅶ）投機的投資が多い。
業界動向	ⅰ）企業が属する産業が既に発展性を失った「衰退産業」に属する。 ⅱ）市場占有率が低下する傾向にある。 ⅲ）業界、市場の成長力、需給のバランスがとれていない。 ⅳ）業界ないし市場における地位が安定していない。 ⅴ）競争会社と差別化を図っていない。

項目	兆候
経営体制	ⅰ）経営者の手腕、経営能力が不足している。 ⅱ）同族登用の度が過ぎる。 ⅲ）経営陣のチームワークが悪い。 ⅳ）老令化している。 ⅴ）公私混同している。 ⅵ）後継者がいない。 ⅶ）ギャンブルに熱中する等、個人生活が荒れている。
組織管理	ⅰ）経営に計画性がない。計画書がない。 ⅱ）予算制度が確立され、予算実績値が照合分析されていない。 ⅲ）職務分担、権限がはっきりしない。 ⅳ）資料を求めても時間がかかる。または、内容が粗末である。 ⅴ）どんぶり勘定である。製品別、事業所別、営業所別、利益管理がなされていない。 ⅵ）間違いや不正が発見しにくい。使い込みが起きる。
労務管理	ⅰ）従業員に不平不満が多く、仕事に積極性がない。士気が低い。 ⅱ）退職者が多い。役員、部長クラスが退職する。 ⅲ）不正行為が発生している。 ⅳ）優秀な人材の採用が困難である。 ⅴ）組合活動が活発化、せん鋭化し、労働争議が発生している。 ⅵ）従業員の老令化が目立つ。
仕入	ⅰ）原材料入手事情が安定的でない。 ⅱ）仕入先の協力が得られない。
製品	ⅰ）新製品、新商品が少ない。 ⅱ）市場性がない製品への過剰投資が行われている。 ⅲ）販売商品の成長性、新規製品計画が検討されていない。 ⅳ）製品構成が、ライフサイクル、代替品出現などの面からみてバランスがとれていない。 ⅴ）製品構成に片寄りがある。 ⅵ）特許件数、研究体制が不十分である。 ⅶ）商品企画力がない。
販売状況	ⅰ）有力競争相手が出現した。 ⅱ）業界が過当競争で値崩し競争、採算無視のダンピングが行われ、無統制である。 ⅲ）大量の返品、多額の値引が発生した。 ⅳ）販売先が倒産し、多額の焦付が発生した。

項目	兆候
支払	ⅰ）支払サイトが長くなってきた。 ⅱ）支払手段が現金から手形になるなど変わってきた。 ⅲ）税金、保険料等の滞納が多額にある。
設備	ⅰ）設備投資が過大である。 ⅱ）設備近代化が遅れている。老朽化している。
工場管理	ⅰ）工場内が整理整頓されていない。 ⅱ）仕掛品が多い。 ⅲ）作業者の服装が乱れている。 ⅳ）不良、クレームの発生率が高い。 ⅴ）私語が交わされたり、作業をしながら喫煙している。
立地条件	ⅰ）土地、工業用水、動力資源、原材料入手経路、製品販売経路、労働力の供給など立地条件の面で生産性の向上の障害となる根本的な欠陥を内蔵している。 ⅱ）公害問題が発生している。 ⅲ）商業立地が変化し、顧客吸引力の低下が起こっているところに立地している。
関連	ⅰ）関連会社の業績、財務状況が著しく悪い。 ⅱ）関連会社への押込み販売が行われている。
株主	ⅰ）株主構成が安定していない。 ⅱ）同族株主の中に感情的対立がある。
金融機関	ⅰ）主力銀行を持たない。 ⅱ）銀行取引に変化が現れた。 ・取引銀行が急に増えはじめた。 ・融通手形と思われる手形が回りはじめた。 ・担保差入れが銀行以外にも行われた。 ・根拠のはっきりしない借入が発生した。 ・預金の動きに変化が生じた。

4．経営者のチェックリスト

項目	ポイント
経営能力・管理能力	・経営理念（信条）、経営方針、目標はあるか。 ・視野の広さは十分か。 ・数値管理能力は十分か。 ・斬新な経営感覚を持っているか。 ・経営に対して積極的か。 ・苦境克服の忍耐力があるか。 ・社長の独りよがりはないか。 ・本業以外の仕事に、どの程度タッチしているか。 ・事業計画は、企業規模などから妥当かつ適切か。 ・社長の補佐役の職務遂行能力は十分か、職務分担権限はどうか。
企画力・実行力	・商品に対するアイデアに主導権をもってリードしているか。 ・技術開発、研究面に力を注いでいるか。 ・経営の合理化、改革に意欲と実行力を持っているか。 ・事業計画は着実に実行され、適切に点検されているか。 ・外部情報の収集力は十分か、よく理解されているか。 ・クレーム処理の機能はあるか、適切に働いているか。
人格・識見	・公共社会、業界、従業員等に対する責任感は十分か。 ・信義を重んじ、かつ、社会的な良識と理性を備えているか。 ・企業並びに経営者個人の税務申告に問題はなかったか。 ・協調性と適度の社交性はあるか。 ・投機的なことに余りにも興味を持ち過ぎていないか。 ・従業員によく信頼されているか。 ・経営のトップ層に派閥はないか。 ・部下への指示、命令は円滑になされているか。 ・企業内の雰囲気は明るく、規律が良好と感じられるか。
経歴	・創業者か、跡継ぎか。 ・これまでの職歴はどうか。 ・営業経歴はどれくらいか。
個人生活	・家庭環境は円満か。 ・健康状態は良好か、経営活動に支障はないか。 ・家族（特に配偶者）、同族関係者の評判はどうか。 ・社長の個人資産（特に不動産）の所有状況はどうか。
後継	・後継者と目される人物の人柄、能力、評判はどうか。

▶ **チェックポイント**
問題企業の兆候について自己分析することで、金融機関からどのような目で見られているかが推察できます。経営者自身をチェックリストにあてはめることにより経営者個人の定性評価が推察できます。

【3】粉飾の修正

要 旨

経営成績を表す損益計算書は収益・費用・利益という情報を表示しています。財政状態を表す貸借対照表は資産・負債・資本という情報を表示しています。ともに決算日の情報ですが、貸借対照表は過去からの蓄積という意味では過去の情報でもあるのです。仮に粉飾決算により情報が歪められているのであれば、正しい情報に修正することが必要です。

事業再生にあたって、様々な人々が関わってきます。特に債権者と債務者は、利益が相反する典型例です。それだけではなく、債権者同士の間でも争いになるのです。争いの根底には、相手に対する不信感があります。たとえば債務者の返済能力にしても、「本当はもっと返済できるのではないか」という漠然とした疑念が生じるのは当然でしょう。

1．粉飾決算は見破られている

返済能力を測る目安として、過去の決算書があります。金融機関は過去の決算書を見て、趨勢を把握するとともに今後の倒産確率を探っているのです。「この会社は、あと何年もつのだろうか？」と予想しているのです。

筆者も金融機関で回収の責任者を務めていました。だからこそ、金融機関の動きが良く分かります。動きだけではなく、その苦労も良くわかるつもりです。常日頃から様々な決算書を見ていると、粉飾の疑いはピンと感じられるものなのです。債権者にしてみれば、毎日毎日、様々な決算書を見ているのですから自然と見る目が肥えてきます。

仮に粉飾決算をしているならば、正直に告白した方が賢明です。所詮、金融機関はお見通しなのです。しからば、正直に話すことで金融機関の信頼を得るのが得策なのです。
　こういう事例もありました。
　債権譲渡がなされ、出現した新債権者に対しても粉飾の事実を隠していた債務者が、返済を迫られる中で粉飾の事実を隠しきれない状況にまで追い込まれました。債権を購入した新債権者は低額で取得したにもかかわらず、全額の返済を迫ってきました。もちろん、全額を回収するのが目的ではなく、揺さぶりをかけてきたのです。
　これに対し、債務者は相変わらずのらりくらりと対応をしていました。さすがに新債権者も堪忍袋の緒が切れたのでしょうか、強硬な回収姿勢で迫ってきました。原債権者とは違い新債権者にしてみれば、債務者の都合に合わせて待たなければならない理由はないのです。
　この段階で相談を持ち込まれた筆者は、早速、粉飾決算の事実を打ち明けるように助言しました。当初はためらっていた債務者でしたが、新債権者の強硬な姿勢に恐れをなし、やっと、新債権者に粉飾の事実を打ち明けたのです。その結果、新債権者には歓迎され、信頼を取り戻すことができたのです。だからといって、債権放棄をしてもらえるほど債権回収の世界は甘いものではありません。打ち明けた結果、新債権者の無用な疑惑を解消することができただけのことですが、その結果、返済計画にも理解を得られ、強硬な回収姿勢、すなわち、事業の清算を余儀なくされる方向から、事業を継続する方向へと舵が切られたのです。

※もし読者の会社が粉飾決算をしているのならば、一度、自称専門家？に聞いてみると良いでしょう。「粉飾決算の事実は金融機関に告白すべきではないでしょうか？」と質問してみるのです。この質問に対し、「今さら言えないでしょう。金融機関の不信を買いますよ」とか、「当分はこのまま隠し続けましょう」などと答えるようであれば、そういうレベルの人に相談すべきではありません。金融機関の行動パターンについて全く分かっていないからです。

2．粉飾決算の修正

　不良債権の場合、正しい決算ではなく粉飾決算を行っている比率は高いということができるでしょう。正確な調査をしたわけではなく感覚的なものですが、正常債権と比べれば多くなるのは必然的でもあります。なぜならば、融資を得る目的で売り上げを多く見せかけ、実在性のない資産が増えていくという典型的な粉飾決算のパターンが考えられるからです。現に、事業再生の相談のために筆者のオフィスを訪れる債務者で粉飾をしている例は少なくありません。

（１）放置していたらどうなるか

　仮に粉飾決算を放置していたらどうなるのでしょうか。実在性のない資産が増える危険があるばかりか、いつの日か現在の清算価値を明らかにする際に、粉飾の事実は公になってしまいます。「過去の決算書」が不正確である以上、「現在の清算価値」が正しく作成できない、あるいは、正しく作成したら過去の事実が露見するというわけです。どちらにしても事業再生に関する限り得策ではありません。

　金融機関にしてみれば債務者もさることながら、粉飾に加担あるいは見過ごした会計事務所に信頼を寄せることは難しくなります。最悪の場合、全く新しい会計事務所に再生計画の作成や、今後のモニタリングを委ねることになりかねません。

　このような事態に陥らないようにするために、早めに粉飾決算を中止して金融機関に事実を告知することが大切です。正しい決算に移行し、粉飾決算の事実を過去の事実にすることが重要なのです。

　今、粉飾をしている場合は、粉飾を停止するとともに、実在性のない資産の再評価を行うべきです。当期の損が経営成績に大きな影響を与える場合には、実在性のない資産の再評価は先送りしてでも、Ｐ／Ｌの粉飾だけは停止すべきです。

　過去に粉飾をしていた場合は、実在性のない資産の再評価によりＢ／Ｓの粉飾を修正します。一気に修正を行う場合は経営成績に大きな影響を与えるとともに、場合によっては、金融機関への説明も

必要になります。

（2）修正のタイミング
　粉飾決算の事実を開示するにしても、タイミングを見計らう必要があります。債権者の事情も配慮すべきなのです。

ⅰ．債務超過を少しずつ解消する
　過去において粉飾決算を行っていた場合、架空の資産を計上することがあります。架空売り上げを計上する一方で架空資産を計上するという古典的な手法です。この場合、Ｂ／Ｓに表示される過去の粉飾となります。
　正しくは評価損を計上して修正するのですが、そうなると当期において一挙にマイナスを計上することになります。すると、また一挙に債務超過に陥ります。すなわち、Ｐ／Ｌ上もＢ／Ｓ上も数値の変動が大きくなってしまいます。
　そこで、少しずつ評価損を計上することで当期への影響を和らげることも考えられます。この方法は一挙に修正することができない場合の緊急避難的な手法です。たとえば、許認可などを受ける必要がある業種において、債務超過ではないことが要件になっている場合などが考えられます。債務超過になると許認可が得られないので、債務超過に陥らない範囲で少しずつ評価損を計上するわけです。

ⅱ．正しくない決算書による責任
　会計監査が義務付けられているような大会社は別ですが、多くの中小企業において決算書の内容が違法なものであるならば、株主総会決議無効の訴えが問題となります。違法でないものの監査役の承認が得られないようなものならば、決議方法が法令・定款違反ということで決議取消しの訴えの対象になります。この場合、決議取消しの訴えであれば、裁量棄却になる可能性が高くなります。なぜならば、取消したところで、もう一度、決議を繰り返すだけのことだからです。
　なお、「営業権を過大評価し、それを節税原資とした挙句、課税

当局から損金処理を否認されて会社に損害を与えた」などの場合は、会社に損害を生じさせたということで423条の責任が問われかねません。たとえば実在性のない資産を一度に償却してしまうと債務超過になるので、金融機関も目をつぶっているような場合は、「金融機関を騙して損害を与えた」わけではなく、429条の第三者への損害賠償責任が生じることもなくなります。

このように、会社に対しても、第三者に対しても、損害を与えていないのであれば、423条の会社に対する責任も429条の第三者に対する損害賠償責任も問題にならないことになります。株主総会決議については第Ⅳ章【2】を、取締役の責任については第Ⅳ章【3】を参照してください。

ⅲ．金融機関の決算発表時期を配慮する

金融機関は会計監査人の監査を受けて監査報告書を公開しなければならない立場にあります。粉飾決算を行っていた債務者が粉飾していた事実を開示した結果、債務者区分が大きく下がることがあります。それまでは「正常先」と区分されていたのに、粉飾が判明した結果、債務超過に陥り「破綻懸念先」や「実質破綻先」になる場合が考えられます。その場合、巨額の貸倒引当金を追加計上しなければなりません。

そうなると、粉飾を知らないままに正常先として少ない貸倒引当金を計上していた決算書は正しくないことになってしまいます。

監査論において、「監査報告書日の翌日から財務諸表の発行日までの間に監査人が知ることになったが、もし監査報告日現在に気づいていたとしたら監査報告書を修正する原因となった可能性のある事実」を後発事象と呼びます。この場合、経営者は監査人と協議をした上で、財務諸表の修正をすることが求められることがあります。すなわち、粉飾を開示された結果、貸倒引当金を追加計上するというような場合も想定されるのです。決算のやり直しとなると大変な問題になってしまいます。このような債権者側の事情に配慮して、巨額の粉飾の場合にはあえて決算報告が終わってから粉飾を開示する配慮が必要になる場合もあります。要は、債務者側の事情だけで

はなく、債権者側の事情にも配慮することが求められるのです。

（３）事業再生への影響

　粉飾の事実を明らかにした場合、どうなるのでしょうか。悪質な場合は詐害行為も問題になりかねません。何年も前の些細なＢ／Ｓ上の架空資産であれば大目に見られることはあるかもしれません。一方、軽微な場合でも直近の粉飾であれば、金融機関が直ちに理解を示すことは難しいとも考えられます。この場合、暫定リスケを行い金利の棚上げや元本返済猶予などで時間を稼ぐことも必要になります。暫定リスケを進めることで、粉飾の事実は過去のこととなり、さらには、暫定リスケの間に正しい決算を行うことで、決算書の正確性を示すことができるというわけです。

　なぜ粉飾決算をしたのか、経営者はどこまで把握していたのか等々、経営者の関与の程度も問われるでしょうし、企業のコンプライアンスの問題として経営者の管理能力も問われます。経営者と金融機関の信頼の程度によって左右されるということができるでしょう。

　以前、筆者が金融機関で回収責任者の職にあった頃、回収先の決算状況を多く見てきました。正確にカウントしたわけではありませんが、回収先の８割以上は何らかの粉飾を行っていたように記憶しています。回収対象先すなわち不良債権に分類された債務者ですから、過去の粉飾決算が行き詰り、Ｂ／Ｓ上に実態のない資産が計上されているような例が多く見られました。益出しのために、現にＰ／Ｌ上の粉飾を行っている先も少なくありませんでした。

３．粉飾決算に関する責任

　粉飾決算に関する会社法の規定を列記します。

（１）民事責任

ⅰ．会社に対する損害賠償責任（423条1項）

取締役が粉飾決算に基づき違法に配当を行った場合や仮装経理により納税額が過大になった場合等、会社に損害を与えたときは、取締役は会社に対し連帯して損害を賠償する責任を負います。

ⅱ．第三者に対する損賠賠償責任（429条1項）
　粉飾決算に基づき借入を行ったため債務不履行になる等、第三者に損害が生じたときは、第三者に対して連帯してその損害を賠償する責任を負います。粉飾決算に直接関与していない取締役であっても、取締役相互の監視義務（会社法第362条）を負っているため、責任を追及される場合があります。

（2）刑事責任

ⅰ．違法配当（963条5項2号）
　粉飾決算に基づき配当を行った事により会社財産を棄損した場合は、『会社財産を危うくする罪』（刑事罰）に問われます。
ⅱ．虚偽文書行使等の罪（964条）
　株式、社債等の募集をするに当たり、粉飾決算に基づく計算書類により新株募集等を行った場合、『虚偽文書行使等の罪』（刑事罰）に問われます。
ⅲ．特別背任罪（960条1項）
　取締役が背任行為を行った場合には、通常の背任罪より重い特別背任罪に問われます。返済意図がないにもかかわらず取締役に対する貸付金として処理するなど、自己もしくは第三者の利益を図るため、又は会社に損害を加える目的をもって粉飾決算を行った場合もこれに該当します。
ⅳ．会社関係者等による計算書類等虚偽記載罪（976条）
　取締役等が貸借対照表、損益計算書等に虚偽の記載もしくは記録をした場合、計算書類等虚偽記載罪に問われます。

▶ **チェックポイント**
粉飾決算を隠しておいて良いことはありません。事実を明らかにすることで信頼を取り戻すべきです。修正にあたっては事情に応じて柔軟な対策が求められます。金融機関に相談しながら少しずつ修正することもあります。

【4】 納税義務

要 旨

金融機関からの借入金を返済する場合、利息は損金となりますが、元本は税金支払い後の利益から返済することになります。元本返済前に税金計算を行うのであり、税金の支払いは避けては通れないのです。従来の会社にしても第二会社にしても、税金をないがしろにすることはできません。ここでは納税義務について整理しておきます。

1．税金は優先的に支払う

　返済を積極的に求める金融機関に対し、申告納税を基本とする税金は事務的かつ消極的です。強く、積極的に返済を迫る金融機関に優先的に返済してしまうことも少なくありません。

　税金は後追いの申告納税ゆえに、ついつい遅れがちになってしまうことも無理もないといえます。税金を未払いとし金融機関への返済を優先してしまったという経験を持つ読者は少なくないのではないでしょうか。

　しかし、それは決定的な誤りです。税金は最優先で支払うことが必要なのです。

　たとえば民事再生法における再生計画でも税金は優先支払いとなっています。このことは、未払いの税金がある場合には優先的に支払いを行い、残った金額で金融機関への返済を行うことを意味します。多額の未払い税金があると、再生計画で税金支払いが膨らむことから、金融機関への返済が少なくなってしまいます。このような場合には金融機関が再生計画に納得しないという事態に陥ってしまいます。

　さらに、第二会社を活用して事業を再生するという立場からも問

題が生じてきます。というのも、不動産などに税務当局の差押えがなされた場合には、これを抹消するために税金支払いが不可欠になります。この金額は事実上、第二会社で負担しなければならないことになるからです。

　第二会社を利用した事業再生にあたり、納税資金を金融機関の返済に回したとします。その結果、従来の会社あるいは第二会社が資金ショートを起こしてしまい、破産せざるを得なくなったとします。この場合、破産管財人が選任され、その破産管財人が「納税資金を金融機関へ返済したこと」を否認する可能性がないとも限りません。そうなると金融機関としても損害を被ることになってしまいます。よって、第二会社を利用した事業再生にあたっては、必要な納税義務はきちんと履行しておかなければなりません。納税資金を返済に回すように迫る債権者に対しては、この点を十分に説明しておくことが必要です。

※資産を売却することで売却益への課税が予想されるケースで、納税資金を借入金の返済に回したために資金ショートで破産に移行することとなり、納税資金を確保せずに全額返済に回したことを破産管財人が否認する可能性も否定できません。この点を理由に納税資金を確保するという交渉も考えられます。

　もっとも地方税は比較的甘いというのも事実です。たとえば、固定資産税などは比較的容易に猶予に応じてくれることもあるようです。従来の会社が過去の固定資産税を支払えないのであっても、第二会社が将来の固定資産税を支払えるのであれば、過去の部分については目をつぶるというわけです。社会保険料の徴収も比較的緩やかなようです。

２．第二会社の税金対策

　事業を第二会社に移転する場合に営業権が生じる場合があります。節税という観点から見ると、営業権は繰延資産として償却できるの

で節税原資になるという特徴があります。営業権については第Ⅱ章【20】を参照してください。

同じ資産であっても土地は償却できません。取得した土地は、売却時までそのままの価格で貸借対照表に計上され続けることになります。建物等の償却資産は減価償却費が計上できるため、その分利益を圧縮することで節税ができるわけです。建物より機械の方が償却年数が短く、短期的な節税原資として有用であることは言うまでもありません。

同様に営業権は繰延資産として償却できる期間が5年ですので、耐用年数5年の機械設備のようなものです。車でさえ6年なのですから、5年という償却期間は短期だということができるでしょう。

時に営業権の価格が億単位になることも少なくありません。償却期間は金額によって異なるわけではありませんので、営業権が多額の場合には、毎期の営業権償却も多額になる場合が出てきます。このような場合、利益から償却額を控除した結果、繰越損失が生じる例も見られます。繰越損失として節税効果をさらに先送りするような例も出てくるのです。

営業権の代金を分割払いにすること、多額の営業権償却を繰越損失とすること等を組み合わせることで、単なる償却資産としての節税ではなく、さらに戦略的に有効な節税方法を実践することができることになるのです。

３．第二次納税義務とは何か

第二次納税義務とは、第二会社で資産を所有している場合のように、形式的には第三者が財産を所有している場合であっても、実質的には本来の納税者が財産を所有していると認められる場合に、形式的な権利者に納税義務を負わせるという制度です。

（1）成立要件

この第二次納税義務が成立する要件として、滞納者が財産を無償又は著しく低い額の対価による譲渡その他第三者に利益を与える処

分をし、このため滞納者の国税の全額を徴収することができないこととなった場合に、その財産の譲受人または受益者に対して第二次納税義務を賦課するとされています。

具体的には次のような場合です。

ⅰ．滞納者がその財産を無償又は著しく低い額の対価による譲渡や債務の免除その他第三者に利益を与える処分をしたこと。
ⅱ．この無償譲渡等の処分が、国税の法定納付期限の１年前の日以後にされたものであること。
ⅲ．滞納者が国税を滞納しており、滞納者の財産について滞納処分を執行してもなお国税に不足すると認められること。

このような場合にはせっかく再生した事業の経営者が納税の義務を負うことになってしまい、事業計画に大きな狂いを生じることになりかねませんので十分な注意が必要です。

(2) 具体的な規定

延滞税金がある場合、遡って徴収されることになります。国税徴収法の規定では納付期限が到来した税金はその後に設定された抵当権に優先することになっています。また、たとえ事業譲渡により資産を第三者たる別法人に移したとしても、その第二会社の代表者が親族や使用人である場合には、その別法人が第二次納税義務者として納税義務を負うこともあります。

国税徴収法の第38条によると、「納税者がその親族その他納税者と特殊な関係のある個人又は同族会社（これに類する法人を含む。）で政令で定めるもの（以下「親族その他の特殊関係者」という。）に事業を譲渡し、かつ、その譲受人が同一とみられる場所において同一又は類似の事業を営んでいる場合において、その納税者が当該事業に係る国税を滞納し、その国税につき滞納処分を執行してもなおその徴収すべき額に不足すると認められるときは、その譲受人は、譲受財産（取得財産を含む。）を限度として、その滞納に係る国税の第二次納税義務を負う。ただし、その譲受が滞納に係る国税の法

定納期限より一年以上前にされている場合は、この限りでない。」とされています。

　納税者と特殊な関係のある個人又は同族会社（これに類する法人を含む。）で政令で定めるものは、次に掲げる者をいいます。

ⅰ．納税者の配偶者（婚姻の届出をしていないが、事実上婚姻関係と同様の事情にある者を含む。）、直系血族及び兄弟姉妹
ⅱ．前号に掲げる者以外の納税者の親族で、納税者と生計を一にし、又は納税者から受ける金銭その他の財産により生計を維持している者
ⅲ．前二号に掲げる者以外の納税者の使用人その他の個人で、納税者から受ける特別の金銭その他の財産により生計を維持している者
ⅳ．納税者に特別の金銭その他の財産を提供してその生計を維持させている個人（第一号及び第二号に掲げる者を除く。）
ⅴ．納税者が法人税法 第二条第十号（同族会社の定義）に規定する会社に該当する会社（以下「同族会社」という。）である場合には、その判定の基礎となった株主又は社員である個人及びその者と前四号の一に該当する関係がある個人
ⅵ．納税者を判定の基礎として同族会社に該当する会社
ⅶ．納税者が同族会社である場合において、その判定の基礎となった株主又は社員（これらの者と第一号から第四号までに該当する関係がある個人及びこれらの者を判定の基礎として同族会社に該当する他の会社を含む。）の全部又は一部を判定の基礎として同族会社に該当する他の会社

　事業再生のために第二会社を設立し、形式上は経営者を変えたところで、税法に規定するような実質的な同一性が継続していたのでは納税義務を免れることはできません。
　端的な例としては、従来の会社を経営していた実親が、実子を第二会社の経営者として事業再生を行う場合を挙げられます。無策のままでは第二会社が納税義務を負うことになります。このような問題を回避するには、第二会社の経営者を信頼できる第三者としてお

くことが必要になります。

　なお、第二会社に融資を行う金融機関の立場からは、従来の会社に未払いの税金がある場合は融資に慎重になります。せっかく第二会社を立ち上げて融資を行っても、第二次納税義務を負うことで経営破綻に追い込まれることになれば不良債権化しかねないからです。

> ▶ **チェックポイント**
> 厳しい取り立てに応じて納税資金まで返済に回してしまうと、将来において納税ができなくなり、せっかく立ち上げた第二会社に悪影響が及ぶ危険があります。納税義務を軽視してはなりません。

【5】会社の清算とみなし解散の制度

要旨

会社を清算するには費用と時間がかかるため、解散手続を開始するとともに休眠の届出を行い、活動を停止したまま放置する方法により清算を先送りする方法がとられることがあります。ここでは会社の清算と「みなし解散の制度」について整理します。

1．解散から清算へ

(1) 解散とは

会社の解散は「会社の法人格を消滅させる原因となる事実」です。清算は「会社が解散する際に、会社の財産についての権利・義務関係を整理する手続」です。換言すれば、解散とは会社が営業活動を中止して財産の整理を行うことであり、この財産の整理手続が清算手続であるといえます。解散事由は以下の通りです。

ⅰ．定款で定めた存続期間の満了等
ⅱ．株主総会の特別決議
ⅲ．合併
ⅳ．破産手続開始の決定
ⅴ．解散命令
ⅵ．解散判決
ⅶ．休眠会社のみなし解散

このうち実務上最も多い会社の解散は、ⅱ．の「株主総会の特別決議による普通清算」です。

清算手続では、解散した会社の債権・債務を整理することになりますが、残った財産があれば株主に分配することになります。しかし、

資産よりも負債が多い債務超過となる場合には、普通清算で会社を終わらせることはできません。このような場合には、公正な清算をするために裁判所の監督のもとで特別清算を進めることになります。

破産の場合は裁判所が選任した破産管財人が、債務者の全財産の管理と処分を行うのに対し、特別清算の場合は清算人が管理と処分を行うので、ある程度自由に進めることができる点に特徴があります。

自由にできるということは、たとえば身内に比較的有利な条件で譲り渡すというようなことが考えられるでしょう。

（２）清算とは

会社は、解散することで法人格が消滅し、自ら権利・義務の主体とはなれなくなります。会社の銀行口座を持ったり、不動産を所有したり、取引行為を行ったりすることはできなくなるのです。

会社が解散するには、その会社が現在持っている権利・義務を整理することになります。整理とは、会社の財産である会社名義の預金口座を解約したり、会社名義の不動産を別の者に移転させたりするということなのです。

一方で、会社の借入については返済をしなければなりません。最後に残った財産があれば株主に分配することになります。

このように、会社が解散するにあたり会社の契約を終了させたり、会社が有している債権・債務を整理し、残った財産を株主に分配するのが清算の手続なのです。

２．普通清算

最も多い清算手続は株主総会の決議により会社を解散して清算を開始する普通清算です。

（１）株主総会決議

定時株主総会または臨時株主総会に、議決権を有する株主の過半数が出席し、出席した株主の議決権の３分の２以上の賛成による特

別決議により会社の解散を決議することになります。この決議に基づいて解散の登記を行うことになります。

解散により取締役は全員清算人となりますが、清算人選任の決議により、特定の人物を清算人に選任することもできます。清算人は会社の財産を調査し、清算会社となった日における財産目録、貸借対照表を作成し、株主総会に報告して承認を受け、さらに、清算人は、会社の取引業務を終了させるなどの処理をします。

(2) 財産の確定と分配

清算手続きでは会社の財産を整理して債権者に弁済し、残余財産を株主に分配します。会社の財産である不動産、動産については売却するなどして換価し、会社が有している売掛金等の債権は回収することになります。

会社の債務の弁済にあたり、債権者間で不公平が生じないようにするため、債務の弁済については手続きが法定されており、債権者に対し解散後遅滞なく、2ヶ月以上の期間を定めて会社に対する債権を申し出るべき旨を官報に公告することになっています。知れている債権者に対しては、2ヶ月以上の期間を定めて会社に対する債権を申し出るべき旨を個別に催告します。

債権者に対する債権申出の期限が終了するまでは債務を弁済してはならず、この手続きは省略することはできません。官報に公告を申し込むためには、さらに1～2週間がかかるため、結局、清算手続きには2ヶ月以上が必要になります。

(3) 清算事務の終了

清算事務が終了した時は、決算報告を作成し、株主総会の承認を受けます。清算事務の終了及び株主総会により決算報告が承認されると清算が結了し、会社の法人格が消滅します。会社の法人格が設立の登記によって生ずるのとは異なり、登記を待たずに消滅することになります。

清算人等は、清算結了後2週間以内に、清算結了の登記を行う必要があり、その登記によりその会社の登記記録は閉鎖されます。

なお、株主総会の特別決議によって解散をした会社は、清算手続きが結了するまでの間は、株主総会の特別決議によって解散を中止し、再び会社の営業活動を継続することができるとされており、「清算をしようと思ったが、やっぱり清算をしないで営業を再開する」という選択が可能というわけです。

3．特別清算

　株式会社であって債務超過である場合には普通清算ではなく、特別清算を行う必要があります（510条）。特別清算の申し立ては清算会社として行うこととされています。特別清算は、破産手続ほど厳格な手続を要さないため、比較的迅速に処理が進行します。

※特別清算は株式会社のための制度であり、会社法が制定される前から存在していた特例有限会社の場合には適用されません。債務超過の特例有限会社の場合には裁判所の監督下において破産手続が進められることになります。

　破産手続では裁判所によって破産管財人が選任されますが、誰が就任するか分からず、経営者が主導的に進めることができません。しかし、特別清算であれば経営者が清算人に就任できますので、主導的に清算手続を進めることが可能なのです。破産管財人の否認権を行使される危険がないため、債務者としては破産より特別清算の方が有利に進める側面もあるということができます。
　特別清算手続は総債権額の3分の2以上の同意が得られないと成立しません（567条1項）。したがって、債権者が非協力的な場合には成立しにくい面をもっています。成立しない場合には破産手続に移行してしまいます。

※イメージとしては、普通清算が基本であるところ、債務超過であれば特別清算をしなければならず、債権者の協力を得られない場合には特別清算ができず、破産に移行してしまうという流れに

なります。

　第二会社方式による事業再生にあたり従来の会社を抜け殻として特別清算を申し立てるような場合、第二会社方式そのものに詐害的な側面があるならば、債権者としては不同意とすることで破産に移行させるという対策も考えられます。しかし第二会社方式が正当であると認めるならば、特別清算に応じることが合理的な選択肢といえるでしょう。いずれになるかは債権者の判断次第ということになります。
　特別清算は破産に比べると柔軟な対応が期待できる上に、「企業倒産」という印象も少ないので、債権者の合意が得られるならば破産ではなく特別清算を選択すべきです。

※破産法の改正で破産は利用しやすくなったので、特別清算ではなく破産にすべしという論理は、破産により債務者が被る不利益を理解しない「他人事」の論理でしかありません。

　合意が期待できない場合には、とりあえず解散の登記を行い普通清算に着手して「会社を法的に清算する決意」を示すことで、債権者に残債の放棄を依頼することが得策です。債権者としては「経営者が清算に向けて本気で動いていること」を目の当たりにして、残債の放棄を真剣に考えることになるからです。この場合、債権者が放棄に同意しない場合には、そのまま放置するのです。解散登記を行い清算会社になったまま、特別清算の申し立てをしないで放置するというわけです。特別清算の申し立て時期に制限はありませんので、債務超過の清算会社が特別清算を申し立てなければ、債権者が破産を申し立てない限り、清算会社のまま動きが止まってしまうのです。債権者としては本意ではありませんので、適正な解決金の授受により債権放棄に同意すること、すなわち特別清算が成立する可能性が高まるはずです。

4．損益法と財産法

　会社を解散・清算したときの課税方法には損益法と財産法があります。平成22年の税制改正前は財産法が採用されていたため、残余財産がプラスにならなければ清算会社における課税はなされず、たとえば、事業再生が必要になるような会社の場合、多くは債務超過の状態であり剰余金がない以上、課税はされなかったのです。

　しかし、損益法のもとでは、会社を解散・清算したときに債権放棄を受けると、債務免除益が益金となり課税対象になります。このため、実質債務超過である場合には、青色欠損金の控除で足りない場合に、「残余財産がないことが見込まれる」ことを要件として、青色欠損金に加えて期限切れ欠損金（青色欠損金より前に生じた欠損金）を債務免除益と相殺することで課税所得を発生させないようにすることができます。過去の繰越欠損を計算に含めることができるという是正措置がとられていますが、それでも、多額の債務免除益を消すことができない場合も想定されます。たとえば不良債権化した会社の場合、債務超過を表面化させないための粉飾決算を行っている場合が考えられます。

　このような場合には粉飾決算に基づく過大申告について更生後の確定申告を行い、欠損金を表面化させた後で期限切れ欠損金の損金算入の規定を受けることになります。手続が煩雑であり、更生の可能性が保証されないために清算手続が放置される例が少なくないのです。

（1）債務免除益の相殺

　更正の対象期間内に生じたものについては税務当局による更正手続を通じて遡って損金処理できますが、期間前あるいは時期が不明の場合には税務上の剰余金（欠損金）の期首繰越金額を直接修正することになります。繰越額を直接修正できるのは損失処理の手続に客観性が担保されている場合に限られますので、納税者側が立証しなければならず、大きな困難が予想されます。

　債務の免除を受けた場合、債務免除益を計上することになります。

この債務免除益はキャッシュフローを伴わない益であり、過度の税負担は債務者自身をもってして債権放棄を受けることを躊躇する要因となります。

事業譲渡を行い、資産を処分した後、法人を清算することで債務免除益の負担を回避することが考えられますが、現在の清算処理は財産法から損益法になったため債務免除益は課税対象となります。そこで現行法は、債務者の過度な負担を避けるために繰越損失との相殺を認めることとしたのです。

しかし、過去からの繰越損失と相殺しても、まだ余る債務免除益は、キャッシュを伴わないために税負担できないことも考えられます。このような場合、事実上、税の支払は不能のまま終わることも少なくないのです。

（２）実在性の無い資産

清算手続において期限切れの欠損金を利用することができることになったものの、巨額の債務免除益等が生じる場合には、資産を処分することで益と損を相殺する必要が生じることもあるでしょう。しかし、実在性のない資産が計上されている場合、損金算入ができないと相殺ができなくなります。

実在性のない資産は、恣意的な処分を認めないためにも、当事者から独立した第三者等による調査によって実在性がないことが確認される必要があります。このような実在性のない資産は、清算の場合に限らず、企業を再生する場合にも問題になるのです。この時、客観性が確保されていなければならず、民事再生法や会社更生法による法的整理の場合はもちろん、私的整理の場合であっても、独立した第三者等が関与して再生計画を策定するのであれば、実在性のない資産を否定し損失計上することが適当ということになります。

５．みなし解散の制度

（１）休眠会社

会社を法律的に消滅させるには、煩雑な手続が必要となる上に登

記費用もかかります。さらには、過去の粉飾決算などのため実在性のない資産があったり、債権者の同意が得られないような場合に、貸借が一致せず解散が結了しないこともあります。そこで、会社を事実上消滅させる方法として、休眠会社にする方法がとられることがあります。

※歴史ある企業を清算すると地元経済紙で取り上げられるという風評被害も想定されます。この問題を避けるため、従来の会社を別の地域に本店移転と商号変更を行い、新しい地で清算を行うという方法がとられることもあります。この場合、新しい地において休眠会社になるわけです。ただし、新しい地に本店を移転した休眠会社が、家賃を支払っていたのでは休眠していることになりません。

　回収しなければならない債権も、弁済しなければならない債務も、株主に対する出資額を超える配当もなく、他に何のトラブルも抱えていない会社であれば、休眠させてしまっても文句を言ってくる抵抗勢力はいないともいえます。
　ただし、登記を懈怠すると会社の代表者個人が過料の行政罰を受けるので注意しなければなりません。もっとも、債務超過である等の理由により清算結了ができない場合は、法的に清算できず、休眠状態でとどめざるを得ないという側面もあります。
　休業中の法人は、減免申請書を提出すると、均等割の免除や減額を受けることができる措置が設けられている場合があります。税務署や都道府県税事務所・市区町村に休業届を提出するだけです。この届出は、正式な手続ではなく、「休眠の届出」というものは存在せず、自治体によって対応が異なるので、それぞれの自治体に問い合わせるしかありません。

（2）みなし解散
　法的清算手続は時間と費用がかかります。休眠させるのも一案ですが、その後はどうなるのでしょうか。
　わざわざ手続をしなくとも、株式会社が事業活動を停止し、その

後、会社についての一切の登記を行わないまま長期間が過ぎると、「みなし解散」として法人格を消滅させる制度があるのです。つまり、休眠会社になって12年が経過すると、事実上、手間暇をかけずに会社を解散させてしまうことができるのです。

※平成18年の会社法改正により取締役の任期が2年ではなく、最長10年まで自由に決めることができるようになったため、休眠の期間が12年間に改正されています。中小企業の場合などは、役員が任期によって変更されることはほとんどありませんが、役員の変更がなくても、定款に定める任期が来れば、必ず変更登記をしなければならないのです。

ⅰ．官報への公告

　休眠会社に対しては、まず、法務大臣が2ヶ月内に法務省令で定めるところにより本店の所在地を管轄する登記所に、まだ事業を廃止していない旨の届出（会社法施行規則139条）をするように官報に公告します。

　それでも、休眠会社が、その届出をしないときは、その2ヶ月の期間の満了時に解散したものとみなすことになっています（会社法472条1項本文）。その場合、登記官の職権によって解散の登記がなされます（商登72条）。

　官報の公告を受けて登記所は会社に対して通知をするのですが、この通知は、登記簿上の本店所在地宛になされます。通知の発送や到着の有無はみなし解散の要件ではないため、たとえば本店所在地から引っ越しをした場合などで、通知が届かないとしても解散されてしまうことになります。

　なお、みなし解散の後であっても、3年以内なら株主総会で特別決議をすれば、株式会社を継続して事業を再開することができることになっています。

　繰り返しますが、登記をしないで放置するのは行政罰の対象になることに注意して欲しいところです。

ⅱ．過料の制裁

　会社の登記は登記すべき期間が定められています。原則としてその登記の事由が発生したときから、本店の所在地においては2週間内、支店の所在地においては3週間内とされています（会社法第915条）。登記期間内に登記を怠り、その後に申請をしても登記期間を経過していることを理由に却下されることはありませんが、登記の申請を怠った会社の代表者個人が過料の制裁を受ける可能性が出てきます（会社法第976条第1項）。

　この過料については、100万円以下の過料としか定められていないため、どの位遅れると、どの程度の過料が課せられるのかということは明らかではありません。おそらく、登記の申請が遅れれば高額になるのでしょう。定かではありませんが、数万円からせいぜい十数万円ともいわれています。過料は裁判所から（商業登記規則第118条）会社の代表者個人に通知され、会社の代表者個人が納付することになります。あくまでも定められた清算を行うのが本来の姿であることに注意してもらいたいところです。

　また、法により「解散とみなされる」ということは、その時点で課税処分がなされるのであり、いわば問題の先送りに過ぎません。とはいえ、10年以上も先に問題を先送りすることで、その時点では当事者の関係も変わっていることも想定されます。たとえば、代表者は何年も前に死亡していたというような例も少なくないと予想されます。かかる観点から、みなし解散に関して過料の処分を課したり、課税処分を課したりすることに、どこまで実効性が認められるのか疑問でもあります。

ⅲ．みなし解散の実情

　法務省民事局商事課によると、『平成14年10月1日を基準日として、第5回目の休眠会社の整理を行った。第1回目が昭和49年、第2回は昭和54年、第3回は昭和59年、第4回は平成元年に実施されている。』平成24年10月時点で同課に質したところ、『平成14年が最後であり今後の予定はない。いつかの時点で再度実施するがいつになるかは未定である』との回答を得ましたが、その後、

平成26年度に休眠会社・休眠一般法人の整理作業が行われました。

平成27年1月19日（月）までに「まだ事業を廃止していない」旨の届出がなく、役員変更等の登記も申請されなかった休眠会社又は休眠一般法人について、平成27年1月20日（火）付で解散したものとみなされ、登記官が職権で解散の登記を行いました。

※本稿で紹介した「みなし解散」の制度については、拙著「事業再生に伴い残った借入金と会社の処理の仕方」（ファーストプレス社刊）で詳しく紹介してあります。必要に応じて参考にしてください。

6．事業再生における手続の流れ

第二会社方式で事業等を移転した後、残った会社を清算する場合の手続の流れを整理すると、大きく分けて三通りの流れがあります。

（1）普通清算から特別清算

債権者に対する不意打ちとなることを避けるため、あらかじめ債権者に対して「法的に清算する」との断りを入れておきます。

ⅰ．解散の登記

最初に特別決議で解散を決議した後、解散の登記を行います。この時点で、会社を法的に消滅させるという対外的な意思表示を示したことになります。その後の会社の清算手続は清算人が行うことになりますので、解散の登記とともに清算人の登記を行います。

ⅱ．催告と公告

清算人は債権者への催告と公告を行います。このとき、単に一方的に書面を送り付けるのではなく、「普通清算で清算結了させたいので、債権放棄をお願いしたい」との依頼をしておきます。債権者が一定額の支払を求めてきた場合には、受け入れ可能ならば受諾し、残余の債権放棄を受けます。場合によって特定調停を行うことが条件になることもあります。債権者の一括回収については第Ⅰ章【2】、

最終処分については第Ⅰ章【3】、金融機関の論理については第Ⅰ章【5】、特定調停については第Ⅴ章【5】を参照してください。

ⅲ．特別清算の申し立て

　債権額を調査した結果、債務超過の疑いがある（事業再生に関連する多くの場合は債務超過です）株式会社の場合は特別清算を申し立てなければなりません。しかし、特別清算の申し立てを行う時期について定めはありませんので、ただちに申し立てるのではなく債権者の姿勢を見極めます。特別清算では3分の2以上の同意が必要ですので、債権者を回って同意を得る根回しをするのです。

　同意が得られる目途がついた時点で、特別清算を申し立てます。3分の2以上の同意が期待できるようになるまで申し立てはせず、じっくりと交渉を繰り返します。債権者としても貸倒引当金を計上する等の準備が必要ですので、時間をかければ応諾し易くなるのです。

　個々の債権者から個別に債権放棄を受ける場合としても、無計画なまま債権放棄を受けてしまうと、3分の2以上の要件を満たさなくなりかねません。そこで債権放棄を受けずに特別清算において同意してもらうことで、3分の2以上の要件をクリアすることも考えられます。

　どうしても債権者の同意が得られない場合には、「破産手続に移行する」「継続の登記を行う」という選択肢が考えられます。あるいは「廃業のための特定調停を申し立てる」「いつまでも放置して、みなし解散に持ち込む」という選択も可能です。

（2）廃業のための特定調停

　企業経営者の高齢化に伴い、Ｍ＆Ａで企業を第三者に譲渡することが多くなってきました。後継者が不在で、かつＭ＆Ａで相手が見つからない会社は廃業することになります。事業再生においても、第二会社に事業を移転した従来の会社は廃業するのであり、後継者不在で廃業する企業と似たような立場にあるといえます。

　中小事業者の再生だけでなく円滑な廃業・清算のニーズが高まっ

ていることを受けて、「廃業支援型の特定調停スキーム」が平成29年1月に策定されています。

　これは特定調停手続の活用により、事業の継続が困難で金融機関に過大な債務を負っている事業者について債権放棄を含めた債務の抜本的な整理を行い、事業者を円滑に廃業・清算させて、経営者や保証人の再起支援等を図る制度です。

　十分な根回しを行いながら、特定調停を行うという方法も考えられます。特定調停については第Ⅴ章【5】を参照してください。

(3)みなし解散

　解散決議すら行わず、そのまま放置することも考えられます。この方法は時間がかかるだけではなく、権利関係が曖昧なまま将来に禍根を残すことになります。

　たとえば休眠している間に、融資を実行した銀行等の原債権者が債権譲渡を行い、サービサー等の新債権者が出現した場合に、何らかの回収行為を行ってくることも予想されます。債務者としては休眠しているつもりでも、債権は休眠していないというわけです。これでは会社を存続させるだけ費用が生じることになり、みなし解散の意味がなくなってしまいます。みなし解散に持ち込む方法は、最後の手段と位置付けるべきでしょう。

> **▶チェックポイント**
> 第二会社方式による事業再生と、会社の清算は密接な関係にあります。法的清算という正攻法だけではなく、廃業のための特定調停や、みなし解散の制度などの利用も副次的に検討すべきです。

【6】不動産の価格

要 旨

不動産の価格の概念には様々なものがあります。時価と簿価の違いだけではなく、公示価格、基準地価、路線価、固定資産税評価額等々です。その他にも、不動産鑑定評価における比準価格、積算価格、収益価格、さらには限定価格等々があります。

1．様々な不動産価格

　不動産は土地と建物で構成されています（正確には土地とその定着物）。その価格には複数のとらえ方があります。

　建物は、同じものを新築する場合の新価と、経年減価を勘案した時価とに大きく分かれます。土地は、一物五価ともいわれるように、複数の制度化された価格が存在します。たとえば、公示価格や路線価、固定資産税評価額などです。金額の目安としては公示価格100として路線価は約80、固定資産税評価額は約70という水準で収められています。ただし、最近は逆転現象が生じている例が少なくありません。

2．制度化された価格

（1）時価（正常価格）

　実際に売買される価格は、まさに時価となります。しかし、実際に売買しないと時価が判明しないというのでは困ります。そこで、専門的な国家資格者である不動産鑑定士には「実際に売買されるであろう価格」を想定して時価（正常価格）を鑑定することが認められています。

（２）公示価格

全国の都市計画区域に選定した標準地の毎年1月1日時点の価格を毎年3月下旬に国土交通省が公表する価格です。これは全国の不動産鑑定士の評価を基に国土交通省が公示しています。公示価格は土地価格の基準となる価格です。時価に比べて若干低い金額になっているのが普通ですが逆転現象も生じています。

（３）基準地価

都道府県が不動産鑑定士の評価を参考に、毎年7月2日時点の価格を毎年9月に公表しています。公示価格が都市計画区域内を対象としているのに対し、基準地価は区域外の林地等も対象としています。

（４）路線価

国税庁が毎年1月1日時点の市街地の街路の価格を毎年8月上旬に公表しています。相続税や贈与税の計算をする場合に活用する指標とされています。路線価は公示価格の80％程度の価格となっています。

（５）固定資産税評価額

各市町村が1月1日（賦課期日）現在の土地、家屋、償却資産の所有者に対し、その固定資産の価格（固定資産税評価額）を基に固定資産税が課されます。この基準となる価格が固定資産税評価額で、これは3年毎に見直されています。固定資産税評価額は公示価格の70％程度の価格となっています。

３．その他の価格概念

制度化された価格とは別に、簿価（含み損を抱える）、隣地価格、担保評価額、簿価（含み益を抱える）などの価格概念が存在します。

（1）簿価（含み損を抱える）

バブルのピーク時に高値で購入した不動産が典型例です。時価に比べて高い金額が取得原価となっているために、売却すると損失が生じるような高値の帳簿価額です。

（2）隣地価格（限定価格）

一般の人に妥当する価格ではなく、お隣さん同士で取引する価格です。市場が限定されているので不動産鑑定理論では限定価格と呼ばれています。そもそも、なぜ高くなるかというと、隣地を購入して併合することで建築可能面積が増加したり、接道状況が改善されることで建物を建築できない土地から建築できる土地に変化する場合もあるからです。併合による価値増加分が上乗せされた価格ということになります。

（3）担保評価額

一般に掛け目と呼ばれる割合を時価に乗じて算出されます。たとえば土地は70％、建物は60％の掛け目が設定されます。掛け目は各金融機関が独自に設定します。この掛け目の分だけ安く評価されるわけです。

（4）簿価（含み益を抱える）

地価水準が上昇した地域の土地を何十年も前に購入した例が典型例です。時価に比べて低い金額が取得原価となっているために、売却すると利益が生じるような安値の帳簿価額です。

4．鑑定評価

不動産の鑑定評価にあたって、特に条件がなければ正常な市場を想定して価格を求めます。その価格は比準価格、積算価格、収益価格の3種類に分かれます。

（１）取引事例比較法の比準価格

　市場性に着目し、類似の不動産の取引価格と比較して求められる価格です。取引動向に左右されますが、一般的には他の方法に比べて高めに求められます。

（２）原価法の積算価格

　コストに着目し、土地と建物の価格を別々に求めて合計するものです。

（３）収益還元法の収益価格

　生み出す収益に着目し、純収益を利回りで還元して求める価格です。収益をどのように求めるかによって左右されます。一般的には取引価格に比べて低くなります。

　不動産の類型に応じ、たとえば貸家であれば収益価格が重視されますし、自用の不動産であれば、積算価格や比準価格が重視されることになります。一定の許容範囲内で不動産鑑定士が判断することになります。利回りを高くすれば価格は安くなりますし、利回りを低くすれば価格は高くなります。許容範囲の中で価格は上下する余地があるのです。不動産鑑定士が求めた価格は価格の範囲ではなく、具体的な金額で示されます。たとえば比準価格が１億円で、収益価格は８千万円の場合に、不動産鑑定士は根拠を示しつつ、たとえば９千万円とか、８千万円という具体的な一つの金額で示すことになります。

　価格はピンポイントで一つの金額を示すことになっているため、８千万円から９千万円といった範囲で示すことはありません。すなわち、不動産鑑定士が異なれば鑑定評価額も変わるのです。高値もあれば安値もあるというわけです。

　正常価格には範囲が生まれるため、極端な高値・安値の鑑定評価は不当鑑定として否認されるとしても、許容範囲でのバラツキは排除できません。上は隣地価格（限定価格）の下値から、下は担保評価額の上値あたりが許容範囲ということができるでしょう。価格の

高低のイメージとしては次のような関係になっています。

価格のイメージ

高い

- 簿価（含み損を抱える）
- 隣地価格（限定価格）
- 時価（正常価格）──┐（鑑定方式）
- 公示価格　　　　　　取引事例比較法
- 基準地価　　　　　　原価法
- 路線価　　　　　　　収益還元法
- 固定資産税評価額
- 担保評価価額
- 簿価（含み益を抱える）

低い

▶ チェックポイント
不動産の価格は一つではありません。それぞれの価格の特徴を理解した上で、場面に応じた適正価格を探ることが必要となります。

【7】不動産の鑑定評価

要 旨

実際に行われている不動産鑑定評価の概要を説明した上で、鑑定評価額の変動要因、すなわち、どのような場合に高い（低い）評価になるかを各鑑定手法ごとに整理します。さらに、不動産の鑑定評価にあたってどのような資料が必要になるか、不動産の類型別に整理しておきます。

1．不動産鑑定評価の方法

　不動産鑑定評価においては「費用性」「市場性」「収益性」の三つの要素を勘案します（価格の三面性）。
「費用性」とはその不動産にどれくらいの費用を投じたかに着目したもので原価方式と呼ばれます。専門用語では原価法による積算価格と呼びます。「市場性」とは周辺地域で同じような不動産がいくらくらいで取引されているかに着目したもので比較方式と呼ばれます。専門用語では取引事例比較法による比準価格と呼びます。「収益性」とはその不動産からどれほどの収益が得られるかに着目したもので収益方式と呼ばれます。専門用語では収益還元法による収益価格と呼びます。

　この三つの要素を勘案し、それぞれの試算価格を比較検討して最終的に価格が決定されるのですが、どの試算価格を重視するかは、「住宅用か商業用か」「既存の不動産か新しく開発した不動産か」「環境を優先するか利便性を優先するか」等々の違いによって変わってきます。用途や、性格、収益性等の様々な要因から最も有効な使用方法を判断し価格を決定します。

2．鑑定評価の流れ

不動産の鑑定評価にあたっては、最初に鑑定評価の基本的事項を把握し、その後、価格形成要因の分析を行います。

（1）鑑定評価の基本的事項

最初に対象不動産の種別及び類型、鑑定評価の条件、価格時点、価格の種類を明らかにします。その上で、依頼目的、鑑定評価を行った年月日、対象不動産の確認、物的確認、権利の態様の確認を行います。このようにして鑑定評価の基本的となる重要な点を明確にします。

（2）価格形成要因

続いて、一般的要因、地域要因、個別的要因の分析を行います。

ⅰ．一般的要因の分析

社会経済情勢の分析を行った後、地価の平均変動率を求め、地価の推移・動向を判定します。

ⅱ．地域分析

対象不動産が所在する地域の概況を明らかにした後、対象不動産に係る市場の特性を適正に分析します。対象不動産の同一需給圏（競争的な市場というようなニュアンスの地域のことです）、想定される需要者、近隣地域の範囲、標準的使用を把握します。

ⅲ．個別分析

対象不動産の状況、対象不動産に係る典型的な需要者層、競争関係にある不動産との比較における優劣、最有効使用の判定を行います。とりわけ最も有効な使用の判定は、鑑定全体を左右します。たとえば店舗が最有効である場合に、店舗ではなく住宅が存在する場合など、最有効使用との差がある場合には、差をどのように判定するのかという論点に発展します。

3．鑑定評価の手法と評価額の変動

（1）原価法

　土地については、近隣地域の地域要因を備えた標準画地の標準価格を、取引事例比較法を採用して求めた価格を標準としつつ、標準地の公示価格を規準とした価格等との均衡を十分に考慮し査定した後、標準画地と形状・地積等の個別的要因について比較して価格を求めます。

　建物については、対象建物と類似の建物の建築費を参考として、新規に再調達する場合の再調達原価を査定し、次に、建物の現況及び地域的特性の推移・動向を判断した後、評価対象建物の築後の経過年数を勘案して積算価格を求めます。

　価格が増減する要因としては、土地の比準を行う際に個別分析要因を高く（低く）判定したり、建物の再調達価格を求める場合の建築費や経年変化の減価を高く（低く）判定することが考えられます。このような判断の差異が結果として積算価格を増減させることになります。

（2）取引事例比較法

　取引事例について事情補正及び時点修正を行った上で各事例と対象不動産との価格形成要因の比較を行い、さらに対象不動産を標準画地と比較して比準価格を求めた後、想定した標準画地と対象不動産の形状・地積等の個別的要因について比較して対象不動産の比準価格を求めます。具体的には、標準画地の比準価格に、対象不動産の個別的要因格差率及び地積を乗じて、対象不動産の比準価格を試算します。

　いずれの取引事例も対象不動産と代替・競争関係にあり、規範性が高いものを採用します。時点修正率は、採用した地価公示地の変動率のみならず、一般住宅地の変動率も参考に地価動向を分析して査定します。比準価格は、現実の市場において発生した取引事例に基礎を置くもので、市場の実態を反映し実証的な価格となります。

　価格が増減する要因としては、土地の比準を行う際に個別分析要

因を高く（低く）判定することが考えられます。事例の選定時点で特別な事情（売り急ぎや買い急ぎ）があるようなものを選択しても、事情補正を行うので価格の増減に直結することはありません。比準の段階での判断の差異が結果として比準価格を増減させることになります。

（3）収益還元法

対象建物の経済的残存耐用年数に対応する当該建物及びその敷地の純収益の現価の総和（「純収益の有期還元額」と呼びます）を求め、経済的残存耐用年数満了後に対象建物を取り壊した場合の更地価格の現価を加えて収益価格を試算しています。

価格が増減する要因としては、土地の収益と費用を把握する時点で、どの数値を採用するかという点があります。実績値が明らかな異常値（不動産を有効活用しようとしていない場合など）である場合は、そのまま採用することはできません。異常値をそのまま採用してしまった場合には不当鑑定になりかねませんので適切に補正することになります。明らかな異常値で還元することはできませんが、還元利回りの多寡は収益価格の増減に直結することになります。収益還元法は理論的な価格であるだけに、純収益の把握や、還元利回りの設定段階での判断の差異が結果として収益価格を増減させることになります。

ところで、収益還元法といってもいくつかの方法があります。中でも直接還元法とＤＣＦ法が多くの場合に採用されます。両者の違いは、直接還元法は純収益や復帰価格の変動予測を還元利回りの査定において織り込む一方、ＤＣＦ法の場合は、それらの予測を毎期の純収益に織り込む点に違いがあるとされています。

ⅰ 直接還元法

単年度の純収益を還元して収益価格を求める手法です。その純収益は、純収益及び総費用の項目毎に過去の推移及び将来の動向を慎重に分析し、標準化されたものを採用します。

特に、実際に運営している不動産については、現在又は直近の純

収益が標準化されたものではなく、特異なものである可能性があるため、そのまま採用したのでは正しい判断ができないこともあります。空室率や大規模修繕費等については各年度の変動が大きいので注意が必要です。臨時巨額の支出は平準化することが必要となるわけです。

ⅱ．DCF法

　DCF法とはディスカウントキャッシュフローの略です。不動産を運用している期間のキャッシュフローを求めるのですが、それを現在価値に割り引くことで現在の価格を求めようという考え方です。要するに何年か運用した後に転売するという考え方で、運用期間中のキャッシュフローと転売した時のキャッシュフローの合計を求めるというものです。もちろんこれを現在価値に割り引くのでディスカウントというわけです。

　DCF法は、連続する複数の期間に発生する純収益及び復帰価格を予測して、それらを明示することから、収益価格を求める過程について説明性に優れたものですが、あくまでも説明性に優れているということであって、収益価格としての精度、説得力が高いということではありません。計画を年度別に積み上げる過程で、より明示的に計画が策定できるので信頼性が高いといえるでしょう。換言すれば、計画の立て方次第で収益価格が変動するということになります。

※参考までに、不動産鑑定評価を実施する際に必要になる資料について、不動産の類型別に整理した資料を添付しておきます。

▶ チェックポイント

第二会社に廉価で不動産を移転すると、詐害行為とみなされる危険があります。不動産の価格の決定プロセスを正しく把握することが求められます。

必要書類チェックリスト

	自用の建物及び敷地	貸家及び敷地	更地	借地権付建物	底地	区分所有建物	地代・家賃	補足
①公図	○	○	○	○	○	○	○	対象不動産を確定する
②登記簿謄本	○	○	○	○	○	○		
③近隣地図	△	△	△	△	△	△	△	住宅地図があると良い
④測量図	△	△	△	△				なければ不要
⑤建物図面	○	○		○		○		
⑥固定資産税評価証明書	○	○	○	○	○	○	△	課税通知書でも良い
⑦家賃表		○						家賃を把握する
⑧管理費がわかる資料	○	○		○		○		管理状態を把握する
⑨修理履歴がわかる資料	○	○				○		修理履歴を把握する
⑩賃貸借契約書（借主として）				○			○	借地の場合など
⑪賃貸借契約書（貸主として）		○						貸家の場合など
⑫建築確認通知書	△	△		△		△		
⑬検査済証	△	△		△		△		
⑭竣工図面	△	△		△		△		
⑮売買契約書	△	△	△	△	△	△		
⑯管理規約						△	△	
⑰エンジニアリングレポート	△	△		△		△		
⑱契約時の事情			△	△	△		△	

備考： ○＝必要　△＝場合によっては必要
（出典：不動産鑑定士・税理士　髙橋隆明事務所）

【8】不動産の競売制度

要 旨

市場で取引される正常価格と競売における競売価格は乖離します。ここでは不動産の正常価格と競売価格が乖離する理由を具体的に明らかにした後、競売制度における様々な概念や制限、さらには競売制度の各段階における情報について整理します。

　競売が申し立てられると裁判所選任の不動産鑑定士が鑑定を行い、この鑑定に基づいて裁判所が売却基準価額を設定します。売却基準価額とは最終価格ではありませんが、一つの目安であることは間違いありません。

1．競売価格が低くなる理由

　不動産の競売市場については特別の事情があります。
　一般の不動産市場と異なり売主の協力のない売買であること、事前に物件に立入ることができず引渡の保証等の安全性が確保されていないこと、保証金を必要とし代金も即納しなければならないこと、同時履行の関係になく引渡までの期間が必ずしも保証されていないこと、さらに土地境界は原則として確定したものでなく地積も原則は公薄渡しであること等の特殊性があります。
　これらの事情を有しているため、評価に際しては、この特殊性が売却基準価額に反映されることになるのです。実際には正常価格を3割程度減額した価格が売却基準価額として設定される例が多いようです。

※平成17年4月から改正民事執行法が施行されました。従来の最低売却価額制度が見直され、新しく売却基準価額・買受可能価額の

制度が導入されています。売却基準価額は、これまでの最低売却価額と同じ価格水準です。
※正常価格：売却基準価額＝100：約70という関係になります。なお、不動産鑑定理論では正常価格（かかく）と呼び、競売実務では売却基準価額（かがく）と呼びます。

　売却基準価額から2割を控除した額は買受可能価額と呼ばれ、買受可能価額以上の額であれば、入札することができます。売却基準価額と買受可能価額の両方が開示され、入札の際の保証金額は原則として売却基準価額の2割となっています。保証金は落札した場合には代金に充てられますし、落札できなかった場合には返金されます。

売却基準価額を100とした場合

正常価格	約140	（正常価格：売却基準価額＝100：約70）
売却基準価額	100	
買受可能価額	80	（売却基準価額の80％）
保証金	20	（売却基準価額の20％）

2．正常価格と競売価格の乖離

　競売価格を求める場合には現状を所与として評価を行うため、取り壊して別用途で使用することが最も有効的な場合には、適正価格と競売価格が乖離しかねないという問題が発生します。たとえば地方の郊外などで土地価格が安い場所に、取り壊しが求められるような建物が建っている場合は、安い土地価格から高い取り壊し費用を控除することで適正価格が赤字になってしまうこともあります。このような場合でも、競売評価にあたっては、取り壊し費用の減価（これを建付減価といいます）や、建物の古さを勘案した減価（建物観察減価）、売りにくさを勘案した減価（市場性修正）に事実上の限界が設定されることもあります。このため競売価格(売却基準価額)

が適正価格(正常価格)を上回ってしまう例も生じることになります。

　このような場合には競売を行っても入札がなされず、結果的には何回も競売手続をやり直し、裁判所の判断により少しずつ金額が引き下げられることになってしまいます。競売により風評被害を引き起こすだけではなく、落札者が現れず資産が劣化していくという弊害のみが目立ってしまうのであり、競売制度の限界であるといわれています。

　某県の事情を調査したところ、建付減価の上限は▲50％まで、建物観察減価の上限は▲70％まで、市場性修正（減価）の上限は▲40％までとの運用がなされていました。その結果、現況、工場・事務所の対象不動産については正常価格がマイナス評価（備忘価格として１万円）であるにもかかわらず、減価率が十分でないために競売価格が高く評価されてしまいます。まさに正常価格と競売価格の逆転現象と額の乖離が生じる典型例であるということができるでしょう。

※価格決定に不服がある場合は、執行異議の申し立てを行うことができます。裁判所は不動産鑑定士の意見を聞き、異議の理由が認められるなら再鑑定を行います。時間と費用がかかりますが、これは競売の申立人の負担になります。

3．競売の各段階

　競売が申し立てられると不動産鑑定士の評価がなされ、その後は裁判所主導により手続が進められます。一例をあげると、次のようなスケジュールで進められます。

期間入札	
売却実施処分決定	1月　6日
公告開始	2月16日
入札開始	4月　5日
入札終了	4月12日

開札	4月19日
売却決定	4月26日
代金納付通知	5月 9日
代金納付	5月30日

☐ 特別売却

売却開始	4月21日
売却終了	4月25日

(1) 競売開始時の情報

　不動産の競売に関して「物件明細書」「現況調査報告書」「評価書」という書類があり、これらは3点セットと呼ばれています。3点セットは時期がくれば誰でもコピーを入手できます。これとは別に、執行に関する「執行事件記録」という書類があり、当事者や担保権者など法律上の利害関係人は閲覧しコピーを取ることができます（民事執行法17条）。

　裁判所選任の不動産鑑定士が作成した評価書も「執行事件記録」の一部なので、民事執行法に基づいて、債務者は事件の当事者として閲覧できます。当事者だからこそ早めに情報を入手できるというわけです。金融機関も入手することはできますが、通常はそこまでしません。債権者にしてみれば、焦って見込み額を知る意味がないからです。待っていれば売却基準価額として公示されるのですから、わざわざ裁判所にコピーを取りに行く必要はないのです。

　一度競売手続が開始されると、これを停止するには申し立て権者が取り下げるしか道がありません。債務者としては資料を取り寄せて金額を把握し、債権者と話し合いを行って債権者が満足する金額を支払うことで取り下げの合意を得るのです。しかし、債権者としては手間暇かけて競売を申し立てているのですから、簡単に取り下げに応じることはできません。

　それでもたとえば、「特殊な物件であるために金額の算定ができず裁判所の評価を求める場合」などは、比較的、取り下げに応じやすい案件ということができます。この場合には裁判所の評価を基準

として交渉ができるのです。要するに債権者としては価格の客観性が欲しいというわけです。

　簡単に取り下げたのでは他の回収事案への示しがつかない等の理由、すなわち金融機関独特の論理により取り下げに応じないケースもあります。個別案件としては競売を取り下げて任意売却にした方が多額の回収ができるものの、金融機関全体の中で判断した場合には取り下げには、合理性がないというような論理になるわけです。特に政府系金融機関や中小金融機関等、柔軟な対応ができないような金融機関の場合に見られるケースといえるでしょう。

（２）競売開始後の情報

　競売が取り下げられること無く、競売手続が進んでしまった場合、情報戦が繰り広げられることになります。他人が高い金額で入札する可能性があるような場合には、競売を誘発するような作戦は控えるべきなのです。

　入札者はお互いの金額が見えないために、競売手続において様々な工作が行われるわけです。債権者としては少しでも高く入札されることを期待した行動が選択されることになります。

　債権者としては、競売が行われるという情報をまき散らすことで入札者を増やすということも考えられます。中には入札者に融資を実行する債権者もいるほどです。不良債権を見限って競売に持ち込み、あらたな優良取引先に融資を行い落札させるというわけです。

　一方、入札者の行動としては少しでも安く落札したいという思惑で行動することになります。お互いの意向を探りあい、誤魔化しあう例も見られます。他社を出し抜くというわけです。まさに情報戦の様相を呈してきます。特に地方では情報戦の色彩が強いということができるようです。

（３）開札後の情報

　いくらで誰が落札したかという入札結果は公に開示されます。債務者や物上保証人等の当事者であれば、事件記録として２番以下の入札状況を把握することができます。

入札がなかった場合には特別売却となり先着順での落札となります。特別売却でも売却されない場合、買受可能価額を下げて（2割程度）改めて期間入札が行われます。この繰り返しは3回行われ、それでも売却できない場合には「裁判所は競売手続を中止できる」ことになっています（民事執行法68条の3）。

> ▶ **チェックポイント**
> 競売価格が常に安くなるとは限りません。市場価格より高くなるという逆転現象も生じています。入札がないときには金額が引き下げられて競売が続行されるので、競売の流れを見ながら適正価格で入札することになります。

【9】競売制度の経済合理性と利用方法

要 旨

時価に比べて競売では価格が低くなってしまうにもかかわらず、競売が行われるにはそれなりの理由があります。ここでは競売の経済合理性について明らかにするとともに、債務者側からみた競売制度の利用方法と、そのリスクを紹介します。

1．競売の経済合理性

競売による価格は任意売却による価格を下回ります。競売の経済合理性について個別と全体の視点に分けて検証します。

(1)個別案件の経済合理性

債権者としては債務者の協力により任意売却できればそれが良いのです。競売より高く売れるならば経済合理性が肯定されるからです。

しかし、債務者が設立した第二会社に不動産を売却するというような場合、価格の客観性が確保されないという問題が残ります。債権者と債務者が結託して安い価格で移転したのではないかという懸念です。このような懸念を払拭するために競売制度を利用すれば透明性が高まるという面も否定できませんが、単に価格の客観性を確保するだけであれば不動産鑑定を行えば済むことです。わざわざ競売を申し立てる必要はありません。

さらに、競売により債務者に対する深刻な信用不安というものが生じるという側面もあります。産業の育成や発展を一つの課題とする金融機関としては、競売という引き金を引くことで債務者の命を絶つような行為をすることは本意ではありません。できれば引き金を引かずに済む方法で解決したいというのが本音なのです。

さらに、競売による時間的ロスも問題になります。
　売却基準価額を決定し、入札期日が設定される等々、時間がかかるという問題があります。最近は改善されつつありますが、半年から1年近くかかることも珍しくありません。競売スケジュールについては第Ⅲ章【8】を参照してください。
　一方、債務者が任意売却に応じるのであれば不動産市場で取引を行うことになり、無駄な費用と時間が節約できるのです。したがって、債権者としても競売ではなく任意売却で担保処分をする方が経済的合理性が高いということができるのです。

（2）全体の経済合理性

　「損して得取れ」という格言があります。この考え方は、債権回収にも当てはまります。
　一口に債権放棄といっても、それを実現するためには取締役会での検討を経て決せられます。そのためには稟議書を書く必要があります。稟議書を書くにしても、単に「個々のケースでは法的整理より私的整理のほうが有利です」では通りません。なぜ債権放棄をしなければならないのかについて個別の経済合理性を検討した後、債権放棄をすることに問題がないのかを検証しなければなりません。
　たとえば債権者側からの提案に全く聞く耳を持たないとか、自分勝手な要求ばかりするとか、そういう債務者の要求を鵜呑みにするわけにはいかないのです。たとえ個々のケースで見れば経済合理性が認められても、身勝手な要求に応じていたのでは他のケースに示しがつかないというわけです。
　このように、個々のケースだけではなく、全体を見渡す観点から債権放棄の経済合理性を判断することが求められるのです。

2．競売制度の利用

　競売制度には様々な特徴があります。巷でいわれているように、「競売で安く取得する」とはいえないのです。「事業再生にあたって、競売制度を利用して安く取得する」という方法も、方法自体は否定

しませんが、極めて特殊なノウハウと進め方が必要になりますので安易に行うべきではありません。

　できるだけ競売を避けて任意売却で処分する方向で解決すべきですが、参考までに競売の利用方法を紹介しておきます。

（１）二重入札

　入札は１回しかできません。同一人が二重に入札しても無効になってしまいます。別人で入札するのであれば有効ですので、別人名義で重複入札をすることがあります。

　たとえば、一つの札を買受可能価額の最低額80で入れます。この際、20の保証金が必要になります。もう一つの札を正常価格である140で入れます。この際、さらに20の保証金が必要になります。この時点で、この競売には二つの札が入ることになります。

　開札の結果、他に入札がなかった場合は140が一番札で落札になります。ここで、この札を放棄します。保証金の20は負担することになりますが、二番札の80で落札できることになります。すなわち、放棄した20と落札した二番札の80の合計100で取得できるわけです。

　仮に第三者が80を超え140未満で入れていた場合は、一番札の140で落札します。放棄してしまうと、第三者が落札してしまいますので放棄はできません。この場合、三番札となる80の保証金20は戻りますので、無駄な保証金はかかりません。

　このように、名義を変えて二重入札することで、安く入手できることになりますので、第三者の動き（情報）を把握しながら、適切な金額を設定することが大切です。なお、第三者が140以上で入札してきた場合は、落札できなくなってしまいますので、140が妥当かどうかを慎重に判断すべきであることは言うまでもありません。

※開札の後、裁判所から落札者に対して当事者との関係を尋ねられる場合があります。

（2）競売制度を利用した価格交渉

　債権者だからといってむやみに競売を実行するわけではありません。競売が行われるには、それなりの理由があります。
　一般には債務者の返済が止まることがきっかけとなります。約定通りに返済が行われているのであれば、期限の利益は債務者にあるのですから競売が行われることはありません。返済が滞り債権者が催告したにもかかわらず、債務者が返済に応じないような場合には競売が選択肢として急浮上してくるのです。
　返済が止まった場合、債権者は債務者に返済を催告します。続いて、債務者の権利でもある期限の利益を剥奪することになります。債務者が無視すると、「競売する」とうるさく言ってくるはずです。
　このような競売制度の流れを債務者が逆利用するという裏技もあるのです。
　競売を申し立てられるのが即、破綻だと思い込んでいるような債務者も少なくありません。このような大きな誤解は正さなければなりません。競売は一連の債権回収手続の一部であり、全てではなく、終わりでもないのです。

ⅰ．競売の流れを利用する

　競売の流れとしては、債権者が競売を申し立てると裁判所が選任した不動産鑑定士が不動産を鑑定することになります。それが売却基準価額の基礎になる金額なのです。その売却基準価額の基礎になる金額を元に価格交渉するというわけです。売却基準価額の基礎となる金額が出た後に交渉すれば、話し合いの土俵に乗ってくることも少なくありません。

※競売を申し立てた以上、一切、取り下げに応じないという金融機関はむしろ少ないようです。ただし、取り下げにあたっては相当の返済を求められますので、競売を利用するという方法は、極めてリスクが高いことに注意が必要です。

　この金額は裁判所が定めた額ではありませんが、裁判所が選任し

た不動産鑑定士が求めた価格ですので、交渉の基準となる価格としては客観性を持っているということができます。「売却基準価額を上回る金額なのだから任意売却に応じてくれ」と交渉するのです。

ⅱ．競売の取り下げ

競売が申し立てられると、裁判所から「競売開始決定通知」が送られてきます。この通知から1ヶ月以内に執行官が不動産鑑定士とともに現れ、物件の現況調査が行われます。その後、2〜3ヶ月で「競売の期間入札の通知書」が送られてきます。入札の期間や開札期日など具体的な日程や、売却基準価額などが通知されることになります。さらに約1ヶ月後には「期間入札の公告」が行われ、その約1ヶ月後に期間入札が始まり、落札者が決まります。

このような流れの中、開札前日までは競売申立人が競売の取り下げを行うことが可能です。さらに、落札者が決まったあとも、代金が納付されるまでは競売取り下げができますが、落札者の同意を得ることが必要になります。とはいえ、落札者も競売に対して手間と時間をかけているため、落札者からは相当額の金銭が求められるでしょう。よって事実上、落札者が取り下げに同意する可能性は無いといえるでしょう。

なお、取り下げ時期と方法は下表の通りです。

取り下げ時期	取り下げ方法
買受申し出前まで	自由
買受申し出後、売却許可確定前	最高価買受申し出人および次順位買受申し出人の同意が必要
売却許可確定後、代金納付まで	買受人の同意が必要
買受人が代金納付後	取り下げはできない

なお、不動産の競売を申し立てにあたっては、印紙や切手のほかに、不動産の現状や価額を調べるための費用が必要です。物件の価値にもよりますが、この費用として競売申立人は100万円近くの金

額を予納します。競売の取り下げをする場合、金融機関からは費用の負担を求められることになります。さらには、返済の延滞金も上乗せされることが通常です。

iii．リスクを覚悟する

　競売を利用した価格交渉は100％確実とはいえません。競売が取り下げられることなく入札が行われ、第三者が高い金額で入札してくれば、資産を失うことになります。これが最大のリスクなのです。

　無責任なコンサルタントのアドバイスに従い、返済を停止して競売を誘発した後、「買い取りをしたいので競売を取り下げてくれと金融機関に申し込んだが断られた」という経営者からの相談は後を絶ちません。典型例として、金融機関からは一定の提案があったのにこれを無視し、返済を止め競売の逆利用に持ち込んだ例が少なくありません。断られた段階で筆者に相談が持ち込まれるものの、「時既に遅し」となることが少なくないのです。金融機関の言い分としては、「当行からの提案を無視され、競売の稟議まで上げたものを今更、逆提案をされても応じられない」という、至極当たり前の返答になるわけです。

　度重なる交渉により、競売を取り下げてもらうことはできるとしても、当初の銀行提案で決着することになれば良い方です。なんのことはない、話が元に戻っただけのことです。無責任なアドバイスに従ったがために危うく大切な資産を失うところだったのです。

　第二会社で担保不動産を買い戻したいのであれば、価格の妥当性を確保しつつ任意売却で処分するのが無難です。周到な計画の基に進めるならば良いものの、安易に競売を誘発するように画策し、結果として第三者に奪われる危険を冒すべきではありません。

> ▶ **チェックポイント**
> 競売は第三者に資産を奪われるリスクがある反面、自分自身で安く入手できるというメリットもあります。やむを得ず競売に移行する場合には、競売制度を理解して正しい対策を立てることが必要です。

【10】競売配当と他の担保権

要旨
競売が行われた結果、対象不動産が落札されると落札代金が配当されます。入金された落札代金はどのように配当されるのかを明らかにした上で、配当が期待されない債権者が申し立てた競売の扱いがどうなるのかを整理します。

1．競売配当の流れ

　開札期日には入札の結果が発表されます。第一順位となった入札者に対し、裁判所から債務者や物上保証人との関係が問われることもあります。裁判所によって落札者が決定されると入金の期日が示されます。

　落札者が入金した後、裁判所が権利を有する債権者に競売代金を配分することで競売手続が終了します。

2．無剰余による取消し制度

　裁判所が定めた買受可能価額が、債権額と競売手続費用の合計見込額を下回る場合を無剰余といいます。このように競売を実施しても差押債権者に配当されない場合には、配当が回ってこない債権者からの競売申し立ては無益な競売として認めていません（民事執行法63条1項）。このような場合は、競売手続を裁判所が職権で取消すことになります。

（1）無剰余の判断時期

　無剰余かどうかの判断は、現況調査報告書および評価書が提出され、優先債権の見込額が確定できる時期以降に行われます。裁判所

は剰余を生ずる見込みがないと判断したときは、その旨を差押債権者に通知することになります。

裁判所が無剰余と判断した場合に、競売申立債権者が定められた期間内に何もしなければ、競売手続は職権で取消されます。

(2) 債権者による競売継続手続

無剰余となった競売申立債権者が競売手続の続行を望む場合には、無剰余通知を受け取ってから1週間以内に下記のいずれかの措置を講ずる必要があります（民事執行法63条2項）。

ⅰ．手続費用と優先債権の合計額以上の額で自ら買い受ける旨の申し出をしてその申し出に相当する保証を提供する方法
ⅱ．剰余を生じる見込みがあることを証明する方法
ⅲ．優先債権者の同意を得ていることを証明する方法

(3) 無剰余になるなら競売しない

複数の抵当権が設定されているような場合、後順位抵当権者が競売を申し立てたくても、申し立てることができない場面が生じます。

たとえば評価額が8千万円の不動産に下表のように債権者Aが抵当権を設定しているとします。

	残高	有担保
第一順位抵当権者A	1億円	8千万円
第二順位抵当権者B	4千万円	ゼロ
第三順位抵当権者C	1千万円	ゼロ

この場合に、裁判所が定めた買受可能価額が8千万円であれば、BとCは無剰余になります。競売を申し立てたところで職権取消のおそれがあります。このような場合、手間暇と費用をかけて競売を申し立てはしないのが一般的です。

もっとも、8千万円以上での入札があるかもしれませんので、B

はギリギリのところで配当が期待されます。裁判所が選任する不動産鑑定士の鑑定評価次第では、買受可能価額が思いのほか高くなり、裁判所が無剰余と判断しない可能性もあります。このような場合、Bとしては事前にAに対し、「裁判所から無剰余の判断がなされた場合には競売続行の承諾をもらいたい」と話をしておくことで、競売の職権取消を回避することができ、安心して競売を申し立てることができることになります。

※このような準備をせず、競売を申し立てた結果、無剰余取消になれば慌てて先順位抵当権者に泣きついて同意を得なければなりません。このような失態を演じるような債権者は、債権管理のイロハを知らないということになります。

　一方、後順位抵当権者であるCは事実上、競売を利用することは困難となります。担保が8千万円であるところ、先順位抵当権者が1億4千万円の残高がありますので無剰余となる可能性が高く、無意味な抵当権というべきでしょう。ただし、競売でなければ、いわゆるハンコ代として、いくらかの抵当権抹消費用を得ることができます。

(4) ハンコ代
　事実上、配当が期待できない抵当権者に対しては、いくらかの金銭をハンコ代として支払うことで抵当権消滅に応じてもらいます。ハンコ代の額については基準がありません。一律100万円を要求してきたり、数十万円であったりと、バラバラです。「当社は一律2%をもらうことになっている」との主張を崩さず、数百万円の支払いを余儀なくされた例もあります。この点については第Ⅱ章【13】を参照してください。
　どうしても金額に折り合いがつかないのであれば、抵当権の消滅請求をすることで抵当権を排除できますが、消滅請求は、全債権者に対して一律に行うこととされていますので、後順位抵当権者だけを狙い撃つことはできません。

3．他の担保権が守ってくれる

　担保権は債務者にとって脅威です。しかし、ある債権者の担保権が別の債権者が仕掛けた法的攻撃から守ってくれることもあるのです。そこで他の担保権を利用することで資産の保全を図ることも可能なのです。
　債権者にとって、債務者と同じように、他の債権者もまた脅威となります。他の債権者の取り分が多ければ、自分の取り分が少なくなるのであり、食うか食われるかの関係が債権者の間にも成り立つのです。一部の債権者だけを見ていたのでは、こうした関係はなかなか見えてきません。よって、全ての債権者の関係を把握することが大切なのです。

（1）担保に差し出す
　たとえば親族が所有している不動産に抵当権を設定する形で担保として差し出したとします。その親族は自身の業務に必要な機材を導入する目的で金融機関から借入しており、毎月期日までに確実に返済しているとします。いわゆる正常債権です。
　正常債権であれば追加担保が求められるのではありませんが、追加的に担保を差し出すことになるので、債権者にとっては不利益がなく、無条件に担保を受け入れるのが一般的です。このようにすることで、他の債権者からの脅威を防ぐことができるわけです。

（2）抵当権ごと債権譲渡
　後順位抵当権の繰り上げは重大な問題です。先順位抵当権が消滅した結果、後順位抵当権が繰り上がることがあります。先順位抵当権の債権が減少した結果、後順位抵当権の配当額が増加する場合です。これでは無担保債権者に担保を与えてしまうようなものです。いつまでたっても抵当権は消えません。
　たとえば、債権者A銀行が1億円の債権を持っており、担保物件の評価額は8千万円とします。その物件に債権者B銀行が5千万円の第二順位抵当権を設定しているとします。この場合、A銀行が8

千万円を回収するのは可能ですが、Ｂ銀行は無剰余であり、第二順位抵当権はその価値を失ってしまいます。

この時、債務者とＡ銀行が８千万円を回収できれば残り２千万円は債権放棄することで合意したとします。このときＡ銀行に８千万円を返済し、担保権を取り除き、債権放棄をするようでは話になりません。Ｂ銀行の第二順位抵当権が第一順位抵当権に格上げされ、無剰余ではなくなってしまうからです。Ｂ銀行にみすみす担保を与えてしまうことになってしまいます。

こうした後順位抵当権の繰り上げを阻止するには、Ａ銀行には８千万円を返済し、残りは債権放棄ではなく抵当権ごと債権譲渡してもらうのです。これにより第一順位抵当権は消滅することなく、第二順位抵当権は無剰余（無価値）のまま据え置くことができます。時間を稼ぐ一方で、無剰余のままのＢ銀行と抵当権抹消費用程度の支払いで残債を放棄してもらうのです。

> ▶ チェックポイント
> 競売により配当が受けられないような後順位抵当権者は、競売を申し立てても取消されてしまう可能性があります。そのような抵当権者に対してはいくらかの抹消料を支払うことで抵当権の抹消をしてもらうことになります。

【11】抵当権消滅請求制度

要旨

競売は債権者が主体となり債務者の財産を換金する手段です。債権者に認められた強力な回収手段です。一方の債務者側としても競売制度を活用することができるのです。それが抵当権消滅請求制度です。ここでは抵当権消滅請求の概要を明らかにするとともに、その具体的な利用法を紹介します。

1. 抵当権消滅請求制度の概要

　競売は債権者が主体的に実行する手段であるのに対し、抵当権消滅請求制度は債務者が主導する形で抵当権を消滅させる手段です。抵当権者の同意を得て行う任意売却の手続がより好ましい手段ですが、適正な価格を提示して任意売却を迫っても、金融機関が応じない場合も少なくありませんので、このような場合には有用な制度ということができます。

　抵当権消滅請求制度は平成16年に旧滌除（てきじょ）に代わる制度として制定されました。旧滌除と比べると抵当権者の負担が、次の二点で軽減されています。

　一つは、抵当権者は、買受人からの申し出を受けた場合、承諾したとみなされる期間を1ヶ月以内から2ヶ月以内に延期されています。もう一つは、抵当権者が申し出を拒否して増価競売になった場合、仮に申し出額より1割以上高い金額で競落する者がいなくても、自ら競落する必要がなくなりました。

　具体的には次のようなステップで進めることになります。
ⅰ．対象不動産の買主として第二会社を用意する。
ⅱ．買主が物件を抵当権付きのまま購入し、所有権移転登記を行う。
ⅲ．買主は抵当権者に、抵当権消滅請求を行う。

ⅳ．抵当権者が2ヶ月以内に増価競売の申し立てをしなければ抵当権の効力が消滅する。
ⅴ．抵当権者が応諾した場合は、代金を抵当権者に支払う。
ⅵ．抵当権者が拒否した場合は、競売手続が開始される。

２．抵当権消滅請求のハードル

　このように、債務者の側から抵当権を消滅するために消滅請求制度は有効な手段ですが、ハードルも待ち受けています。

（１）資金手当て

　消滅請求が認められるためには、その不動産を債務者が必要とし、さらには消滅を請求するにあたって支払う金額が適正であることが求められます。
　実際には資金手当てができないのが実情です。なぜならば、新規融資をするのも金融機関であり、同じ金融機関として他の金融機関の抵当権を消滅する目的での融資は行いにくいという事情があります。代金の提供が登記を消滅する前に必要となりますが、一般的に金融機関の融資は抵当権設定を条件としますので、抵当権消滅登記前に金銭が必要となる制度は難しい側面があるわけです。
　換言すれば、親類縁者からの借入を含め、何らかの形で自己資金を調達できるのであれば有効な手段ということができます。

（２）実務家の確保

　地方都市で実際にあった例ですが、「金融機関に対して抵当権の消滅請求を行う」というだけで、地元の司法書士は「金融機関との対立行為」と誤解し、金融機関との関係が悪化することをおそれて抵当権消滅請求の手続を躊躇したことがあります。地元の複数の司法書士にあたりましたが、同様の理由で逃げ腰でした。
　結局、地元では信頼できる司法書士が見つからず、東京の司法書士に委任することで大きな問題になりませんでしたが、地方のような人間関係が限定的な地域においては、このような対策が求められ

ることもありますので注意が必要です。

（3）金融機関の論理

　十分な金額を債務者が提示すれば、債権者としては経済的には満足するのであり、債務者がその物件を取得しようが、第三者が取得しようがどうでもいいということになります。満足できる金額が提示されれば喜んで消滅に応じるのが普通です。一般的には金額が満足でないから争いになるのです。この場合、債権者が不同意であれば競売に移行することになります。

　しかし、金額の問題だけではありません。単に経済合理性だけで判断するのではなく、たとえ金額的には不利益であっても金融機関の論理から、競売に移行する場合もあるのです。

　抵当権消滅請求で高額を提示し、このまま競売を続けるよりも経済的には多額の回収ができるとしても、競売に至るまでの事情により消滅請求を拒絶することも少なくありません。たとえば実親の負債の物上保証として抵当権が設定されている場合に、実子が第二会社を設立し、抵当権消滅請求をする場合が典型例です。このような場合に親子間・親族間の資産移転の移転は、金額の問題ではなく道義上の問題として認めないというわけです。

（4）全抵当権者に一括請求する

　抵当権消滅請求は全ての抵当権者に一括して請求することになっています。一部の抵当権者だけが消滅に反対している場合でも、全抵当権者に対して請求しなければなりません。

　そこで、抵当権の消滅に合意している抵当権者には「一部の合意が得られないので抵当権消滅請求をさせてもらいます」と事前に伝えておくことが必要となります。事前の断りを省略して、当然に消滅請求を送り付けるような無礼は避けるべきです。

3．消滅請求の肯定例と否定例

　筆者は金融機関の本社で不良債権専門の回収担当課の責任者とし

て、第一線で回収を指揮していましたので、いくつもの競売案件を扱いました。平成12年に事業再生業務を開始して以来、今度は債務者側の立場から何件もの競売案件を扱いました。ここでは個別案件の経済合理性を「肯定した例」と「否定した例」を紹介しておきます。

（1）競売が取り下げとなった例（個別案件の経済合理性を肯定した例）

　債権者との交渉の中で、任意売却する場合にいくらなら納得するのかを打診したところ、予定していた評価額を大幅に上回る金額を提示してきた例がありました。そこで月々の返済を停止し、債権者が競売に着手するのを待つことにしました。

　膠着状態が続いたため、抵当権消滅請求を行うことにしました。債務者が用意した第二会社に対象不動産を備忘価格で譲渡した後、抵当権消滅請求を行いました。債権者には丁寧に接し、全ての段階で債権者との連絡を絶やしませんでした。抵当権消滅請求を行うことも直前に報告しました。

　その後、債権者は抵当権消滅請求を拒絶し、競売を申し立てました。直ちに裁判所選任の不動産鑑定士が売却基準価額の調査を行った結果、予想していた評価額とほぼ同額となりました。債権者としては客観的な価格を把握したかったのです。そこで、再度の交渉を行った結果、売却基準価額を若干上回る金額での任意売却で合意し、債務者が設立した第二会社が合意した金額を支払うことで抵当権の消滅を実現したのでした。

　この例は売却価格を引き下げるために、いわば捨て身の戦術を利用した例です。全くの他人に競落されてしまうという危険があるものの、金融機関の提示額が明らかに高い場合には、検討すべき最後の手段ということができるでしょう。この例では、債権者は一度、抵当権消滅請求を拒絶していますが、最終的には競売を取り下げたという結果になったのでした。

（２）競売になった例（個別案件の経済合理性を否定した例）

　不動産鑑定士として筆者が試算したところ、競売を取り下げて任意売却にしたほうが回収額は 2 倍弱となるような例がありました。

　競売手続が進行した場合には、おそらく低額の落札で終わると予想されたため、債権者たる金融機関に取り下げを勧めましたが、金融機関の論理ゆえに競売続行となりました。金融機関としては個別案件の経済合理性よりも、金融機関全体の論理を優先した結果、競売の取り下げに応じなかったというものです。

　債務者は 200 の支払いをするので競売を取り下げるべく債権者に申し入れたものの金融機関の拒絶により競売が継続され、債務者は 140 と 80 で入札し、他の札が入らなかったために 80 で落札したというものです。保証金 20 を負担したものの、100 で取得することができたため、債務者にとっては有利な決着となりました。

　債権者にしてみれば、200 を得られるところ、80 で終わってしまいましたので、個別の案件として見る限り経済合理性が否定されます。しかし、それは競売の結果であり、「債権者としてやるべきことをやった結果である」「他の回収案件に示しがつかないような解決をしなかった」という点で、いわば個別の経済合理性を否定しても、全体の観点から見れば経済合理性が成り立つというわけです。

▶ **チェックポイント**
抵当権消滅請求制度の大きなハードルは資金手当です。首尾よく資金手当ができたとしても、競売に移行すると資産を失うリスクもあるので危険な手段です。利用するのであれば、それなりの覚悟をもって利用することが求められます。

【12】企業価値評価

> **要旨**
>
> 事業再生において企業価値の把握が問題となるのは、たとえばM＆Aで会社そのものを譲渡する場合の他、第二会社方式において融資を受ける場合、営業権を無担保債権者に配分する場合等があります。ここでは第二会社方式で事業再生を行う場合に、企業価値をどのように算出するのか、どのような点が営業権の価格決定に影響を及ぼすかを整理します。

　第二会社方式で事業再生を行う場合、売主と買主が相対する場合は価格決定が争点になります。身内に経営権を残すために形式上の第三者に譲渡するのであれば、売主と買主が相対しませんので、価格決定が争点になることはありません。とはいえ、無担保債権者に配分するために営業権を認識するのであれば、売主と買主の間で争いがなくとも、債権者間の争いを避けるために営業権の価格を客観的に明らかにする必要が生じます。

　ここで取り上げる価格決定に関する論点は、諸般の事情から価格決定に争いが生じる場合を想定しています。

1．企業価値の算出

　不動産の評価において説明した通り、価格の把握にあたっては「費用性」「市場性」「収益性」の三つの要素を勘案します（価格の三面性）。この基本的な考え方は企業価値の算出にあたっても同じです。「費用性」とは投じた費用に着目したもので原価方式と呼ばれます。「市場性」とは類似の例がいくらくらいで取引されているかに着目したもので比較方式と呼ばれます。「収益性」とはどれほどの収益が得られるかに着目したもので収益方式と呼ばれます。

（１）費用性

貸借対照表の資産・負債を時価で評価し、時価資産の合計から時価負債の合計を控除して導出した時価純資産額と営業権の合計を企業価値とする考え方です。すなわち、時価純資産額＋営業権＝企業価値となります。この場合、営業権は利益に年数を乗じて求めます。

ⅰ．営業権算出の基礎となる利益

過去３～５年の平均利益を基礎とします。１期だけの数値ではブレが生じる可能性があるので、数年の平均値を採用します。この場合、一般的には税引後の経常利益を基礎にしますが、他にも、営業利益や、当期純利益、さらには減価償却費を加算したキャッシュフローベースでの分配可能利益を基礎とする場合があります。この違いについては後述します。

ⅱ．営業権算出の基礎となる年数

一般的には利益の３年から５年とされていますが、現状の利益が安定的に続くと予想される業種の場合には長期で計算し、逆に流動的な業種の場合には短期で計算することになります。

ⅲ．資産・負債の時価評価

資産の時価評価について、たとえば不動産鑑定制度のように確立された制度がありますが、負債の制度に関しては確立された制度はありません。借入額の総額はあくまで簿価であり時価とは異なります。債務者の返済能力をもって負債の時価と位置付けることが最も合理的な考え方となるでしょう。返済能力とは担保処分による回収可能額と、債務者自身の返済能力の合計値となります。しかし、このような負債の時価概念は債務者目線でとらえた考え方に他なりません。債権者目線でとらえるならば、全額回収すなわち負債の簿価＝負債の時価になるからです。

もっとも、事業再生において企業価値が問題になるような場合、実際には負債を引き継ぎませんので、負債の評価そのものを行う必要がないことになります。債務超過の状態のままであれば、取引が

成立しないからです。よって債務超過企業の事業再生において、企業価値を把握する場合には負債を度外視して考えることになります。純資産なのか資産なのかを明確に区別することが大切です。

（２）市場性

　類似の取引や企業を基準として企業価値を計算する方法として類似取引比準法があります。この方法は、考え方としては合理的ですが、業種によって類似企業が存在しなかったり、仮に見つかったとしても諸条件の差をどのように反映させるのかが曖昧なままになってしまいます。したがって、求められた数値は必ずしも該当企業の状況を反映しないということになります。

　類似事例が存在しない場合や、諸条件の格差が大き過ぎる場合などには採用できない方法といえるでしょう。

（３）収益性

　収益還元法とも呼ばれ、将来の予測キャッシュフローを投資利益率で割り引いた現在価値をもって企業価値と考える方法です。この方法においても、ネットの企業価値すなわち株主分配価値を把握する場合には負債を控除しますが、事業再生における第二会社方式では負債を引き継ぎませんので、負債を勘案しないことになるのは既述の通りです。

　収益還元法の中でも特にＤＣＦ法の場合には、将来の計画をどのように見込むかによって数値が大きく変動されます。事業再生における第二会社方式の場合、将来の経営は第二会社で買主が行うものですので、買主が自身の計画に基づいて算出した収益価格は買主には説得力がありますが、売主には必ずしも妥当しないことになります。同様に、経営にたずさわらない売主が将来の収益計画に基づく収益価格を算出しても買主には妥当しないことになります。

２．営業権の把握

　結局のところ、超過収益力、すなわち営業権の求め方は、次の二

つに大別されます。

（1）企業価値から資産価値を控除する

全体の企業価値から資産価値を控除した額を超過収益力、すなわち営業権として捉えます。この点については第Ⅱ章【20】を参照してください。

企業価値－資産価値＝営業権

市場性に着目した類似取引比準法や、収益性に着目した収益還元法は全体の企業価値を求め、ここから資産価値を控除した残額を営業権として把握します。この方法では、ダイレクトに求めるのは企業価値であり、営業権は残額として求めることになります。

不動産の鑑定評価においても収益価格は土地と建物を複合した不動産として全体の価格を求め、必要に応じて土地と建物を分けることになります。

※不動産の場合、土地と建物の複合不動産の場合には、類似事例が見つからないこともあり、比準価格を省略することもあります。

（2）営業権に資産価値を加算する

超過収益額たる営業権と資産価値を合計した額を企業価値として把握します。

資産価値＋営業権＝企業価値

費用性に着目した考え方で、営業権に資産価値を加算して企業価値として把握します。この方法では、ダイレクトに求めるのは営業権であり、企業価値は合計額として求めることになります。

不動産の鑑定評価においても原価法は土地と建物を別に求め、合計する形で不動産全体の価格を求めることになります。

3．価格決定に影響を与える要因

（1）中小企業の特性

　中小零細企業の場合には、所有と経営が一体化している場合も少なくありません。このような状況において、法人について機械的・画一的に判断したのでは実体を正しく反映していないことになります。

　たとえば、お手盛りで高い役員報酬を支払っていたり、関連会社に多額の支払いをしていたりといった会社があるかもしれません。このような場合には適正な額に修正した上で利益を算出し、この利益を基に年数を乗じて営業権の額を算定します。

（2）売価と買価

　制度化された不動産鑑定の場合、鑑定価格は三つの価格算出方法により求められた試算価格を比較検討して最終的に一つの価格が決定されます。しかし、企業価値については制度化された算出方法が存在しません。よって、一つの価格が決定されるものではなく、売主が算出した価格（売り希望価格）と、買主が算出した価格（買い希望価格）が異なることになります。

　売主と買主が何らかの理由で取引成就にこだわる場合は別として、一般に売主の立場としては売り物は一つですが、買主の立場としては買い物は他にもあります。換言すれば、買主は、「他を購入する」という交渉材料で、価格の引き下げ交渉が可能になるのです。これに対するには、売主は他の買主を探し出し、「他に売る」という交渉材料を持ち出すしかないのです。

　このように、価格の決定にあたっては、単に理論的な算出方法だけではなく、交渉により決められるという面も否定できません。この点、交渉を行う際の理由付けとして、売主としては金額が低くなる理由を、買主としては高くなる理由を整理しておくことが求められます。

ⅰ．利益

　一般的には税引後の経常利益を基礎にしますが、営業利益や、当期純利益、さらには減価償却費を加算したキャッシュフローベースでの分配可能利益を計算の基礎額とする場合があります。

　本業の利益である営業利益に経常損益を加減して企業全体の利益である経常利益を求めるのですから、本業の利益の占める割合いかんで、どちらの利益を基に計算するのが高く（低く）なるかが決まります。税引後当期純利益は節税原資の多寡により税額が左右されますし、減価償却費を加算したキャッシュフローベースを根拠にする場合には、償却資産の多寡により大きく異なります。

　たとえば事業継続に必要な資産が保有資産であるならば、維持管理費、固定資産税、減価償却費が発生します。減価償却費が高くなればキャッシュフローベースでの利益は高くなります。反対に、保有資産ではなく賃借物件であれば、賃料がかかりますが維持費、固定資産税、減価償却費は発生しません。減価償却費は保有期間によりゼロに近づきますので、資産を保有する場合と賃貸の場合のいずれが高く（低く）なるかは一概にいうことはできません。個々のケースに応じて、いずれの利益が比較的高い（低い）のかを判断し、取引の根拠とすることになります。売主にすれば高い金額を、買主にすれば低い金額を指向して、有利な選択をした金額を根拠として交渉に臨むことになります。

ⅱ．年数

　取引価格を巡って売主と買主が相対する場合、論理的に考えれば年数は買主が決定することになります。なぜならば、将来の経営は買主があたるのであり、何年間分の利益を営業権の根拠とするかを主体的に決めるのは買主ということになるからです。売主は経営から離脱しますので決定に関与する立場にないというわけです。

　なお、安定的な業種であれば年数を長く、流動的な業種であれば短くとらえて交渉の材料にすることになります。この点は一般論ですので、将来において経営を離脱する売主としても交渉材料にすることができることになります。

▶ **チェックポイント**
形式上だけ第三者に経営権を委ねるような究極の第二会社方式の場合には、企業価値評価に争いはありません。しかし営業権の金額を無担保債権者に配分する場合や債権者間の調整を行う場合など、算出根拠を明確にする必要も生じます。

第Ⅳ章
会社法に関連する全知識

【1】株主

> **要 旨**
>
> 株式会社においては所有と経営が分離されており、会社の所有者である株主は株主総会を通して取締役に経営を委任することになります。しかし現実には中小・零細企業においては所有と経営が一体となっている場合が大半です。少ない数の株主しか存在しない場合に、反目しあっていたのでは会社としての意思決定ができない危険もあります。

1．株主の権利

（1）株主の権利と多数決原理

　会社の意思決定は株主の意思で決められます。この意思決定は株主総会において多数決の原理によって決定されます。出資額に応じて株主に議決権を与えるべきであり、基本的には多数派株主の意向を反映すべきだからです。しかし、多数派株主が少数派株主の利益を不当に害するおそれもあるので、少数派株主の保護が図られています。

　たとえば資本多数決の限界として次のような配慮がされています。

ⅰ．株主平等原則（109条）に違反した決議がなされた場合など、強行法規違反は決議無効となります。
ⅱ．特別利害関係人の議決権行使など、著しく不当な決議がなされた場合には決議取消しの訴えにより遡及的に無効になります。

　さらに資本多数決の修正として次のような配慮がされています。
ⅲ．株式買取請求権（116条）によって反対株主の投下資本回収を保障して経済的な救済が図られています。

ⅳ．累積投票制度による取締役選任（342条）により少数派株主にも取締役選任の道が与えられています。
ⅴ．役員解任の訴え（854条）により不正行為をした役員が資本多数決で居座ることを防いでいます。

（2）監督是正権

　たとえ少数派の株主であっても、株主として取締役の経営を監督する立場から監督是正権が認められています。少数株主だからといって軽視することはできないことに注意が必要です。事業再生に関連する権利としては次のように「単独株主権」と「少数株主権」が認められています。

　単独株主権として、たとえば次のような権利があります。これらの権利は、たとえ一株の株主でも認められる権利です。

ⅰ．違法行為差止請求権（360条）
　株主は、取締役が法令・定款に違反する行為をし、またはそのおそれがある場合で、かつ、会社に著しい損害（監査役設置会社では「回復することができない損害」が必要になります。監査役にやらせば良いからです）が生じるおそれがあるときは取締役の違法行為の差止めを請求できるとされています。

ⅱ．募集株式発行差止請求権（210条）
　取締役が違法な募集株式の発行等または新株予約権の発行を行おうとしている場合は、それによって不利益を受けるおそれのある株主は発行差止を請求できます。これは、会社に損害がなくても株主の利益が害される場合があることから、株主の利益を保護するため360条とは別に認められた対抗手段とされています。

ⅲ．代表訴訟提起権（847条）
　取締役・監査役等の会社の役員等が会社に損害を生じさせた場合に、その責任を追及する訴訟を会社に代わって株主が行うことが認

められています。本来であれば会社自身が責任を追及すべきところ、実際に訴訟を担当する役員等が、取締役等と馴れ合いの関係になり、訴訟を躊躇するおそれがあるので認められた権利です。

少数株主権として、たとえば次のような権利があります。これらの権利は、濫用を防ぐため、一定数の株式を保有する株主に認められています。

ⅳ．株主総会招集請求権（297条）
　取締役会設置会社においては取締役会、非取締役会設置会社においては取締役が株主総会の招集を決定するのですが、取締役等が株主総会を招集しようとしない場合に、例外として、一定の株主も裁判所の許可を得て自ら株主総会を招集することができます。

ⅴ．株主提案権（847条）
　株主が経営に参加する権利である共益権の一つで、6ヶ月前から継続して総株主の議決権の100分の1以上、または300個以上の議決権を有している株主に認められています。株主総会が開催される日の8週間以上前に、取締役に対し書面で一定の事項を株主総会の議案とするよう請求することができます。

(3) その他
　取締役に任務懈怠について悪意または重過失があれば、取締役に対して直接損害賠償請求もできますし（429条）、取締役の解任（339条）、取締役解任の訴えも認められています（854条）。さらには、これらの対抗手段行使の前提となる情報を集めるために、各種書類閲覧謄写請求権、会計帳簿閲覧謄写請求権、検査役選任請求権、子会社に関する書類の閲覧謄写請求権等が認められています。
　このように、株主の権利は保障されていますので、株主の中に抵抗勢力がいないかどうかを見極めることが大切です。抵抗勢力が存在する場合には、法的権利行使を封じるための対策も必要になりますので注意しなければなりません。

２．取締役との関係

　取締役の権限は強大ですので、権限が不正に行使される場合は会社が損害を被るおそれがあります。監査役等の制度により牽制することになりますが、取締役との馴れ合いにより適正な監督・監査を怠るおそれもあり十分ではありません。そこで会社法は会社の実質的所有者である株主に、取締役の不正行為に対する対抗手段を与えています。

　株主総会は会社の最高意思決定機関であり、本来全ての事項を決定できるはずですが、会社の合理的経営を確保でき、株主の利益になるならば取締役に権限が与えられています。たとえば、代表取締役の選定は取締役会の権限とされています（362条2項）。代表取締役の選定の他、多額の借財の決定も取締役会の権限とされています（362条4項）。

　一方、会社の合理的経営確保のため設置された取締役会の存在を否定しない範囲で、株主自身が望む場合は業務執行の決定権限を株主総会に委譲することも許されます。株式会社の本質または強行法規に反せず、会社の基本的重要事項に関するものであれば、定款による株主総会への権限委譲は認められることになり、株主総会への権限移譲が認められるならば、取締役会を開くことなく株主が株主総会で決めることができるということになります。

３．議事録の必要性

　株主が一人の会社では、単独株主の同意があれば株主全員の同意があったことになるので招集通知を省略できることになります。招集手続を省略することについて事前に株主全員の同意が無かった場合でも、株主全員が株主総会に出席し、総会の開催に同意すれば有効な株主総会決議の成立を認めることができます（全員出席総会）。したがって、株主が一人の会社では、単独株主が株主総会に出席して総会の開催に同意すれば全員出席総会として有効な株主総会決議が成立することになります。

要するに、一人で何でもできるわけです。

ところで、株主総会の議事については議事録を作成しなければなりません（318条）が、株主が一人の会社においても、議事録の作成が必要かどうかが問題になります。この点、議事録の閲覧・謄写の請求をなし得るのは、株主だけではなく債権者も含まれますので(318条)、債権者の利益保護のためにも議事録の作成は必要となります。よって、株主が一人の会社といえども議事録の作成を省略することはできません。

「株主は自分だけだから自分の好きなようにできるのであって、議事録などは作らなくて良いのだ」とはならないというわけです。とりわけ、特別決議が求められるような重要な意思決定については、議事録を作成しておくことが求められます

4．事業再生との関連

中小零細企業の多くは株式が公開されているわけでなく、株式の譲渡にあたっては取締役会の承諾を要するとの譲渡制限がついていることが多くみられます。いわば株主は閉鎖的な世界での限られた人間関係にあるのです。

このような中で、50％の賛同を得られなければ何も決められないことになってしまいます。関係が良好の時点で50％ずつを持ち合うという方法では、仲違いをした時点で八方塞がりとなってしまいます。よって最初から（関係が良好の時点から）50:50ではなく51:49、できれば67:33（3分の2以上）にしておくことが望まれます。

少数株主の問題も無視できません。少数株主であれ、株主の監督是正権を有するからです。このような「邪魔な株主」をキャッシュアウトする（金を渡して追い出すこと）方法として、種類株式を利用する方法があります。3分の2以上の株式を有する多数派であれば、少数派を追い出すことができます。マイナーな論点、かつ敵対的な方法であり、本書の趣旨にふさわしくありませんので必要に応じ専門書を参照してください。

▶ **チェックポイント**
たとえ1株でも株主は株主です。違法行為差止請求権や株主代表訴訟等の単独株主権も認められていますので1株の株主を軽視することはできません。

【2】株主総会

要 旨

株主総会決議は株主や会社債権者等多数の者の利害に影響を及ぼすので、株主総会に瑕疵がある場合の無効処理を民法の一般原則に委ねるのは妥当ではないといえます。そこで、瑕疵の内容や程度に応じて、「決議取消しの訴え（831条1項）」、「決議無効確認の訴え（830条2項）」、「決議不存在確認の訴え（830条1項）」の三つの制度が設けられています。ここでは特別決議が求められる事項を明らかにした後、三つの制度について整理します。

1．特別決議

株主総会において特別決議が必要な事項は309条に列記されています。個々の条文について、筆者が引用条文の内容を加筆しました。

特別決議（309条2項）
- （1号）譲渡制限株式の買取請求に応じて、当該会社が買い取る場合（140条2項）、指定買取人を指定する場合（同条5項）
- （2号）特定の株主との合意により自己株式を有償取得する場合の特定の株主を定める場合（156条1項、160条1項）
- （3号）全部取得条項付種類株式の取得の決定（171条1項）
- （3号）譲渡制限株式の相続人等に対する売渡請求（175条1項）
- （4号）株式の併合（180条2項）
- （5号）公開会社が募集株式の発行等を有利発行で行う場合の募集事項の決定（199条2項）
- （5号）公開会社が募集株式の発行等を有利発行で行うことを内容とする募集事項の決定を取締役会に委任する決定（200条1項）
- （5号）非公開会社の募集株式の発行等における募集事項の決定

(199 条 2 項)
- (5 号) 非公開会社の募集株式の発行等における募集事項の決定を取締役(取締役会設置会社は取締役会)に委任する決定(200 条 1 項)
- (5 号) 非公開会社の募集株式の発行等で株主割当てを行う際に、定款に別段の定めがない場合の募集事項等の決定(202 条 3 項 4 号)
- (5 号) 募集株式が譲渡制限株式である場合の割当てを受ける者・割り当てる募集株式の数の決定（204 条 2 項および 205 条 2 項）
- (6 号) 公開会社が新株予約権の発行を有利発行で行う場合の募集事項の決定（238 条 2 項）
- (6 号) 公開会社が新株予約権の発行を有利発行で行うことを内容とする募集事項の決定を取締役会に委任する決定（239 条 1 項）
- (6 号) 非公開会社の新株予約権の発行における募集事項の決定（238 条 2 項）
- (6 号) 非公開会社の新株予約権の発行における募集事項の決定を取締役(取締役会設置会社は取締役会)に委任する決定(239 条 1 項)
- (6 号) 非公開会社の新株予約権の発行で株主割当てを行う際に、定款に別段の定めがない場合の募集事項等の決定(241 条 3 項 4 号)
- (6 号) 募集新株予約権の目的である株式の全部または一部が譲渡制限株式である場合、募集新株予約権が譲渡制限新株予約権である場合の割当てを受ける者・割り当てる募集新株予約権の数の決定（243 条 2 項および 244 条 3 項）
- (7 号) 監査役の解任（339 条 1 項）
- (7 号) 累積投票により選任された取締役の解任（339 条 1 項）
- (8 号) 役員等の会社に対する責任の一部免除（425 条 1 項）
- (9 号) 資本金の額の減少（「定時総会で減資の決議事項を決議する場合で、かつ、減資後も剰余金が生じない場合（減少する資本金の額全額を欠損填補にあてる場合）」を除く）（447 条 1 項）
- (10 号) 株主に対して金銭分配請求権を与えずに行う現物配当(454 条 4 項)
- (11 号) 定款変更（466 条）
- (11 号) 事業譲渡等・事後設立（467 条 1 項）
- (11 号) 解散（471 条 3 項）

- （11号）会社の継続（473条）
- （12号）合併、会社分割（783条1項、795条1項、804条1項－309条3項2号3号の場合は特殊決議（1））
- （12号）株式交換（783条1項、795条1項－309条3項2号の場合は特殊決議（1））
- （12号）株式移転（804条1項、309条3項3号の場合は特殊決議(1)）

2．決議取消しの訴え（831条1項）

　決議取消しの訴えは、次の三つの場合があります。
- 株主総会の招集手続または決議方法が法令・定款に違反し、または著しく不公正な場合（831条1項1号）
- 株主総会の決議内容が定款に違反する場合（同条項2号）
- 特別利害関係株主の議決権行使により著しく不当な決議がされた場合（同条項3号）

　このような場合には、株主等の一定の者が決議の日から3ヶ月以内に、この訴えを提起することにより、当該決議を取消すことができるとされています。

　これらは軽微な瑕疵であることが多いので、無効とはせずに取消すことができるものとし、瑕疵の主張の可及的制度の要請から提訴権者と提訴期間を制限されています。さらに法律関係の画一的確定の要請から認容判決には対世効を認め（838条）、認容判決の確定によって初めて遡及的に無効になるとして、法的安定性が図られています。

　さらに、決議取消事由がある場合でも、招集手続または決議方法の法令・定款違反である場合に、違反事実が重大でなく、決議に影響を及ぼさないと認められる場合は、決議取消しの訴えを棄却することができるとされています（831条2項）。違反は軽微な瑕疵であることが多く、再度決議をやり直しても同じ結果となることが予想されるからです。

　反対に、決議の内容が法令に違反している場合や株主総会が開催

されていないのに議事録だけが作成されている場合など、瑕疵の程度が大きい場合は、民法の一般原則にしたがって、誰でも、いつでも、どんな方法によってもこれを主張できます。利害関係人の保護を重視する必要があるからです。

（１）招集手続が法令・定款違反の例（１号）
・一部の株主に対する招集通知漏れ
・招集通知または総会参考書類の記載不備
・招集通知期間の不足
・定時総会における計算書類の不備
・代表取締役が有効な取締役会決議に基づかないで総会を招集して決議がされた場合（取締役会設置会社の場合）
・株主が法定の行使期限までに会社に対し適法に議案を提案したにもかかわらず、会社がその要領を招集通知に記載・記録しないまま総会決議がされた場合

（２）決議方法が法令・定款違反の例（１号）
・定足数不足での決議
・賛否の認定の誤り
・株主以外の者を参加させての決議
・取締役等の不当な説明拒絶（説明義務違反）
・招集通知に記載されていない議題について決議がされた場合（取締役会設置会社の場合）
・監査役、会計監査人の監査を経ない計算書類の承認決議

（３）招集手続・決議方法が著しく不公正の例（１号）
・総会当日に会場を変更し株主の出席を困難にして決議がされた場合など、出席困難な時刻、場所への招集
・不公正な議事運営により決議がされた場合
・暴行、脅迫を用いて決議を成立させた場合

(4) 決議内容が定款に違反の例 (2号)
・定款所定の員数を超える取締役の選任

(5) 特別利害関係株主による著しく不当な決議の例 (3号)
・合併の相手方が同時に大株主であり、合併承認総会で議決権を行使し著しく不利な合併条件を定める合併契約の承認決議を成立させたような場合
・責任を追及されている取締役が議決権を行使し、責任の一部免除決議を成立させた場合 (425条1項参照)。

3. 決議無効確認の訴え (830条2項)
・違法な内容の計算書類の承認決議がされた場合
・株主総会決議事項に属さない事項に関して決議がされた場合
・株主平等原則 (109条1項) に違反する決議がされた場合
・株主有限責任原則 (104条) に違反する決議がされた場合
・欠格事由のある者を取締役や監査役に選任する決議がされた場合

4. 決議不存在確認の訴え (830条1項)
・一部の株主が勝手に会合して決議した場合
・議事録等に決議の外観はあっても総会開催の事実または決議の事実がない場合
・大部分の株主への招集通知漏れ
・非招集権者によって違法に総会が招集されて決議がされた場合 (取締役会設置会社で平取締役が取締役会の決議に基づかないで総会を招集して決議をした場合など)

5. 問題となる例

(1) 招集通知の漏れ
　株主総会を開催するには、株主に出席の機会と準備の余裕を与え

るため招集通知の発出が必要ですが、招集通知を欠いても、株主全員が開催に同意して出席すれば適法な総会となるとされています。株主への招集通知もれが取消原因か不存在原因かは、株主数と持株数の両面から判断すべきとされていますが、その瑕疵の主張を提訴期間等の面において制限することが相当でないほど瑕疵が著しい場合は不存在原因となります。

　一部の株主への招集通知を欠いて開催された株主総会決議は、招集手続に瑕疵あるものとして、株主総会決議取消しの訴え（831条）になりますし、一部ではなく大部分の株主に対して通知を欠いた場合には不存在確認の訴え（830条1項）の対象となりますので、反対株主を軽視するわけにはいきません。

（2）取締役会決議を経ない代表取締役による招集

　取締役会決議を経ないまま代表取締役が勝手に株主総会を招集した場合、取締役会決議を欠く代表取締役の行為の効力はどうなるのでしょうか。無効とすることで守られる会社の利益と、有効と信頼した第三者の取引の安全を比較して決することになります。

　株主総会の招集行為は会社の内部的行為に過ぎず、会社の利益だけを考慮すれば良いので無効と解することになります。株主総会の招集が無効であるということは、代表取締役が招集した株主総会における当該決議は、有効な取締役会決議を経ていない点で「招集手続に法令違反がある」ことになります。したがって、当該決議は株主総会決議取消しの訴え（831条）の対象となります。

（3）取締役会決議を経ない平取締役による招集

　もしも代表取締役ではなく平取締役が株主総会を招集したのであれば、有効な取締役会決議を経ていない点に、本来の招集権者による招集でないという瑕疵が加わることになります。瑕疵が著しい場合であり、決議不存在と法律上評価される場合と考えられますので、当該決議は株主総会決議不存在確認の訴え（830条1項）の対象となります。

(4) その他の瑕疵

　反対派株主の決議を阻害するために様々な策を講じようとしても、そのような決議は有効なものとして取り扱うことはできません。

　たとえば、「今から開催します」というように招集通知期間を省略したり、一部の株主のみが集まっただけで定足数を不足したまま決議したり、取締役が十分な説明をしないまま決議したり、辺鄙な場所で総会を開催したり、不公正な議事運営をしたりといった場合には831条の決議取消しの訴えの対象になります。

　その他にも、株主総会の決議事項以外の決議や、株主を不平等に扱うような決議は830条2項の決議無効確認の訴えの対象になります。さらには、一部の株主が勝手に会合して決議をしたところで830条1項の決議不存在確認の訴えにより決議そのものが否定されることになります。

6．事業再生との関連

　株主に抵抗勢力が存在すると、株主総会決議ができないことになります。決議ができないと事業再生を進めることができなくなってしまいます。そこで、どうにかして株主総会を乗り切ろうと画策することがあります。しかし、間違った対応をすると株主総会決議の瑕疵が問題になってしまいます。

　「株主総会を開催しない」のは問題外ですが、他にも、「突然に招集する」「遠方で開催する」「肝心な内容を議題に入れない」「十分な説明をしない」「質問を遮る」等々の対応は将来に禍根を残してしまいます。

　もっとも、このような決議の瑕疵の問題は抵抗勢力があればこそ生じる問題です。抵抗勢力さえいなければ、多くの場合に問題にならないのです。ただし、第二会社への融資が行われる場合には、融資の条件として株主総会議事録の提出が求められることもあります。抵抗勢力がいる場合には融資すら受けられないこともあり得ますので注意が必要です。

（1）特別決議の可能性

　Ｍ＆Ａにおいて会社の株式を取得する目的としては、「会社の支配権を取得し事業を継続する」「会社の資産を利用する、売却する」等が考えられます。

　会社の株式を100％取得できれば良いのですが、仮に3分の2未満しか取得できない場合、将来において自由に株主総会の特別決議ができないという危険が残ることになります。

　特別決議ができないと、その後の合併や、事業譲渡等ができません（309条）。すなわち、抵抗勢力が存在するままでは、会社の支配を意のままにできないということになります。

　株主が抵抗勢力であるのかどうかは判然としない場合もありますし、気が変わるということもあり得ます。3分の2以上の賛成が得られるのかがわからないままでは、怖くて手が出せないということになってしまいます。

　できるならば3分の2以上の株式を取得しておくべきですが、それが困難であるならば、株式を取得する前に株主総会を開催し、買主の目的を達成するべく決議をしておくことで抵抗勢力を抑え込む（あるいは後日の変心を防ぐ）というわけです。

　「株式譲渡だから株主が合意すれば良いのであり、譲渡制限株式でないならば株主総会決議は必要ない」というのは短絡的な発想であり、とりわけ抵抗勢力がいる場合には、それに対応する手段として株主総会決議を経ておくことが有効な対策になるのです。

※後日、再度の議決で変更することが可能ですので、絶対的な対策ではありません。しかし、何もしないと830条1項の株主総会決議不存在確認の訴えを提起されてしまいますので、とりあえず決議をしておくことも無意味ではありません。

（2）子会社を譲渡する場合

　Ｍ＆Ａにおいて株主が個人とは限りません。親会社たる法人が子会社株式を譲渡する場合も考えられます。この点に関し、子会社株式を譲渡する場合の例外規定が平成26年に新設されていますので

注意が必要です（467条1項2号の2）。

　本来、子会社の株式の譲渡は業務執行として取締役会決議事項であり（362条2項1号）、株主総会決議は求められていません。しかし、議決権の過半数を有しなくなる場合には、事業の重要な一部の譲渡がなされたのと実質的に異ならないといえます。そこで、譲渡する子会社株式の帳簿価額が親会社の総資産額の5分の1を超え、かつ親会社が子会社の議決権総数の過半数を有しなくなるとき売主たる親会社において株主総会の特別決議が必要になりました。反対株主の株式買取請求も認められています（309条2項11号、469条1項）。売主たる親会社において株主総会の特別決議をしないと、事業譲渡の場合と同じく株式譲渡が無効となりますので注意が必要です。平成26年の会社法改正については、第Ⅳ章【7】を参照してください。

※このような法の改正点は、論理的に説明する問題ではなく、「改正を知っているか知らないか」という知識量の問題になります。知識のない人に相談しても、正しい回答は得られません。467条1項2号の2の改正を知らず、「株式譲渡は株主の権利です。譲渡制限株式の場合は別ですが、そうでなければ個々の株主が譲渡したいのであれば株主総会は不要です」といった回答をするようでは知識不足と判定すべきかもしれません。

> ▶ チェックポイント
> 抵抗勢力が存在する場合、あの手この手で争いを仕掛けられます。株主総会決議の欠缺（ケンケツ）などは格好の材料になりますので注意が必要です。

【3】取締役

要 旨

株式会社は会社の所有と経営が分離されており、会社の経営は取締役によって行われます。取締役は会社に対する絶大な権利を有していますので、様々な責任が問われることになります。ここでは取締役の責任について明らかにします。

1．取締役の立場と責任

（1）立場

　取締役は取締役会の構成員として、取締役会による業務執行の意思決定や取締役の職務執行の監督等に関与するものとされています。その権限は取締役会が設置されているか否かで異なります。

　取締役が2人以上いる取締役会非設置会社では、業務執行の決定は、定款に別段の定めがない限り取締役の過半数で行うものとされ、定款の定めにより特定の取締役に委任することもできますが、一定の重要事項は各取締役に決定を委任できないとされています（348条）。このような定款自治が認められているのは、取締役会非設置会社は常に非公開会社であり、株主が少数かつ変動せず、株主と取締役および取締役相互に緊密な関係があるからです。

　一方、取締役会設置会社では、業務執行の決定は原則として取締役会の決議によるものとされ、一定事項の決定は代表取締役に委任できますが、重要な業務執行の決定は取締役会の専決事項とされています（362条）。取締役会の決議が求められるのは、重要な業務執行の決定が会社・株主の利益に重大な影響を与えるので、合議体で慎重に判断させ取締役会の形骸化を防止するためです。

（２）責任

　取締役の責任として 423 条の会社内部の責任と、429 条の会社外部に対する責任の違いを明確にしておくことが必要です。

　取締役は会社に対して善管注意義務（330 条）および忠実義務（355 条）を負い、この義務に違反して会社に損害を与えた場合は、民法上の債務不履行責任を負うとされています（民法 415 条）。しかし、会社法は、取締役の責任を強化し、会社の利益を保護するために、特別な取締役の会社に対する責任の制度を設けているのです。すなわち、会社内部における責任です。

　本来、取締役と第三者は直接の法律関係には立ちません。取締役は株式会社の機関であり、内部の人間であるからです。しかし、株式会社の社会的重要性と、会社における役員等の重要性に鑑み、第三者を保護する観点から特別に法定されたのが 429 条の損害賠償責任です。すなわち、会社外部の第三者に対する責任です。

２．会社に対する責任

　取締役会非設置会社では、取締役が業務を執行し会社を代表します（348 条 1 項）。取締役会設置会社では取締役会の構成員として業務執行の決定に参加し、業務執行取締役として会社の業務を執行することになります（362 条）。このように取締役の権限は強力なものであるため、会社との利益が衝突する場合に会社の利益を害するのを防止する必要が生じます。

ⅰ．取締役は、任務懈怠があった場合は会社に対して、これによって生じた損害を賠償する責任を負う（423 条 1 項）。
ⅱ．会社が株主の権利行使に関して株主等に財産上の利益を供与した場合は、当該利益供与に関与した取締役は、会社に対して、供与した利益額の相当額を支払う義務を負う（120 条 4 項）。
ⅲ．会社が分配可能額を超えて剰余金の配当等を行った場合は、当該行為に関する職務を行った取締役は、会社に対して、当該行為により交付された金銭等の帳簿価額に相当する金銭を支払う義務を負

う（462条1項）。

ⅳ．会社が116条1項の規定により反対株主の株式買取請求権に応じて株式を取得した場合に、株主に支払った金銭の額が支払日における分配可能額を超えるときは、当該株式の取得に関する職務を行った取締役は、その超過額を払う義務を負う（464条1項）。

ⅴ．会社が剰余金の配当等を行った場合に、当該行為日の属する事業年度末に係る計算書類において欠損が生じた場合は、当該行為に関する職務を行った取締役は、会社に対して、当該欠損額と配当額のいずれか少ない額を支払う義務を負う（465条1項）。

　この他にも、監査役や株主の権限により取締役の行為を制限する規定も置かれています。取締役の権限は広いので一定の制限を加えているわけです。

　たとえば「競業取引」の制限として、取締役が知りえた会社の事業上の機密等を利用して会社の利益を害するのを防止するため、取締役が自己または第三者のために競業取引を行う場合は、株主総会（取締役会設置会社では取締役会）の事前の承認と取締役会への事後報告が要求されています。また、「利益相反取引」の制限として、取締役がその地位を利用しまたは他の取締役と結託して会社の利益を害するのを防止するため、取締役が利益相反取引を行う場合も、競業取引の場合と同様に規制されています。

　このように、取締役の強大な権限を制限ないしは抑制することで、会社の利益を保護しています。取締役だからといって好き勝手なことはできないというわけです。

３．第三者に対する責任

　第三者を保護する観点から特別に法定された責任が429条の損害賠償責任です。この損害賠償責任が成立するには、「役員等であること」「悪意・重過失であること」「第三者に対すること」「損害が生じること」といった要件が求められます。たとえば、「取締役会の決議が必要なのに独断で行った役員の行為は法令違反であり、悪

意・重過失による任務懈怠行為となり、債権者に損害が生じているなら要件を満たす」ということになります。

　さらに、他の取締役が行った行為に関与していない役員であっても、取締役は取締役会の構成員である以上、他の役員を監視する義務を負うとされ、その監視義務は非上程事項にも及ぶものとされています。なぜなら、不当な業務を発見したら自ら取締役会招集請求権・招集権を行使して取締役会の監視機能を働かすべきだからです。行為に関与していない役員であっても、代表取締役の独断専行を見逃したのであれば、それは監視義務違反であり、会社に対する悪意・重過失による任務懈怠が認められるので第三者に対する損害賠償責任を負うことになります。頼まれて取締役になった場合などであっても、「名前を貸しただけで、会社の実情を知らなかった」では済みませんので注意が必要です。会社法が制定される前は取締役が3名以上必要でしたが、当時、人が足りないために頼まれて名前を貸したまま放置しているようなケースでは注意が必要です。

4．取締役の責任の軽減

　取締役の責任を、取締役会等で免除できるとすると安易に取締役の責任が免除されるおそれがあります。そこで、取締役の責任の免除には取締役会ではなく、総株主の同意が要求されます（424条）。

　取締役の責任は厳格であるため、任務懈怠責任において取締役に高額の賠償責任を負わせたのでは経営を萎縮させてしまいかねません。そこで、任務懈怠責任については、三つの責任の一部軽減制度が設けられています。

（1）株主総会での軽減

　株主総会において一定の事項を開示し、株主総会の特別決議を得ることで軽減が認められています（会社法425条）。取締役の職務遂行について善意かつ無重過失であった場合は、倍償責任を負う額から最低責任限度額を控除した額を限度として軽減できるとされています。任務違反であることを認識していたときや、重大な不注意

で認識できなかったとき（善意だが重過失ある場合）のときは免責されません。

（２）取締役会決議等による軽減

　取締役会決議又は取締役の過半数の同意によって、取締役の責任の軽減が認められています（426条）。ただし、定款においてその旨を定めておく必要があります。また、当該責任の一部免除の議案を取締役会に提出するにあたっては、各監査役又は各監査委員の同意が必要とされています。

（３）責任限定契約による軽減

　会社と一部の役員との間で、事前に責任限定契約を締結することで責任の一部免除を得ることができます（会社法427条）。責任限定契約を締結することができるのは、取締役（業務執行取締役等を除く）・監査役・会計監査人です。平成26年改正前は社外取締役・社外監査役・会計監査人でしたので、改正により対象が拡大されたことになります。ただし、定款においてその旨を定めておく必要があります。なお、会社法の平成26年改正については第Ⅳ章【7】を参照してください。

　このような手続を経ることで取締役の会社に対する責任（423条）を免除することはできますが、第三者に対する損害賠償責任（429条）に関しては423条の任務懈怠責任のような免除の制度はありません。第三者に対する損害賠償責任を低減するためには、必要に応じて損害保険（たとえば役員賠償責任保険や施設管理者賠償責任保険等）でリスクを転嫁しておくことが必要となります。

　このように、423条の責任と429条の責任を混同しないように注意が必要です。取締役の責任は重いのです。第二会社方式による事業再生において取締役に就任する場合には、責任の重さを自覚してから引き受けることが必要です。第二会社の取締役を引き受けるにしても、それは信頼関係があるからこそ成せる業であって、信頼関係がない場合には、将来に禍根を残すことになるので取締役への就任は控えるべきです。

5．事業再生との関連

　会社における取締役の権限は強大なために、その責任も重大です。

　事業再生において、「全ての資産を処分したから、これ以上は返済できない」「個人保証をしていないから責任は問われない」といった考え方は正しくありません。債権者としては「会社から回収できないなら、取締役の責任を追及して、取締役から回収しよう」ということになるからです。たとえ会社の資産を処分して弁済しようと、取締役は連帯保証をしていないのであっても、取締役の損害賠償責任を追及される余地は残るので注意が必要です。

　なお、第二会社方式において形式上の取締役に就任する場合も取締役の責任の範囲を限定したり、損害賠償責任保険で責任を転嫁しておくなどの対策が求められます。無策のまま取締役に就任することは危険です。第二会社の取締役については第Ⅳ章【4】を参照してください。

> ▶ チェックポイント
> 取締役の責任は会社に対する責任と第三者に対する責任に大別されます。とりわけ第三者に対する責任に、免除免責の規定はありませんので慎重な対応が求められます。

【4】第二会社の取締役

要旨

第二会社で事業再生を目指す場合、正常な形ではなく、ゴタゴタ劇が繰り返されることも少なくありません。抵抗勢力がいるような場合はなおさらです。教科書に書かれているような、正常時を想定した法律論では太刀打ちできないことになります。ここでは正式な取締役ではない場合の他、取締役の競業避止義務の内容と、社外取締役の制度について整理しておきます。いずれも第二会社方式による事業再生で問題になるテーマです。

1．正式な取締役でない場合

（1）正式に選任されていない場合

取締役が正式に選任されていないのに登記簿上は取締役になっている場合、会社は責任を負うのでしょうか。また、取締役個人は429条の責任を負うのでしょうか。

ⅰ．会社の責任

908条2項に「故意又は過失によって不実の事項を登記した者は、その事項が不実であることをもって善意の第三者に対抗することができない」という規定があります。この規定は登記申請者の責任を定めた規定であり、登記申請者ではなく不実登記に加担した取締役に直接適用できないともいえます。

しかし、908条2項の趣旨は取引の安全を図ることにあるのであって、登記申請者でなくとも不実登記の出現に帰責性あるものに類推適用すべきといえます。たとえば明示・黙示の承諾を与えた場合は908条2項を類推適用し、取締役でないことを善意の第三者に対抗することはできないと解されています。したがって会社は責任を負

うことになります。

ⅱ．個人の責任
　429条の責任は取締役であることが前提です。選任されていない以上、役員ではないのであり429条の責任は負わないのではないかという点が問題になります。しかし、明示・黙示の承諾を与えた場合は908条2項の類推適用により取締役でないことを善意の第三者に対抗することはできないことになります。この場合、取締役であることを前提とした429条の責任を問われることになり、選任されていないとはいえ、個人としての責任を負うことになります。「正式に頼まれていない」「正規の手続を踏んでいない」という言い訳は通用しないので注意が必要です。

（２）名目取締役の場合
　取締役の権限は広範かつ強力なものなので、取締役の業務執行に対する監査・監督制度が厳格に規定されています。
　会社法が制定された平成17年以前は、取締役が3人以上必要でした。その当時、知人に頼まれて取締役を引き受けたという例も少なくありません。従来の会社に名前だけ取締役で残ってしまっているのです。
　このように、経営に関与していない名目取締役であっても、取締役は取締役会の構成員である以上、他の役員を監視する義務を負うとされています。監視義務は非上程事項にも及び、不当な業務を発見したら自ら取締役会招集請求権・招集権を行使して取締役会の監視機能を働かすべきであるとされています。すなわち、経営に関与していない役員であっても、代取の独断専行を見逃したのであれば、それは監視義務違反であり、会社に対する悪意・重過失による任務懈怠が認められるので責任追及がなされるのです。
　名前を貸しただけの名目取締役であっても責任は免責されません。このような危険を勘案し、必要に応じて取締役の辞任を視野に入れた見直しを行うべきでしょう。

（３）退任したのに代表取締役を名乗っている場合

　代表取締役が退任した後、従業員になり登記もしたのに代表取締役を名乗っている場合は、退任しているので取締役ではなく会社に効果は帰属しないのではないかとも考えられます。ここで、354条を類推適用し表見代表取締役の規定を適用できないかが問題になります。

　そもそも、354条は外観法理により取引安全を図る趣旨です。同条を適用するには「外観の存在」「帰責性」「外観への信頼」が必要になります。この354条は取締役であることが要件なので、退任して取締役でなくなった以上、直接適用はできません。

　この点、取引相手を保護する必要性は取締役の地位にあったか否かで変わらず、使用人が代表権を有するような名称を使用していた場合にも趣旨が妥当します。よって354条を類推適用することができると解されており、会社は責任を負うこととされています。

（４）退任したのに退任登記が未済の場合

　取締役が退任したのに退任登記がなされておらず、登記簿上は従来のまま取締役になっている場合、会社は責任を負うのでしょうか。また取締役個人は429条の責任を負うのでしょうか。

　まず会社の責任ですが、退任登記がない以上、908条1項により『登記の後でなければ、これをもって善意の第三者に対抗することができない』とされており、善意の第三者には対抗できません。よって、相手が善意なら会社は責任を負うことになります。この点は条文をあてはめて解釈するだけですので問題にはなりません。

　次に退任した取締役の個人責任ですが、429条の責任は取締役であることが前提です。退任した以上、もはや役員ではないので429条の責任は負わないのではないかという点が問題になります。この点、取引の安全を図るため、たとえば明示の承諾を与えた場合は908条2項を類推適用し、取締役でないことを善意の第三者に対抗することはできないと解されています。もっとも、退任登記は会社が行うものであり、退任した取締役にはできませんので、黙示の許諾では足らず明示の許諾が求められています。

取締役でないことを善意の第三者に対抗することはできない結果、取締役であることを前提とした429条の責任を問われることになり、退任したとはいえ、個人としての責任を負うことになります。会社も個人も責任を問われる可能性がありますので、退任に伴う登記はしっかりと済ませておくことが必要です。

2．競業避止義務

　取締役は会社の業務執行の意思決定をなす取締役会の一員として事業の機密に通じているので、得意先や取引機会を奪うなど、会社の利益を犠牲にして自己または第三者の利益を図る危険があります。このような危険を回避するため会社法は取締役に競業避止義務を課しています。

　会社法356条1項は、「取締役は、次に掲げる場合には株主総会において、当該取引につき重要な事実を開示し、その承認を受けなければならない」と規定しており、取締役が会社と競業するような取引を行う場合を挙げています。

　ここで、株式会社の事業に属する取引とは、『会社が実際に行う事業と市場において競合し、会社と取締役との間に利益衝突を生じるおそれのある取引』といわれています。

　競業取引であるなら取締役会の承認が必要になるところ、これが為されず会社に損害が生じているならば、会社は取締役に対し法令違反に基づく損害賠償を請求できることになります。この損害額は取締役が得た利益の額と推定されています（423条）。さらに、株主は取締役を解任でき、取締役および監査役に対して監視義務違反により損害賠償を請求することもできます。

　取締役退任後は会社と取締役との間に委任契約関係はなくなりますので、原則として退任後の取締役は競業避止義務を負わないとされています。しかし、在任中から顧客を移転し、従業員の引き抜きをしているなどの先行する行為がある場合や、退任後に大量の従業員を引き抜く場合などの、特段の事情がある場合には、在任中の委任契約に伴う付随義務として負う競業避止義務に違反することがあ

るとされています。

　事業再生のどさくさに紛れて、一部の取締役が沈みかけている泥船から抜け出して第二会社を設立するような場合などは、これに該当するといえるでしょう。

3．社外取締役制度の活用

　平成26年の会社法改正前は、取締役の責任を限定するには社外取締役であることが必要でした。責任を限定するために、わざわざ社外取締役に留まることもありました。しかし、会社法の改正により社外取締役でなくとも責任限定契約を締結することができるようになったため、責任限定のために社外取締役にする必要はなくなっています。

　取締役は、多くが社内出身者であり、代表取締役等の意向によって株主総会で選任され、事実上代表取締役等の支配下に置かれてしまっており、法が期待した機能、特に代表取締役等に対する監督機能が十分に発揮されていない会社も多く見られます。このような問題に対処することが期待されるのが、代表取締役等と独立した立場にある社外取締役です。

　会社法は社外取締役を全ての会社に強制することはなく、特別取締役を定める場合と委員会を設置する場合に限り強制しています（373条、400条）。これ以外の場合、社外取締役を設置する義務はなく、社外取締役を設置するか否かについては、各会社の判断に委ねられています。

　事業再生においては、第二会社の透明性を強調する目的で、あえて社外取締役制度を採用することもあります。社外取締役による外部コントロールを強調することで、新たな金融機関や取引先の信任を得るというわけです。この点、例えば有資格者たる会計人が第二会社の取締役や社外取締役に就任することは、会社の信用補完の観点からも望ましい形だということができます。

▶ **チェックポイント**
通常の取締役以外にも名目取締役、表見取締役等の様々な類型の取締役が存在します。第二会社の取締役としては予期しない争いに巻き込まれないように慎重な対応が求められます。

【5】取締役会

要 旨

取締役会は必ず設置しなければならないものではありません。しかし、設置されている場合には、取締役会の招集方法や議決方法が問題になります。この点を曖昧にしていたのでは、取締役会を設置している意味がなくなってしまうからです。ここでは取締役会の決議を欠く場合はどのような扱いになるかを明らかにします。

１．取締役会設置会社と非設置会社

　取締役会が設置されている会社と設置されていない会社があります。取締役は必要な機関ですが、取締役会は必ずしも必要な機関ではありません。

（１）取締役会設置会社

　取締役会設置会社では、取締役は取締役会の構成員として業務執行の決定に参加し、委員会設置会社を除く取締役会設置会社では業務執行取締役として会社の業務を執行することになります（362条、363条）。その業務執行の決定は原則として取締役会が行います（362条2項）。

　取締役会が一定の事項の決定を代表取締役等に委任することは可能ですが制限されており、重要な財産の処分・譲受け等の業務執行の決定は取締役会の専決事項とされています（同条4項）。合議体で慎重に判断させるのが妥当だからです。

（２）取締役会非設置会社

　取締役会非設置会社では、取締役が業務を執行し、原則として会社を代表することになります（348条、349条）。その業務執行の

決定は原則として各取締役が行います（348条1項）。ただし、取締役が2人以上いる場合は、原則として取締役の過半数で決定します。

取締役は、支配人の選任・解任等の重要な事項の決定を一部の取締役に委任できません。これらの決定は慎重に判断させるのが妥当だからです。

2．取締役会の招集と議決

取締役会は、取締役全員で構成され、業務執行の意思決定と取締役や執行役の職務執行を監督する権限を有する機関です（362条、416条）。

（1）招集

取締役会の招集通知は1週間前までに発出すればよく、定款で短縮も可能です（368条）。通知は口頭でもよく議題を示す必要もありません。立ち話でも良いということになります。取締役は経営にあたる受任者であるため（330条）、取締役会への出席は義務であり、また、取締役は少数ですから株主総会ほど厳格な招集手続を要求しなくても出席の機会は確保できるからです。

（2）議決

取締役会では1人1議決権（369条1項）の頭数多数決となります。取締役会では、取締役は個人的信頼に基づいて選任された者である以上、対等に尊重される必要があるからです。そもそも取締役会制度が取締役の協議と意見の交換によって一定の結論を得ることを目的としているため、本人が出席することが求められています。株主総会のように代理人が出席することはあり得ないことになります。

3．取締役会の決議を欠く行為

取締役会の招集通知は、取締役全員の同意がある場合（368条2項）

を除いて、取締役全員に発する必要があります（同条1項）。この趣旨は、取締役全員に出席の機会を与えて議論を尽くさせるためです。

　一部の取締役に招集通知がなされず、当該取締役が欠席して取締役会決議がなされた場合のように、取締役会決議に瑕疵がある場合の効力については、株主総会決議に瑕疵がある場合（830条、831条）と違って特別の規定がありませんので、民法の一般原則により無効となります。

　しかし、招集通知を受けなかった取締役が出席しても決議の結果に影響を及ぼさない特段の事情がある場合（たとえば当該取締役が名目的取締役である等）には、831条2項の趣旨を類推して例外的に有効であるとされます。このような場合にまで無効とするのは、形式的であり法的安定性を害するからです。

　取引の安全を図る観点から取締役会決議は内部的意思決定手続に過ぎないと考えるべきであり、たとえ決議に不備があっても原則として取引は有効であり、会社が相手の悪意を立証したら信義則違反ないし権限濫用を理由に履行を拒絶できることになります。

　たとえば、敵対する取締役を排除する目的で招集しなかった場合は決議の結果に影響を及ぼさない特段の事情といえるかどうか、慎重に判断することが必要になります。このような場合、『決議の結果に影響を及ぼさない特段の事情』とは言い難い場合が多いと思います。したがって、無効という扱いを受けることになりますので注意が必要です。

4．取締役会から株主総会への権限移譲

　代表取締役の選定は取締役会の権限とされています（362条2項）が、定款で株主総会の権限を拡大する余地が認められています（295条2項）。そこで、代表取締役の選定を定款で株主総会の権限とできるかが問題となります。

　株主総会は会社の最高意思決定機関であり、本来全ての事項を決定できるはずですが、代表取締役の選定権限を取締役会に与えたの

は、会社の合理的経営を確保でき、株主の利益になるからです。これは代表取締役の選定権限を取締役会よりも下位機関に委譲できないことを意味するに過ぎず、上位機関である株主総会に委譲することまで禁止する趣旨ではありません。したがって、定款で株主総会に権限委譲することは認められると考えられています。

株主総会への権限移譲が認められるならば、取締役会を開くことなく株主が株主総会で決めることができることになります。

> ▶ **チェックポイント**
> 中小零細企業の場合、取締役会は必要的機関ではありません。取締役の人数も定めはありません。意思決定を簡単に行うため、取締役会を設置しないという選択肢もあるのです。

【6】商号続用責任と法人格否認

要 旨

第二会社を利用して事業再生を行う場合、従来の会社の商号をそのまま利用できるのかという点が問題になるケースが少なくありません。また、第二会社の設立にあたって、その実態が実質的にも形式的にも法人として要件を満たしているのかという点も問題になります。いわゆるペーパーカンパニーではないかという疑念です。ここでは商号続用責任と法人格否認の法理を取り上げ、それぞれの留意点を明らかにします。

　第二会社方式で事業再生を行う場合、従来の会社の商号を続用することで築き上げた信用を継承したいが、債務を引き継ぐ危険があるという「商号続用」の問題と、そもそも第二会社は実体のないペーパーカンパニーではないかという「法人格否認の法理」が問題になります。従来の会社と新しい第二会社という、二社が出現する第二会社方式だからこそ、特に慎重な配慮が求められます。

1．商号続用の責任

　仕入先や得意先、その取引条件、市場の発展性、技術力、生産設備能力、金融機関との関係等は営業権（暖簾）と呼ばれるものです。この営業権に価値が認められるから事業を再生すると言っても過言ではありません。

　会社から見れば、時間と労力の問題はもちろんのこと、リスクを冒して新規事業を開発したり、新しい技術開発に注力したりするよりも、高い技術力や営業ノウハウを持っている会社の営業権を獲得するほうが効率的であり魅力的だといえます。これが本来の事業譲渡の姿です。

（１）商号を続用する場合

　ところで、事業譲渡に際し譲渡会社の債権について債務引受けがないのであれば、譲受会社は弁済責任を負わないのが原則です。しかし、譲受会社が譲渡会社の商号を続用する場合には、債権者は事業主体の交替を知りえず、譲受会社たる現事業主を自己の債務者と考えたり、または事業譲渡の事実を知っていたとしても、債務の履行を譲受会社に請求できると誤認する場合も少なくありません。そこで、商号続用に対する信頼を保護するため、譲受会社も弁済責任を負わされています（22条）。

　ただし、商号続用の場合であっても、譲受会社が譲渡会社の債務の弁済責任を負わない旨を登記した場合や、譲渡会社・譲受会社から第三者に対してその旨の通知をした場合は債権者の誤認を導かないため、債権者は譲受会社には請求することはできず、譲渡会社にしか請求できません。

　このような弁済責任の免責を受けるための登記は「免責の登記」と呼ばれ、これは商業登記法の31条に（営業又は事業の譲渡の際の免責の登記）として規定されています。事業譲渡や会社分割といった場合には必要な手続ですので忘れないようにしなければなりません。登記手続は商業登記の一種ですので、一般的には司法書士に依頼することになります。ただし、不動産移転や会社設立というような、ありふれた登記ではありませんので苦手とする司法書士も存在するようですのでご注意ください。

　22条2項では「事業を譲り受けた後・・・通知を受けた第三者についても同様とする」（＝免責を主張できる）となっています。債権者が限定されている場合に登記ではなく通知を選ぶのも一策です。ただし、後日判明した債権者には免責主張ができなくなりますので慎重な対応が必要となります。

（２）商号を続用しない場合

　商号を続用しない場合は、原則として、譲受人は譲渡人の債務を負う責任はありません。商号の続用がない限りは誤認するような外観はないからです。

原則として債務を弁済する責任を負うことはないのですが、譲受会社が特に譲渡会社の債務を引き受ける旨を広告した場合は、禁反言の法理に基づき譲受会社は弁済責任を負うとされています（23条1項）。

ここでいう広告とは、「事業を譲り受けた旨」の広告を指すのですが、それだけにとどまらず、取引先への挨拶状も含まれます。たとえば、事業譲渡が行われた後、譲受人が譲渡人の取引先に出す挨拶状に、「このたび事業譲渡契約が成立しました。つきましては、譲渡人の債務を当社が引き受けたことをご報告申し上げます」と記載すると、譲渡人の債権者は譲受人に対して支払いを請求することができるというわけです。この「債務引き受け」という明確な文言はなくとも、「事業の譲り受け」などといった記載があれば、債務の引き受けを包含していると解釈され責任が発生するとされています。

もっとも、表現にまつわることなので、解釈の仕方は微妙です。実際、この問題を取り扱った裁判において、一審と二審とでは判断が分かれたこともあります。したがって、このような広告を出す際は、債務は引き受けていない旨の一文を明記するなど、細心の注意を払う必要があるのです。

（3）会社分割の場合の類推適用

会社分割の場合は事業譲渡ではありません。事業譲渡が取引法上の行為であるのに対し、会社分割は組織法上の行為であり、その性質は異なるのです。22条の商号続用者の責任は事業譲渡に関する条文ですので、この22条を会社分割の場合に直接適用することはできません。

しかし、法律行為による事業の移転という面で事業譲渡と会社分割は共通しており、また、特に商号が続用される場合においては、商号に対する信頼による誤認の可能性という点で同じです。事業譲渡に際しての債権者の誤認と同様に、会社分割に伴い事業が承継会社または新設会社に承継される場合も、商号が続用されているときは分割会社の残存債権者は、承継会社または新設会社に請

求できると誤認することもあり得ます。

そこで、事業譲渡の場合と同様に会社分割の場合であっても、債権者の誤認を救済する必要があり、同条項を類推適用して債権者異議手続の対象とならない分割会社の残存債権者を保護すべきと解されています。

2．法人格否認の法理

法人たる会社の形式的独立性を貫くと正義・衡平に反する場合に、問題となった具体的法律関係だけについて会社の法人格を否定し、会社と社員を同一視する法理を法人格否認の法理といいます。

そもそも法が法人格を認めるのは、その団体が社会的に有用だからです。社会的に有用でなく権利主体として認めるに値しない場合は、法人格を否認すべきであるというのが根本にある考え方です。そこで、民法1条3項の権利濫用の禁止を実定法上の根拠として、法人格否認の法理は認められています。

法人格否認のケースは濫用と形骸化の場合に大別されます。

（1）法人格の濫用

法人格の濫用の場合とは、会社の背後にいる者が違法または不正の目的を達成するために会社法人格を利用する場合で、たとえば、法律上または契約上負担する競業避止業務を回避するために第二会社に取引を行わせた場合などがこれにあたります。

適用要件は、「会社の背後にいる者が実質上会社を支配しうる地位にあること（支配の要件）」と「支配的地位を有する者が違法または不正の目的を有すること（目的の要件）」の二つが必要です。

（2）法人格の形骸化

法人格の形骸化の場合とは、会社事業と社員個人の事業とが実質上同一視される場合です。たとえば、会社が実質的には社員の個人経営である場合や子会社が親会社の事業の一部門に過ぎない場合に、会社の債権者から背後の社員や親会社に対する請求を認めるような

場合です。

　会社の背後にいる者が会社を支配していることという完全支配の要件が要求され、この要件の具体的な判断基準としては、会社と背後者相互の財産の混同、両者の業務活動の混同、両者の会計区分の欠如、会社法上の運営手続の不遵守等があげられます。

（３）効果

　法人格否認の法理が適用されると、当該事案の解決に関する限りで、会社が独立した権利義務の帰属主体であることが否認されます。

　ただし、法的安定性の観点から、同法理の適用は慎重になされるべきであるといわれています。「こういう場合には法理が適用される」という具体的な基準がないため、個々の裁判において個別的に判断されることになり、それでは法的に不安定ではないかという主張です。たとえば形骸化による法人格否認を厳格に適用するとなれば、多くの零細企業が法人格を否認されることになりかねません。それだけに慎重な適用が求められるというわけです。

　事業再生にあたって濫用的な第二会社方式を強行すると、法人格否認の法理に基づいて、せっかくの第二会社への事業等の移転が否定される可能性もありますので注意が必要です。

> ▶ **チェックポイント**
> 「名称が同じだから負債を引き継ぐべし」「会社の存在そのものを否定して権利関係を基に戻すべし」という論理は、抵抗勢力による攻撃に他なりません。グレーを黒にしようとする典型例ともいえるでしょう

【7】会社法の改正点（平成26年改正）

要旨

M＆Aの態様には合併、株式併合、事業譲渡など、様々な形がありますが、最もシンプルな形は株式譲渡です。譲渡側と譲受側の株主が合意すれば良いだけです。単純に譲渡人と譲受人が友好的な取引ができるのであれば無難な方法だといえるでしょう。それはそれで結構なことです。しかし常にスムーズな取引ができるとは限りません。「株式譲渡の場合は株主が合意すれば良いのであり、株主総会決議は問題にならない」と甘く考えるのは大変な誤りですので注意が必要です。ここでは会社法の平成26年改正のうち、第二会社を利用した事業再生に関連する点を整理します。

1．特別支配株主による株式等売渡請求

　特別支配株主（総株主の議決権の90％以上を有する場合）は総会決議ではなく、取締役会決議の承認を受ければ売渡請求ができることになりました（179条）。
　会社の安定経営の実現のためには反対株主を買い取る道を確保する意義があります。またその方法を容易にすることで株主管理コストを軽減することができます。そこで、90％以上を有するような圧倒的な支配力を有する株主すなわち特別支配株主に関しては、わざわざ株主総会を開催して少数株式をキャッシュアウトするまでもなく、取締役会決議で簡便に少数株式の売渡請求ができるようにしたものです。

※全部取得条項付種類株式を利用することで少数株主を追い出す方法（キャッシュアウト）があります。この場合、株主総会を開催し特別決議を行うなどの様々な手続が必要となりますので会社の負担

は少なくありません。

2．責任限定契約

あらかじめ定款で定めを置いた上で、会社と事前に責任限定契約を締結することで取締役の責任の一部免除を得ることができるようになりました（427条）。

責任限定契約を締結することができるのは、改正前は社外取締役・社外監査役・会計監査人に限定されていましたが、取締役（業務執行取締役等を除く）・監査役・会計監査人へと対象が拡大されました。

従来は責任軽減が限られた場合にしか認められていませんでしたので、責任の重さ故に適材を確保できないという問題がありました。そこで、責任限定ができる範囲を拡大することで人材の確保を容易にしたというわけです。

3．事業譲渡等の承認

子会社の株式譲渡は業務執行行為として取締役会決議が求められます。しかし、「子会社株式の帳簿価額が親会社総資産の五分の一を超えるとき」「子会社の議決権の過半数を有しないとき」については、事業の重要な一部の譲渡と実質的に異ならないので株主総会の特別決議が必要とされました。

現実には親会社は子会社を通して事業を行っている場合が多く、株式譲渡により子会社の議決権の過半数を失う場合には、事業の重要な一部の譲渡がなされた場合と実質的に変わりません。そこで親会社の保護が必要であると考え、株主総会の特別決議が必要になるとされました。

4．詐害的会社分割

（1）詐害的会社分割

事業再生において詐害的会社分割が問題になることがあります。

会社の事業が順調にいく採算部門と、そうではない非採算部門がある場合に、採算部門を切り離し、非採算部門だけを残す形で会社を分割する方法で事業再生が行われることがあります。この方法自体には問題はありません。適正に行われる限り適法です。
　問題となるのは、債権者を害する目的で（より多くの債務を従来の会社に残す）会社分割が行われる場合です。
　従来の会社（分割会社）は第二会社（承継会社）に事業や資産を分割するわけですが、この際に従来の会社は第二会社から移転した事業や資産の価値の対価を受け取ります。したがって、残った債権者は会社分割に異議を述べることができません（810条）。異議を述べられない債権者は、分割を承認しなかった債権者に該当しませんので（828条2項）、会社分割無効の訴えを提起することができないことになります。
　この点については、以前から、何らかの形で債権者の保護を図る必要があるのではないかとの指摘がなされていました。なぜならば、不当に低い金額で事業や資産を分割移転することが横行していたからです。具体的には、第二会社に移転する資産の評価を低くするというわけです。

※低い（高い）評価額になる要因については、それぞれの評価方法に応じて前述した通りです。

（2）法改正
　そこで平成26年の会社法改正で残存債権者を害する目的で会社分割が行われた場合に、会社分割が行われた日から2年以内に請求することで、承継された財産の価格を限度として、残存債権者は承継会社に債務の履行を請求できるようになりました（764条6項）。
　具体的に表すならば、正常な価格を下回る価格で第二会社に事業や資産を分割しても、764条6項に該当するような場合には、正常価格と移転価格（下回る価格）との差額を第二会社は請求されてしまうというものです。この規定により、いわゆる詐害的会社分割を排除できるようになったのです。

事業譲渡にしても会社分割にしても、第二会社方式による事業再生は、新しい会社を作って事業を移せば済むというような単純な話ではありません。その程度であれば、誰でもできる話であり、戦略的事業再生とはいえません。せっかく移転した事業を、後日になって覆されないように対処しておかなければならないのです。

※参考までに事業再生に関して重要と思われる改正点を整理しておきました。これ以外にもありますが、主要な改正点に絞り条文と内容を整理しました。特に、179条1項、427条、467条1項2号の2、764条4項6項は重要ですので注意してください。(グレーを塗った箇所です)

事業再生に関連する平成26年改正ポイント	
171条の3	(全部取得条項付種類株式の取得をやめることの請求) 法令または定款に違反し株主が不利益を受けるおそれがある場合、株主は全部取得条項付種類株式の取得をやめることを請求できる
179条1項	(特別支配株主による株式等売渡請求) 特別支配株主(総株主の議決権の90%以上を有する場合)は総会決議ではなく、取締役会決議の承認を受ければ売渡請求できる
182条の3	(株式併合の差止請求) 法令または定款に違反し、株主が不利益を受けるおそれがあるときは株主は株式併合をやめることを請求できる
427条	(責任限定契約) あらかじめ定款で定めを置いた上で、会社と事前に責任限定契約を締結することで取締役の責任の一部免除を得ることができる、責任限定契約を締結することができるのは、改正前は社外取締役・社外監査役・会計監査人に限定されていたが、取締役(業務執行取締役等を除く)・監査役・会計監査人へと対象が拡大された
467条 1項2号の2	(事業譲渡等の承認) 子会社の株式譲渡は業務執行行為として取締役会決議だが・・・ 1、子会社株式の帳簿価額が親会社総資産の五分の一を超えるとき 2、子会社の議決権の過半数を有しないとき 事業の重要な一部の譲渡と実質的に異ならないので株主総会の特別決議が必要となる

764条 4項、6項	（株式会社を設立する新設分割の効力の発生等） 残存債権者を害することを知って新設分割をしたことを知ったときから2年以内に請求すれば（6項）、承継した財産の価格を限度として債務の履行を請求できる（4項）。	
784条の2	（吸収合併等をやめることの請求） 法令または定款に違反し吸収合併の消滅会社等の株主が不利益を受けるおそれがあるときは消滅会社の株主は吸収合併をやめることを請求できる	
796条の2	（吸収合併等をやめることの請求） 法令または定款に違反し吸収合併の存続会社等の株主が不利益を受けるおそれがあるときは存続会社の株主は吸収合併をやめることを請求できる	
805条の2	（新設合併等をやめることの請求） 法令または定款に違反し新設合併の消滅会社等の株主が不利益を受けるおそれがあるときは消滅会社の株主は吸収合併をやめることを請求できる	
828条 2項12号	（会社の組織に関する行為の無効の訴え） 承認しなかった債権者も株式移転無効の訴えを提起できる	

> ▶ チェックポイント
> 平成26年の会社法改正では「事業譲渡の承認」「取締役の責任免責」「詐害的会社分割」等々についての変更が行われています。いずれも事業再生に密接な関連がありますので注意が必要です。

第Ⅴ章
債権者の攻勢と債務者の防衛

【1】債権回収のための手続

要旨

債権者が債権を回収するためには、様々な方法を駆使することが必要になります。不良債権の回収などの本格的な回収は、多くの場合に本部の管理部門が行います。いわば回収の専門部隊です。債権者が行う債権回収行動は手続と訴訟に大別されます。ここでは債権者が行う債権の回収行動について代表的なものを紹介することにします。ここで紹介する方法はあくまでも一例に過ぎません。他にも様々な方法があることに留意してください。「敵を知り、己を知れば百戦危うからず」ということです。

　債権者の回収行動は、単に裁判所を通して行う「手続」と、訴えを提起する「訴訟」に大きく分かれます。手続は回収担当者による短期戦ですが、訴訟は弁護士による長期戦という違いがあります。「訴訟」と異なり、「手続」であれば弁護士に頼まずとも自ら行うことができますので、比較的、頻繁に行われます。代表的な手続を紹介しておきます。

1．期限の利益の剥奪

　決められた期限までは返済しなくても良いという権利のことを期限の利益と呼びます。「期限の利益は債務者にあり」といわれるように、債務者にとっての利益であり権利です。期限の利益の剥奪とは、債務者から期限の利益を奪うことです。

　期限の利益を失うと、債務者は借入金など全ての債務を全額直ちに返済しなければなりません。債務者に重大な影響が生じますので、どのような場合に期限の利益を失うかは法定されています。民法137条では債務者が期限の利益を失う場合として、破産、担保の滅

失等、担保提供義務の不履行の三つが定められています。

金融機関にとっては、民法の規定のみでは不十分なため、銀行取引約定書において期限の利益喪失条項を定めています。この条項は、債務者がその信用を損なうような一定の事実が生じた場合に、期限の利益を喪失し、債務者が直ちに全額を弁済しなくてはならなくなる特約です。

これには一定の事実が生じれば自動的に期限の利益が失われる「当然喪失」と、金融機関が期限の利益の喪失を請求した場合に期限の利益が失われる「請求喪失」の二種類があります。

ⅰ．当然喪失となる一定の事実とは、次のような場合です。
・破産、民事再生手続開始、会社更生手続開始等の申し立てがあったとき
・手形交換所の取引停止処分を受けたとき
・弁護士等へ債務整理を委任したとき、自ら営業の廃止を表明したときなど、支払を停止したと認められる事実が発生したとき

ⅱ．請求喪失となる一定の事実とは、次のような場合です。
・債務者が債務の履行を一部でも遅滞したとき
・担保物件に対して差押えまたは競売手続の開始があったとき
・保証人について上記のような事実が生じたとき

実際にどちらの約定になっているかは、金銭消費貸借契約を締結した際の契約書で確認することになります。

金融機関としては当然喪失の場合は何もせずとも債務者の期限の利益はなくなりますが、請求喪失の場合には債務者に対し、「期限の利益を喪失したので一括して返済すべし」という請求をすることになります。いわば、「宣戦布告」にあたるといえるでしょう。

２．仮差押え

債務者が返済をしない一方で、返済の原資になるような財産を処

分しようとしている場合などに、裁判所に対して債務者の財産を仮に差押えるよう申し立てることを仮差押えといいます。これは将来において強制執行をするために、債務者の処分権を制限することで債務者の財産の現状を保全するという制度です。債務者の口座を凍結する場合にも利用されます。

　仮差押え命令は、債権者の申し立てにより裁判所の決定で行われるのですが、仮差押え命令の申し立てがされたことが債務者に知られてしまうと、債務者が急いで仮差押えの財産を処分してしまうおそれがあります。そこで、債務者に知られないように行う必要があるのです。

　債務者にしてみれば、財産の処分が事実上できなくなるし、債権であれば支払いを受けられないことになります。たとえば銀行口座でいえば、口座からの引き出しができなくなるというわけです。よって仮差押えという方法は債務者が受けるダメージが大きいため、債務者に対して弁済を促す効果は極めて高いといえます。

　債権者が仮差押えにより将来の強制執行可能な資産を確保できたとしても、それだけでは債務者の資産を換金することはできません。強制執行をするには「債務名義」が必要になるのです。債務名義には、債務者との合意により公証役場で作成する公正証書や、裁判で合意した場合に作成される和解調書等がありますが、債務者の協力が得られない状態となった後は、訴訟を提起して判決を得て判決書を債務名義とすることになります。

　一方、債務者は、銀行預金債権について仮差押えがなされてしまうと、預金を引き出せないのはもちろんのこと、銀行融資の返済について期限の利益を喪失し、銀行融資の一括返済を迫られるばかりか、倒産に追い込まれてしまうおそれさえ出てきます。

　このような仮差押えが実務上多く使われている理由は、仮差押えがなされれば債務者もしくは先順位抵当権者が任意売却することを防止するだけではなく、債務者に心理的圧力を加えることもできるからです。また、手続自体は簡単であり、わざわざ弁護士に頼まずとも、担当者レベルで行うことができるので実務上多く行われているのです。

仮差押えには二つの目的が考えられます。一つは、金の流れを断つことであり、もう一つは、資産処分の道を断つことです。どちらも兵糧攻めのようなものということができます。債権者として、本当に債務者を「殺す」ことも厭わないならば、仮差押えではなく、競売や破産申し立てによる回収を選択するはずです。換言すれば、「殺したくない」から仮差押えの道を選ぶのです。回収手順でいえば、初期あるいは軽微の方法といえるでしょう。

仮差押えの場合は、対象となった資産の処分ができないわけではありません。しかし将来、仮差押えから差押えになったとき、仮差押え後に取引先から資産を取得した者に対して、優先して差押えの効力を主張できます。したがって、資産を取得したところで、将来権利を失うかもしれないので一般的には仮差押えがなされている資産を取得しようとする者は現れないのです。

3．競売

担保を処分して一括回収を進める場合、金融機関としては債務者の協力により任意売却できればそのほうが良いのです。一般に、競売で処分するより任意売却の方が高く売れるので、経済合理性が肯定されるからです。

しかし、どうしても任意売却に応じない場合や、価格の客観性が確保されない場合には競売による換金が選択されることになります。多くの場合、抵当権に基づく競売処分となります。

もっとも、抵当権者であれば誰でも競売を申し立てられるわけではありません。競売で入札がなされた場合に、配当が期待できる範囲の先順位抵当権者でないと申し立てることはできないのです。配当が期待できないような後順位抵当権者が競売を申し立てても裁判所の職権により「無剰余取消」の処分がなされることがあり、この場合、競売は中止になります。詳しくは第Ⅲ章【10】を参照してください。

4．債権者の本気度を見極める

　債権者との交渉にあたっては、債権者の「本気度」を見極めることが必要です。

　仮に債権者が本気で債務者の息の根を止める覚悟、すなわち破産させてもやむなしと考えているとすると、この場合には債務者のメイン口座や事業用資産を差押えたりしてきます。ところが、債務者の息の根を止めるのが目的ではなく、揺さぶりをかけるだけの目的であれば、たとえば自販機の売上代金が振り込まれる口座に対し、売上債権を狙って仮差押えをしてくるなどの小細工をすることがあります。この揺さぶり策は、取り下げを念頭に置いた競売申し立てでも使われます。

　もし債権者が債権者破産の申し立てをするような話を始めたら要注意です。債務超過を理由に債権者により破産を申し立てられる危険が迫っているかもしれないからです。債権者が破産を申し立てるのは、破産手続で全てを白日の下に引きずり出すことが目的です。この場合でも担保権を有している債権者は強い立場にあります。担保の範囲で優先的に回収可能だからです。担保権者はどのような場面でも強い立場にあるのです。

　一方、無担保債権者も厄介です。担保も無く、失うものが無いから強いのです。債務者が破産する危険が高いとしても、その危険をあえて冒してでも回収を強化してくることもあるのです。まさに、無い袖は振れない債務者が強いのと同様、担保の無い債権者も厄介なのです。

　このように、債権者の本気度を確認する糸口としては、「回収のためにどのような行動をしているか」という点で推し量ることができるのです。

▶ **チェックポイント**

債権者の回収行動を正しく理解していないことには、債務者として対策を講じることができません。曖昧な知識に基づいて、債務者が独善的な行為を行うと無益な争いを招くことになりますので注意が必要です。

【2】債権回収のための訴訟

> **要旨**
>
> 回収担当者が行う「手続」と異なり、「訴訟」の場合には手間暇がかかるので弁護士に頼むのが一般的です。この場合、訴訟を提起するための社内の根回しが必要になりますので、比較的、慎重に進められます。ただし、一度弁護士に訴訟を委任してしまえば、後は「弁護士にお任せ」となりますので、回収担当者の回収のための労力は大幅に減ることになります。ここでは代表的な訴訟を紹介しておきます。

1．詐害行為取消権（債権者取消権）

　民法の規定として詐害行為取消権（債権者取消権）が認められています（民法424条）。これは、債権者への債務返済の原資となる債務者の財産を保全し、債権者平等の原則に従い債権を回収するために認められている制度で、債務者の財産を不当に減少させる債務者の行為の効力を取消して、財産を債務者の下に取り戻すというものです。この権利は裁判上でしか主張することはできません。

　債務者が、ある債権者の権利を害する行為を行った場合、債権者は詐害行為取消権に基づき裁判を提起することになります。取消しの対象となる財産が不動産であれば、債務者への返還を求めるのですが、金銭であれば直接債権者に支払うよう求めることも可能です。金銭の返還を求める場合は、結果として訴訟を起こした勤勉な債権者が独占することになるわけです。不動産が債務者から受益者を経て転得者に移転しているときは、債権者は受益者に対する損害賠償、転得者に対する不動産返還のいずれも請求できることになります。

　たとえば、ある債権者が他の債権者に抜け駆け的に債権の回収を図る事で債務者の債権を不当に減少させ、他の債権者に損害を与え

た場合などに詐害行為取消権が行使されることになります。債権者Aが債務者と通謀して債権者Bの債権回収を逃れるために期限前に債権を回収したり、債務者が担保不動産を売却して金銭に換えてしまった場合なども具体例として考えられます。

　個々の事例毎に詐害行為が認定されることになるわけですが、債務者が一部の債権者と通謀して他の債権者を害するような財産処分を行った場合は、詐害行為が成立すると考えて良いでしょう。

２．債権者代位権

　民法の規定として債権者代位権という債権者の権利が認められています（民法423条）。これは債務者が自らの権利を行使しない場合に、債権者が債務者にかわって債務者の権利を行使することが認められるという制度です。その目的は債務者の財産保全であり、たとえば債務者が時効中断の手続をしない場合とか、移転登記を行わない場合などに、債権者が債務者になりかわって債務者の権利を行使することが認められるのです。この他にも、取引先や関連会社に対して債権を有しているにもかかわらず、その回収をしようとしない場合に、債権者が債務者に代わって債権回収を行い、その結果として回収した金銭を自己の債権に充てるということも考えられます。

　これは債権者の権利として認められているものですが、そもそも債務者が自己の権利行使すらしない場合を想定した規定です。債権者の理解と協力を得て企業を債権する立場にある債務者としては、債権者に債権者代位権を行使させるようであってはなりません。

３．各種無効の訴え

　債務者が債権者の回収を妨げるような行為を行った場合、その行為が違法であるならば、債権者としては無効の訴えで対抗することになります。民法の規定である無効・取消だけではなく、会社法では様々な無効の訴えを規定しています。

　会社法第二章の第一節は会社の組織に関する訴えを規定していま

す。ただし、提訴権者の制限もあり、たとえば会社設立無効の訴えでは債権者は提訴権者ではありません。あらゆる無効の訴えができるのではありませんが、第二会社を利用した事業再生に関しては、会社分割無効の訴え（828条）や、株主総会等の決議不存在または無効の訴え（830条）等が問題になります。

4．取締役の第三者責任の追及

　会社法429条では取締役等の第三者に対する損害賠償責任が規定されています。すなわち、悪意または重大な過失によって第三者の損害を与えた場合に、取締役等は個人として損害賠償責任を負うという規定です。本来であれば役員等と第三者は直接の法律関係には立たないのであり、個人として責任を負うものではないのですが、株式会社の社会的重要性と、会社における役員等の重要性に鑑み、第三者を保護する観点から特別に法定された損害賠償責任です。詳しくは第Ⅳ章【3】を参照してください。

　会社からの回収が困難になった債権者としては、役員等の個人資産から回収しようとするのは当然のことです。悪意または重大な過失によって借入金の返済が不能になったような場合であれば、「個人的に連帯保証はしていないから大丈夫だ」と安心していることはできないのです。

5．商号続用責任の追及

　事業譲渡において従来の商号を続用する場合、外見上は同一に見えるため取引関係に入った第三者を保護する目的で、譲渡人の営業上の債務について譲受人も責任を負うとされています。これが商号続用者の責任です。詳しくは第Ⅳ章【6】を参照してください。

6．法人格否認の法理の適用

　ある法人を隠れ蓑にして個人が責任を逃れるような場合に、その

法人格を否認して、背後に隠れる個人あるいは別法人の責任を追及するための法理が、法人格否認の法理と呼ばれるものです。具体的には、ある法人と個人あるいは別の法人とが実質的には同一であるにもかかわらず契約締結をある法人が行い、実際の債務履行の段階になって個人と法人は別の人格であるとして債務を逃れるような場合に、背後に隠れる個人あるいは別の法人の責任を追及する場合に適用されるものです。

法人格否認の法理は一般条項としての規定であり、どのような場合にかかる法理が認められるかについては、個々のケースにより裁判所が判断することになります。詳しくは第Ⅳ章【6】を参照してください。

7．会社分割無効の訴え

会社分割無効の訴えは分割の日から6ヶ月以内に提起する方法によってのみ可能な制度で、株主、取締役、監査役、清算人、破産管財人の他、分割を承諾しない債権者すなわち債権者保護手続で異議を述べた債権者も提起することができます。

分割会社の債権者は、分割会社が移転した純資産の対価を取得して責任財産は変動しないため、異議を述べることができません。しかし、自己の債権が承継の対象に含まれ、分割後に分割会社に対し債務の履行を請求できない債権者にとっては、債務者の交替という重大な影響が生じるため、異議を述べることができます（789条1項）。また、承継会社の債権者は、承継会社の責任財産に変動が生じ、債権回収が困難となる可能性があるため、常に異議を述べることができます（799条1項）。

分割計画書又は分割契約書の作成を怠ったり、必要的記載事項の虚偽記載や記載漏れも無効原因となります。さらには、備置きを怠ったり、承認決議に瑕疵があったり、債権者保護手続を行わなかった場合も同様と考えられます。

債権者を出し抜くような形での事業再生は将来に禍根を残しかねません。債権者の合意を得ることで抵抗勢力を極力作らないように

することが肝要です。

　なお、債権者を害することを知って会社分割を強行した場合の責任が、平成26年の会社法改正で新設されました（764条）。すなわち、「残存債権者を害することを知って新設分割をしたことを知ったときから2年以内に請求すれば（6項）、承継した財産の価格を限度として債務の履行を請求できる（4項）」と規定されています。資産を安価で移転するような詐害的会社分割を防ぐというのが立法の趣旨です。

8．債権者破産の申し立て

　債権者としては、いわゆる不良債権を片付けなければならないという大きな課題を背負っています。いつまでも不良債権を抱えているわけにはいかないのです。債権者にとって不良債権を片付けるとは、実務的には無税償却を行うことでもあります。この無税償却にあたっては、債権が全額回収不能かどうかの判断を税務当局が行うことになりますが、債務者が破産しているという事実は、回収ができないことを明らかにしているといえます。

　債務者が財産を隠匿しているような可能性が認められた場合や、債権の回収に協力せずに敵対したり、さらには詐害行為を働くような姿勢を示している場合などは、債権者が債務者の破産を申し立てることも可能なのです。いわゆる債権者による破産申し立てです。

　破産手続が開始されると、裁判所により選任された破産管財人が粛々と回収を行います。破産管財人には否認権が認められており、債務者が行った詐害行為などを否認することができます。債務者の隠匿行為や詐害行為が著しい場合には、破産管財人の否認権の発動を期待して、債権者による破産申し立てが行われることもあります。債権者による破産申し立ては、究極の回収手段であるといえるでしょう。債権者の最終処分については第Ⅰ章【3】を、自己破産については第Ⅱ章【3】を参照してください。

▶ **チェックポイント**
グレーゾーンは多々ありますので、法律論としては争う余地が認められます。しかし債権者としては、社内で根回しをしてまで訴訟を提起するかとなると話は別です。債務者として正しい対応をしていれば訴訟にならないケースが圧倒的に多いのです。

【3】債務者の防衛行動

> **要 旨**
>
> 法的整理の弊害を回避して事業再生をスムーズに進めるためには、どうしても債権者の協力が必要になります。とりわけ、債務超過を解消するためには債権放棄を受けることが最も効果的ですが、中小企業のために金融機関が債権放棄に応じることは容易ではありません。債権放棄が容易でない中で、仮差押えを避けるため取引口座を変えたところで十分ではありません。金融機関と支店が判明すれば仮差押えを行うことができるのであり、口座の変更は一時的な避難に過ぎないのです。ここでは債務者の防衛行動を明らかにします。

1．銀行取引の方法

(1) 取引の現金決済

　債務超過に陥り、金融機関への返済が困難になってきた場合、金融機関から返済猶予を受けることは可能です。しかし返済猶予にも限度というものがあります。返済停止が長引くと、「これ以上の返済猶予には応じられない」ということになり、期限の利益を剥奪され一括返済を求められることになります。

　このような事態になると、たとえば手形の決済を行おうとして決済代金を入金しても、その資金を凍結されてしまいます。延滞している返済金に充当されてしまうわけです。これでは事実上の銀行取引停止のようなものです。

　そこで現金化の道が模索されることになります。全ての取引を現金で決済するというものです。この方法は、手元資金がある場合や、入金までの期間が短い業態である場合には可能です。

（２）決済口座の移転

　取引先からの入金を受ける口座を移転するという方法です。取引先から金を受け取る場合、借入金の返済を停止している金融機関の口座を使うことはできません。入金があれば、延滞している返済金に充当されてしまいます。かかる事態を避けるため、やむなく別の銀行に入金用の口座を設けるというわけです。

　たしかに一時的には効果が期待できるでしょうが、事態を把握した金融機関が仮差押えをしようと思えば可能です。あくまで緊急避難的な対応であり、抜本的な解決策ではありません。背に腹は変えられないという話です。

　口座に預金された金を確実に守るためには、第二会社を設立することで法人格を異にするしかありません。

（３）債務者区分の下方誘導

　金融機関からの評価を少しでも良くしようとして背伸びした計画を作成する経営者がいます。将来の計画を良く見せかけたところで、時の経過とともに実態は判明してしまいます。その時になって計画と実績の差が明らかになり、経営者の信頼を失ってしまいます。まして、粉飾決算で嘘を重ねるなどは愚の骨頂です。

　金融機関の自己査定で、要注意先や要管理先として区分されているなら復活は可能でしょう。経営努力を重ねることで正常先に格上げされる可能性もあるからです。このような企業に対しては、金融機関も運転資金などの追加融資を行う余地はあるのです。

　しかし、破綻懸念先や実質破綻先に区分された場合、もはや融資は期待できないといえるでしょう。追加融資を行うどころか、残った貸付金をいかにして回収するかを躍起になって考えているはずだからです。

　破綻懸念先は実質破綻先に区分されてしまい追加融資が期待できないならば、あえて経営実態をよく見せることは必要ないのです。背伸びするのではなく、むしろ、悪い実態を晒すことで債務者区分を下方誘導させるのも有効な対策となります。

　これにより貸倒引当金を計上させるのです。自己査定の説明で詳

述した通り、債務者区分が悪化すれば、より多くの貸倒引当金が求められます。十分な貸倒引当金が計上できれば貸倒損失は発生しないのであり、債権者としては債権放棄がしやすくなるのです。債権者が債権放棄をしやすい環境を作ることも、債務者として出来得る対策の一つなのです。詳しくは第Ⅰ章【8】を参照してください。

2．抵当権の扱い

（1）抵当権を消滅させる

　資産に担保権が設定されている場合、その資産が事業継続に必要であれば抹消してもらう必要があります。

　債権者が納得する金額を提示することで、通常の場合は抹消請求に応じてくれるものですが、債務者が考えている金額を超過するような場合には交渉が成立しないままになってしまいます。担保権が抵当権である場合に、債務者側から抵当権の消滅を請求する方法が抵当権消滅請求制度です。すなわち、第二会社に抵当権付のまま所有権を移転し、新所有者が抵当権の消滅請求をするのです。この方法は、法により認められた正当な権利行使であり、資金が確保できる場合で、競売になっても競合する入札がない場合に有効となります。詳しくは第Ⅲ章【11】を参照してください。

（2）他の抵当権を設定する

　他の抵当権を設定しておくことで、その抵当権が他の債権者からの競売申し立て等を排除する形で守ってくれることになります。ただし、一部の債権者を優遇することになると、債権者平等原則に反することになりかねず、この場合は詐害行為になるおそれがあります。

　しかし、一方で、勤勉な債権者は保護されるという言葉があるように、抵当権を設定しなかったという落ち度が債権者側にも認められます。適正な範囲で慎重に行うことが求められます。

3．各種制度の利用

　私的整理は裁判所の介入を求めることなく、個々の債権者と債務者が相対的に話し合うものです。あくまで当事者の話し合いですので、その方法は自由です。しかし、客観性や公平性を確保するため、様々な制度が用意されています。

　下表は日本弁護士連合会のホームページで紹介されているものですが、債務者の規模と、それに見合う制度が整理されています。中小・零細企業の事業再生は中小企業再生支援協議会や特定調停が守備範囲とされています。

　実際には、わざわざ中小企業再生支援協議会や特定調停のスキームを利用するまでもなく、相対的な話し合いで解決してしまうのが大半です。

負債総額	年間売上	主な私的整理手法	主な法的整理手法
50億円以上	100億円以上	事業再生ADR 地域経済活性化支援機構 私的整理ガイドライン	会社更生手続 民事再生手続
10億円〜50億円	20億円〜100億円	中小企業再生支援協議会 地域経済活性化支援機構	民事再生手続
1億円〜10億円	3億円〜20億円	中小企業再生支援協議会 特定調停	民事再生手続
1億円以下	3億円以下	特定調停	民事再生手続

（日本弁護士連合会のHPより抜粋・引用）

（1）中小企業再生支援協議会

　経営不振に陥った中小企業の再生を支援する機関として中小企業再生支援協議会が全国に設立されています。これは中小企業の再生を進めるために産業活力再生特別措置法に基づき各都道府県に設置された組織で、中小企業の特性を踏まえつつ常駐する専門家が再生に関する相談や再生計画策定支援を行っています。多くの場合、商工会議所が事務局になっています。経営改善計画を作成しても、債権を持っている金融機関の合意を得られなければ計画は実行できま

せん。

　中小企業再生支援協議会による解決は私的整理手続であり、強制力はなく、多数決で決することはできません。すなわち、同意が得られない対象債権者を拘束することはできず、したがって、一部の対象債権者の同意が得られないときは再生計画が成立しないところに限界があります。中小企業再生支援協議会等の公的支援制度については第Ⅵ章【4】を参照してください。

（2）特定調停

　平成12年2月に民事調停法の特例として「特定債務等の調整の促進のための特定調停に関する法律」（特定調停法、平成12年2月17日施行）が施行されています。会社更生法や民事再生法はある程度債権者の同意とその手続に時間を要しますが、特定調停法は債権者の同意がなくても債務者だけで申し立てが可能であり、無担保でも民事執行が停止できる等のメリットがあります。特定調停法は債務者の経済的再生のために、民事調停で債権者との金銭債務の利害関係を裁判所の調停委員が調停を行うものですが、債権者に対して法的拘束力は無く、調停委員による調整に応じる義務もありません。

　特定調停法に基づく特定調停は、ある程度の返済見通しがある場合、あるいはきちんとした再生計画を作成できた場合には有効な選択肢であるといえるでしょう。

　本来はサラ金に苦しむ個人債務者を救済するため、債務の一部免除を促す目的で立法されたものですが、これまでに多くの法人も利用しています。

　なお、中小企業者等に対する金融の円滑化を図るための臨時措置に関する法律（通称：中小企業金融円滑化法）が平成25年3月末日に終了したことへの対応策として日本弁護士連合会が「金融円滑化法終了への対応策としての特定調停スキームの手引き」を平成25年12月に策定しており、平成26年12月には「経営者保証に関するガイドラインに基づく保証債務整理の手法としての特定調停スキーム利用の手引き」を策定しています。さらに、平成29年1月

には「事業者の廃業・清算を支援する手法としての特定調停スキーム利用の手引き」を策定しています。特定調停については第Ⅴ章【5】を参照してください。

(3) 私的整理ガイドライン

　私的整理に関するガイドラインは、企業の私的整理に関する基本的な考え方を整理し、私的整理の進め方、対象となる企業、再建計画案の内容等についての関係者の共通認識を醸成するために、平成13年に全国銀行協会及び日本経団連等が中心となって発足した「私的整理に関するガイドライン研究会」によって取りまとめられたものです。これは私的整理を公正かつ迅速に行うための準則として、金融界と産業界を代表する者が中立公平な学識経験者などとともに協議を重ねて策定されたものとされており、金融機関の不良債権問題を早期に処理するため、私的整理を行う場合の関係者間の調整手続を取りまとめた手続規定とされています。

　一定の要件を満たす債務者が主要債権者に対して、「私的整理に関するガイドライン」による私的整理を申し出た後、主要債権者は他の債権者の同意を得られるか、実行可能性があるか等を検討することになります。相当であると判断した場合には、主要債権者は債務者と連名にて一時停止通知を行います。この一時停止通知とは、債務者企業に対する与信残高の減少、弁済の請求等について差し控えるよう依頼するものであり、債権者全員で個別的な権利行使や債権保全措置を見合わせるという紳士協定です。この通知を発した段階で、このガイドラインによる私的整理手続が開始することとされており、主要債権者が主体的に手続を遂行することになっています。

　私的整理ガイドラインは金融機関の間の調整を公平かつ迅速に行うための手続として取りまとめられたものであり、あくまで紳士協定であるため強制するものとはなっておらず、調整をスムーズに行うものとしては不十分な手続といえます。

　旗振り役のメインバンクが積極的に協力してくれないことには成り立たない方法であり、中小零細企業の事業再生に常に採用可能であるとはいえない点に大きな限界があります。この手続が不調に終

わったり、手続は成立したものの計画通りに遂行されない場合には、法的整理に移行することになっています。この点も私的整理ガイドラインの限界であるということができるでしょう。

（４）裁判外紛争解決手続（ＡＤＲ）

　裁判外紛争解決手続（ＡＤＲ）は、法的整理に頼らずに私的整理により紛争の解決をするため、公正な第三者が関与してその解決を図る手続です。事業再生ＡＤＲは、事業再生の円滑化を目的として産業活力再生特別措置法の改正により創設された制度です。

　事業再生ＡＤＲは基本的に銀行などの金融債権者だけを相手方に調整を進める手続で、法的整理と私的整理の双方のメリットを活かすべく、専門的知識を有する実務家による監督下で進められます。専門家の監督があり公正さが担保されていること、債権者が平等に取り扱われ損失負担に納得感があること、債権放棄による消滅益及び評価損益に対する税制措置が講じられていること等の、法的整理と同様のメリットを挙げることができます。

　残念ながら費用が高額である点が問題です。着手金に、中間金、成功報酬等々、１千万円以上の費用がかかることもあり、この協会に納める費用の他、専門家には別に費用を支払う必要もあります。事実上、小さな案件は利用できないといえるでしょう。

（５）地域経済活性化支援機構

　地域経済活性化支援機構は有用な経営資源を有しながら過大な債務を負っている中堅・中小企業、その他の事業者の事業再生を支援する機構です。平成21年に国の認可法人として業務を開始したもので、既に解散した産業再生機構と同様の機能を果たしています。比較的規模の大きな中堅中小企業を対象としており、一般の中小・零細企業の場合は、中小企業再生支援協議会や特定調停が利用されることが多くなっています。

4．組織の再編

　全くの第三者たる第二会社を設立して、資産譲渡、事業譲渡、会社分割の制度を利用することで事実上の債権放棄を目指すことが有効な手段となります。第Ⅱ章で詳述した第二会社方式です。

（1）資産譲渡で財産を保全する

　資産譲渡は、全くの第三者たる別法人を設立し、この法人が不動産のような純資産を譲り受けるものです。

　第二会社は従来の会社とは別の独立した法人ですので、従来の会社に対する債権者が第二会社に対して従来の会社の債務を求めるわけにはいきません。

　第二会社に資産を譲渡するということは、これらを第二会社に売買するという取引行為です。したがって、金銭の授受は不可欠な要素になり、これに必要な資金を調達しなければなりません。抵当権が設定された資産である場合は、債権者の理解と合意を得た上で抵当権を消滅し、その後に第二会社に移すことになります。詳細は第Ⅱ章【16】を参照してください。

（2）事業譲渡で経営を継続する

　事業譲渡とは一定の事業目的のために組織化された有機的一体として機能する財産（事業財産）の譲渡であり、譲受人が事業活動を承継し、譲渡人が21条の競業避止義務を負う契約とされています。事業再生にあたって、順調な経営ができている部分を第二会社に移転することで新たな会社が事業を継続するわけです。資産価値を超過した部分は営業権として評価されます。

　事業譲渡により事業の再生を図る場合、大きく分けると、譲渡会社と譲受会社間の利害関係の調整の他、株主に対する調整、債権者に対する調整が必要になります。従来の会社に対する債権者が第二会社に対して従来の会社の債務を求めることはできないこと、取引行為であり資金確保が必要になることは資産譲渡の場合と同様です。詳細は第Ⅱ章【17】を参照してください。

（３）会社分割で第二会社に移す

会社分割とは会社が事業に関して有する権利義務の全部または一部を他の会社に包括的に承継させることをいいます。

会社分割の制度に従えば何でも良いというものではなく、詐害的会社分割（会社法764条）や、会社分割無効の訴え（会社法828条）には注意する必要があります。

なお、会社分割により事業を再編しても、新しい会社がその事業を行うにあたって必要な許認可が承継されるか否かは別問題です。詳細は第Ⅱ章【18】を参照してください。

５．違法性を問題にしない状況も大切

事業再生はあくまでも法律の範囲内で行われるべきものです。違法行為は厳に慎まなければなりません。たとえば二重契約によって債権者を欺くようなことは控えるべきです。

そもそも、違法行為が問題になるのは、違法行為を問題にする誰かがいるからに他なりません。違法行為を行わない以上、そもそも違法性は問題にはならないはずですが、仮にグレーゾーンの行為があった場合に抵抗勢力がいると問題になるのです。抵抗勢力が事を荒立てる場合もあるからです。したがって、違法性を問題にするような抵抗勢力を作らないことが重要になります。

グレーゾーンはあくまでグレーであり黒ではありません。

債権者を始めとした利害関係者が積極的に合意し、あるいは消極的に黙認してくれるならば、第二会社による事業再生にクレームが生じる余地がありません。まとまりかけた計画を潰すようなことは債権者も望んでいないからです。

このように考えると、違法性が議論とならないような状況を作り上げておくことも大切だという事ができるでしょう。

▶**チェックポイント**

「敵を知り(第Ⅴ章【1】【2】)、己を知れば(第Ⅴ章【3】)、百戦危うからず」グレーを黒ではなく、白に導くことが、債務者主導の事業再生においては大切なのです。

【4】保証債務の免責

要旨

「経営者保証に関するガイドライン」が平成25年12月5日に公表され、平成26年2月1日から適用されることになりました。ガイドラインにより、端的には「一定期間の生計費に相当する額」や「華美でない自宅等」について残存資産として手元に残したり、残債務の債権放棄を求めることが可能になりました。一部には保証人の責任が簡単に全て免責されるかのような誤解があるようなので注意が必要です。

1．ガイドラインの位置付け

（1）取引の現金決済

「経営者保証に関するガイドライン」の中に「はじめに」として次のような記載があります。
『中小企業・小規模事業者等（以下「中小企業」という。）の経営者による個人保証（以下「経営者保証」という。）には、経営への規律付けや信用補完として資金調達の円滑化に寄与する面がある一方、経営者による思い切った事業展開や、保証後において経営が窮境に陥った場合における早期の事業再生を阻害する要因となっているなど、企業の活力を阻害する面もあり、経営者保証の契約時及び履行時等において様々な課題が存在する。このため、平成25年1月、中小企業庁と金融庁が共同で有識者との意見交換の場として「中小企業における個人保証等の在り方研究会」を設置した。本研究会において、中小企業における経営者保証等の課題全般を、契約時の課題と履行時等における課題の両局面において整理するとともに、中小企業金融の実務の円滑化に資する具体的な政策的出口について継続的な議論が行われ、同年5月、課題の解決策の方向性とともに当

該方向性を具体化したガイドラインの策定が適当である旨の「中小企業における個人保証等の在り方研究会報告書」が公表された。』

このように、ガイドラインは中小企業の経営者の保証債務をあるべき形に見直すことで、早期の事業再生を目指すとともに企業の活力を引き出すことを目的にしているのです。

２．ガイドラインの要旨

（１）経営者保証の減免内容

ガイドラインは経営者保証の弊害を解消し、経営者による思い切った事業展開や、早期事業再生等を応援する目的で作成されたもので、次のような取り扱いを行うことになっています。安易に免責をしてもらえるかのような誤解があるので注意が必要です。

ⅰ．法人と個人が明確に分離されている場合などに、経営者の個人保証を求めないこと
ⅱ．多額の個人保証を行っていても、早期に事業再生や廃業を決断した際に一定の期間の生活費等（従来の自由財産99万円に加え、年齢等に応じて100万円〜360万円）を残すことや、「華美でない」自宅に住み続けられることなどを検討すること
ⅲ．保証債務の履行時に返済しきれない債務残額は原則として免除すること

（２）保証人の説明責任

保証人はガイドラインにより一定の要件にしたがって、「一定期間の生活費に相当する額」や「華美でない自宅等」を、当該経営者たる保証人の残存資産として手元に残すことができるようになりましたが、「一定期間の生計費に相当する額」や「華美でない自宅等」について残存資産に含めることを希望する場合には、その必要性について債権者に対して説明することとされています。

(3) 支援専門家の役割

　債権者は保証債務の履行に当たり、保証人の手元に残すことのできる残存資産の範囲について、必要に応じ支援専門家とも連携しつつ、ガイドラインの内容を総合的に勘案して決定することとされています。ここにおいても認定支援機関としての会計人の役割が高まっています。

3．ガイドラインの適用対象となり得る保証契約

　このガイドラインは、以下の全ての要件を充足する保証契約に関して適用されます。端的には、中小企業の経営者が経営する会社の保証をした場合が想定されます。

（1）保証契約の主たる債務者が中小企業であること

（2）保証人が個人であり、主たる債務者である中小企業の経営者であること
　　ただし、以下に定める特別の事情がある場合又はこれに準じる場合については、このガイドラインの適用対象に含める。
　　ⅰ．実質的な経営権を有している者、営業許可名義人又は経営者の配偶者（当該経営者と共に当該事業に従事する配偶者に限る。）が保証人となる場合
　　ⅱ．経営者の健康上の理由のため、事業承継予定者が保証人となる場合

（3）主たる債務者及び保証人の双方が弁済について誠実であり、対象債権者の請求に応じ、それぞれの財産状況等（負債の状況を含む。）について適時適切に開示していること

（4）主たる債務者及び保証人が反社会的勢力ではなく、そのおそれもないこと

4．ガイドラインの対象となる債権者

　対象となる債権者は、中小企業に対する金融債権を有する金融機関等であって、現に経営者に対して保証債権を有するもの、又は将来これを有する可能性のあるものとされています。信用保証協会（代位弁済前も含む）、既存の債権者から保証債権の譲渡を受けた債権回収会社（サービサー）、公的金融機関等も含まれます。

　なお、保証債権が債権回収会社（サービサー）等に売却・譲渡される場合においても、ガイドラインの趣旨に沿った運用が行われることが期待されます。保証履行して求償権を有することとなった保証人は含まれません。

5．適切な保証金額の設定

　適切な保証金額の設定に関し、『対象債権者は、保証契約を締結する際には、経営者保証に関する負担が中小企業の各ライフステージにおける取組意欲を阻害しないよう、形式的に保証金額を融資額と同額とはせず、保証人の資産及び収入の状況、融資額、主たる債務者の信用状況、物的担保等の設定状況、主たる債務者及び保証人の適時適切な情報開示姿勢等を総合的に勘案して設定する。』ものとされています。

　さらに以下のような適切な対応を誠実に実施する旨を保証契約に規定するように求められています。

『イ）保証債務の履行請求額は、期限の利益を喪失した日等の一定の基準日における保証人の資産の範囲内とし、基準日以降に発生する保証人の収入を含まない。

ロ）保証人が保証履行時の資産の状況を表明保証し、その適正性について、対象債権者からの求めに応じ、保証人の債務整理を支援する専門家（弁護士、公認会計士、税理士等の専門家であって、全ての対象債権者がその適格性を認めるものをいう。以下「支援専門家」という。）の確認を受けた場合において、その状況に相違があったときには、融資慣行等に基づく保証債務の額が復活することを条件

として、主たる債務者と対象債権者の双方の合意に基づき、保証の履行請求額を履行請求時の保証人の資産の範囲内とする。また、対象債権者は、同様の観点から、主たる債務者に対する金融債権の保全のために、物的担保等の経営者保証以外の手段が用いられている場合には、経営者保証の範囲を当該手段による保全の確実性が認められない部分に限定するなど、適切な保証金額の設定に努める。』(ガイドライン第5項（2）参照)

　従来のように会社が〇億円を借り入れたから社長も〇億円の保証をするという形式的な保証契約ではなく、保証人の状況に合わせた適切な内容の保証契約とするように求められています。

6．既存の保証契約の適切な見直し

　ガイドラインは将来において締結される保証契約のみならず、既存の契約に対しても適用されます。ガイドライン第6項では、債権者に対して真摯かつ柔軟な検討をするように求められています。

(1) 保証契約の見直しの申入れ時の対応

ⅰ．主たる債務者及び保証人における対応

　主たる債務者及び保証人は、既存の保証契約の解除等の申入れを対象債権者に行うに先立ち、第4項（1）に掲げる経営状況を将来に亘って維持するよう努めることとする。

ⅱ．対象債権者における対応

　主たる債務者において経営の改善が図られたこと等により、主たる債務者及び保証人から既存の保証契約の解除等の申入れがあった場合は、対象債権者は第4項（2）に即して、また、保証契約の変更等の申入れがあった場合は、対象債権者は、申入れの内容に応じて、第4項（2）又は第5項に即して、改めて、経営者保証の必要性や適切な保証金額等について、真摯かつ柔軟に検討を行うとともに、その検討結果について主たる債務者及び保証人に対して丁寧かつ具体的に説明することとする。

（２）既存の保証契約の適切な見直し

　既存の保証契約についても見直しが可能であることが明示されています。すなわち、主たる債務者及び保証人における対応として、『法人の事業用資産の経営者個人所有の解消や法人から経営者への貸付等による資金の流出の防止等、法人の資産・経理と経営者の資産・家計を適切に分離すること』が求められています。

　たとえば以下のような対応が想定されています。

『資産の分離については、経営者が法人の事業活動に必要な本社・工場・営業車等の資産を所有している場合、経営者の都合によるこれらの資産の第三者への売却や担保提供等により事業継続に支障をきたすおそれがあるため、そのような資産については経営者の個人所有とはせず、法人所有とすることが望ましいと考えられます。なお、経営者が所有する法人の事業活動に必要な資産が法人の資金調達のために担保提供されていたり、契約において資産処分が制限されているなど、経営者の都合による売却等が制限されている場合や、自宅が店舗を兼ねている、自家用車が営業車を兼ねているなど、明確な分離が困難な場合においては、法人が経営者に適切な賃料を支払うことで、実質的に法人と個人が分離しているものと考えられます。

　経理・家計の分離については、事業上の必要が認められない法人から経営者への貸付は行わない、個人として消費した費用（飲食代等）について法人の経費処理としないなどの対応が考えられます。

　なお、上記のような対応を確保・継続する手段として、取締役会の適切な牽制機能の発揮や、会計参与の設置、外部を含めた監査体制の確立等による社内管理体制の整備や、法人の経理の透明性向上の手段として、「中小企業の会計に関する基本要領」等に拠った信頼性のある計算書類の作成や対象債権者に対する財務情報の定期的な報告等が考えられます。』

　会社経営と個人資産を分離することで過度な個人保証を回避する道を開けるのであり、そのためには財政状態と経営成績の適切な把握が必要なのです。『こうした対応状況についての公認会計士や税理士等の外部専門家による検証の実施と、対象債権者に対する検証結果の適切な開示がなされることが望ましいと考えられます』との

記載からは、職業会計人としての積極的な関与を期待していることが窺われます。

7．整理の対象となる保証人

　全ての保証人がガイドラインに基づく保証債務の整理の対象となり得るわけではありません。ガイドラインによると、以下の全ての要件を充足する場合において、保証人が負担する保証債務について、このガイドラインに基づく保証債務の整理を対象債権者に対して申し出ることができるとされています。

イ）対象債権者と保証人との間の保証契約が第3項の全ての要件を充足すること
ロ）主たる債務者が破産手続、民事再生手続、会社更生手続若しくは特別清算手続（以下「法的債務整理手続」という）の開始申し立て又は利害関係のない中立かつ公正な第三者が関与する私的整理手続及びこれに準ずる手続（中小企業再生支援協議会による再生支援スキーム、事業再生ＡＤＲ、私的整理ガイドライン、特定調停等をいう。以下「準則型私的整理手続」という。）の申し立てをこのガイドラインの利用と同時に現に行い、又は、これらの手続が係属し、若しくは既に終結していること
ハ）主たる債務者の資産及び債務並びに保証人の資産及び保証債務の状況を総合的に考慮して、主たる債務及び保証債務の破産手続による配当よりも多くの回収を得られる見込みがあるなど、対象債権者にとっても経済的な合理性が期待できること
ニ）保証人に破産法第252条第1項（第10号を除く。）に規定される免責不許可事由が生じておらず、そのおそれもないこと（ガイドライン第7項参照）。

　ここにおいて、ロ）の規定が重要です。法的整理に頼る必要はなく、認定支援機関として関与する私的整理による事業再生でも保証債務の整理を実現できますので、職業会計人として関与先の事業再生に積極的に関与することが期待されています。

※会計事務所が認定支援機関として認定を受け、事業再生に積極的に関与すべきであることは拙著の中でも繰り返し述べてきています。たとえば『銀行の合意が得にくい場合の事業再生の進め方』（ファーストプレス社刊）の72頁、106頁等。

8．残存資産の範囲

ガイドラインによると、『対象債権者は、保証債務の履行に当たり、保証人の手元に残すことのできる残存資産の範囲について、必要に応じ支援専門家とも連携しつつ、以下のような点を総合的に勘案して決定する』と規定されています（ガイドライン第7項（3）参照）。

イ）保証人の保証履行能力や保証債務の従前の履行状況
ロ）主たる債務が不履行に至った経緯等に対する経営者たる保証人の帰責性
ハ）経営者たる保証人の経営資質、信頼性
ニ）経営者たる保証人が主たる債務者の事業再生、事業清算に着手した時期等が事業の再生計画等に与える影響
ホ）破産手続における自由財産（破産法第34条第3項及び第4項その他の法令により破産財団に属しないとされる財産をいう。以下同じ。）の考え方や、民事執行法に定める標準的な世帯の必要生計費の考え方との整合性

（1）残存資産とは

ガイドラインでは一定の範囲の資産を残すことが認められています。ここで残存資産とは経営破綻に陥った会社の保証人たる経営者の手許に残す資産のことであり、経営者個人まで破綻に追い込まないようにすることで、経営者の思い切った事業展開を促すことを目指しているのです。

その範囲としては破産手続における自由財産（破産法34条第3項及び第4項その他法令により破産財団に属しないとされる財産）は残存資産に含まれます。これらの自由財産に加えて、安定した事業継続等のため、経営者たる保証人が一定期間の生計費に相当する

現預金や華美でない自宅等を残存資産に含めることを申し出た場合、対象債権者は、準則型私的整理手続における利害関係のない中立かつ公正な第三者の意見も踏まえつつ、当該申し出の応否や保証人の手元に残す残存資産の範囲について検討することとします。「利害関係のない中立かつ公正な第三者」とは、中小企業再生支援協議会、事業再生ＡＤＲにおける手続実施者、特定調停における調停委員会等が例示されています。

（２）一定期間の生計費に相当する現預金

残存資産の範囲の検討において「一定期間」とは、雇用保険の給付期間の考え方等を参考に以下のように定められています。

＜参考＞保証人の年齢	給付期間
30歳未満	90日～180日
30歳以上35歳未満	90日～240日
35歳以上45歳未満	90日～270日
45歳以上60歳未満	90日～330日
60歳以上65歳未満	90日～240日

「生計費」については、一月当たりの「標準的な世帯の必要生計費」として、民事執行法施行令で定める額（33万円）を参考にします。このような考え方を目安としつつ、保証人の経営資質、信頼性、窮境に陥った原因における帰責性等を勘案し、個別案件毎に増減を検討することとされています。

たとえば45歳以上60歳未満の場合は330日が限度とされていますので、一月あたり33万円で計算すると約360万円となります。これに従来の自由財産99万円を加算すると約460万円が残存資産として認められることになります。

※「華美でない自宅」を残すことにより保証人に住居費が発生しな

い場合は、一般的な住居費相当額を「生計費」から控除する調整も考えられます。

(3) 華美でない自宅

　一定期間の生計費に相当する現預金に加え、残存資産の範囲を検討する場合、自宅が店舗を兼ねており資産の分離が困難な場合等で安定した事業継続等のために必要となる「華美でない自宅」については、回収見込額の増加額を上限として残存資産に含めることも考えられます。

　上記に該当しない場合でも、保証人の申し出を踏まえつつ、保証人が当分の間住み続けられるよう「華美でない自宅」を、処分・換価する代わりに、当該資産の「公正な価額」に相当する額から担保権者やその他優先権を有する債権者に対する優先弁済額を控除した金額の分割弁済を行うことも考えられます。なお、弁済条件については、保証人の収入等を勘案しつつ、保証人の生活の経済的再建に支障をきたすことのないよう定めることとします。

　もっとも、「華美でない」との定義は明確ではありませんので、個々のケースによって判断されることになるものと予想されます。

　筆者なりに不動産鑑定士の立場から考えるに、「不動産は土地とその定着物をいう」との不動産鑑定評価基準の規定から明らかな通り、土地と建物を分けて考える必要があるでしょう。建物が質素であっても、土地が広大であれば「華美でない」とは言い難い場合もあり得ます。土地が狭小でも建物が豪華である場合も同様です。広大な土地は分筆することで「華美でない」という判定もできるでしょうが、豪華な建物はどのように扱うのかは曖昧なままです。

(4) 主たる債務者の実質的な事業継続に最低限必要な資産

　主たる債務者の債務整理が再生型手続の場合で、本社、工場等、主たる債務者が実質的に事業を継続する上で最低限必要な資産が保証人の所有資産である場合は、原則として保証人が主たる債務者である法人に対して当該資産を譲渡し、当該法人の資産とすることにより、保証債務の返済原資から除外するとされています。

保証人が当該法人から譲渡の対価を得る場合には、原則として当該対価を保証債務の返済原資とした上で、保証人の申し出等を踏まえつつ、残存資産の範囲を検討します。

（5）その他の資産
　一定期間の生計費に相当する現預金に加え、残存資産の範囲を検討する場合において、生命保険等の解約返戻金、敷金、保証金、電話加入権、自家用車その他の資産については、破産手続における自由財産の考え方や、その他の個別事情を考慮して、回収見込額の増加額を上限として残存資産の範囲を判断します。

※多額の解約返戻金がある生命保険の場合、債務者としては債権者への返済原資になることを嫌って解約して現金を手許に残すことが見られます。しかし被保険者が高齢の場合には保険リスクも高まっていますので、解約するのではなく、掛け捨て型に変更することができるのであれば変更しておくことも検討すべきでしょう。

9．抵当権への影響
　ガイドラインに基づく保証債務の弁済計画の効力は、保証人の資産に対する抵当権者には及びません。したがって、当該抵当権者は、弁済計画の成立後も、保証人に対して抵当権を実行する権利を有します。この点、ガイドラインにしたがって、残存資産として認められるかどうかにかかわらず、既存抵当権者がいる場合には対価の支払いが必要になります。無条件に抵当権の抹消が認められるわけではないので誤解のないようにしてください。
　ただし、ガイドラインに基づく弁済計画においては、当該計画の履行に重大な影響を及ぼすおそれのある債権者を対象債権者に含めることが可能であるため、たとえば、自宅等に対する抵当権の実行により、弁済計画において想定されている保証人の生活の経済的再建に著しく支障をきたすような場合には、保証人が、当分の間住み続けられるよう、抵当権者である債権者を対象債権者に含めた上で、

弁済計画の見直しを行い、抵当権を実行する代わりに、保証人が、当該資産の「公正な価額」に相当する額を抵当権者に対して分割弁済する内容等を当該計画に記載することも考えられます。なお、弁済条件については、保証人の収入等を勘案しつつ、保証人の生活の経済的再建に支障をきたすことのないよう定めることとされています。

10. 事業再生と保証債務

そもそも保証人の保証債務については厄介な問題です。免責を得るにあたって、何らかの経済的犠牲を払うことが少なくありません。たとえば、事業譲渡、会社分割、M＆A等を実施するタイミングに合わせて免責を得るという方法が考えられます。多くの場合に、経営者が保証人ですが、この場合は保証債務が解消されなければ企業買収に応じないということで条件交渉を行うことになります。譲渡代金に保証債務を含ませるわけです。

保証人に資産がなければ債権者は保証債務の免責に応じやすいことになります。資産のない保証人の保証債務は免責して組織再編にあたって一括回収した方が経済合理性に勝るからです。

保証人として守らねばならない資産であれば、別の金融機関から融資を受ける等により資産を保証人以外の親族・知人、第二会社に移転することもあります。保証人の資産を処分することにより、保証人に資産がないケースとして条件交渉に移るわけです。換言すれば、保証人に十分な資産がある場合に免責を受けるのは簡単ではないということになります。

オーナー以外の親族や、昔からの従業員（多くの場合は取締役になっています）が保証をしていることもあります。自宅が重要な資産になっていることが多くみられますが、第三者に資産を譲渡したり、債権者と交渉していくらかを支払うことで免責を受けることになります。

保証人が全くの無傷で保証債務の免責を受けるのは難しい場合が少なくありません。「経営者保証のガイドラインによって簡単に保証債務が免責になる」という誤解は正さなければなりません。債務者の弱みに付け込んで、高額な着手金や報酬を狙う無資格・無責任な偽専門家が暗躍しているので要注意です。

(1) 特定調停の利用
　平成26年12月12日付で「経営者保証に関するガイドラインに基づく保証債務整理の手法としての特定調停スキーム利用の手引き」が策定されています。これは保証人の債務整理を特定調停で進めるものです。特定調停手続については第Ⅴ章【5】を参照してください。

(2) 保証人への課税軽減措置（所得税法64条2項）
　主たる債務者が債務を履行しないときに保証人が保証債務を履行した場合、所得がなかったものとする特例が認められています（所得税法64条2項）。この特例を受けるには、次の三つの要件全てに当てはまることが必要となります。

ⅰ．本来の債務者が既に債務を弁済できない状態であるときに、債務の保証をしたものでないこと
ⅱ．保証債務を履行するために土地建物を売っていること
ⅲ．履行をした債務の全額又は一部の金額が、本来の債務者から回収できなくなったこと

　要するに、本来の債務者が資力を失っているなど、債務の弁済能力がないため、将来的にも回収できない場合に特例を受けることが可能となります。たとえば、主たる債務者が法人である場合に返済原資が他に無く、保証人が弁済した場合です。主たる債務者に弁済能力がある場合には特例は受けられません。
　他にも、たとえば、保証人たる経営者が主たる債務者である法人の債務を履行した場合、経営者が法人から借入金を有している場合

は適用されません。64条2項では「履行に伴う求償権の全部又は一部を行使することができないこととなった場合」が要件として挙げられていますが、保証人が法人に対して借入金を返済する義務を負っている場合には、保証債務を履行しても、それは借入金の返済と解釈でき求償権を取得しないからです。このような場合には特例の対象外になり、所得税が課税されることになります。

> ▶ チェックポイント
> 保証債務が軽減化される傾向がありますが、担保に差し出してしまったのであれば、その解除は困難です。保証をしないなら融資しないという金融機関の論理も無視できません。抜本的解決策としては、しっかりした事業計画を作成することに尽きるのです。

【5】特定調停の利用

要 旨

民事調停法の特例として「特定債務等の調整の促進のための特定調停に関する法律」(特定調停法、平成12年2月17日施行)が施行されました。特定調停は裁判所の調停委員が調停により利害関係を調整するものですが、法的拘束力は無く、債権者は調停に応じる義務はありません。よって、特定調停による解決を行うのであれば事前に根回しをしておき、調停の場で最終確認をするという方法が効果的です。ここでは特定調停について概要を整理します。

特定調停が始まった初期の頃は事業再生には活用されていませんでしたが、日本弁護士連合会が主導する形で三つの「手引き」を策定しています。
- 「金融円滑化法終了への対応策としての特定調停スキーム利用の手引き」(平成25年12月)
- 「経営者保証に関するガイドラインに基づく保証債務整理の手法としての特定調停スキーム利用の手引き」(平成26年12月)
- 「事業者の廃業・清算を支援する手法としての特定調停スキーム利用の手引き」(平成29年1月)

1.「金融円滑化法終了への対応策としての特定調停スキームの利用の手引き」

中小企業者等に対する金融の円滑化を図るための臨時措置に関する法律(通称:中小企業金融円滑化法)が平成25年3月末日に終了したことへの対応策として、主に中規模以下の中小企業の事業再生を支援するため、最高裁判所、経済産業省中小企業庁と協議し、特定債務等の調整の促進のための特定調停に

関する法律(平成11年12月17日法律第158号)に基づく特定調停制度を活用するスキーム(以下「本特定調停スキーム」という。)を策定し、平成25年12月から「本特定調停スキーム」の運用が開始されています。

　本特定調停スキームは、民事再生等の法的再生手続によれば事業価値の毀損が生じて再生が困難となる中小企業について、弁護士が、税理士、公認会計士、中小企業診断士等の専門家と協力して再生計画案を策定し、金融機関である債権者と事前調整を行った上、合意の見込みがある事案について特定調停手続を経ることにより、一定の要件の下で債務免除に伴う税務処理等を実現し、その事業再生を推進しようというものです。

　平成25年12月に「経営者保証に関するガイドライン」が公表され、同ガイドラインに基づく保証債務の整理にあたり、特定調停手続を活用することが極めて有用であるため、最高裁判所、経済産業省中小企業庁、金融庁との協議を行い、特定調停により主たる債務者(事業者)を債務整理する場合に保証人(多くは経営者)も一体で債務整理を進めることを想定して「本特定調停スキーム」の手引きをこれに対応して平成26年12月12日付けで改訂しました。(日弁連HPより抜粋・引用)

　この特定調停スキームは資金繰りに窮するなどにより経営困難な状況に陥り、本格的な再生処理が必要となる中小企業のうち、比較的小規模な企業の再生を支援することを目的としています。

　債務者の事業規模としては、日本弁護士連合会のホームページで、年間売上(年商)20億円以下、負債総額10億円以下の企業が例示されています。さらには、約定金利を支払える程度の収益力があり、法的整理ではなく、私的整理が相応しい場合が対象として想定されています。

　特定調停の申し立て前に、税理士や公認会計士等による財務デューデリや事業デューデリを実施するなどして計画案を策定し、金融機関の同意の見込みを得る必要があります。十分な根回しをしておくことで、あらかたの合意を得ておき、調停の場で最終的な合

意を得ることが理想的な進め方となります。金融機関にとっては、「公の場で合意した」という形をとることが求められるのです。

　同意を得る見込みのない事案については、本特定調停スキームには馴染まないことから、他の私的整理手続や法的再生手続を検討することが必要となります。この場合は必要に応じ、強制力のある法的再生手続を行うことになります。

２．「経営者保証に関するガイドラインに基づく保証債務整理の手法としての特定調停スキーム利用の手引き」

　保証人の債務整理のみを特定調停で進める単独型の活用も想定して、特定調停手続による同ガイドラインに基づく保証債務の整理の手順についてまとめた「経営者保証に関するガイドラインに基づく保証債務整理の手法としての特定調停スキーム利用の手引き」を平成26年12月12日付けで新たに策定しました。（日弁連HPより抜粋・引用）

　個人保証をしている中小企業が窮境に陥った場合に、保証人はその経済合理性の範囲内で一定の残存資産を手元に残すことができ、その余の資産を換価・処分して一括返済し残余の保証債務の免除を受けるというのが経営者保証に関するガイドラインの要旨です。特定調停を進めるには、主たる債務者・保証人・支援専門家（弁護士、公認会計士、税理士等の専門家で全ての対象債権者がその適格性を認めるもの）が協同で行うことになります。

　たとえば、保証人が残存資産を手元に残して保証債務を一部履行して残存する保証債務の免除を受けるためには、保証人が全ての対象債権者に対して、保証人の資力に関する情報を誠実に開示し、開示した情報の内容の正確性について表明保証を行うことが必要です。そして、支援専門家が対象債権者からの求めに応じて、当該表明保証の適正性についての確認を行い、対象債権者に報告することも必要となります。

　特定調停手続を円滑に実施するためには、いきなり調停を申し立

てるのではなく、事前に十分に債権者と協議を行うことが肝要です。事前に債権者から合意の見込みを得ておくことができれば、特定調停手続を迅速かつ円滑に成立させることが容易になります。この点は前記の「特定調停スキーム」と同様です。

3.「事業者の廃業・清算を支援する手法としての特定調停スキーム利用の手引き」

> 昨今は中小事業者の再生だけでなく円滑な廃業・清算のニーズが高まっていることを受けて、日本弁護士連合会は最高裁判所等の関係機関と協議し、新たに廃業支援型の特定調停スキームの手引き書を策定いたしました。廃業支援型の特定調停スキームは、特定調停手続の活用により、事業の継続が困難で金融機関に過大な債務を負っている事業者について、経営者保証に関するガイドラインの適用により保証債務を処理することも含めて、債務免除を含めた債務の抜本的な整理を行い、かかる事業者を円滑に廃業・清算させて、経営者や保証人の再起支援等を図る制度です。(日弁連HPより抜粋・引用)

廃業支援型の特定調停スキームは、経営者保証に関するガイドラインを利用して債務免除を含めた債務の抜本的な整理を図るものです。

(1) 債務者及び保証人のメリット

債務者は債権者である金融機関の理解を得た上で、金融機関に対する債務以外の債務を支払うこともでき、商取引先等の関係者に大きな影響を与えません。また、経済的合理性の観点から全対象債権者の理解を得た上で、少額債権者は全額保護するなどの差を設けた計画も可能です。通常清算手続又は特別清算手続のコストは必要ですが、破産管財人報酬の支払いは不要となりますので費用を抑えることができます。

一定の範囲で保証人の資産を残すことも可能で、信用情報機関に

登録されず官報等で個人情報が公表されることもないので、破産手続の場合に比べて保証人の経済的更生が図りやすいといえます。

（2）金融機関のメリット

特定調停によって裁判所が関与するために手続が公正であることが担保されていますし、債権放棄を行う場合にその額を貸倒損失として損金算入が認められます。安心して債権放棄に応じることができるわけです。

4．特定調停の利用方法

特定調停を申し立てても調停には強制力がありませんので、債権者が強硬な姿勢を崩そうとせず合意に至らない場合もあります。調停期日に合意が成立しない場合は不成立として終了してしまいます。

（1）十分な根回しが必要

調停には強制力がないからこそ、事前の十分な根回しが重要になります。根回しもしないで、とりあえず調停を申し立てれば良いというものではありません。民事再生法においては、債権者の攻撃に対抗するため緊急避難的に、とりあえず民事再生を申し立ててから計画を策定するというような姿勢で臨む場合もあります。法的整理だからこそできる不遜な態度だとさえいえるでしょう。

調停はそうはいきません。拘束される義務も、合意する義務もないからです。債権者に拒否されたならば話し合いにすらなりません。

よって調停においては、適切な再生計画を策定し、金融機関を回り計画を説明し、意見や要望を反映する形で修正を行うのです。タイミングを見計らいバンクミーティング（債権者会議）を行い、最終の合意案に近づけていきます。

このようにして十分な根回しを行って合意内容の大筋に納得を得た後に、最後に合意する場として特定調停を利用するのです。

（2）民事調停法の17条決定

調停が成立する見込みがない場合に、裁判所が当事者双方の公平を考慮しながら、職権で事件解決のための必要な決定が17条決定と呼ばれるものです。この決定は債権者が特定調停に同意したのと同じ効果があります。

17条決定は決定告知を受けた日から2週間以内に当事者は異議を申し立てることができ、債権者が異議を申し立てることによって17条決定の効力は失われます。

債権者としては仮に17条決定の内容に異論があるとしても、「できるだけのことはした」という形を整えることができます。よって、不良債権の最終処理を行うために、多少の不満があっても異議を申し立てるのではなく調停案を受け入れることも少なくありません。

裁判所に17条決定を出してもらえれば、金融機関としては、それを受け入れる形で直接償却に持ち込むことができるというわけです。このようにしておけば、後日、検査・監査で否認されるリスクがなくなるため、安心して債権放棄ができるのです。些細な違いであれば、調停の中身よりも調停で決定されたという事実の方が大切なのです。

（3）弁護士を介さない申し立て

利用の手引きは日本弁護士連合会が策定したものです。現行法では弁護士法72条によって、代理行為を行うことができるのは弁護士のみとされています。弁護士以外の専門家は代理人として活動できませんので、調停の当事者になることもできません。

経営者自らが行うことで安価に、かつ自分の思う通りに進めることができます。

債権者に対して十分な根回しを行い、債権者会議を開いて誤解を解くとともに合意を得られるようにあらかじめ目途をつけておきます。合意内容さえ確定に近づけば、特定調停の申し立ては自分でもできます。独力で十分可能ですが、司法書士の補助を得れば、なお結構です。合意内容は調停の場で修正しながらまとめればよいのです。裁判所で親切に添削指導してくれます。最後に修正された調停

案を裁判所が示し、債権者の同意を図ることになります。
　このように、弁護士を介することなく、自分自身でも特定調停の申し立てはできるのです。申し立てをどのように行うかという点よりも、合意を得ることの方が遥かに大変であることを理解しておかなければなりません。申し立てに無駄な時間と費用をかけるくらいなら、自分でサッサと片付けて、債権者の合意を得ることに時間と費用をかけるべきです。

> ▶ **チェックポイント**
> 調停は十分な根回しの後、最後の仕上げの段階で利用するものです。いわば、調停で合意したという事実を提供する場なのです。無策のまま調停を申し立て、調停の場で話し合うというものではないのです。

【6】回収交渉の失敗（債権者側の失敗）

要 旨

債権者の回収行動と債務者の返済行動は、交渉を通してお互いの利益が最大化するような形で決着すべきところ、債務者側の失敗で事業再生が頓挫したり、債権者側の失敗で回収の極大化が実現しないようなケースもあります。ここでは債権者の回収交渉の失敗を取り上げることにします。

債権者側の失敗とは何でしょうか？
　そもそも債権者は多くの債権を抱えており、一つの債権から多くの回収を行うことだけが経済合理性の判断基準ではありません。また、債権放棄をするのであれば、なぜその額で放棄しなければならないのかを明確にしなければなりません。たとえ結果的に回収額が減ったとしても大義名分が成り立つならば、それはそれで経済合理性が認められるのです。このように、何らかの理由により結果的に回収額が減ってしまうという例は少なくありません。

1．任意売却を拒否した例

抵当権が設定されている不動産を第二会社で購入するため、抵当権者に抵当権の消滅を請求したが拒絶された例は少なくない。抵当権者に対して抵当権消滅請求をした例で、抵当権者が拒絶して競売を選択したり、あるいは抵当権者自らが競売を申し立てることもある。いずれにしても、せっかく債務者が競売ではなく任意売却による高値での購入を申し出たのに、債権者が競売の道を選択するわけである。その結果、低い回収額になってしまうという「金額の失敗」である。いわば、任意売却という恣意的な処分ではなく、競売という客観的な処分を選択した結

> 果、回収額が少なくなるというものである。

　不動産を市場で売却する価格（これを正常価格と呼びます）に比べ、競売価格は一般に三割程度低い価格水準になります。競売で処分するよりも任意売却の方が高値で処分できるのです。
　しかし、不動産の正常価格がいくらなのか、競売価格がいくらなのかは判然としません。買主が出現して「この金額で買います」と言っても、その金額が妥当なのかは不確実なのです。しかし、競売制度によって不動産を処分したのであれば、その金額は最高の入札額ですので客観性があることになります。
　換言すれば、客観性の無い「高い」金額と、客観性のある「低い」金額のどちらを選ぶかという意思決定の問題になるわけです。
　競売手続の中では、裁判所選任の不動産鑑定士が対象不動産の評価を行い、その結果を裁判所に報告します。その金額を基に裁判所では売却価格を決定します。不動産鑑定士が行う不動産鑑定は基本的な手法は同じですので、どの不動産鑑定士が行っても金額に大差は生じません。ということは、競売手続を行わなくても、不動産鑑定士に鑑定を依頼すれば金額を把握することができるのです。
　債権者にとっては「なぜその金額で抵当権の消滅に応じたのか」をはっきりと疎明しておく必要があります。安易に定額で抵当権の消滅に応じたのでは、将来において貸倒損失が生じたときに損金処理を否認されかねないからです。よって競売処分による金額の客観性は重要な判断基準になるのです。
　結果論であると片付けてしまえばそれまでですが、任意売却で示した金額を債権者が拒絶して競売処分に持ち込んだ結果、大幅に低い金額での落札となった例は少なくありません。中には半額近くになった例もあります。最初に提示した金額で債権者が抵当権消滅に応じておけば良かったのに、これを拒絶して競売に持ち込んだために債権者の回収額が大幅に減ってしまったわけです。金額の客観性を重視したために、低い回収額に甘んじることになるという失敗に他なりません。

※この場合、債務者は競売に札を入れます。低い金額で落札できれば、債務者に利得が生じることになります。いわば債権者が得るはずだった利得が債務者に移ったのです。ただし、債務者としては「落札できるか不確実である」というリスクを負担することになります。入札額の決定、二重入札の実施などの慎重な対応が求められます。

２．配分交渉に手間取り買主を失った例

> 抵当権を設定している債権者と抵当権を設定していない債権者間で、債務者からの回収額の配分を巡って争いになる例は少なくない。事業を売却することで借入金の返済を計画していた例で、第三者である譲受人は100の買取額を提示してきた。譲受人は不動産を80、営業権を20と評価していたのだが、抵当権を設定している債権者は80では不足するといい、抵当権を設定していない債権者は80では多過ぎるといい、配分交渉に手間取ることになった。さらには、金額の客観性を確保するため特定調停による解決を求めてきた。何らかのお墨付きがないと債権放棄ができないという主張であった。当然のことながら時間がかかることとなり、譲受人は買受を拒絶してきた。債権者間の配分交渉が手間取り、買主が手を引いてしまった典型例である。

　事業再生は債権者と債務者の対立として捉えられがちですが、実際には債権者と債権者の間の対立問題であることが少なくありません。端的な例が、有担保債権者と無担保債権者の配分交渉です。

　抵当権を設定している債権者については、不動産を処分した額を優先的に配分します。その後、債務者から回収した額を無担保債権者が、債権額に応じて按分する形で配分します。すなわち、不動産処分の額が多いか少ないかという問題は、有担保債権者と無担保債権者との配分交渉の問題でもあるのです。

　不動産を処分する額がいくらであるべきかを把握するには、不動産鑑定士による不動産鑑定評価が有効です。この場合、市場で取引

される額（正常価格と呼びます）を鑑定評価で求めます。この例でも不動産鑑定により正常価格を把握するとともに、万が一の競売を想定して、競売評価額も求めました。
　債権者との交渉を繰り返した結果、金額の内諾を得るに至ったものの、債権者としては債権放棄を行うには「合意に至った過程についても客観性を確保しておきたい」との要求がなされました。背景には、将来において貸倒損失を計上し、それを税務当局に損金として認定してもらうための客観性を確保しておきたいという債権者の思いがあります。無理からぬ話です。
　しかし、抵当権の有無の違いにより各債権者間の配分をどのようにするか、債権放棄に至った過程をいかに客観的なものとするか等々は債権者側の問題です。債務者や譲受人にしてみれば、どうでもよい話なのです。
　債権放棄に至る過程を客観的にするためには、法的整理を行うことが考えられます。究極今回の例は資産を第三者に譲渡して借入金を返済し、従来の会社は廃業するというものでした。したがって、考えられる法的整理は民事再生ではありません。再生ではなく清算の手続になります。
　裁判所を通して手続を進めるとなると、それなりの時間が必要になります。会社に係る全ての債権債務を整理しなければならないからです。ところが、資産を第三者に売却するだけであれば、資産に係る債権債務を整理すればよいのであり、整理対象は限定されます。そこで考えられる方法は、利害関係人のみを対象とした特定調停です。調停という形で解決することでお墨付きが得られるからです。
　この例でも苦肉の策として特定調停の道を選ぶことにしました。しかし、配分交渉だ、特定調停だと、あまりに時間がかかり過ぎたため、譲受人が手を引いてしまいました。時間をかけ過ぎたために失敗してしまったのです。債権者間の配分交渉や、客観性の確保に拘り過ぎるのは債権者の身勝手というものです。債権者側の勝手な事情で、肝心なスポンサーを軽んじるようでは元も子もないのです。

3．担保漏れ

> 債務者に関わる金融機関は地元の銀行と都市銀行の二行であった。都市銀行は一部の土地に抵当権を設定していなかった。抵当権の設定漏れである。抵当権の設定漏れとなった部分には、地元の銀行が抵当権を設定した。その後、都市銀行はサービサーに債権譲渡を行い、サービサーが競売を申し立てた。ところが、抵当権の設定漏れがあったため、サービサーとしては一部の土地から回収ができなくなってしまった。債権者の債権管理ミスの典型例である。

　不動産の競売が行われる場合、抵当権に基づく競売の申し立てが一般的です。金融機関としても債権保全を図るため、融資にあたって担保を求めるからです。

　しかし、抵当権があれば常に競売を申し立てられるものではありません。たとえば、不動産を競売により処分して100の回収が期待できる場合に、第一順位の抵当権者が100以上の抵当権を設定していれば、後順位の抵当権者には配分がなされません。

　競売をしても配分が期待できないなら、そのような抵当権者は競売を申し立てる利益がないので、競売を申し立てたところで、その競売手続は取消となってしまいます。裁判所の職権で無剰余取消として取消されるのです。したがって、無剰余となるような抵当権者は脅威ではないということになります。

　この例では一部に剰余がありませんでした。無剰余なので取消になるのか、あるいは不動産を一体として把握することで競売が続行されるのか裁判所とも協議した結果、競売続行となりました。競売は続行になったものの、抵当権の設定漏れの部分については都市銀行には配分されず、地元の銀行に配分されたことは言うまでもありません。

　実際のところ、抵当権の設定漏れは散見されます。債権管理の初歩的ミスということができます。このような場合には、他の債権者が抵当権を設定することが考えられます。いわば他の債権者の抵当

権によって守られるという形になるのです。

4．時効による債権消滅

> サービサーとの返済交渉が決裂し競売がなされた。競売により回収が債権者として最後の回収となった。債権者は放置したまま５年が経過した。債権の消滅時効が成立したので、債務者はサービサーに連絡したところ、「入金記録があり、返済を受けているので時効は中断している」と反論されてしまった。サービサーの一方的な事実無根の主張であった。当然に事実の証明はできないものであった。即刻、サービサーの監督官庁である法務省にクレームを入れたところ、数日後にサービサーから詫びが入り、債権の消滅時効が認められた。時効中断手続を怠るという債権者の債権管理ミスだったのである。

　消滅時効は債務者が援用して初めて効果を生じます。何もしないと債権は消滅しないのです。

　一方で、債務者が一部弁済を行ったり、債務の承認を行ったりすると時効の進行が中断していまいます。せっかく５年の期間が経過し、消滅時効にかかっているのにもかかわらず、取り立てに来た債権者にいくらかを支払ったために時効が中断してしまうということもあり得る話です。

　このような時効の中断は、「債務者側の債権管理ミス」ということができますが、より単純な話として、「債権者側の債権管理のミス」が生じる場合があります。回収を怠り、時効にかかってしまうというものです。まさに初歩的なミスです。

　この例にもあるように、債権者による債権回収の懈怠が発生するのは、競売などで大きな回収を行った後や、サービサーへの債権譲渡が行われた後であることが少なくないようです。いわば大きな回収を行った後、そのまま債権管理を放置したために時間が経過してしまうというわけです。債権者としては、いくらかの一括返済を受けて残債権の放棄をすれば良いものを、残債権の時効が成立した後

になって、債務者から時効の援用があって初めて債権の回収漏れに気付くというわけです。これでは回収額を下げてしまうことになります。まさに債権者側の失敗というわけです。

　この例では、サービサーが嘘を並べて時効中断を主張してきました。もちろん、中断事由が生じたことは債権者側が立証しなければなりませんので、無駄な抵抗に等しいのです。監督官庁にクレームを入れたところ、サービサーは数日で非を認めてきました。サービサーの目に余る行為については監督官庁にクレームを申し立てるというのも有効な方法です。ただしこれは最終手段であり、むやみに行うと話がこじれるので注意が必要です。

> ▶ **チェックポイント**
> 金融機関には金融機関の論理というものがあり、結果として少ない金額の回収しかできなかったとしても、回収交渉の失敗とはいえません。様々な非合理的な結論が自発的に選ばれる場合もあるのです。

【7】返済交渉の失敗（債務者側の失敗）

要旨

筆者が金融機関で不良債権の回収責任者の職を務めていた当時から、様々な債務者と接することで、債務者の失敗の典型例を垣間見てきました。さらに、退職して独立した後も様々な債務者と接してきました。ここでは債務者側の失敗の例を取り上げることにします。

債務者側の失敗とは何でしょうか。
　そもそも債務者は返済義務を負っていますので、借入金の限度内であれば、より多くの返済を行うということは失敗ではありません。返済義務を履行しただけの、いわば当たり前の話です。返済義務をきちんと果たした結果、債務者が破綻しないで済むべきところ、何らかの理由で破綻の憂き目に合ったり、事業再生が実現できなかったようなケースが債務者側の失敗となります。

1．債権者破産を申し立てられた例

債務者の返済停止が長引き、これが債権者の逆鱗に触れ、債権者が本気で破産を申し立てたケースで、債務者は「債権者の破産申し立ては返済を求めるための方便に過ぎないのであるから、そのような破産申し立ては棄却するよう」に裁判所に求めたのであった。しかし、裁判所から破産の開始決定が出されると、債務者は「債権者の行為は商業道徳上の問題がある」とか「債権の一部は消滅時効で消滅している」といった的外れな主張を繰り返したのであった。まさに債権者を相手に争う道を選んだのである。さらに債務者は民事再生を申し立てたものの、結局、裁判所の指定した期日までに債務者と債権者の話がまとまらず、

> 他の債権者も差押えなどの法的手段に訴えてきた。こうなると再生の道は閉ざされてしまう。見守っていた他の債権者が見切りをつけて一斉に動き出したからだ。案の定、債務者の主張は裁判所で棄却され、破産手続が開始されたのだった。

　この事例の債務者は状況を全く理解していませんでした。自ら捲いた種とはいえ、債権者が本気で破産を進めていることに気づかず、的外れな行動を取ったのです。これが債務者の第一の間違いでした。
　その一方で、債務者は民事再生法による再生手続の開始を申し立てました。新たに債務者が選任した代理人弁護士は「債権譲渡を争ったり時効主張したのは間違いであった。債権者の協力を得ながら再生を図りたい」との方針転換を申し入れてきました。遅ればせながら、やっとまともな姿勢を示したのです。
　債務者は抵当権の目的物である不動産を手放したくないというのが本心なのですが、債務者の代理人である弁護士は「債務者は不動産を手放すことも考えている」との認識でした。債務者側弁護士の話を受け、債権者は「債務者が不動産を手放すことを条件に民事再生に応じても良い」旨を回答しました。しかし、債務者本人は不動産を手放すことを拒絶したのです。
　自らが選任した弁護士は「物件売却する」といい、債務者本人は「物件売却しない」という、相反する主張を行っていて債権者と合意できるはずがありません。債務者は債権者との交渉においても大失敗したのです。これが債務者の第二の間違いでした。

※全ての弁護士にあてはまるわけではありませんが、時として悪質な弁護士は依頼者の資産を売却させるように誘導します。売却により資金を確保し、その中から自らの報酬を確保するというものです。

　この例は自らの判断ミスにより破綻を現実のものにしたという典型例でした。
　たしかに、債権者への返済が増えれば債務者の内部留保は減るのですから、債権者と債務者は一つのパイを奪いあうという、利益が

相反する関係にあるともいえます。しかし、債権者と債務者が協力し合うことでパイを大きくすることができれば、結局はお互いの取り分は増加するのであり、この観点からお互いの利益は一致します。

債務者は債権者を刺激してはならないのです。債権者に協力を求めるためには、頭を下げてお願いすべきなのです。特別の計画にしたがって、返済を停止するのは良いのですが、やみくもに返済を停止するのは、いたずらに債権者を刺激するのであり極めて危険な賭けのようなものです。

この例では債務者が破産すると収益を計上できないため、債権者も回収額が減少してしまいます。それでも債権者は債務者の破産という道を選択しました。

なぜならば、債務者が歩み寄るという姿勢を最後まで見せなかったからです。的外れな主張を繰り返し、敵対的な姿勢を貫いているような債務者との話し合いは不可能と判断したのです。

債権者には理解と協力を求めるべきです。この事例のように債権者を敵に回すことは致命的になりますので注意が必要です。債権者と敵対する債務者の末路は破産しかないのです。同じような過ちを繰り返すことが無いように十分に注意することが必要です。

２．無担保不動産を資産譲渡して新債権者の要求に屈した例

> 債務者は多くの事業用不動産を抱えて不動産賃貸業を行っていた。賃料水準の下落により賃料が減り、返済が苦しくなった。そこで、第二会社を設立して資産譲渡することで再生を図った。その時、無担保の不動産も第二会社に移転した。債権者は無担保不動産を売却して返済すべしと要求していたが、これを無視して、抵当権が設定されていないのを良いことに第二会社に移転したのであった。これが債権者の怒りに触れることとなり、強硬な態度に出てきた。債権者の執拗な攻撃に屈し、結局は移転した不動産の売却による返済を余儀なくさせられた。

収益用不動産を取得するとき、多くの場合に金融機関からの融資

を受けます。このとき、当然ながら金融機関は抵当権を設定します。その不動産に抵当権をつければ十分であり、他に不動産があるとしても、それらには抵当権を設定しないことも少なくありません。

※担保価値が低い場合には追加担保の提供を求められますが、債権が保全される範囲での追加担保を求められることがあっても、全ての不動産に抵当権が設定されるわけではありません。

　複数の事業用不動産を持つ債務者だったのですが、抵当権を設定していない他の不動産もありました。金融機関からは、これら抵当権のついていない不動産を売却して返済するように求められていました。
　ところが債務者はこれを無視し、債権者の度重なる要求をのらりくらりと誤魔化し、抵当権付きの不動産を第二会社に移すときに抵当権が設定されていない不動産も一緒に移してしまいました。
　問題はその後に発生しました。債権譲渡が行われ、出現した新債権者が強硬な要求をしてきたのです。すなわち、抵当権がついていないことを良いことに、不動産を第二会社に移転したのは詐害行為だと主張してきたのです。
　新たに出現した債権者の執拗な要求は強硬でした。詐害行為取消権を行使するだけではなく、債権者による破産申し立てもちらつかせながら、債務者を揺さぶってきたのです。最後には債務者が白旗をあげる形になりました。まさに、新債権者の粘り勝ちです。結局、第二会社に移した抵当権のついていない不動産の多くを売却し、新債権者に返済することになりまた。
　本例は、現債権者への根回し不足と、新債権者の要求に耐えられなかったという債務者の弱さが問題だったといえるでしょう。根回し不足のまま安易に第二会社に移転してしまった後、大騒ぎをした例でしたが、後の祭りだったというわけです。

3．リスケではなく債権放棄を求めて話がこじれた例

> その債務者は長年にわたり粉飾決算をしていた。その方法は極めて悪質かつ入念な仕組みであり、見せかけの利益と実体のない資産を計上していた。資金繰りに詰まり、金融機関に対して粉飾の事実を公表するとともに返済条件の見直しを申し出た。粉飾の事実を知った金融機関は一応に態度を硬化させたが、適切なリスケを行うことで回収が可能であると判断するに至った。ところが突然に出現した弁護士が債権放棄を求めてきたため、金融機関の足並みが乱れ始めたのである。一部の金融機関が回収に走ったため、全行一致でリスケに応じるとの姿勢を示していた金融機関もリスケを拒否することになった。

　弁護士に相談を持ちかけた結果、自己破産させられた例については以前紹介しましたし、拙著の中でも紹介しています。今回新たに紹介する例も、弁護士の誤った対応により話がこじれてしまったケースです。

　この例は時間をかけてリスケを行えば返済が可能なケースでした。粉飾決算を行っていた事実はマイナスの評価でしたが、リスケさえすれば全額回収が可能であるため、全行一致で協力すれば正常化も可能な案件でした。現にリスケの方向で進んでいたのでした。

　各金融機関の協力を得て、協調して取り組めば解決するケースだったのですが、弁護士に「どのような解決を望むのか」を聞かれた経営者は「できれば債権放棄をしてもらいたい」と答えたのです。

　これを真に受けた弁護士は、リスケによる事業再生を方向転換し、債権放棄を求めて各金融機関と交渉を始めてしまいました。その結果、話がこじれてしまったのです。一部の金融機関は競売を開始し、これに対抗するために民事再生法による再生を行い、最終的にはM&Aで身売りするという形になってしまいました。

　おそらく金融機関の論理を知らない弁護士だったのでしょう。あるいは自己の報酬を確保するため、私的整理ではなく法的整理を指向したのかもしれません。理由は不明ですが、明らかに債権者にとっ

ても債務者にとっても経済合理性が成り立たない方法を選択したのでした。

　金融機関の実務を知っていれば、債権放棄が通らないことを分かったはずです。ましては粉飾決算を行っていた事例です。このような案件で債権放棄を行うことは経済合理性が成り立たないばかりか、金融機関としては無税直接償却の道が確保できないのです。リスケで解決できるケースなのに下手な交渉を始めてしまったために話がこじれてしまったのです。

　経営者にしてみればリスケより債権放棄の方が良いに決まっています。返済額が減るからです。弁護士にしてみれば、私的整理ではなく法的整理に持ち込むことで合法的に資産を売却させ、弁護士報酬を確保できます。資産の売却を伴わないリスケよりも合理的というわけです。

　債権放棄を安請け合いし、民事再生法だ、Ｍ＆Ａだと、経営者の望まない方向に進んでしまっても、弁護士は痛くも痒くもないのかもしれません。手付金はもらっていますし、今度は、民事再生法、Ｍ＆Ａの案件として手数料を稼ぐつもりだったのでしょうか。

　弁護士やコンサルタントは「相談する」相手ではなく、「利用する」相手なのです。経営者としては正しく利用するために、最低限度の知識を得ておく必要があるのです。

> ▶ **チェックポイント**
> 債務者の失敗は様々です。ここで紹介した「債権者と対立した」「欲を出し過ぎた」「相談相手に恵まれなかった」というケースから学ぶべき点は多いのではないのでしょうか。

第VI章
専門家の利用

【1】偽専門家の暗躍

> **要旨**
>
> 最近は事業再生コンサルタントを名乗る業者が増えてきました。いろいろな自称専門家が活動しているようですが、中には質の悪い人々も存在します。筆者が被害者から相談を受け、あまりの酷さに呆れかえり弁護士を通して不当利得の返還請求を行った事例は一つや二つではありません。ここでは偽専門家によってどのような悪質なことが行われているのかを紹介し、注意を喚起することにします。

　筆者が金融機関の回収責任者の職を辞して事業再生のコンサルティング業務を始めたのは平成12年のことです。当時は事業再生を専門とするコンサルティング会社は数少ない状況でした。今では事業再生を掲げる業者が乱立しており、中には悪質な例も見られます。「事業計画と再生計画は違うということ」（第Ⅱ章【10】）、「事業計画と返済計画は違うということ」（第Ⅱ章【11】）等々、基本的な知識すら欠如した「偽専門家」が溢れているので注意が必要です。

　詐害的第二会社で金融機関を敵に回すような無理な対策を強行したりする偽専門家は、経営者にしてみれば頼もしく見えることもあります。「何か変だな」「大丈夫かな」と思いつつも、口車に乗ってしまうのです。場合によっては、顧問の会計事務所が頼りなく見えることさえあるようです。

　しかし、しばらくすると債権者からの反撃を受けることになります。化けの皮が剥がれるのです。すると、偽専門家はその時点で退散してしまいます。彼らの狙いは高額の着手金と反撃されるまでの間の高額の報酬なのです。中には、もっともらしく成功報酬を取り決める輩もいますが、滅茶苦茶な行動で事業再生が成功するはずもありません。最初から成功報酬などはあてにしていないのです。

1．偽専門家の基本姿勢

（1）詐害的な事業再生を行う

　債権者の合意を得るどころか債権者に黙って会社分割を行い、あるいは重要な事業を第二会社に事業譲渡し、債務は従来の会社に残したまま知らん顔をきめこむという詐害的会社分割あるいは詐害的事業譲渡が行われています。

　もちろん、そのような行為は法的にも問題である場合が多く、債権者によって会社分割無効の訴えや、法人格否認、債権者取消等の対抗手段を講じられることもあります。しかし、債務者が事業再生の実務に詳しくないことに乗じて詐害行為を強行し、場合によっては資産や事業の売却で自らの手数料を稼ぐような輩も存在しますので注意しなければなりません。債務者だけに都合の良いような会社分割や事業譲渡はできないということに気をつけなければなりません。

（2）敵対的な交渉姿勢で臨む

　債権者をないがしろにする例は他にも散見されます。「バンクミーティングを開催する」と言って金融機関を呼びつけ、一方的な計画を提示して合意を迫るというような例も見られます。金融機関が反論してきたら、「優越的地位の乱用だと言って対抗する」だとか、「金融庁にクレームを申し立てる」だとか、まさに喧嘩腰の姿勢で交渉を進める例も見られます。しかし、そのような姿勢で金融機関と敵対しても、結局は債務者の負けに終わるのです。債権者と敵対するのではなく、協調することで事業再生を成功させるという姿勢を見失ってはなりません。

　敵対的な姿勢で無理な事業再生を進めた場合、万が一、無理が通ったとしても、それは金融機関側に争いを避ける何らかの理由があったために偶然成功しただけなのです。いわば「運が良かっただけ」のことであり、金融機関側に特段の事情がなければ、破産型の法的整理に移行した危険があったかもしれません。偶然の成功であったのに、いつでも成功するかのように一般化して、敵対的な交渉をゴ

リ押しするような無責任なコンサルタントがいることに注意しなければなりません。

（３）利益誘導型の誤った指導をする

　金融機関との交渉を全て請け負うコンサルタントは、非弁行為として弁護士法に違反します。金融機関から送られてきた書類を全て受け取り、「金融機関には連絡しておきます」などと言っておきながら何もしない例も一つや二つではありません。中には弁護士であるのに、何もしないで放置していた例もありました。弁護士が放置していたのは、金融機関が差押えや競売に着手するように誘導するためだったのです。そのような誘導をする一方で、競売で落札する準備をしたり、Ｍ＆Ａで企業ごと手に入れる画策をしていました。

　自らが手に入れるだけではなく、他人に仲介することで手数料を稼ぐというような輩もいます。債務者を守るふりをして、裏では自らの利益になるような画策をしているのです。このようなＭ＆Ａは事業再生ではなく、単なる仲介業に過ぎません。

（４）自費出版と、いい加減なセミナーで集客する

　単に諸制度を整理しただけで中身がなかったり、具体的にどうすれば良いのかを明らかにしていないようなセミナーや出版物にも要注意です。

　その程度ならまだマシです。無資格者が書籍やセミナーを通して、「間違った情報を撒き散らしている」ということが問題なのです。何百万円もの金を自己負担する形の自費出版で本を作成し、これをばら撒いて集客している例もあります。読者をセミナーに誘い込んだり、セミナーで本を「お土産」にしたりと様々ですが、「自費出版の本」と、「面白おかしいだけのセミナー」には要注意なのです。

　金融円滑化法が施行されていた間は金融機関が返済猶予に応じたために事業再生の案件は激減しました。その間、自称専門家は再生ビジネスを行いにくくなり、なりふり構わない集客や、滅茶苦茶なコンサルティングが横行していたのでしょう。さすがに、「詐害的な会社分割や事業譲渡」、「利益誘導型の指導」は控えているようで

すが、「敵対的な交渉」については平気な顔をして薦めています。
　極めつけは「過去の財務諸表は必要ない」「新しい発想で売上を伸ばすことが最重要課題だ」「債務者の将来の売り上げが伸びるような計画を会計事務所が指導すべきだ」「金融機関には対立してでもガツンと言うべきだ」等々、滅茶苦茶な話を、堂々と講演？しているのです。全て間違っています。

２．偽専門家の典型的な行動

　偽専門家の愚行の具体的な例を掲げておきますので注意してください。

（１）自分の会社を再生した例を吹聴する

　自分の会社を立ち直らせた経験を基にして事業再生コンサルティングを行う業者がいますが、まったく話になりません。それだけでは、単なる思い出話か自慢話にしかならないからです。同様に、過去の成功例をよりどころとして事業再生を進める専門家がいますが、偶然にうまくいった例を無理にあてはめたのでは成功するはずがありません。
　事業再生は様々なケースがあるため、ケースバイケースで対策が異なるものです。この点を理解することなく、当時の自慢話を様々な事業再生に無理にあてはめられたのでは、まとまる話もまとまりません。このような偽専門家のお陰で、いくつもの失敗例が生じてしまっています。

（２）回収経験がないのに金融機関勤務を強調する

　事業再生にあたっては金融機関の償却手続の理解が不可欠ですが、金融機関の経験があっても回収責任者でなく融資実行担当者としての経験では、償却手続も組織としての意思決定プロセスも分かりません。中には、金融機関の自己査定で少しでも良い評価を得るためのノウハウをセールスポイントにする専門家もいますが本末転倒です。全く分かっていません。

そもそも、不良債権に分類された債務者が、債務者自身の小手先の対策を行うことで、債権者の自己査定で簡単に格上げされるわけがありません。なぜならば、不良債権と分類された「実質破綻先」「破綻先」等々は、回収部隊の担当になっているのであり、回収の極大化が至上命題である以上、自己査定の格上げは眼中にないからです。自己査定の格上げを薦める専門家は、金融機関の融資実行担当者からの視点に過ぎず、回収の何たるかを見失っている、あるいは知らないのです。このような偽専門家に、不良債権の事業再生は不可能なのです。

（３）理論的裏付けのない話を展開する

単に実務経験の延長線上で議論や交渉を行うのではなく、なぜそうなるのかを理論的に明らかにすることで、説得力・交渉力を高めることが可能となります。ＭＢＡ（≒経営学修士）の学位を誇示している専門家？もいますが、修士レベルでは研究者としては未熟であり、説得力・交渉力は全く期待できません。

研究者としての資質に欠ける場合には、その発表する論文や著書の内容を見ても、制度の内容を整理しただけで新しい視点からの研究発表になっていないことが少なくありません。既知の事実や聞きかじりの知識を整理しただけで研究者を気取り、学問的裏付けのない単なる私見を押しつけるような偽研究者も存在します。研究者を装うことで自らの事業再生行為をもっともらしく見せかけるという偽研究者の行為は、真摯に研究を重ね学術的価値を追求している真の研究者の立場から見れば、迷惑以外の何ものでもありません。

（４）事業計画と再生計画の違いが分かっていない

正常債権を対象とした「事業計画」と、不良債権を対象とした「再生計画」は異なります。事業計画の場合はリスクの許容範囲が広く、失敗する可能性があっても、あえてリスクをとることで成功によるリターンを期待できるのに対し、再生計画はリスクの許容範囲が狭くなります。既に不良債権なのですから、これ以上の失敗は許されませんし、債権者にしても確実性の乏しい曖昧な再生計画よりも、

たとえ収益性に劣っても安定性が高く確実な再生計画を求めるのです。すなわち、事業計画に比べて再生計画は実現可能性が高いことが求められるのです。両者の違いについては第Ⅱ章【10】を参照してください。

このあたりを理解しないまま自分勝手な計画を作る例が散見されます。見てくれは立派でも中身が薄い計画であってはならないのです。むしろ、見てくれは質素であっても、実現可能性が高く、中身が濃い計画であるべきなのです。

事業計画が作成できたとしても、事業再生に関わる経験と知識がないと、満足な「返済計画」が作成できません。有担保・無担保の違い、残高の違い、融資期間の違い等々に応じた返済計画を作成し、合意に結びつけることは一筋縄ではいきません。仮に事業計画を作ることができても、返済計画が不備であったのでは事業再生は成功しないのです。事業計画と返済計画は異質なものだからです。両者の違いについては第Ⅱ章【11】を参照してください。

（5）無理に第二会社を作って自らは逃げてしまう

本書で繰り返し指摘していますが、第一ステージで債権放棄を受けて借入金を削減した後、第二ステージで更なる飛躍を目指すべきなのです。そのためには第一ステージできちんと債権放棄を受けておかなければなりません。

しかし、偽専門家は第二ステージのことなどは考えていないのです。債権者対策をないがしろにしたまま、無理に形だけの第二会社を設立し事業を譲渡したり詐害的会社分割を強行したりと、やりたい放題です。このような進め方は、債務者から見ると頼もしく見えることさえあります。しかし、債権者から見れば、放置するわけにはいきません。当然ながら、債権者の反撃が開始されます。

その時点では偽専門家は逃げてしまいます。「きちんと事業譲渡をした」「会社分割を終わらせた」と、理由をつけては退散してしまいます。

事業再生は債権放棄を受けることが最終ステージではなく、債権放棄を受けて借入金を減らした後、第二会社がさらなる飛躍を遂げ

てこそ成功といえることを忘れてはなりません。

> **▶ チェックポイント**
> ドサクサに紛れて私腹を肥やす火事場泥棒のように、自らの利益のために事業再生に介入してくる輩は困ったものです。偽専門家に騙されないようにするためには、自らが必要な知識を得ておくことが一番です。

【2】無料相談と無資格者

要旨

筆者としては無資格者や偽専門家を蔑視するものではありません。無資格であっても、士業法違反にならない分野で頑張っている人々がいることも事実です。しかし、あまりにも無責任な行動を行う者に対しては、「無責任かつ誤った誘導をする前に、自らも国家資格を取得した上で、責任ある立場から発言すべきである」と強く警告したいと思います。

1．無料相談の限界

　タダより高いものはないといいますが、そもそも、無料相談で良い情報を得ることを期待する方が間違っています。おそらくは小一時間、表面的な話を聞き、いい加減な再生計画を押し付けられるだけです。そのような相談で、何を得られるというのでしょうか？
　筆者が最初に事業再生の話を聞く場合、最初の1時間はひたすら相手の話を聞きます。現状や問題点を把握するだけで、最低1時間は必要なのです。そして、次の1時間で、問題点を確認しながら、何を守りたいのか、何をどのようにしたいのかという観点から、経営者としての意見を聞きます。このようにして、あっという間に時間が経過してしまいます。その後、1時間から2時間をかけて、実際の再生計画、再生方針を策定します。
　このように、個別の案件に丁寧に対応するには、どうしても半日が必要になります。半日を費やすということは、面談の前後のスケジュールも調整することとなり、無料で行うというわけにはいかないのです。報酬をいただき、時間をかけ、丁寧かつ十分な対応を行うことで、正しい再生計画が策定できるのです。
　読者諸兄には実体を把握するために、どこかで無料相談を受けて

みることをお勧めします。おそらく、疑問と不信を感じることでしょう。ただし、くれぐれも騙されないように注意が必要です。無料相談を実感し、その限界を理解することで正統派の事業再生のレベルの高さを実感できることでしょう。

２．有資格者と無資格者の違い

（１）有資格者の優位性

　最近は無資格・無責任な偽専門家が暗躍していることも何度も触れました。事業再生を専門？と自称するコンサルタントと債務者の間には、情報の非対称性が存在することに注意しなければなりません。

　情報の非対称性とは当事者の一方が正しい情報を持たないままに取引を行うことによる問題として、ミクロ理論経済学の世界で議論されます。同じくミクロ理論経済学において、「情報を有する側が情報を持たない側に対して、自己の優位性をアピールする行為」をシグナリング効果と呼びます。労働市場において就職を有利に進める行為を例にとって説明することが少なくありません。

※情報を有しない企業が労働者を選別するにあたり、「労働者の教育歴を基準に選別することは合理的である」という理論を経済学者のマイケル・スペンサーが1974年に発表し、2001年にノーベル経済学賞を受賞しています。反対に、情報を有しない側が情報を持つ者に情報を開示させるように選別を行うことをスクリーニングといい、シグナリングと区別します。

　事業再生の世界でも事情は同じです。事業再生について正しい情報を持たない債務者にしてみれば、一体どこに相談したらよいのか分からないというのが一般的です。このような場合、有資格者によるシグナリング効果が期待されます。

　無資格者とは異なり、「苦労して国家資格を取得した」という事実は有資格者のシグナリングとなるわけです。苦労して資格を取得

した有資格者と、口先だけの無資格者では信頼性が決定的に異なるのです。無資格者・無学者が背伸びしたい気持ちも分かりますが、債務者にしてみれば死活問題ですので、背伸びした偽専門家に翻弄されてはなりません。有資格者の優位性は事業再生に不可欠な要素であるといえるのです。

　偽専門家によるコンサルティングは、債務者を誤魔化すことができたとしても金融機関に対する説得力は全くありません。現に、金融機関から出入り禁止になっている偽専門家も複数存在しますので要注意です。

（2）専門家の守秘義務

　無資格者と有資格者の違いは、その責任の重さが違うということは繰り返し本欄でも指摘しています。

　たとえば、不動産鑑定士や税理士は、法により専門性を認められ、独占業務を行うことが保障されています。同時に、法により守秘義務が課せられています。守秘義務ゆえに依頼者は安心して何でも包み隠さず話すことができ、ひいては業務を正しく行うことが保障されることになります。専門家としての業務に対する社会的信頼性を確保することができるのです。

　不動産鑑定士に対しては「不動産の鑑定評価に関する法律」の第6条で（秘密を守る義務）が課せられています。『第6条　不動産鑑定士は、正当な理由がなく、鑑定評価等業務に関して知り得た秘密を他に漏らしてはならない。不動産鑑定士でなくなった後においても、同様とする』これに違反すると、第57条で『六月以下の懲役若しくは五十万円以下の罰金に処し、又はこれを併科する』とされています。

　税理士に対しては「税理士法」の第38条で（秘密を守る義務）が課せられています。『第38条　税理士は、正当な理由がなくて、税理士業務に関して知り得た協密を他に洩らし、又は窃用してはならない。税理士でなくなった後においても、また同様とする』これに違反すると、第59条で『2年以下の懲役又は100万円以下の罰金に処する』とされています。

このように、専門家に課せられている守秘義務は単なる倫理規定ではなく、重い刑罰規定を伴う確固たる義務なのであり、無資格者との決定的な違いであるということができます。

（3）経験だけでは不十分だということ
　世の中には様々なコンサルタントが存在します。特定の分野の専門家が活躍することは結構なことだと思いますし、専門家の経験を利用するのは有効だと思います。
　専門家には「経験」「資格」「理論」が重要だと思います。たとえ「経験」が豊富でも、「資格」と「理論」の裏付けがなければ、その人の自己満足に過ぎないからです。「経験」が豊富かどうかは、本人が主観的に決めるのではなく、第三者が客観的に決めることだからです。
　こういう人々は決まって、「過去の経験では○○です」「○○の場合は○○をします」「長いこと○○をしています」という具合に、過去の「経験」にあてはめる形で、自信ありげに断言する傾向があります。自信ありげに断言するので、説得力があるように見えますが、「なぜそうなのか」という理論が欠落しているのが多いようです。
　すなわち、過去の豊富な経験？にあてはめて、主観的な意見を言っているだけなのです。過去において成功したとしても、実際に目の前で起きているケースにあてはめて成功する保証はどこにもありません。
　このような場合には、「なぜそうなのか」を聞いてみることをお勧めします。過去の事例にあてはめる形での主観的な説明だけであれば、注意することが必要です。なぜならば、「理論的な裏付けがある客観的なもの」であれば普遍的であり多くのケースに当てはまりますが、「理論的な裏付けが無い主観的なもの」であれば全てのケースに当てはまらない危険性があるからです。
　このように考えると、やはり資格と理論が必要なのであって、過去の職歴や経験だけでは不十分なのです。特に、職歴や経験だけを強調する専門家？には注意すべきです。主観的な経験だけで行動する傾向にあるからです。

３．偽者に注意すること

　最近は金融機関やサービサーの回収部隊の方々から、「高橋先生の本は読んでいます」と言われる機会が増えてきました。光栄なことだと思っています。20年近く、金融機関との協調を前提とした事業再生に取り組んできた実績が評価されているのだと思っています。

　筆者は金融機関の回収部隊の面々とも様々な交流がありますが、「無資格・無責任なコンサルタントにより、詐害的な組織再編が横行していること」について度々話題になります。後々、問題になることを知りながら「詐害的な組織再編」や「敵対的な交渉」を強行し、法外な着手金や報酬を受け取り、問題が表面化した時点で手を引くというような悪質な例も報告されています。

（１）悪質なコンサルタントは出入り禁止

　都市銀行のように全国に支店が多い場合には、どこかの支店で悪質なコンサルタントに出会っており、「コンサルタントの××さんは某支店で○○の問題を起こしたので出入り禁止です。解任しないのであれば一切の交渉に応じません」というように他の支店でも指摘されます。

　しかし、地銀や信金のように小さな組織の場合は、「コンサルタントの××さん」と遭遇したことがないこともあり、即決できないこともあります。疑問を抱いた某信金で、興信所を使って素性を調べ、解任を要求してきたこともあります。

　口先だけの無資格・無責任コンサルタントは営業基盤を失いつつあります。そのため、とりあえず目先の利益を得るために悪質な行為に手を出すのでしょう。偽者に対する金融機関の姿勢が厳しくなる中、過大な実績を誇大広告するような無資格・無責任なコンサルタントには特に注意が必要です。

（２）不当利得として返還請求する

　西日本の某所で、某業者に対して不当利得の返還請求をしたこと

があります。当社に相談があった時点で債務者は着手金として数百万円の支出をしていましたが、詐害行為丸出しの事業譲渡を強行して金融機関の逆鱗に触れ、仮差押えを受けてしまっていました。関西を拠点とする有名？な某偽専門家に係る事案でした。

　相談を受けた筆者は、債務者とともに各金融機関に事情を話して回りました。もちろん某業者は解任しました。あまりにも劣悪な事案でしたので、弁護士を通して高額の着手金と顧問報酬の返還請求をしたのでした。この他にも暴利を貪る悪徳業者が少なくありません。当社に相談に来られる債務者は、「高い勉強料だった」と割り切り、返還請求まではしない例が多いようです。

　更なる悪質事例にも遭遇しました。その事例は、着手金として破格の支払いをしたものの満足な再生計画を作ることもなく、全くの成果がないまま時間だけが過ぎたという例でした。金融機関に対してはまともな計画を示すこともなく、「債権譲渡をしてくれ」と、無理な話を持ち掛けるだけでした。

　おそらくは、金融機関が不良債権処理をするのを待つ一方で、M＆Aで誰かに買い取らせることで手数料を稼ぐという幕引きを図っていたのだと思います。まさに自己の利益を誘導するものであり、債務者の再生や経営権の維持などは考えてもいないのです。このケースは金額も高額で、かつ悪質な事例でした。当然ながら信頼できる弁護士を紹介し、不当利得の返還請求を行いました。

▶ チェックポイント
無料相談と無資格者や偽専門家による相談の内容の軽薄さは目に余るものがあります。本物を見極める目を養うことが大切です。

【3】敵と味方を見極める

要旨

事業再生を進めていると、様々な人々が集まってきます。自らの利益を求めて、それぞれの立場で勝手な動きをすることが少なくありません。不動産の任意売却に関する利権を求めて何人もの不動産業者が群がってきたり、反社会的勢力の別動隊が動いたりします。そのような例は「敵と味方を見極める」という観点からは分かりやすいといえますが、態度や外見では識別しにくい場合が少なくありません。「怪しい人」に騙されないようにするのはもちろん、「怪しくない人」にも騙されないようにしなければなりません。

1．敵と味方

　長い間、事業再生のコンサルティングをして、気付いたことがあります。それは、事業再生にあたって出現する者は「全員が敵」であるということです。

「あわよくば経営権を手に入れよう」「あわよくば商圏を確保しよう」「あわよくば手数料を稼ごう」等々、狙いは千差万別ですが、全員が経済的利益を求めて群がってきます。そこまではやむを得ません。正当な報酬を求めることに対して「敵である」とまではいえないでしょう。

　たとえば筆者も、事業再生を通して利益を得ている部類に入ります。筆者が「敵」と決定的に違うのは、「経営者一族の再生を第一義に考える」という点に他なりません。経営者一族を犠牲にしたり、法外な着手金、高額の報酬、多額の成功報酬を求めない点で「敵」ではないと自負しています。

　多くの経営者は、「うちの場合は協力者がいるから大丈夫だろう」と言います。

残念ながら、この判断が間違っている場合が大半なのです。なぜならば「協力者」は事業再生を進める時点での協力者であり、事業再生が成功した時点では協力者ではなくなることが多いからです。

「一族の再生を第一義に考えているかどうか」の視点で考えれば、金融機関もスポンサーも「敵」になり得るのです。

事業再生にあたり活動するのですから、適正な報酬を求められることは然るべきですが、「一族の再生を考えてくれているか」を考え、敵かどうかを見極めることをお勧めします。現在は味方であっても、将来において協力者ではなくなる者は「本当の味方ではない」ということに注意しなければなりません。

２．味方になってくれないコンサルタント

金融機関がコンサルタントを紹介することがあります。「事業デューデリや財務デューデリをする」「再生計画を策定する」等々の理由で、コンサルタントを送り込んでくるのです。公的支援機関が専門家を選任したり紹介したりすることもあります。公的支援制度については第Ⅵ章【4】を参照してください。

（１）金融機関寄りのコンサルタント

一つの例を紹介します。

サービス業を営むその会社は、資金繰りに窮していました。メインバンクから、「コンサルタントを紹介するのでデューデリと再生計画を作成すべし」との話が寄せられました。コンサルタントからは、仕掛かり事案の成約可能性等、経営実態について根掘り葉掘り調査された後、コンサルタントが主導する形で10年にわたる再生計画を策定したのです。

内容に合点がいかない経営者が筆者の元を訪ねてきました。

再生計画書を見ると、その計画はお話にならないようなものでした。実際には困難と思われるような収益計画を継続し、返済原資を実力以上に高く見積もり、7年程度で現在の負債を全額返済するというような内容だったのです。

実体としては受注は低迷し、資金繰りのために短期借入を繰り返すのが関の山で、7年で全額返済どころか、おそらくは利払いが精一杯（利払いを継続するとしてもの話）なのです。
　それにもかかわらず、粉飾された再生計画を提出するのは、金融機関の立場から不良債権のランクを下げたくないからなのでしょうか。まさに古典的な不良債権隠しです。
　それだけではありません。何年も前に、相続対策で配偶者名義に変更した自宅を、追加担保で金融機関に提供すべしとの、金融機関寄りのアドバイスをしてきたのです。追加担保に出すということは、金融機関に資産をプレゼントするようなものです。担保に出したら最後、万が一の際には競売されますし、第二会社を利用して事業再生を行うにしても、担保抹消に資金が必要になるからです。
　このような悪質な圧力をかけてまで金融機関寄りのコンサルティングを行う業者が少なくないので困ったものです。ここまで露骨でないにしても、公平中立の大義名分のもと、債権者に不利になる（＝債務者に有利になる）ような計画を避ける例は数知れません。むしろ、その方が多いといえます。債務者の再生よりも、金融機関の顔色を窺いながら、次の仕事をもらえるように立ち回っているのでしょうか。

（２）事なかれ主義

　公的支援制度において専門家が選任・紹介される場合、公平中立な立場から活動することが求められます。お役所仕事とは言わないまでも、後で問題が生じないように無難な対応しか行うことはできません。公平中立とは、「金融機関寄りでない」と同時に、「債務者寄りでもない」ことを意味しますので、債務者に有利な形での誘導はできないのです。
　たとえば、従来の経営者が経営権を確保するために形式上の第三者を立て、第二会社に資産や事業を譲渡するというような、「究極の第二会社方式」に協力を期待することはできません。まして、できるだけ安価（適正価格）で身内に移転することなどは望むべくもありません。この場合の安価とは、たとえば債権者との交渉で一部

の資産や事業を高く売却することと引き換えに、残った部分を身内に残すような場合の価格のことです。公平中立である以上、債務者が条件交渉を期待する方が無理というものです。

※債権者に対して「安価で身内に移したい」とは言えませんので、筆者は「適正価格」という表現で債権者との交渉にあたっています。

　このような債務者側の立場を考えて行動することを、公的支援機関により紹介された公正中立な専門家には期待できません。公正中立である以上、大きなトラブルが生じないよう、特に債権者からクレームが寄せられないような事なかれ主義のコンサルティングしかできないのです。金融機関により紹介された専門家についても事情は同じです。前（1）のように、露骨に債権者寄りにならないまでも、積極的に債務者側に立つことは無理というものです。仕事を紹介してくれた金融機関に不利になるような対応ができるはずがありません。

（3）債務者を育てて高く売る

　債権者が自ら選任したコンサルタントを派遣してくることがあります。金融機関ではなく債権者と表現したのは、初めに融資を実行した金融機関だけではなく、債権譲渡で出現したサービサーや投資家のような新しい債権者も同じ債権者だからです。

　いずれの債権者であっても、コンサルティングチームだとかプロジェクトチームだとか銘打って人員を送り込み、債務者の経営実態を根こそぎ洗い出して経営改善を進めるのです。債権者としても従来の経営者と共に経営にあたることで過去から現在に渡る経営ノウハウを吸収できますので、数年の間、手を取り合って経営改善することは効果的です。

　その間、債権者は利息だけを受け取り、元本は棚上げにします。「利払いだけで結構です」「一緒に経営改善をして立派な企業に育てましょう」と、あたかも救世主のような言動により、旧経営者の尻を叩いて経営にあたらせます。これにより企業価値を高めるというわ

けです。従来の返済能力が100であったところ、120になり150になれば、それはそれで結構な話です。

　問題はその後です。

　数年後、債権者は一括回収へと態度を変えてくるのです。「既に数年が経過した。債権を処分するので、金融機関から融資を受けて一括返済してくれ」と言ってきます。数年の間に培った信用を基に金融機関を確保できれば、そこで肩代わり融資を受けて一括返済してくれと言い出すのです。融資が確保できなければ、どこかから見つけてきた同業者に経営権を譲渡するように迫ってきます。

「一緒に頑張ってきた〇さんに自立してもらいたいので融資を受けて返済してくれれば残額は放棄する。融資が確保できなければ他社に会社を譲渡してくれ」と、飴と鞭で迫ってきます。何のことはない、債務者は数年間、債権者が有利な条件で一括回収できるように協力させられただけなのです。返済能力が100のままでは高く処分できなかったものを、120や150に能力を高めることで、より多くの回収ができるように力を貸しただけの話なのです。換言すれば、数年前であれば100の返済能力に対応する一括返済をすれば良かったものを、数年後になって120、150という高い一括返済額を要求されるというわけです。

　一括回収については第Ⅰ章【2】を、肩代わり融資については第Ⅱ章【22】を参照してください。

3．債務者の主体性が必要

　債権者との協調は極めて重要ですが、債務者が主導的に動くべき場面があることも否定できません。たとえば再生のスケジュールです。再生方針を策定した後は、債務者が独断的ではないまでも、積極的に行動しなければなりません。債権者の重い腰を上げさせるには債務者の積極的なアプローチが必要なのです。

　事業譲渡にしても、会社分割にしても、さらには、特別清算にしても、債務者が主体的に進めないと、いつまでたっても話が進まないということもあるのです。

支援協議会の関与により外部業者を利用するにしても同様です。

債権者が選任した外部のコンサルタントに任せきりにしたのでは、債務者主導の再生は期待できません。なぜならば、外部のコンサルタントは債務者ではなく、債権者の顔色を見るからです。あわよくば次回も別案件で債権者に選任されたいと思うのも無理はありません。いわば債権者寄りの外部業者に、いいように丸め込まれかねないので注意が必要なのです。

債権者との協調を進めるだけではなく、債務者は主体的に行動しなければならないのです。主体的といっても身勝手な詐害行為が許されるわけがありません。債権者との協調と、債務者の主体的行動を両立させなければならないのであり、微妙なバランスを取りながら成功を目指すことこそ、真の専門家が手掛ける戦略的事業再生なのです。

4．ゆでガエル現象に注意する

人間は環境適応能力を持っています。そのため、環境が暫時的に変化する場合に、たとえそれが改善すべき状況であっても受け入れてしまう傾向が見られます。たとえば業績悪化が危機的レベルになりつつある場合に、その変化に気づかずに受け入れてしまうというものです。これを「ゆでガエル現象」と呼びます。

カエルを水に入れ、それを緩やかに温めていくと「カエルは水温の上昇を知覚できずに死んでしまう」という比喩になぞらえたネーミングです。

事業再生にあたっても全く同じ現象が生じることがあります。

すなわち、本来であれば債務者が債権者と交渉を行うことで第二会社方式による事業再生を進めるべきところ、交渉の道を避け、債権者の求めるままに不利な返済を進めたり、不利な条件を受け入れるケースです。ぬるま湯の温度をジリジリと上げられ、もはや致命的な温度になりつつあるにもかかわらず、脱出を怠るカエルのようなものです。

このような状態になった債務者は、債権者との交渉を避けるだけ

ではなく、「債権者は良き理解者だ」と誤解してしまうことがあります。たしかに「良き理解者」である債権者も存在しますが、ゆでガエル状態になってしまうと正しい判断を見失うこともあるのです。過分な返済を強いられたり、過度のデューデリを強要されても気付かないケースが生じるのです。こうなると事業再生が遠のいてしまいます。残念な話です。経営能力が欠如している証拠というべきかもしれません。

５．着手金と成功報酬に潜む問題

　着手金を介在させる場合の問題点としては、着手時点で経済的利益を得ているので、その後において手抜きをするという危険があるということです。仮に成功報酬を受け取れなくても、着手金を受け取っているから満足だというわけです。着手金だけ受け取っただけで手抜きを行った事案に対して、不当利得の返還請求訴訟を提起した例があることは既述の通りです。この点については、第Ⅵ章【２】を参照してください。

　成功報酬を介在させる場合の問題点としては、何をもって成功とするかを慎重に見極めなければならないということを挙げることができます。たとえば、もう少し工夫したり、交渉することで１億円の債権放棄が期待できる場合に、味方であるはず専門家が何かと理由をつけて、１億円に満たない金額で合意することを勧めてくるようなケースが考えられます。なぜ、低い金額で合意を勧めるかというと、低い金額で手堅く合意したとしても、「成功」として成功報酬が得られるからです。

　他の例としては、高額の融資を受ける必要のない事例であるにもかかわらず、わざわざ融資を調達し融資獲得に成功したとして成功報酬を受け取る融資ブローカーのような業者も存在します。

　必要のないこと、無駄なことを「成功」として報酬を支払うほど無意味なことはありません。何をもって成功とするのか、十分に見極めることが必要です。リスケを求めるところ、債権放棄を求めてしまった例は第Ⅴ章【７】で紹介しましたが、これも、何をもって

成功とするかを見誤った例といえます。

　このように、着手金にしても、成功報酬にしても、必ずしも全ての場合に有効な報酬体系にはならないことに注意することが必要です。味方であるべき者が成功報酬に目が眩み、いつの間にか敵になっていないか、慎重に見極めなければなりません。

6．敵と味方の区別もつかないようでは事業再生は困難

　事業再生に携わっていると、様々な人々に出会います。独立して20年近くの間、独立前の金融機関の回収責任者時代を合わせると20年以上の間に、いろいろな経営者、債権者に出会いました。

　長年にわたり事業再生を専門に行っていたため、事業再生に関する相談を受けた場合、最初の段階で再生に向けてのストーリーが見えてきます。早い段階でストーリーが見えるので、再生を進めるにあたって方針が大きくブレることがありません。初期の段階の考えや発言が変わることはあまりないのです。そういう意味で、コロコロ話が変わる偽コンサルタントは「わかっていない」ということができるでしょう。

　しかし、経営者の姿勢や考え方が変わることは少なくありません。場合によっては、敵と味方が誰なのかを見失ってしまう経営者さえいるのです。

　争う相手という意味ではなく、利益が相反するという意味で債権者は債務者の敵なのです。口先では債務者を思っているようなことを言いながら、土壇場で「本部の指示」「ファンドの指示」を理由に手のひらを反すような事例は何件も見てきました。悪意の有無は別として、金融機関にも論理があるのでやむを得ないことでもあります。

　公的支援機関や金融機関が「中立的な立場からデューデリを行う」ことを理由に選任した「中立的」であるべき第三者はどうでしょうか。債権者の顔色を見るような第三者であれば中立ではなく敵というべきですが、そうではなく、あくまで中立であるならば敵ではないといえるでしょう。しかし中立であるということは、敵で

はないものの味方でもないということでもあります。中立ではあるが、味方ではない第三者に過度の期待をしてはならないのです。情報の非対称性を解消してもらうという意味であれば、中立の第三者は有用ですが、全ての場合に有用だというものではありません。

「藁にも縋（すが）る」といいますが、味方ではない中立の第三者が時として「藁」だということに気付くべきだと思います。藁に縋ったところで、何の役にも立たないのです。

　思うように進まない焦りや、不満、不安から、敵と味方を見失ってしまうようでは債務者主導の再生は期待できません。注意が必要です。。

▶ チェックポイント

味方のフリをした敵には要注意です。本物か偽物かを見極めるだけではなく、敵か味方かを見極めなければなりません。

【4】公的支援制度

要 旨

古くは平成15年に始まった中小企業再生支援協議会から、最も新しくは平成26年から展開されているよろず支援拠点など、今では公的支援制度が整備されています。ここでは認定支援機関の制度の他、中小企業再生支援協議会、経営改善支援センター、よろず支援拠点の三つの制度を紹介するとともに、それぞれの制度の使い分けについて整理します。

1．認定支援機関の経営改善支援

　中小企業にとって経営改善計画等を策定することが困難な場合もあります。そこで、中小企業経営力強化支援法に基づき認定された経営革新等支援機関が、経営改善計画などの策定支援を行うことにより中小企業の経営改善を促進しています。

（1）中小企業経営力強化支援法に基づく認定支援機関
　「中小企業の海外における商品の需要の開拓の促進等のための中小企業の新たな事業活動の促進に関する法律等の一部を改正する法律（中小企業経営力強化支援法）」は平成24年8月に施行されました。この法律は、中小企業の経営力の強化を図るため、「中小企業の支援事業を行う者を認定し、その活動を後押しするための措置」、「中小企業の海外展開を促進するため、中小企業の海外子会社の資金調達を円滑化するための措置」の二つの措置を講じています。
　中小企業の経営力の強化を図るため、既存の中小企業支援者、金融機関、税理士・税理士法人等の中小企業の支援事業を行う者が支援機関として認定されています。この認定を受けたものが「認定経営革新等支援機関」であり、この経営革新等支援機関を認定すると

いう制度こそ、この法律の肝であると言っても過言ではないでしょう。この経営革新等支援機関を通じ、中小企業に対して専門性の高い支援事業を提供することになります。

（2）現状と限界

平成24年11月に第1回の認定がなされて以来、既に2万を超える認定機関が登録されています。金融機関は支店毎に登録するため件数を引き上げる形になっていますが、士業としては税理士を中心として登録数が進み、登録数の伸びは既に頭打ちの状況になっています。

税理士の他にも会計士や弁護士も士業であることから、ほぼ無条件で登録がされているようです。民間コンサルタントの場合、実績件数の申告などの諸手続きが求められる点で、税理士のような職業会計人と大きな違いがあります。

しかし、財務諸表の関連性やキャッシュフロー計算書の意味を知らない弁護士や、基本的な節税対策を知らない中小企業診断士、詐害行為取消権他の諸法制度を知らない税理士等、士業であれば容易に認定支援機関として認定される制度設計のあり方に若干の疑問を感じざるを得ません。専門的な知識と経験が必要になる事業再生に関する知識が欠如している例が散見されることは、制度の限界ということができるでしょう。

2．中小企業再生支援協議会

中小企業再生支援協議会は産業競争力強化法に基づき、平成15年から全国に設置されています。現実には、中小企業の再生支援業務を行う者として認定支援機関たる商工会議所に設置されています。中小企業再生支援協議会では、「事業再生に関する知識と経験とを有する専門家（金融機関出身者、公認会計士、税理士、弁護士、中小企業診断士など）」が統括責任者（プロジェクトマネージャー）および統括責任者補佐（サブマネージャー）として常駐しています。

（1）支援事業の内容

中小企業者からの相談を受け、アドバイスを行ったり、支援機関の紹介や、専門家の紹介などを行い（第一次対応）、事業性など一定の要件を満たす場合には再生計画の策定支援（第二次対応）を実施しています。

ⅰ．経営相談・・・第一次対応

様々な経営上の問題点を抱えている中小企業に対してその具体的な課題を抽出し、最も適した施策等のアドバイスを行います。

ⅱ．再生支援・・・第二次対応

必要と判断した企業に対して、中小企業診断士、弁護士、公認会計士、税理士、取引金融機関等の専門家による個別支援チームを立上げて、経営改善計画案の作成支援やその実施とフォローアップ等の支援を行っています。

中小企業再生支援協議会は公正中立な第三者機関であり、中小企業や金融機関の代理人にはならず、あくまで公正中立な第三者としての立場から活動しています。企業の事業面、財務面の詳細なデューデリを実施したり、経営分析等を実施したり、さらには債務者の再生計画の策定を支援し、金融機関に再生計画案を提示して金融機関との調整を実施しています。

（2）現状と限界

中小企業再生支援協議会を利用する企業の規模としては、数億円から数十億円規模の借入金を抱える企業が目安となります。借入金額が少ない零細企業にはハードルが高いといえます。

利用にあたっては金融機関と協調して相談することが前提であり、債務者が単独で申し込んでもあしらわれてしまいます。事業再生に疎い経営コンサルタントが身勝手な計画を作成し、金融機関に無断で持ち込んで門前払いを食らった例もあります。このような場合には、後掲の「経営改善支援センター」や、「よろず支援拠点」を利

用することになります。

　事業再生に必要な再生計画の作成は、公平な第三者としての立場から支援協議会が主導することになります。もっとも、中小企業再生支援協議会は協議の場を提供するものであり、自らが積極的、主体的に計画を作成するわけではなく、実際の作成は選任された支援チームが行うため、計画作成にあたっては支援チームを構成する専門家に対して相応の費用が必要になります。

　なお、再生計画にあたっては第二会社を経由することもありますが、第二会社を経由することなく、従来の会社がそのまま債権放棄を受けるという方法も採用しやすくなります。中小企業再生支援協議会という公的機関が介在することで公平性が担保され、金融機関が債権放棄をしやすくなるためです。

3．経営改善支援センター

　経営改善支援センターは中小企業再生支援協議会に設けられた機関で、平成24年に立ち上げられた認定支援機関の制度的支えになっています。

（1）支援事業の内容

　大きく分けて二つの支援事業を行っています。

ⅰ．経営改善計画策定支援

　条件変更や新規融資などの金融支援が必要な中小企業・小規模事業者が、国の認定を受けた外部専門家（認定支援機関）の支援を受けて経営改善計画を策定する場合、経営改善計画策定支援に要する費用について、総額の3分の2（上限200万円）まで支援を受けられます。

　財務上の問題があり、金融支援を受ける必要がある場合に、認定支援機関が経営改善計画の策定を支援し、中小企業・小規模事業者が認定支援機関に対し負担する経営改善計画策定支援に要する計画策定費用及びフォローアップ費用の総額について、経営改善支援セ

ンターが費用の一部を負担するというものです。

※この制度の立ち上げ時に405億円の予算規模であったことから「405事業」との俗称があります。

　支払の対象となる費用は、認定支援機関による経営改善計画策定支援に係る費用（計画の策定費用、事業デューデリ費用、財務デューデリ費用、モニタリング費用等）のうち3分の2が上限とされています（最大200万円。規模に応じて金額は異なります）。経営改善計画策定支援に係る費用、計画策定後3年間の定期的な計画進捗状況の確認・金融機関等への報告の実施の費用も対象とされています。

ⅱ．早期経営改善計画策定支援
　中小企業・小規模事業者の経営改善への意識を高め、早期からの対応を促すため、認定支援機関による経営改善計画策定支援事業のスキームを活用し、中小企業・小規模事業者が基本的な内容の経営改善（早期経営改善計画の策定）に取り組むことにより、平常時から資金繰り管理や採算管理が行えるよう支援を行うものです。(中小企業庁ＨＰより)
　具体的には、認定支援機関が資金実績・計画表やビジネスモデル等の早期の経営改善計画の策定を支援し、計画を金融機関に提出することをきっかけにして自己の経営を見直し、早期の経営改善を促すものです。早期経営改善計画策定支援に要する計画策定費用及びモニタリング費用の総額について、経営改善支援センターが、3分の2（上限20万円）を負担するものです。

（2）現状と限界
　経営改善支援センターが対象とする企業は、借入金が数千万円、数億円といった中小零細企業を対象とする公的支援制度です。借入金が数十億円であっても利用できないというわけではなく、借入金の返済能力や売り上げの規模で判断しますので、借入額がそのまま

妥当するものではありません。

「405事業」の場合であっても、中小企業再生支援協議会のように、計画策定に関与したり協議の場を提供するものではなく、計画の策定や金融機関との交渉は債務者と認定支援機関が自発的・主体的に行うことになります。

なお、経営改善支援センターで認定支援機関の紹介は行っていませんので、あらかじめ認定支援機関としての専門家に依頼することになります。

経営改善支援センターを利用する場合、一般的には金融機関に相談をしながら、認定支援機関たる税理士と経営改善支援センターから費用補助を受けることになります。いわば、費用補助の窓口に近いということができます。

4．よろず支援拠点

経済産業省が主導する形で、「地域の支援機関と連携しながら、中小企業・小規模事業者が抱える様々な経営相談に対応するよろず支援拠点」が平成26年から全国47都道府県に開設されています。

（1）支援事業の内容

同省のホームページによると、「全国385万の中小企業、中でもその9割を占める小規模事業者からの相談対応を担う既存の支援機関には機関ごと地域ごとに支援のレベル・質・専門分野、活動内容等のバラツキがあるなどの課題もあり、相談体制の更なる整備が必要です。このため、新たに「よろず支援拠点」を各都道府県に整備し、地域の支援機関と連携しながら、中小企業・小規模事業者が抱える様々な経営相談に対応します」とされています。

よろず支援拠点では、課題を分析して一定の解決策を提示するという経営革新支援の他、資金繰りの改善や事業再生等に関する経営改善のための相談、さらには必要に応じて再生・経営改善案件に対する複数の専門家で編成した支援チームによる支援も行っています。認定支援機関等との接点が無いような経営者の相談にも応じており、

必要に応じて認定支援機関や専門家の紹介も行っています。

（2）現状と限界

　よろず支援拠点では中小企業の「起業から安定までの各段階」に応じて広く経営相談を行っています。中小企業再生支援協議会や経営改善支援センターと異なり、認定支援機関や専門家の紹介を行っている点に特徴があります。

　相談は無料とされているため経済的負担をせずに利用できますが、無料相談ゆえの限界があります。無料で対応するため時間的な制約もあり、踏み込んだ対応は期待できません。

　認定支援機関や専門家を紹介された場合は、それぞれの能力に依存することになります。費用の補助などの支援はありませんので、紹介された後の対応は無料ではなく、それぞれの専門家と改めて必要な報酬を約定することになります。紹介された専門家は事業再生に特化されたものではありませんので、事業再生に関する知識・経験はそれぞれの専門家？次第ということになります。

5．公的支援制度の使い分け

　ここまでに紹介した公的支援制度について、どのような場合に、どの制度を利用すべきかを整理しておきます。

（1）規模の違い

　最もハードルが低いのはよろず支援拠点です。無料で様々な相談を受け付けており、専門家のサポート無しに経営者が単独で相談することができます。次に、経営改善支援センターについては、認定支援機関と金融機関の協調により補助金の申請が可能になりますので、特に規模の違いはありません。最もハードルが高いのは中小企業再生支援協議会であって、多くの場合には複数の金融機関を抱えるような企業が、債権者と債務者の協議というだけではなく、金融機関相互間の調整も兼ねた協議を行います。

（２）目的の違い

　経営相談については、よろず支援拠点が受け付けてくれます。単なる経営相談の場合には中小企業再生支援協議会は扱いません。経営改善支援センターは補助金の窓口ですので、一般的な経営相談は行っていません。

　早期対策に関しては、経営改善支援センターが新たな事業分野として業務を開始しました。よろず支援拠点でも経営相談として相談を受けられます。

　事業再生の相談に関しては中小企業再生支援協議会が行います。補助金の申請は経営改善支援センターとなります。よろず支援拠点では専門家の紹介を受けることができます。

（３）補助金の申請

　補助金の申請窓口は経営改善支援センターだけが行っています。

（４）専門家の紹介

　認定支援機関や専門家の紹介は、よろず支援拠点で行っています。

　中小企業再生支援協議会は公平な第三者の立場から、金融機関との協議の場として機能する他、協議に必要な範囲で専門家を選任・紹介します。経営改善支援センターでは専門家の紹介は行っていません。

（５）金融機関の協力

　よろず支援拠点は広く事業再生以外の経営相談も受け付けており、金融機関の協力は要件ではありません。

　補助金については金融機関の了解のもと、認定支援機関が経営改善支援センターに対して補助金の申請を行います。

　中小企業再生支援協議会は金融機関の協力のもと、全ての当事者が納得できるような計画の策定を目指します。

6．事業再生との関連

　いずれの制度も事業再生と密接に関連しています。

　たとえば中小企業再生支援協議会は、公平な第三者として機能することが大前提です。したがって、選任・紹介される専門家も公平な立場から機能しますので、経営者の立場から支援をするものではありません。

　経営改善支援センターは補助金の申請受付窓口として機能します。専門家の紹介等、積極的な支援は期待できません。

　よろず支援拠点は、そもそも事業再生を専門とするものではありません。

　ニーズに合わせて、それぞれの制度を使いこなすことが大切です。

▶ **チェックポイント**
いずれの制度にしても、紹介される専門家の知識・経験が制度的に保証されるものではありません。結局は経営者自身が、自らの知識と経験に基づいて本物を見極めることになります。

【5】 会計事務所の役割

要旨

法的に専門能力を認められている会計事務所は、無資格・無責任な偽専門家とは信頼性が大きく異なります。その信頼性こそ、職業会計人たる会計事務所に求められるのであり、着実性・確実性を重視することが重要なのです。事業再生にあたって会計事務所の果たすべき役割について具体的に明らかにします。

1．着実な取り組みの必要性

　事業再生といっても「比較的簡単に再生できる例」と、「一筋縄ではいかない例」があります。会計事務所としては、本来業務を中心に着実な姿勢で取り組むことが求められます。

　支援機関として認定された士業は、中小企業診断士でもなく、会計士でもなく、税理士が主たる対象になっている理由もまさにここにあると思います。すなわち、粉飾決算を排除し、正しい決算書を基に再生計画を作成し、モニタリング機能を発揮することが求められるのであり、奇想天外な新プランで業績の飛躍的向上を狙うようなことが求められているのではありません。

　そもそも「事業計画」と「再生計画」は違います。事業計画の場合はリスクの許容範囲が広く、失敗する可能性があっても、あえてリスクをとることで成功によるリターンを期待できるのに対し、再生計画はリスクの許容範囲が狭くなります。事業計画に比べて再生計画は実現可能性が高いことが求められるのです。この点については第Ⅱ章【10】を参照してください。

2．金融機関との協調の必要性

　合理性の判断だけを重視するという立場からは、債権者と債務者の関係を敵対構造ととらえるのではなく、両者が協力することで分配対象を大きくするという発想が求められます。そのためには情報の非対称性を解消することが必要です。

　国家資格を有する我々職業会計人の役割は、無責任な思いつきの将来計画を作成するのではなく、過去の正しい財務諸表を基に、確実な将来計画を描くことです。地道に、着実に、偽りのない会計情報に基づいた事業再生を進めることが、職業会計人に求められているのです。

（1）ゼロサムではなくプラスサム

　一つのパイを奪い合うのではなく、協力し合いながら分配対象を大きくするという考え方がプラスサムの考え方です。相対するのではなく一致する利益に着目して、お互いのメリットを求めるわけです。

　たとえば、一つのパイの取り分を奪い合うのでは利害関係が対立してしまい、一方の益は他方の損になってしまいます。奪い合い行動は当事者にとって利益にはなりません。ところが、当事者が協力しあうことで分配対象であるパイ自体を大きくし、結局は当事者全員の分配を大きくすることができます。分配対象物の極大化行動は当事者の双方にとって利益になるというわけです。

（2）敵対しないことが必要

　事業再生に不慣れなケースで見られるのですが、債権者と債務者を対立構造として考えることがあります。詐害的な事業再編等は、その典型例です。事前の根回しなしにバンクミーティングを開催して金融機関を呼びつけたり、競売を誘発して事後交渉を持ちかけたり、乱暴な進め方は見ていて心配になるくらいです。何の根回しもせずに、「特定調停でも持ちかけてみるか」などという弁護士がいるのには呆れる限りです。

債権者と債務者の関係を、必要以上に敵対的構造としてとらえるのではなく、プラスサムの思考が求められるということを忘れてはなりません。

3．会計事務所の守備範囲

（1）寄せられる期待

　事業再生を進めるにあたっては、「過去の正しい決算書の作成」、「現在の正しい清算価値」の把握が求められます。これらに誤りがあると、信憑性に疑いが生じてしまうからです。過去と現在の延長が将来であることから、将来の計画値の信憑性も疑わしくなるのです。もし粉飾決算をしているのであれば、直ちに訂正し、正直に事実を打ち明けるべきです。まさに会計事務所の活躍が期待されるところです。

　さらに、実現可能性の高い「事業計画」を作成し、均衡性・公平性に配慮した「返済計画」を作成します。その後、完成した再生計画を進めるにあたり、将来にわたって「モニタリング」を実施することになります。

「過去の決算書の作成」「現在の清算価値の把握」「事業計画の作成」「将来のモニタリング」の各段階は、まさに会計事務所が関与すべき部分です。過去から現在の正しい決算書に基づいて、事業計画を作成し将来へとつながるのであり、モニタリングについては、事業再生が成功するまでの間、将来にわたって必要になります。会計事務所は全ての時点に関与するのです。

　事業再生を進めるために現在時点で行うべき作業としては、必要に応じて不動産鑑定評価を行うことで清算価値を把握したり、金融機関の論理に配慮しながら返済計画を作成するという、一過性の特殊な作業があります。

　これらは事業再生に独特の作業であり、一般の会計事務所には荷が重い部分でもあります。この部分については無理に関与するのではなく、事業再生の専門家の力を借りることが得策であると考えられます。なぜならば、事業再生にあたって一過性のものであり、全

ての関与先に必要な普遍的な作業・業務ではないからです。特殊かつ専門性の高い業務に必要以上に取り組むよりも、経営者への指導を通して正しい決算書の作成を目指すという会計事務所の本来業務に特化する道を選ぶ方が経済合理性に勝るということもできるかもしれません。一過性の特殊な作業は信頼できる専門家と協働することが得策であるといえるのではないでしょうか。

（2）中小零細企業の情報管理

　中小企業経営力強化支援法の認定支援機関の制度は、中小企業診断士ではなく税理士が主となっています。中小零細企業を対象とした会計要領として、中小会計要領が制定されましたが、簡易な方法による会計情報の適時性と経営情報としての活用という会計の側面が重視されるようになりました。このことは中小零細企業の経営実態を一番よく知っている顧問税理士を通して、情報の非対称性を解消するという考え方に他なりません。

　特殊な業種のスペシャリストは存在しますが、多額の費用をかけて企業診断をするのではなく、身近な顧問税理士の着実な支援が求められているのです。

　そもそも事業計画作成、返済計画作成は月単位の短期間で終了するものです。むしろ、その後のモニタリングこそ長期間にわたるということを理解すべきです。税理士が主になっている理由は、まさにモニタリング機能の発揮が期待されているからであるということができるでしょう。
モニタリングを通して、経営情報を正しく把握していくのです。

4．債権者訪問は会計事務所と同行すること

　債務者が債権者を訪問する際に、第三者が同行することがあります。筆者が金融機関の回収責任者を務めていた時の経験から判断するに、第三者が同行するケースは大きく次の三つに分けられるといえます。

（1）無資格のコンサルタントと同行するケース

　事業再生の専門家を自称するコンサルタントが債務者と同行することがあります。この時、自称専門家があれこれと話に介入してきても、一体、何を根拠に、何の権限で、何を訴えたいのか、債権者としては戸惑うばかりです。「そもそも、この人は誰なんだ？」と、債権者としては警戒心を持って接するしかありません。口先ではそれなりに応対しても、腹の中では、適当にあしらうのが関の山です。場合によっては「この程度の自称専門家に頼るようでは経営能力が劣っている」と、債務者の定性評価を下げることさえあるのです。

（2）弁護士と同行するケース

　債務者が弁護士を伴うのは民事再生などの法的整理をチラつかせて、返済猶予を求めることが多いようです。弁護士に頼るような経営者は、法的な係争を前提とした言動をとったり、自らは弁護士の陰に隠れて逃げるような姿勢を示すことが少なくありません。債務者には返済義務がありますので、謙虚かつ真摯な姿勢で臨まなければなりません。自らが積極的に再生したいという意思を示すべきところ、弁護士の陰に隠れているようでは、債権者の理解と協力は得られません。債務者が法的権利を主張するようでは、債権者にしてみれば「それならこっちも法的整理で回収してやろうじゃないか」となってしまいます。事業再生は法律論ではないということを絶対に忘れてはならないのです。

（3）会計の専門家と同行するケース

　顧問の会計事務所の税理士や会計士が同行するのが最も望ましいケースなのです。債権者としてみれば、税効果も含めて、専門家に質問することもできますので、経営成績や財政状態を正しく把握できるからです。この場合、専門家とは事業再生の専門家でなくて良いのです。債権者が知りたいのは債務者の業況であり、債務者を良く知る会計専門家が求められます。さらには、「顧問会計事務所が同行してきているのだから、粉飾決算はないだろう」と、債権者としては安心すらできます。事業再生は会計や税務、経営の知識こそ

が大切なのです。

　筆者は、債権者を訪問するにあたっては、顧問会計事務所の税理士、会計士と同行することをお勧めしています。現に筆者がクライアントと金融機関を訪問する際には、クライアントと顧問会計事務所の先生、そして筆者の三名で臨むことが少なくありません。複数の税理士が補佐する形で、真摯に事業再生に取り組むのです。

　会計事務所と同行することは債務者の利益になるだけでなく、債権者にとっても歓迎できるものなのです。

5．会計事務所の役割

（1）会計事務所に期待されること

　会計事務所は堅実な職業会計人として着実な事業再生を目指すべきです。無資格・無責任な偽専門家が、どんなに背伸びしたところで金融機関を納得させることはできません。一方、職業会計人は一目置かれている存在です。なぜならば、金融機関にしても、有資格者たる職業会計人にモニタリング機能を発揮してもらいたいからです。堅実・確実・着実だからこそ、信頼が得られるのであり、背伸びする必要はありません。日頃から債務者と接している会計事務所に求められていることは、過去の決算書の正確さと、現在の姿の正しい把握、そして将来のモニタリング機能なのです。

　金融論の世界では、メインバンクからリレーションシップバンキングへと流れが変わっています。従来の日本型のメインバンク制は過去のものになっています。

　会計事務所のモニタリング機能を通して、金融機関と債務者の間の橋渡しが期待されているのであり、将来にわたり債務者の決算業務の指導をする立場にある会計事務所こそ、メインバンク制を補う役割を担う者として適任なのです。

（2）正しい情報の提供

　債権者と債務者は敵対構造として位置付けるのは間違っているものの、両者の間には情報の非対称性が生じていることは事実です。

このような弊害を解消し、債権者に対して事実を正しく伝えることから、不良債権の解消に向けて、金融機関との交渉が始まると言っても過言ではないと思います。たとえば、無理な計画を提示するなどということは、事実を正しく伝えていないという点で、まったく無意味なのです。

　このことは過去において粉飾決算を行った場合も同じです。在庫で調整したりして売上を伸ばしたり、あるいは、評価損を立てずに資産のままにしておいたりと、調整の仕方は様々ですが、過去の粉飾についても正直に開示すべきなのです。金融機関も薄々気付いている場合が多いのであり、それを正直に告白することで、過去は事実ではなかったが現在と将来は正しく処理していることを裏付けることにもなるのです。

　過去の正しい数値と、正しい現状把握を基礎として将来の計画を作成するのであり、さらには、再生計画を実施した後のモニタリング機能は月次決算業務を通して発揮することができることを考えると、会計事務所の役割が極めて高くなるのは自然な流れです。

　債権者と債務者の間には情報の差があります。誰かがその情報の差を埋める必要があるのです。債権者を納得させる材料が必要なのです。そのためには提出した資料に粉飾がないことを明らかにすることも考えられます。一つの解決策として、会計事務所が「粉飾はしていない」という意見表明を行う方法があります。これにより、金融機関も少しは安心するというものです。もちろん、鵜呑みにするわけではありませんし、それで十分というものでもありません。しかし、国家資格者によるお墨付きがある以上、一目置くのは当然です。金融機関は債務者の姿勢の前向きな変化を歓迎するはずです。

　債務者対債権者の対立だけではなく、債権者間の対立を解消し、プラスサムによる事業再生を進めるために、返済能力の把握が極めて重要だといえるでしょう。債務者の業況を最も知る立場にある我々会計人の役割は大きいということができます。

　たとえば経済合理性の判断を行う場合、何が正しい金額であるのか不明です。そもそも金額が不明なのですから、金額を基準とした経済合理性の判断は困難になるというわけです。

情報の非対称性があるために市場が失敗するということを事業再生にあてはめるならば、債権者が債務者の返済能力に関する正しい情報を有していないため、不可能な返済額に固執することで交渉が破綻するという場面が想定されます。このような場合に、情報を有していない債権者に情報を提供するのは債務者ではなく、独立した立場にある税理士や公認会計士であるといえます。独立した立場だからこそ客観性が確保され、情報の信頼性が高まるのです。

　このように、職業的専門家には客観性を損なうことなく正しい情報を提供することが期待されているといえます。職業的専門家は市場の失敗を回避するため、情報の非対称性を補完する役割も担っているのです。

（3）独立した第三者としての関与

　債権者と債務者の交渉において、経済合理性の判断材料を債務者が主張しても客観的な根拠になりません。たとえば「私にできる返済の総額は○です」「私の資産は○です」と主張したところで、「自己証明は証明に非ず」という言葉があるように、客観的な証拠にはなりません。

　ところで無資格者が行うと処罰対象になる行為があります。有資格者でないと行うことができない独占的業務、たとえば税理士の税務や、公認会計士の監査業務、不動産鑑定士の鑑定評価業務です。このような独占的業務は、有資格者が行うと客観的な判断基準となりますが、債務者側に立って行ったのでは客観性が乏しくなります。

　たとえば、会計参与の場合です。会計参与は公認会計士あるいは税理士が、経営者と共同で決算書類を作成するという制度です。二重責任の原則のもと、経営者が作成した財務諸表を外部の公認会計士が監査すれば客観的な情報になりますが、会計参与として財務諸表を作成すれば、経営内部に立つために客観性は失われます。会計参与の他にも会社の役員や顧問に就任すれば内部者であり、有資格者であっても第三者による客観的な情報とはいえないことになります。

　換言すれば、独立性を確保しておけば客観性が増すことになるの

です。この点、無資格者は独占的業務がないので客観的立場の外部の第三者にはなれず、内部者になるしか関与する道はありません。すなわち、債務者側に立つしか道はないのです。ある日突然、外部から招聘された顧問、社長室長、企画室長等々、このような自称専門家の多くは無資格者です。

　一方、職業的専門家は独立した立場からも関与できるところに強みがあります。外観的独立性が確保されていれば、債権者からみても客観性が高まるのであって、外観的独立性は大切な判断基準となるのです。もちろん、内部の立場から関与することも可能で、この場合にも有資格者であることは、信頼性を大きく高めることになります。

　不動産鑑定士が行う不動産の鑑定評価を例にとるならば、裁判所選任の評価人であろうが、なかろうが、同じ不動産鑑定士が不動産鑑定評価基準にしたがって、評価を行うのですから、評価額はほぼ同じになります。しかし、一方は一般の不動産鑑定士としての鑑定評価であり、一方は裁判所選任の評価人としての評価となります。たとえ同一人であり、評価額が同じであっても、立場が違うために客観性も違うということになるのです。

（４）攻める経営者と守る経営者

　借入金を減らすことで事業再生を目指している経営者は、まさに守る経営者であると言えます。一方、自らの事業が順調であるため、他社から資産譲渡、事業譲渡を受け、さらにはＭ＆Ａで他社を買収することを目指している経営者は、まさに攻める経営者です。

　守る経営者として第一ステージで借入金を削減した後、第二ステージで事業再生を成功させ、今度は、攻める経営者として更なる飛躍を目指す例もあります。いわば守る経営者が、攻める経営者へと華麗なる転身を果たすのです。

『例えば100万円の返済をするため、すなわち100万円の利益を計上するためには、いくらの売上増加が必要なのかを考えるとき、無理な返済を続けている企業と、返済を中断してでも債務者主導で債権放棄を引き出す企業と、どちらが将来性に富んでいるのか答は

明白です。日本の少子化が叫ばれて久しく、日本の将来は必ずしも明るいものではありません。そんな今こそ、経営者の皆さんが知恵を出し、債権放棄をテコにして企業の復活を図るべきなのです。企業を復活させ、ひいては経済の活性化を図ることは、経営者の皆さんの社会的使命であると言えるのではないでしょうか』

この記述は、平成13年に筆者が初めて上梓した初版本の「おわりに」から引用しました。今でも通用する考え方だと確信しています。

会計事務所は経営のパートナーとして、守る経営者にも攻める経営者にも寄り添うことができます。経営者をサポートできる真の専門家は会計事務所だけなのです。

守る経営者は過度に保守的になったり、根拠のない起死回生策に惑わされたりと、追い詰められた経営者は正常な判断ができなくなる例が少なくありません。一方、第一ステージを成し遂げ、第二ステージも成功しつつある経営者は、過度に背伸びしたり、冒険したりと初心を見失う例も少なくありません。守る経営者にとっても、攻める経営者にとっても、会計事務所は経営者の相談相手として、いざという時に頼れる戦略参謀であるべきなのです。

> ▶ チェックポイント
> 筆者が金融機関で不良債権の回収責任者を務めていた当時から、「企業を守るのは会計事務所だ」と確信していました。経営者と会計事務所が協力し合うことで、事業再生の成功も近づくのです。

第VII章
理論と実務の融合

【1】事業再生の経済学

要旨

金融機関は預金を運用し、得られた運用利益を株主に配当する責務を負っています。すなわち、金融機関の経営者は経営を委託されているのです。このような立場の金融機関が意思決定を行う時、経済合理性を満たしていることが求められます。それでは、何をもって経済合理性を満たした判断といえるのでしょうか。ここでは経済学の視点から、情報の非対称性や不確実性がある中で、事業再生をどのように進めるべきかを考察します。

1．ミクロ理論経済学と事業再生

借入金の返済をめぐり債権者と債務者は対立する関係となります。破綻した事業の再生にあたっては債権者が求める返済額が債務者の返済能力を超えることが多く、とりわけ返済能力が借入金の総額を大きく下回ると債権の放棄を伴うことになります。このような場合、債権の放棄をどの程度認めるかが事業再生をめぐる交渉の究極の課題となるのです。事業再生をミクロ経済学の視点から考えるとき、以下の二つの問題点を指摘することができます。

（1）情報の非対称性

一つは、債務者が有する正確な情報を債権者が有していないために、債務者からの返済額について債権者と債務者の間で評価が異なるという情報の非対称性の問題です。事業再生において情報の非対称性は、債権者が債務者に対して要求する返済額が、債務者の返済能力を超えてしまうことであり、これは事業再生に向けての交渉が決裂するというリスクを招いてしまいます。

さらには、債務者の返済能力をどのようにして正しく把握するか、

返済能力に対する期待値の評価をどのようにして正しく行うべきかという、評価方法あるいは評価制度を確立することの議論へと発展します。さらには、債権者と債務者の利益配分をどのように調整し、債務者の努力水準と事業価値をどのように維持するのかという課題も解決しなければならないのです。

（2）期待効用仮説

もう一つは、自己の利得を最大にするように行動するという「期待効用仮説」です。この期待効用仮説にしたがって、債権者が行動するとき、各債権者の効用関数が異なるために、債権者ごとに不良債権の返済額に対する期待が異なるという点が問題となるのです。

債権者ごとに満足する返済額が異なるため、全債権者が一律に満足する返済計画に合意することは難しくなるという点を解決しなければなりません。

2．債権者と債務者の対立による交渉決裂のリスク

債権者と債務者の間の対立は、情報の非対称性ゆえに債権者の返済能力が正しく把握されず、事業再生のための交渉が決裂するという問題として具体化します。返済金額の交渉を考えるとき、債権者の要求額が債務者の返済能力を超えるという形で合意可能領域が形成されないことになるため、交渉が破綻する危険が生じるというわけです。

情報の非対称性を解消するには、確立された評価制度に基づいて返済能力と事業価値を評価することが求められます。いわば第三者による評価の客観性が求められるのであり、この点については合意基準の客観性の問題として制度的に保証することが求められます。

情報の非対称性が解消されたとしても、債務者が返済を限りなく継続しなければならないとなると、債務者への利得配分がなくなるため債務者のヤル気が阻害される危険が生じます。すると、努力水準が減り、返済能力が下方にシフトすることで返済額が減るという悪循環に陥ることになります。

しかし、返済期間を有期化すれば債務者は将来の利得配分を期待して、合意期間内は利益の全額が債権者に配分されることに同意することになります。借入金の返済期間を有期化することにより、債権者と債務者の利益の配分を異時点間で調整することが可能になり、債務者のヤル気を確保できることになるからです。債務者の努力水準を最大化することで事業価値も維持され、債権者と債務者の双方が満足する利益配分が実現できるので、債権者と債務者の対立による交渉決裂リスクを回避することが期待されます。

この異時点間の利得配分という考え方は、単に金額の多寡という単純な交渉から、配分時点という別の条件を加味した交渉とするものであり、これにより合意の可能性を高めているのです。

3．債権者間の対立による不良債権解消の先送りリスク

債務者の最大努力が発揮され返済額が最大化されたとしても、事業再生が成功する場合と失敗する場合では、その事業から期待される返済額に差が生じることとなります。事業再生にはどうしても不確実性が存在するのです。

この点、期待値の上限値は事業継続の場合の価値となり、下限値は事業清算の場合の価値として捉えることができます。効用最大化を前提として行動するとき、債権者が満足できる金額以上の返済が実現できれば良いことになります。満足する返済額は各債権者によって異なる額となりますので、返済額が一律となるような再生計画に満足する債権者と満足しない債権者が存在します。したがって全債権者一律の合意を求めることは困難となります。

再生型の事業再生は、裁判所の力を借りる形で手続が進められる法的整理と、債権者と債務者の話し合いにより手続が進められる私的整理に分けられますが、法的整理の場合には裁判所の介入により多数決で決定することができるので、少数派の反対意見を封じることができるという特徴があります。一方、私的整理は各債権者の話し合いで解決するため、多数決により強制することはできません。

私的整理を成立させるためには、「過半数の債権者が決定権を持

つ」という、法的整理で保証された債権者の立場を守ることが求められます。たとえば、決定権を有する債権者を害するような再生計画を私的整理で進めようとしても、法的整理の場合に決定権を有する債権者に拒否され、結局は法的整理に移行することになってしまうからです。したがって、決定権を有する債権者の交渉力は絶大なものとなります。

　一律合意の成否について決定権を有していない債権者が満足する返済額を実現するために、一律合意がなされる前に債権譲渡による債権回収を選択する方法も考えられます。この場合、債務者は新債権者との再交渉を余儀なくされ、不良債権の解消が遅れてしまいます。

　このような無駄な債権譲渡を排除するためには、全債権者一律の合意形成を図るのではなく、個々の債権者が満足する形で返済額の個別合意を認めるべきです。

4．伝統的ミクロ経済学の限界

　伝統的ミクロ理論経済学では完全合理性仮説を置きます。すなわち、人は全ての情報を正しく持ち、完全に合理的な行動をとると考えるのです。

　しかし、本当に全ての場合に合理性の判断を基に行動するのでしょうか。たしかに、「常に人は合理的な行動をする」という仮定を置けば、簡単に説明がつくことであっても、実際にはそうはいかないという例も多く見られます。

　たとえば不確実性下における行動について確率論で判断する場合、成功の場合の金額と失敗の場合の金額について正確に算出するのは困難を伴います。コインの裏表くじのようにアタリとハズレの二者択一であれば当否の確立は50％として定量化できますが、様々な可能性があるような事象の場合、簡単には定量化できないからです。

　事業再生が成功するか失敗するかを考えると、成功の場合の確率と失敗の場合の確率を正しく判断できるのかという問題が生じます。確率に基づいた期待値という水準で測るのではなく、別の尺度で測

るのが自然ではないかという考え方が生まれても不思議ではありません。

このように、人の行動の合理性を前提とする伝統的経済学の考え方には限界が指摘されています。そこで最近は伝統的な経済学の限界を追及するような新たな動きがみられ、その一つが行動経済学と呼ばれる新しい経済学です。

5．プロスペクト理論

行動経済学は経済活動に感情の動きを反映させた考え方であり、完全合理性ではなく限定合理性の概念を導入したところに特徴があります。いわば人間の感情で経済行動が左右されるという考え方です。その中の一つの理論としてプロスペクト理論という考え方があります。

プロスペクト理論はトヴァスキーとカーネマンという学者が79年に提唱した理論で、多数のアンケートを行う等の実験により人々の行動を確かめ、その結果を分析して定式化したものです。実験から得られた事実を定式化している点が優れているといえます。プロスペクト理論には次のような特徴的な考え方があります。

（１）参照点依存性

伝統的経済学においては効用は常に同じと考えます。したがって100万円は誰にとっても100万円の効用をもたらすことになります。

しかし、大金持ちの100万円と、お金を持っていない貧乏人の100万円の価値は異なるのではないでしょうか。たとえば、今1億円を持っている大金持ちが100万円を増やして1億100万円になる場合の100万円と、今、1万円しか持っていない貧乏人が100万円を増やして101万円とする場合の100万円とでは価値が違うのではないかと考えるのです。

視点を変えれば次のようなこともいえます。仕事の報酬を例に取り上げます。以前、1000万円の報酬を受け取った時と同じ仕事をするのに、今回は1100万円を受け取るとすると、1000万円を基準

にして100万円も多くなったと感じるでしょう。反対に、今回は900万円だとしたら、100万円少なくなったと感じるでしょう。

このような場合の判断の基準は「前回の報酬額」である1000万円となります。この基準となる点を参照点と呼びます。同じ100万円でも、参照点が異なれば得にもなるし、損にもなるというわけです。価値は参照点に依存して決まるという特徴のことを参照点依存性と呼んでいます。そして、この参照点は、固定的ではなく移動するという特徴があるのです。

既述の報酬額が参照点になる場合を例にとるならば、前回の報酬額が1000万円であれば参照点は1000万円となりますが、前回の報酬額が950万円であれば参照点は950万円へとシフトすることになります。

(2) 損失回避性

損失回避性とは、同じ額の利益と損失であれば損失の方を過大評価することです。

たとえば先の例で、前回の報酬額よりも100万円を多く受け取る場合と、100万円を少なく受け取る場合で、同じ100万円の差であっても、損の場合の方が得の場合よりも価値の変化を大きく感じるというものです。

既述の通り参照点は移動しますので、何が得で、何が損であるかという判断も参照点に依存する形で変化することになります。すなわち、参照点依存性ゆえに損得の判断が変化し、さらに損失回避性があるために、「損をするのは嫌だから何もしないでおこう」と考えることにもなるのです。

(3) リスク態度の非対称性

リスク態度の非対称性とは、利得が得られるときはリスク回避的になるのに対して、損失を被るときはリスク愛好的になるということです。リスク愛好的とは、リスクを避けるのではなく積極的に求める姿勢のことです。

たとえば、確率50％で100万円を得られるのと、確率100％で

50万円を得られるのでは、多くの場合に確実な50万円を選択することが確かめられています。確率計算上はどちらも同じですが、不確実な利得よりも確実な利得を好むという、リスク回避的な行動が選ばれることが実験的に確かめられています。

ところで、この利得を損失に替えた場合はどうでしょうか。

確率50％で100万円を損するのに対し、確率100％で50万円を損するのでは、多くの場合に不確実な100万円の損失を選ぶことが確かめられています。確率上はどちらも同じですが、必ず50万円を損するよりは、50％の確率で損しないで済む方を選ぶというわけです。

6．事業再生に関連する行動経済学

ここで究極の課題である債権の放棄を取り上げ、特に貸倒引当金に着目してプロスペクト理論の特徴にあてはめる形で債権者の行動を考えます。

債権者は債務者からの回収見込額を判断し、債権総額から回収見込額を控除した額を貸倒引当金として計上します。簡単にいえば、債権総額－回収見込額＝貸倒引当金となるわけです。

仮に債権総額が100で回収見込額を40とすると貸倒引当金は60となります。この時、回収額が70となると、10の貸倒引当金戻入益が生じることになります。貸倒引当金が多かったわけです。

反対に、回収額が50となると、10の貸倒損失が生じることになります。貸倒引当金が少なかったわけです。

債権総額から貸倒引当金を控除した額、すなわち回収見込額はプロスペクト理論における参照点と考えることができます。参照点以上の回収ができれば得となり、逆であれば損になります。まさに参照点依存性により変化することになるのです。債権放棄にあたって損益の分岐点となる回収見込額は引当金の額を決定付けるだけではなく、プロスペクト理論における参照点となり債権者の価値判断に影響を与えるというわけです。

貸倒引当金の多寡によって債権放棄に伴う貸倒引当金戻入益ある

いは、貸倒損失を計上するため、プロスペクト理論における損失回避性は引当金額の多寡により決定付けられることになります。

このように債権放棄をプロスペクト理論にあてはめると、貸倒引当金を計上する前提となる回収見込額の算定が重要になります。債務者が経営状態を良く見せかけると債権者は回収見込額を高く評価することになり、参照点が上方にシフトすることで債権放棄がしにくくなるというわけです。このとき貸倒引当金が不足していることになります。

債務者が経営状態を良く見せかけるのではなく、むしろ窮状を訴えることで債権者の回収見込額を下方評価させ、多くの貸倒引当金を計上させることになります。債務者が債権者に対して多くの貸倒引当金を計上するように誘導することで、債権者は債権放棄をしやすくなるわけです。粉飾決算により経営状態を良く見せかけるなどは論外であり、むしろ正しく窮状を開示すべきなのです。

7．理論に裏付けられた実務

体系化された理論を基に「学」の視点から理論に裏付けられた実務を実践することで、目的を達する可能性を高めることが期待されます。だからといって、いたずらに「学」を標榜することがあってはなりません。地道な研究の積み重ねにより、はじめて真の「学」を論じることができるのであり、まさに理論と実務の融合が可能になるのだと思います。

債権者と債務者という利害関係が相反する当事者が、事業再生をいかにして成し遂げるかという課題は、実務上の経験と知識がなければ関与できないものです。しかし、実務上の経験と知識のみを振りかざすと、債権者と債務者の間に勝ち負けが生じるようなWin/Loseの結果となりかねません。Win/Loseではなく、債権者と債務者のいずれもが満足する解決を目指し、Win/Winの結果を目指すべきなのです。

事業再生は法律論ではありません。争いを前提とした敵対的な交渉ではなく、協調を前提とした交渉できちんと対応すれば争いが起

こることは無いからです。法律事務所ではなく、むしろ会計事務所のように経営者（債務者）を一番よく知る立場の者が活躍すべき分野だといえるでしょう。

> ▶ **チェックポイント**
> 事業再生は当事者間の対立問題として位置づけるのではなく、当事者の協調により合理的な解決が期待されることは経済学の立場からも理論的に明らかにすることができるのです。

【2】事業再生の交渉学

要 旨

交渉学という学問領域があります。様々な交渉のあり方について論理的かつ体系的に明らかにする学問であり、交渉「術」とは異なります。交渉を成功させるためには、小手先の「術」に留まっていてはならないのです。債権者と債務者の協調による事業再生を成功させるためには、単に知識と経験に裏付けたれた実務アプローチだけではなく、学問に裏付けられた理論アプローチによって補強することが重要であるといえます。ここでは交渉学の視点から、理論アプローチを行うことにします。

1. 配分型交渉から統合型交渉へ

一定の金額を交渉の当事者が配分する場合、一方への配分が多くなれば他方の配分が少なくなるという利益相反の関係となります。このことは事業再生における債務者からの返済額を、当事者間においてどのように配分するかという問題にもつながるものです。

たとえばAとBの二者の配分交渉において、契約等によりAが確実に一定額を受け取る場合が想定されます。たとえば100をAとBが配分するとき、交渉が決裂したらAが80を優先的に受け取るのであれば、この80が交渉の不一致点となります。不一致点については優先権利者であるAが受け取り、残りの20をAとBの交渉により配分することになります。

配分の対象となる利益が一定額に確定している場合には、伝統的ミクロ理論経済学では50:50で配分することになるのですが、これは交渉当事者の間の交渉力が同じであることを前提としています。交渉力が異なっていたり、有する情報に差があると、配分の対象となる利益が確定しないという弊害が生じてしまいます。最悪の場合

には交渉が決裂し、事業再生が失敗してしまうことになりかねません。

　交渉力に差がある場合に、交渉を有利に導こうとして交渉「術」のような策を弄することは有効ではありません。交渉「術」を駆使することで、短期的な交渉で勝ち負けの関係がはっきりするとしても、それはWin/Loseの関係であり、Win/Winの関係にはなっていません。Win/Loseで一方の利得を増やすのではなく、Win/Winにより両者の利得を増加させるべきなのです。

　金額の配分という一つの条件にだけに着目すると、交渉「術」を弄する交渉当事者の出現を許してしまいかねず、そのため交渉決裂の危険性が高まることになります。一方の利得は他方の損失である場合に交渉力に差が生じると交渉決裂のリスクが高まることになるからです。交渉学の視点から、このような配分型交渉の問題を解決するためには、二つ以上の条件について交渉を行う統合型交渉を行うことが有効となります。交渉決裂リスクを回避するためには交渉「術」ではなく、交渉「学」の立場からWin/Winの解決を図ることが求められるのです。

２．事業再生における交渉

　事業再生に関する交渉について債権者と債務者の対立が念頭に置かれがちです。しかし、実際には債権者と債務者の対立だけではなく、債権者と債権者の対立も大きな問題になるのです。

（１）債権者と債務者

　債権者と債務者の対立とは、端的には債務者の利得をどのように配分するかという配分交渉となります。

　債務者は自己の返済能力の限界を把握しているのに対し、債権者は債務者の返済能力を完全に把握していません。債権者と債務者の間には情報の非対称性があるため、債権者は債務者の返済能力を過信し、「返済原資をもっと増加させることができるはずだ」との誤解に陥りかねないのです。換言すれば、情報の非対称性ゆえに合意

可能領域が形成されないのです。この場合の交渉決裂とは、単なる配分の失敗に留まらず、合意が形成できないことによる経営破綻という形で壊滅的な結果を招く危険さえあるのです。

　これは債権者と債務者が配分型交渉に拘ることでもたらされる弊害です。たとえば債務者が10年で100を返済すると主張し、債権者が120を求めたとします。この場合、金額だけの配分型交渉では合意可能領域が形成されず決裂の危険を招いてしまいます。ここでは期間という条件を加えた統合型交渉を実施すべきなのです。債務者が120を受け入れるかわりに期間を10年から15年に延ばすことができれば、総額では債権者のニーズを満たすものの、期間が延びたことで1年の返済額は10から8に減るので債務者が有利になるのです。このように統合型交渉に移行することで、債権者と債務者の双方がWin/Winの解決が可能になるというわけです。

（2）債権者と債権者

　債権者と債務者が債務者の返済能力を正しく把握し、返済原資の限界に合意したとしても、そこで終わりではありません。債権者が複数存在する場合、その確定した返済額をどう配分するかという交渉が行われることになります。

　利益が相反する一つの例は、有担保債権者と無担保債権者の交渉です。たとえば不動産に抵当権を設定している場合には、不動産の価値を評価して別除権とし、債権者の債権総額から控除した残額を無担保債権者で按分することになります。この場合、別除権が低くなれば無担保部分が多くなるため、無担保債権部分の按分額が増えます。よって有担保債権者は別除権を低く評価したいという立場となります。一方の無担保債権者としては、有担保債権者の別除権を高く評価することで自らの無担保債権比率を高めたいという立場になります。

　このような債権者間の交渉に債務者は関与できないのであり、債務者が関与できないところで債権者間の交渉決裂リスクが存在するのです。ここにも事業再生を成功させる難しさがあるといえるでしょう。

3．配分基準の客観性

　Win/Win の解決策を目指して分かち合うパイ自体を拡大することが重要なのですが、パイを拡大したところで、最終的にはその配分が問題になります。交渉を合意に導くために何らかの基準が求められます。

　事業再生における配分交渉にあてはめるならば、何らかの基準が共有化されないと、交渉当事者が懐疑的になるため交渉決裂リスクが高まってしまいます。これを放置していたのでは、Win/Lose の決着ができるとしても、Win/Win での解決は成立しないことになりかねません。交渉当事者が客観的な基準を共有することにより情報を補い、それにより交渉の破綻リスクを回避し、Win/Win の形で決着することができるのです。

　客観的な基準がない場合に交渉当事者が多いと、それぞれが好き勝手な基準を持ち出すことで収拾がつかなくなってしまいます。制度的に客観的な基準がない場合には、交渉当事者が何らかの基準を探し出すことが求められますが、この場合、当事者からの独立性や客観性、公平性等が重要となります。

　たとえば先方に基準を作成させ、当方が選ぶという方法も考えられます。一方が配分案を作成し、他方が選ぶという古典的な手法です。配分案を作成した方は公平であると判断しており、選んだ方も満足を得ているので異論はないはずです。

　しかし当事者が多数に渡る場合には、このような手法は採用できません。交渉当事者から独立した何らかの基準が必要となるのです。交渉を解決する前提として、客観的基準を捜し出す共同作業が必要になるというわけです。

4．第三者の介入

　交渉をスムーズに進めるため、第三者の介入が有効な場合が少なくありません。この第三者は大きく二つに分けることができます。

（１）一方当事者側に立つ第三者

　一つは、一方の当事者の側に立って交渉を進める第三者です。端的には代理人弁護士のように交渉を代理する者です。このような場合、本人を代理するわけですから本人と同じ立場であって純粋な第三者ではないということもできますが、外部の者という点に着目すれば第三者ということになります。コンサルタントや職業専門家も、一方の当事者が選任したのであれば同類と位置付けられます。

　選任した側にとっては力強い味方であっても、他方当事者にとっては警戒する交渉相手が増えただけの話になりかねません。選任当事者にとってはプラスになっても、他方当事者にとってはマイナスになる危険性もあるという、いわば諸刃の剣としての側面を有しているといえるでしょう。

（２）独立した第三者

　もう一つは、双方の立場に無関係の第三者です。端的には裁判所のように、中立的な立場から関与する例が挙げられます。このような場合、どちらの当事者からも独立しているので利害に左右されない完全な第三者となります。交渉のための会合を取り仕切るだけの中立的な進行役や仲介者も同類と位置付けられます。調停における調停委員も同類です。

　選任した側のみならず、他方当事者にとっても無関係の第三者となるので、どちらかにとってプラスとかマイナスになるものではありません。交渉をスムーズに進めるために有効な存在になる可能性を持っているといえます。

　ただし第三者は誰でも良いというわけではありません。例えば第二会社方式による事業再生にあたって不動産の評価が必要な場合、内部の自称専門家（無資格者）が評価した金額と、外部の不動産鑑定士が鑑定した金額とではどちらが説得力をもつのかは明らかです。公認会計士の監査も同様で、会計監査人が独立した第三者であるからこそ、その中立性、客観性が認められ信頼されることになるのです。

5．Win/Win の解決を目指す

（1）有期化による債権者と債務者の調整

　債権者と債務者の間の対立は、情報の非対称性ゆえに債権者の返済能力が正しく把握されず、事業再生のための交渉が決裂するという問題として具体化します。

　情報の非対称性を解消する一つの方法として確立された評価制度に基づいて返済能力と事業価値を評価することが求められるのであり、第三者による評価の客観性が重要となります。

　情報の非対称性が解消されたとしても、債務者が返済を限りなく継続しなければならないとなると、債務者への利得配分がなくなるため債務者のヤル気が阻害される危険が生じます。これにより債務者の努力水準が減り、返済能力が下方にシフトすることで返済額が減るという悪循環に陥ることになります。

　この点、返済期間を有期化すれば債務者は将来の利得配分を期待して、合意期間内は利益の全額が債権者に配分されることに同意することになります。借入金の返済期間を有期化することにより、債権者と債務者の利益の配分を異時点間で調整することが可能になり、債務者のヤル気を確保できることになるからです。

　すなわち、返済期間を有期化することで債権者への利得配分を先に行い、債務者への配分を後に回すという異時点の利得配分を行うわけです。この異時点間の利得配分は単に金額の多寡という配分型交渉から、配分時点という別の条件を加味した統合型交渉とすることで合意の可能性を高めることが可能になるのです。

（2）個別化による債権者と債権者の攻勢

　債務者の最大努力が発揮され返済額が最大化されたとしても、事業再生が成功する場合と失敗する場合では、その事業から期待される返済額に差が生じることとなります。したがって、事業再生にはどうしても不確実性が存在するのです。

　各債権者によって満足する返済額は異なるので、返済額が一律となるような再生計画に満足する債権者と満足しない債権者が存在す

ることになります。したがって全債権者一律の合意を求めるのは困難となるのです。

　この点、多数当事者の合意可能領域が違う以上、合意できるところから個別に合意を得るのが合理的な対策となります。合意内容を強制できないと同様、個別合意を停止することもできないからです。

　とりわけ事業再生は複数の債権者と債務者の交渉が行われるものであり、単に債権者と債務者の交渉ではなく多数の当事者間の交渉となります。交渉学の視点からは当事者の全てがWin/Winの形で解決できるように、対立から協調に移行すべきなのです。

(3) 対立から協調へ

　返済期間の「有期化」により債権者と債務者の協調関係を構築し、さらには返済期間の「差別化」により債権者と債権者の協調関係を構築することが期待されます。返済期間の有期化と差別化により、不良債権をめぐる債権者と債務者の対立を協調へと導くことで、私的整理による事業再生の成立の可能性を高めることが可能となるのです。

　対立から協調へと交渉のあり方をシフトするという考え方は、分かち合うパイを大きくすることでWin/LoseではなくWin/Winの解決を目指すという交渉学の基本的考え方でもあります。すなわち、ミクロ理論経済学と交渉学は、目指すべきところが同じであるということができるのです。

(4) 結語

　「術」を弄することで、一時的に有利な解決を実現したとしても、それはWin/Loseの関係で相手に損をさせ、自分は利益を得たという短絡的な解決に過ぎないかもしれません。これでは相手の不信を買うことになり、「警戒すべき交渉相手」という社会的評価を得ることになりかねません。これでは一時的に有利であっても、長期的に不利になってしまいます。

　Win/Winの解決を目指し、分かち合うパイを大きくすることで、交渉当事者全体の利得を極大化することが可能になります。交渉

「術」ではなく交渉「学」により事業再生を成功に導くことで、ひいては社会全体の利益をも極大化させることが期待されるのです。
　理論と実務の融合が求められる理由はここにあるのです。

> ▶ **チェックポイント**
> 経済学のみならず交渉学の視点からも、事業再生の合理的解決策を理論的に明らかにすることができます。理論に裏付けられた実務の実践ほど強いものはないといえるでしょう。

おわりに

　平成27年4月に経営学の博士論文に加筆修正したものを公表して以来、今回の新刊は2年振りの上梓となりました。学術的な博士論文と異なり、本書は経営者や会計事務所などの実務家を対象にした実務書ですので、あまり難解な表現は歓迎されないと自覚しています。
　しかし、完成した原稿を読み返してみると、難しい言い回しや、くどい表現、重複した記述などが目につきます。できるだけ整理したつもりですが、十分ではなかったと反省しています。不十分とはいうものの、できるだけ役に立つ知識を網羅することはできたと思っており、これまでに得た知識や経験を集大成することができたのではないかと自負しています。
　原稿の校正に多大な協力をしてくれた妻・順子と、資料や目次の整理に尽力してくれたスタッフの和田かをる氏には、この場を借りて深く感謝する次第です。

　事業再生は法律論ではありません。そもそも債権者とは敵対せず協力して事業再生を進めるので、争いが生じるものではないからです。
　当然のことながら、経営者自らが率先して事業再生に当たらなければなりません。このことは経営者が一人で行うということを意味するものではありません。適切な専門家の支援を受けながら進める

べきです。この点、経営者の業務に最も近い立場にあるのは会計事務所です。会計事務所の支援を受けながら事業再生を進めるのが最も効果的かつ効率的なのではないでしょうか。会計事務所の果たすべき役割は大きいと思います。
　税理士会のセミナーや、株式会社ミロク情報サービスのセミナーを通して、会計事務所の先生方への講演を行ってきましたが、「顧問先の事業再生に尽力しよう」と前向きに取り組もうとする会計事務所の先生方の真摯な姿勢には頭が下がるばかりです。税務・会計に軸足を置きつつ、顧問先の事業再生にも関与することは、会計事務所にとっての社会的使命であると同時に、顧問先である中小零細企業にとっても頼もしい助っ人になるのです。さらには、金融機関にとっても、情報の非対称性を解消するために会計事務所の助力は有用なのです。

　私としては、本書を取りまとめることで一通りの区切りをつけることができたと思っています。これまでに培ってきた多くの知識と経験を網羅することができたつもりだからです。
　事業再生を専門に手掛けてから20年近くの年月が流れた今、第一ステージとして事業再生を成し遂げた経営者が、第二ステージとして更なる成功を収める例が相次いでいます。事業再生コンサルティングとは、単に事業を再生するだけではなく、再生後の更なる

飛躍を目指すことが重要であると実感しています。

　今、私は経済学と経営学に軸足を置きつつ、学問としての交渉学に取り組んでいます。交渉において一方が勝ち、他方が負けるという交渉「術」ではなく、双方が満足する結果を目指すという、学問としての交渉「学」を事業再生に反映すべく微力ながら研究を重ねています。機会を見つけ、何らかの形で紹介したいと考えています。

　本書が経営者の皆様ならびに会計事務所の皆様の役に立つことを願ってやみません。

平成 29 年夏、群馬県草津温泉の別宅にて

著者　髙橋 隆明
不動産鑑定士・税理士
博士（経済学）・博士（経営学）

索引

数字・アルファベット

17条決定	473
309条	396
354条	413
3点セット	362
423条	406
429条	136,407,411
830条	400
831条	398
908条	411
ADR	450
DCF	70,357
M&A	41,255,263
SWOT分析	223
Win/Lose	542
Win/Winの解決	546

あ・い

相対取引	84
悪質なコンサルタント	501
いい加減なセミナー	492
言い訳を繰り返すタイプ	304
意思決定	97
一連の流れ	292
一括回収	66,175
一括合意	291
一括合意型	152
一括請求	379
違法行為差止請求権	391
嫌味な債権者	120
入れ知恵	134
運用利回り	69

営業権	241,245,265
営業権の把握	384
営業権の評価	265
営業譲渡	240
営業利益	158,164
遠慮してしまうタイプ	303

か

買受可能価額	360,373
会計事務所の支援	295
会計事務所の守備範囲	523
会計事務所の役割	293,521
解散	335
解散の登記	337
会社譲渡	255,271,276
会社に対する責任	406
会社の責任	411
会社分割	43,247,271,276,452
会社分割無効の訴え	254,441
会社法改正	404
会社法の改正点	426
回収交渉の失敗	475
回収姿勢	101,283
回収不能額の確定	77
回収方針	218
価格形成要因	354
価格交渉	368
価格の三面性	353
架空の資産	324
確実性	295
過去の実績	222
貸倒損失	76

貸倒引当金	60,72,115	休眠会社	341
貸出条件緩和	59	協議会スキーム	196
肩代わり融資	279	競業避止義務	414
合併	43	競合価値	176,293
華美でない自宅	463	競合業者	293
株式譲渡	43	許認可	44,244,253,257
株式譲渡型	263	金額の決定権	119
株主総会	396	金額の合意	238
株主総会決議	271	均衡性	92
株主総会決議の瑕疵	402	銀行取引	444
株主総会招集請求権	392	銀行取引約定書	433
株主代表訴訟	96	金融円滑化法終了への対応策	468
株主提案権	392	金融機関交渉	295
株主の権利	390	金融機関との協調	522
株主を第三者にする	50	金融機関の意思決定	97
仮差押え	433,444	金融機関の協力	519
過料の制裁	344	金融機関の実情	61
間接償却	74	金融機関の種類	121
鑑定評価	350	金融機関の論理	92,379
		金融機関別	203
		金融機関寄りのコンサルタント	504
		金利減免	59,186

き

企業価値評価	382		
企業倒産の過程	313		
期限の利益	185,432	## く・け	
基準地価	349	具体性	207
議事録	393	グレーゾーン	452
基礎となる年数	383	黒字部門	43
基礎となる利益	383	経営改善計画策定支援	515
期待効用仮説	533	経営改善支援センター	515
奇抜なアイデア	200	経営権	45,154
寄付金認定	76	経営権の形態	45
規模の違い	518	経営権を確保	126
客観性	47,205	経営者自身が計画を策定	133
キャッシュフロー	164,174	経営者の決意	132,163
究極の第二会社方式	55,131	経営者のチェックリスト	319

経営者保証に関するガイドライン	454,470
経営成績	309,311
経営体制	208
計画書の中身	205
経験だけでは不十分	500
経済学の限界	535
経済合理性	69
形式上の第三者	47,131,137
経常利益	311
競売	54,435
競売価格	359,360
競売手続を中止	364
競売の経済合理性	365
競売の取り下げ	369
競売配当	372
競売評価	69
決議取消しの訴え	324,398
決議不存在確認の訴え	400
決議無効確認の訴え	400
決断できないタイプ	301
原価法	351,355
現況調査報告書	362
権限移譲	419
原債権者	72,80,87,99
限定価格	350

こ

口座の移転	445
公示	345
公示価格	349
合実計画	194
後順位抵当権	107,375
交渉学	541
交渉決裂のリスク	533
公的支援制度	512
行動経済学	538
公平性	92,96,153
合理性の判断	95
子会社を譲渡	403
個人と法人の一体化	182
個人の責任	412
固定資産税評価額	349
事なかれ主義	505
個別合意	45,197,291
個別合意型	152

さ

サービサー	70,81,83,87,89,101,121,457
債権債務	256
債権者が同意しない	154
債権者間の対立	534
債権者主導	227
債権者代位	287
債権者代位権	270,439
債権者と債権者	543
債権者と債務者	542
債権者取消権	438
債権者による破産の申し立て	141
債権者の合意	197,290
債権者の事情	164
債権者の承諾	271
債権者のタイプ	99
債権者の同意	161
債権者の本気度	436
債権者破産	482
債権者破産の申し立て	436,442
債権者への配慮	276
債権者訪問	524

債権者保護	271
債権譲渡	72,78,83,87,96
債権譲渡価格	84
債権の分類基準	62
債権分類	59
債権放棄	65,72,76,81,96,103,114,486
催告	345
財産法	340
最終処理	74
再生型	148,165
再生計画	162,190,494
財政状態	309,311
再生できるか	158
再生の情熱	163
裁判外紛争解決手続（ADR）	450
裁判所	118,123
債務者区分	58,445
債務者主導	226
債務者主導の再生	128
債務者の主体性	507
債務者の防衛行動	444
債務者を育てて高く売る	506
債務超過	324
債務免除	114
債務免除益	76,114
詐害行為	91
詐害行為取消	287
詐害行為取消権	438
詐害的会社分割	427
詐害的な事業再生	491
様々な債権譲渡	87
参照点依存性	536
残存資産	461
残高シェア	214

暫定リスケ	188,197,294

し

仕入先	161
支援専門家	456
時価評価	383
事業計画	190,199,200,494,523
事業継続に必要でない不動産	215
事業継続に必要な不動産	214
事業者の廃業・清算を支援する手法	471
事業主体	201
事業譲渡	43,240,271,275,451
事業譲渡等の承認	427
資金繰り	160,174,210
資金計画	210
資金調達	285
資金手当て	378
資金の必要性	272
シグナリング効果	498
時効	480
自己査定	58,116
自己破産	126,138,143
資産価値を加算	385
資産価値を控除	385
資産価格を超えた部分	266
資産譲渡	43,271,275,451
資産を強化	287
市場性	353,384
市場性修正	360
自称専門家	138
市場占有率	206
実現可能性	93,191,193,206
実在性の無い資産	341
実質債務超過	181

実質破綻先	59,63
実抜計画	193
実務家の確保	378
私的整理	45,146,150,291,299,447
私的整理ガイドライン	449
私的整理に関するガイドライン	78
私的整理を避ける弁護士	155
支配権	48
資本性借入金	182
社外取締役制度	415
収益価格	351
収益還元法	351,356
収益性	353,384
従業員の雇用	271
修正のタイミング	324
修繕費	237
重要な会社財産の処分	96
従来の会社	37,190,280
従来の経営者	281
出金する方法	285
守秘義務	499
少額債権	86
償却	267
承継会社	248
商号続用	252,421
商号続用者	245
商号続用責任	440
招集通知	400
少数株主権	392
情報の非対称性	220,526,532
将来の計画	222
所得税法64条	466
新規事業	191
新債権者	72,80,101
慎重過ぎるタイプ	302
信用金庫	121
信用組合	121

せ・そ

請求喪失	433
税金	251
成功する経営者	297
成功報酬	509
清算	38,141,158,166,336
清算型	148
清算価値	176,293
清算結了の登記	337
清算との比較	95
正常価格	348,360
正常債権	127,312
正常先	59,62
積算価格	351
責任限定契約	427
責任の軽減	408
責任限定契約	409
責任論	92
積極的な姿勢	299
積極的に支援	284
節税原資	267
攻める経営者	529
全債権者の関係	217
先順位抵当権	107,375
専門家	136,172
専門家の紹介	519
増加競売	377
早期経営改善計画策定支援	516
組織計画	209
組織法上の行為	247
損益法	340
損失回避性	537

た

第一次対応	514
第一ステージ	39,305
代位弁済	104
第三者たる別法人	233,240
第三者との比較	164
第三者に譲渡	54
第三者に対する責任	407
第三者の介入	172,544
退職金	285
第二会社	38,190,201,281,285,330,495
第二会社の取締役	411
第二会社方式	42,136,233,240,247,255,451
第二次対応	514
第二次納税義務	47,52,331
第二次ロス	40
第二ステージ	39,304
退任登記が未済	413
代表権	48
代表訴訟提起権	391
タイミング	71
対立から協調へ	547
正しい情報の提供	526
達成できない計画	227
建付減価	360
建物観察減価	360
妥当性	207
短期返済能力	221
担当者の経験	206
単独株主権	391
担保主義	278
担保処分	153
担保処分価格	85
担保による調整	62
担保の中身	108
担保評価一覧表	109,112,217
担保評価額	350
担保漏れ	479

ち

地域経済活性化支援機構	450
地方銀行	121
着実な取り組み	521
着手金	509
仲介業者	263
中小企業経営力強化支援法	105
中小企業再生支援協議会	447,513
中小企業の特性	181,386
中小企業の特例	195
中断するケース	300
長期返済能力	221
直接還元法	356
直接償却	46,71,74

つ・て

付け替え融資	280
強い意思	297
抵抗勢力	164,168
抵当権	44,107,162,213,446,464
抵当権消滅請求制度	377
適正価格	360,505
敵対しない	522
敵対的な交渉姿勢	491
敵と味方	503
敵と味方の区別	510
手続費用	162
デューデリ	179

と

統合型交渉	541
倒産隔離	52
当然喪失	433
得意先	161
特定調停	166,448,466,468
特別決議	396
特別支配株主	426
特別清算	338,346
特別売却	364
独立した第三者	528,545
都市銀行	121
取締役	258
取締役会設置会社	417
取締役会の決議を欠く行為	418
取締役会非設置会社	417
取締役の責任	406
取締役の選任	49
取締役の第三者責任	440
取締役の立場	405
取締役を第三者にする	51
鳥の羽根計画	229
取引行為	247
取引事例比較法	351,355

に・ね・の

逃げ腰	283
二重入札	367
偽専門家	491,493
入金する方法	287
入札取引	84
任意売却	54,475
認定支援機関	512
根抵当権	107
根回し	123,472

納税義務	329
暖簾	241

は

売価	386
買価	386
売却基準価額	359
廃業のための特定調停	346
年数	387
配分型交渉	541
配分基準	544
配分交渉	477
配分額	213
破産	118,128,138,442
破産管財人	149
破綻懸念先	59,63
破綻先	63
抜本的	193
バルクセール	86
バンクミーティング	152,188,290, 472,491,522
ハンコ代	217,374
反社会的勢力	140,153
販売実績	206

ひ

比準価格	351
必要資金	210
必要な時間	271
否認権	149
評価書	362
表見代表取締役	413
費用性	353,383
費用負担	180

ふ

ファイルクローズ	71
含み益	249,350
含み損	350
負債の譲渡	243
二つの再生方法	36
普通清算	336
物件明細書	362
不動産鑑定士	359,368,499
不動産鑑定評価	353
不動産の類型	351
不当利得として返還請求	501
プラスサム	522
不良債権	46,83,87,127,201,280,312
不良債権解消の先送りリスク	534
プロスペクト理論	536
プロパー債権	104
分割会社	248
分割回収	66,175
分割型	247
分割払い	269
分社型	247
粉飾決算	116,296,321,527
粉飾決算に関する責任	326
粉飾決算の修正	323
粉飾の方法	314
粉飾の目的	314
分配可能利益	311

へ

別除権	215
偏屈過ぎるタイプ	302
弁護士を介さない	473
返済計画	199,200,202,523
返済原資	269
返済交渉の失敗	482
返済実績	85
返済能力	219,224
返済の猶予	184
返済猶予	184,188,230

ほ

法人格の形骸化	424
法人格の濫用	424
法人格否認の法理	424,440
法的整理	118,146,150,291
ホールドアップ問題	231
簿価	257
簿外債務	263
他の担保権	375
保険積立金	286
保証協会	104
保証金	236,360
保証契約の適切な見直し	458
保証債務	455
保証等による調整	62
保証人	139
保証人への課税軽減措置	466
補助金の申請	519
ポンカス債権	86,105
本店所在地	53

ま・み

負ける戦い	178
真面目な態度	298
全くの第三者	42
守る経営者	529
味方を確保	136
ミクロ理論経済学	532
みなし解散	166,341,347

民事再生	118,128,148

む・め・も

無効の訴え	271,439
無資格	525
無資格者	498
無剰余	216
無剰余による取消し	372
無税償却	75,139,442
無担保債権者	212,436
無担保シェア	214
無担保不動産	484
無理な再生計画	226
無料相談	497
名目取締役	412
明瞭性	205
免責の登記	422
黙認	284
モニタリング	200,523,526
問題企業の兆候	316
問題の先送り	187

や・ゆ・よ

役員からの借入金	286
ヤル気	45,231
勇気ある撤退ができないタイプ	303
遊休不動産	189,215
有資格者の優位性	498
融資を確保	237,244
有税償却	75
有担保債権者	212
優良担保	62
ゆでガエル現象	508
要管理先	59,63
要注意先	59,63

よろず支援拠点	517

ら・り・ろ

濫用的会社分割	252
リアル・オプション	192
リーダーシップに欠けるタイプ	302
利益	387
利益誘導型	492
利害調整	241
リスク態度の非対称性	537
リスケ	184,486
利息のみ支払い	185
理論と実務	539,548
隣地価格	350
路線価	349

【著者略歴】

高橋 隆明（たかはし・たかあき）

1955年 東京生まれ
1978年 早稲田大学法学部卒業。日産自動車入社。
1979年 日産火災（現損保ジャパン）に転籍。国際部勤務。二度の海外留学を経て、再保険部企画課長、融資部審査課長、業務課長。
2000年 ㈱千代田キャピタルマネージメント設立。代表取締役。
2005年 敬愛大学経済学部客員教授。
2014年 ㈱ミロク情報サービス客員研究員
　　　　現在に至る。

早稲田大学卒業後、日産火災（現損保ジャパン）入社。社命によりドイツ留学。国際部勤務を経て、融資部に異動。業務課長、審査課長として不良債権回収、融資実行審査の責任者の職を歴任。同社を退職後、㈱千代田キャピタルマネージメントを設立し、事業再生コンサルタントとして活躍。回収責任者としての経験を活用して、債務者の側から金融機関対策を行うとともに、別会社への事業譲渡、会社分割などによる事業再生を日本中で次々と成功させている。再生に関わったいくつもの別会社の社長業務も引き受けている。専門は事業再生。研究分野はミクロ理論経済学、行動経済学、地域企業会計、地域企業経営、ビジネスプランニング。不動産鑑定士、税理士。博士（経済学）、博士（経営学）、修士（不動産学）。

　　　㈱千代田キャピタルマネージメント
　　　〒113-0022
　　　東京都文京区千駄木2－30－1－305
　　　TEL:03-5815-5941 / FAX:03-5815-5942
　　　http://www.chiyoda-cmt.com/
　　　E-mail：takahashi@chiyoda-cmt.com

主著　『リスケ（返済猶予）に頼らない事業再生のすすめ』（2013年）
　　　『事業再生をめぐる債権者と債務者の対立と協調』（2011年）
　　　『経営再建計画書の作り方』（2001年）
　　　　　その他多数

事業再生読本
2017年10月1日 第1刷発行

- ●著　者　高橋 隆明
- ●発行者　上坂 伸一
- ●発行所　株式会社ファーストプレス
　　　　　〒105-0003　東京都港区西新橋1-2-9 14F
　　　　　電話 03-5532-5605（代表）
　　　　　http://www.firstpress.co.jp

DTP・装丁　株式会社オーウィン
印刷・製本　シナノ印刷株式会社

©2017 Takaaki Takahashi
ISBN 978-4-86648-001-5
落丁、乱丁本はお取替えいたします。
本書の無断転載・複写・複製を禁じます。
Printed in Japan